Ines Geipel
Joachim Walther

GESPERRTE ABLAGE

Unterdrückte Literaturgeschichte
in Ostdeutschland 1945–1989

LILIENFELD VERLAG

INHALT

GEDÄCHTNISSIEGEL BUCHENWALD

Vorwort von Ines Geipel

1. April 2015. Zum 70. Jahrestag der Befreiung des Konzentrationslagers Buchenwald bringt die ARD zur besten Sendezeit und für ein Millionenpublikum die Neuverfilmung des Lagerromans „Nackt unter Wölfen" von Bruno Apitz. Der MDR, der die Großproduktion übernommen hat, kündigt an, dass es sich nicht um ein Remake, sondern ausdrücklich um eine „Neuinterpretation" handelt. Die Produzenten erhoffen sich eine „neue deutsch-deutsche Debatte über Antifaschismus". Die „Mitteldeutsche Zeitung", der „Tagesspiegel", die „Superillu" berichten vorab von den Dreharbeiten im tschechischen Vojna. Die „Sächsische Zeitung" warnt: „Das Risiko ist groß, dass der MDR mit der Neuverfilmung die Erinnerungskultur seiner Zuschauer durcheinanderwirbelt oder sie vor den Kopf stößt." Wie im routinierten Strom unseres Erinnerungsprogramms mittlerweile üblich, folgt unmittelbar auf den Streifen eine Dokumentation, die „den sozialistischen Heldenmythos und die Lagerwirklichkeit auf dem Ettersberg zueinander in Beziehung setzen" soll. Die Rezeption von Film und Dokumentation fällt stark, ja mehrheitlich überschwänglich aus: „Eine Revision der antifaschistischen Bibel" schreibt „Die Zeit", „Die Neuvermessung des antifaschistischen Urmeters" mutmaßt „Die Welt".

Und was war nun neu? Der Roman „Nackt unter Wölfen" hat alles, was einen Stoff zur gedächtnispolitischen Mega-Saga macht. Erzählt wird der dramatische Kampf deutscher Kommunisten um das Überleben eines kleinen jüdischen Jungen im KZ Buchenwald in der Schlussphase des Krieges. Schicksal und Schmerz, Verbrechen und Leid, Opfer und Täter, Erinnerung und Schuld, Realität und Fiktion werden in einer Weise verzahnt, dass nicht nur das Buch, sondern auch die Rezeption viele Auflagen erlebte. Diese Langzeitrezeption hat verschiedene Ursachen. Eine liegt darin, dass im Zusammenhang mit „Nackt unter Wölfen", der „literarischen Gründungsurkunde der DDR"[1], auch mehrere Auflagen der Umgruppierung und Entstellung von historischer Wahrheit stattgefunden haben.

„Nackt unter Wölfen" als Ikone, als DDR-Grundfeste, als Staatsmythos einer Diktatur. Wie war es dazu gekommen? Was konnte mit dieser „Gründung" etabliert und was verdeckt werden? Welche Stoffe, welche Themen? Was wurde aussortiert? Wie bedingten sich Öffentlichkeit und Nichtöffentlichkeit hierbei? Und was musste eisern verschwiegen werden? Wie lief die Rezeptionsgeschichte einer DDR-Großerzählung wie „Nackt unter Wölfen" ab und wie dagegen die der anderen, der unterdrückten Stimmen im Osten Deutschlands? Welche Funktion wurden Altar und Krypta im Hinblick auf das geistige Erbe der DDR zugesprochen? Und wie gelang schließlich die Neucodierung dieses Memorialmassivs nach dem Systembruch von 1989, obwohl in den neunziger Jahren durch endlich möglich gewordene Forschung ein differenzierter Blick auf Buchenwald und damit auch auf die Kollektividentität der DDR möglich geworden war?

Bruno Apitz (1900–1979), der Autor des Romans, wurde am 4. November 1937 in Buchenwald interniert. Der „Funktionshäftling" mit der Nummer 2417 arbeitete zunächst in Schacht- und Baukommandos, ab Mai 1938 im Kommando Bildhauerei und wurde ab Dezember 1942 auf Initiative der „Häftlingsselbstverwaltung" ins Kommando Pathologie und damit an einen neuralgischen Ort des Lagers vermittelt. Dort wurde er „Zeuge der Mitte 1941 begonnenen und systematisch durchgeführten Ermordung von Kranken durch Giftinjektionen sowie medizinischer Experimente zur Entwicklung eines neuen Impfstoffes gegen Fleckfieber"[2], schreibt sein Biograf. Als die Lager-SS am 6. April 1945 – nur Tage vor der Befreiung des Lagers – den Befehl ausgab, 46 Häftlinge müssten um acht Uhr morgens am Schild III antreten, stand auch Bruno Apitz auf der Liste. Die Auslieferung hätte den sicheren Tod bedeutet. Der Befehl traf vor allem Langjährige, die konkretes Wissen über die in-

1 Wilfried F. Schoeller: Doppelgedächtnis – in diesem Wort liegt der Anspruch. In: Frankfurter Rundschau, 15.4.1993, S. 13.

2 Lars Förster: Bruno Apitz. Eine politische Biografie, Berlin 2015, S. 95.

nere Struktur des Lagers hatten, speziell über die Giftmordpraxis und die medizinischen Experimente in Buchenwald. Alle 46 Todeskandidaten, darunter 32 Deutsche, konnten fünf Tage lang versteckt und schließlich auch gerettet werden. Zusammen mit 21.000 Überlebenden, die noch im Lager waren, wurden sie am 11. April 1945 von der US-Armee befreit.

Das Ende des Zweiten Weltkrieges, das Ende von Hitler, seines Terrors und seiner Lager. „Von allen Schlachten, die der Antifaschismus geschlagen hat, ist das Kapitel Buchenwald eines der heroischsten"[3], war bereits Ende 1945 in der ersten, von deutschen Kommunisten veröffentlichten Buchenwald-Geschichte zu lesen. In keinem anderen Lager hatte sich der kommunistische Widerstand so „außergewöhnlich effektiv"[4] organisieren können wie auf dem Ettersberg oberhalb von Weimar – unter den 56.000 Häftlingen, die in Buchenwald zu Tode kamen, waren 72 Kommunisten. Das Kammergebäude, das Büro der Arbeitsstatistik und das Lazarett standen ab 1942 unter der Kontrolle roter Funktionshäftlinge. Es waren Schlüsselstellungen innerhalb einer Zwangsgemeinschaft, die über Leben und Tod entschieden, und es waren Machtpositionen, die sich auszahlten.

Als das Lager befreit wurde, zeigten sich die eintreffenden US-Geheimdienstler irritiert darüber, einer ganzen Zahl deutscher Kommunisten gegenüberzustehen, die „wie wohlhabende Geschäftsleute"[5] aussahen. Die Rede war von „selbsternannten Aristokraten"[6].

„Ab 1942 kam es innerhalb der Häftlings-Selbstverwaltung zur Ablösung der ‚Grünen', der Kriminellen, durch die ‚Roten', die besser organisierten Kommunisten, was die Lagerbedingungen generell verbesserte. Der durch politische Häftlinge aufgestellte Lagerschutz verringerte die Anwesenheit der SS und damit die Gewalt

---

3 Bericht des internationalen Lagerkomitees, Weimar o. J. (1945), S. 5.

4 Lutz Niethammer (Hrsg.): Der „gesäuberte" Antifaschismus. Die SED und die roten Kapos von Buchenwald, Berlin 1994, Bericht Fleck / Tenenbaum „Buchenwald. Ein vorläufiger Bericht", S. 190.

5 Ebd., S. 90.

6 Ebd., S. 364.

im Lager."[7] Bei allen Verdiensten, darunter auch dem, in den letzten Tagen des Lagers die Evakuierung von zehntausenden Juden verzögert und damit viele Leben gerettet zu haben, geriet das kommunistische Lagernetzwerk mit der Befreiung von Buchenwald allerdings unter den Akutverdacht, aktiv in die Verbrechen der Nazis verstrickt gewesen zu sein. Die Anwürfe zielten auf strafrechtlich relevanten Mord als ein innerhalb des Lagers systematisiertes Disziplinierungsprinzip, aber auch auf Machtgier und Nutznießerei.

Vor allem französische, polnische und tschechische Häftlinge waren es, die im Moment der Lagerbefreiung schwere Anklage erhoben und den deutschen Buchenwald-Kommunisten jedes Recht auf Heldenstilisierung absprachen. Das erste alliierte KZ-Dossier, veröffentlicht am 24. April 1945, hielt denn auch konsterniert fest: „Der Bericht schildert, wie die Häftlinge selbst einen tödlichen Terror innerhalb des Nazi-Terrors organisierten."[8] Diese Aussage zielte ausdrücklich auf die Organisation in Buchenwald und führte aus: „Der kommunistische Lagerschutz war direkt verantwortlich für einen großen Teil der in Buchenwald begangenen Brutalitäten. Nicht alle Züchtigungen und Tötungen wurden von SS-Wachen ausgeführt."[9] Im Hinblick auf den erbitterten Machtkampf innerhalb der Häftlingsstruktur auf dem Ettersberg hieß es weiter: „In Auschwitz hatten die Polen dieselbe herrschende Position inne wie die Kommunisten in Buchenwald. Sie versuchten, in ihrem neuen Heim [Buchenwald, I. G.] dieselbe Art von Kontrolle an sich zu reißen. Aber Lagerinsassen bestätigten, daß die Kommunisten den polnischen Angriff leicht niederschlugen, indem sie viele Polen in der Typhus-Versuchsstation zur Hinrichtung brachten."[10] Französische Häftlinge hatten gegenüber den US-Behörden vor allem die Selektiermethoden deutscher Kommunisten angeprangert. Das Dossier gab dazu an: „Auf Grund ihrer westlichen Einstellung stellten auch sie [die ankommenden französischen Häftlinge in Bu-

7 Bill Niven: Das Buchenwaldkind. Wahrheit, Fiktion und Propaganda, Halle 2009, S. 27.

8 Lutz Niethammer (Hrsg.): a. a. O., S. 180.

9 Ebd., S. 362.

10 Ebd., S. 363.

chenwald, I. G.] eine Bedrohung für die deutsche kommunistische Herrschaft dar. Fast alle aus den ersten Transporten wurden sofort in das gefürchtete Lager Dora geschickt, was fast den sicheren Tod bedeutete."[11]

Aufgrund der manifesten Vorwürfe fahndeten die US-Behörden deshalb nicht nur nach SS-Verantwortlichen, sondern auch nach deutschen Kommunisten wegen Verbrechen gegen die Menschlichkeit. Eine Kerngruppe wurde nach der Befreiung von Buchenwald für Wochen auf dem KZ-Gelände festgesetzt, da gegen sie ermittelt wurde. Es kam zu Verhaftungen. Die Offenlegung der mörderischen Lagerpraxis hätte aber die „kommunistische Kampfgemeinschaft" zwangsläufig desavouiert, worüber sich auch die remigrierten Moskau-Kommunisten um Walter Ulbricht, die einen Großteil der Buchenwaldkader umgehend in ihre Politstruktur aufnahmen, völlig im Klaren waren. Das „bessere Deutschland" im Osten mit Mördern zu starten, selbst wenn diese als Häftlinge ums blanke Überleben unter extremen Zwangsbedingungen zu kämpfen gehabt hatten, wäre öffentlich nicht zu vermitteln gewesen. Das Wissen war brisant und damit Gefahr im Verzug.

Und schon wieder ging es um Macht, jetzt um die neue Macht im Osten. Der zahlenmäßig deutlich größeren Gruppe von 796 kommunistischen Buchenwaldhäftlingen stand die kleine Moskau-Gruppe von lediglich 218 Kommunisten gegenüber, von denen viele im Land des Großen Bruders für die Zeit nach dem Zusammenbruch instruiert und ausgebildet worden waren und nun ans Politruder drängten. Nur drei Männer der alten Parteispitze waren im Großen Terror von 1937/38 nicht umgekommen: Wilhelm Florin, Wilhelm Pieck und Walter Ulbricht. Auch sie besangen heroisch, nicht so sehr sich, sondern die ruhmreiche Sowjetunion, und schwiegen dabei ihr parteigebundenes Eidschweigen, aus Angst, aus Verdrängung, der Karriere wegen oder aus Scham über den eigenen Verrat, ohne den die sowjetischen Jahre nicht zu überleben gewesen wären. Sie waren Menschen ohne Vergangenheit, verschworene Schweiger, denen es bei ihrer Rückkehr ganz zupasskam, dass der Malus der Geschichte kurz nach Kriegsende vorerst vor allem

---

11 Ebd., S. 188.

eine Richtung kannte: Buchenwald. Hier gab es Anwürfe, die einiges Potential für Einschüchterungen, Drohungen, Erpressungen bargen. Noch im September 1945 hatte die Parteispitze die ersten internen Anhörungen gestartet, in denen es zu unmissverständlichen Aussagen gekommen war. Ein Genosse hatte über seine Zeit in Buchenwald berichtet: „Die Krankenbetreuung befand sich bei der Gruppe Walter Bartel, die diese Funktion ausnützte, um unerwünschte Genossen zu beseitigen. ‚Die Todesspritze' [gemeint sind Injektionen mit Phenol, Luft oder Krankheitserregern, I. G.] wurde natürlich mit stiller Zustimmung aller Häftlinge auch zum Töten von SS-Agenten gebraucht. Die Gruppe Walter Bartel faßte u. a. den Beschluß, mich ‚zu beseitigen'. Nur zufällige, glückliche Umstände retteten mich vor der Todesspritze. Ernst Busse, zuerst Lagerältester, wurde zum ersten Kapo im Krankenhaus bestellt. Sein Stellvertreter war Otto Kipp, der das ‚Spritzerkommando' leitete. Dieses Kommando führte die Befehle der SS, Häftlinge zu ermorden, aus. Auf Anweisung verschiedener kommunistischer Organisationen im Lager sollte es mit der Spritze für die Arbeiterbewegung gefährliche Elemente beseitigen."[12]

Walter Ulbricht startete im Herbst 1946 eine parteiinterne Untersuchung, die die Anschuldigungen klären und die Lagerpolitik der roten Kapos von Buchenwald rekonstruieren sollte. 19 Kommunisten, die in Buchenwald zur inneren „Selbstverwaltung" gehört hatten, mussten aussagen. Das Ergebnis: Die Vorwürfe wurden erstaunlicherweise fast ausnahmslos entkräftet und den Beschuldigten „hervorragende Verdienste" im Lager bescheinigt. Trotz präziser Informationslage schluckte die Kommission nebst Pieck und Ulbricht also das dunkle Buchenwaldwissen. Warum? Der Fraktionskampf war auf diesem Weg gewonnen und die Buchenwaldgruppe so in der Hand der Moskauer, leicht erpress- und für die neue Linie disziplinierbar.

Mit der parteiinternen Reinwaschung war das Problem allerdings nicht aus der Welt. Die Ermittlungen in der sowjetischen Besatzungszone (SBZ) liefen weiter. Noch 1950 griff die sowjetische Militäradministration (SMAD) in dieser Sache zu und verhaftete

---

12 Ebd., S. 266.

Ernst Busse, nach 1945 Innenminister und stellvertretender Ministerpräsident in Thüringen, sowie Erich Reschke, zunächst Thüringer Polizeipräsident und dann Zuchthaus-Chef von Bautzen, zwei kommunistische Buchenwald-Spitzenkader, die aufgrund der Anklagen von Mitgefangenen beide nach Workuta in den Gulag verschleppt wurden.

Und mittlerweile war es auch im Westen zu öffentlichen Reaktionen gekommen. Im Frühjahr 1947 berichteten westdeutsche Zeitungen im Vorfeld des Dachauer Buchenwaldprozesses über das „Geheimnis von Buchenwald“[13]. Das ab da offene Geheimnis wuchs sich zum politischen Stigma aus. Es war wie Milch, die in Wasser strömt. Es träufelte, sickerte und breitete sich aus, ohne Widerstand.

Von den 796 deutschen Kommunisten, die sich nach ihrer Repatriierung vom Ettersberg aus auf den Weg in ihre Heimatorte gemacht hatten, stiegen nicht wenige in Ost und West in den Wiederaufbau von Kommunalverwaltungen und Behörden ein. Etliche aus dem kommunistischen Buchenwald-Führungskader machten in der SBZ rasch steile Politkarriere. Walter Bartel etwa wurde der Büroleiter des ersten und einzigen DDR-Präsidenten Wilhelm Pieck. Helmut Thiemann, in der SBZ als Rolf Markert zum Schutz vor den US-amerikanischen Ermittlungen maskiert, stieg 1954 zum Geheimdienstchef von Sachsen auf und blieb das bis 1981, als Generalmajor des Ministeriums für Staatssicherheit (MfS). Im parteiinternen Bericht im Hinblick auf seine Buchenwaldzeit und die Opferung anderer Gefangener hatte Markert – zu der Zeit in äußerster Bedrängnis – vor seiner Partei überaus deutlich zu Protokoll gegeben: „Entweder wir lehnen diese Arbeit ab und bleiben menschlich zwar sauber, oder wir geben die Position auf und werden dadurch indirekt Mörder an unseren eigenen Genossen … Da unsere Genossen mehr wert waren als alle anderen, mussten wir also einen Schritt gemeinsam mit der SS gehen, und zwar in der Vernichtung von aussichtslos kranken und kollabierenden Menschen … Dass ich die Liquidierung nicht alleine durchführen konnte, versteht sich von selbst. Dazu gehörte ein ganzer Apparat. Derselbe bestand fast nur aus Genossen, mit denen ich nur als Exekutive arbeitete. Die An-

---

13 Ebd., S. 70.

weisungen bekam ich ja nur durch die Partei."[14] Markert wurde beschuldigt, an der Ermordung von u. a. 176 sowjetischen Mithäftlingen aktiv beteiligt gewesen zu sein.[15] Zur Anklage kam es nie. Ihn retteten offenkundig parteiinterne Seilschaften.

So, wie sich die Buchenwald-Kommunisten im Lager als eiserne Kampfelite verstanden hatten, so entschlossen gingen die schwer Traumatisierten nach 1945 gegen ihr politisches Stigma vor. Die Version der maßgeblichen Verstrickung wurde ihr neuer Feind, der mit allen Mitteln bekämpft wurde. Die Strategien des Überlebens im Lager verlängerten sich im bewährten Freund-Feind-Modus in die Zeit des Kalten Krieges hinein. Denn die einsickernde Milch der Geschichte musste um jeden Preis gestoppt werden, mit einem ehernen Gegengedächtnis in Schwarz-Weiß. Die inkriminierten Buchenwald-Kommunisten starteten gegen den Malus der Glaubwürdigkeit folglich eine umso offensivere Abwehrstrategie: Kampagnen wurden in Szene gesetzt, Ausschüsse und Komitees gegründet, Gedenkveranstaltungen vorbereitet, Korrespondenzen in alle Welt eröffnet, Überlebendenverbände polarisiert, Fragebögen im Sinne eines verbindlichen Narrativs über den Komplex Buchenwald eingeholt. Nervöser Aktivismus, dem es gelang, einen Heldenkatechismus zu installieren, der Lagergeschichte und kommunistischen Widerstand zunehmend verklärte. Der exklusive Ton einer geschlossenen Kampfgemeinschaft aus internationaler Solidarität, Widerstand, Märtyrertum und Selbstbefreiung erlitt mit der Zeit eine derartige Realitätsausdünnung, dass sich auf Buchenwald eine massive Gedächtnisplatte legte, die das Lager als Geschichtsgrab versiegelte, sakrosankt gegenüber jeder Klärung.

Der Roman „Nackt unter Wölfen" erschien also 1958 in einer Phase forcierter Gedächtnisbetonierung. Bruno Apitz hatte die Anschuldigungen und anhaltenden Angriffe gegenüber seinen Kampfgenossen natürlich mitbekommen. Er wusste um die zahlreichen Degradierungen und Verhaftungen. Er wusste auch um das Spe-

---

14 Helmut Thiemann: BStU, ZA, MfS HA IX/11 SV 272/87, Band 1.

15 Karin Hartewig: Helmut Thiemann, Rolf Markert und der Häftlingskrankenbau im Konzentrationslager Buchenwald. In: Jahrbuch für Historische Kommunismusforschung, Berlin 1997, S. 255–267.

ziallager Nr. 2, eines der zehn Lager des SMAD auf ostdeutschem Gebiet, das schon im August 1945 auf dem Gelände von Buchenwald eingerichtet worden war. 28.000 Inhaftierte saßen dort ein, 7000 starben. Und er wusste um die ausgesprochen fragile politische Situation in der DDR nach dem Volksaufstand am 17. Juni 1953 und die zunehmende Vereisung zwischen Ost und West.

„Nackt unter Wölfen" war 13 Jahre nach der Befreiung aus dem Lager zuallererst der Versuch einer Selbstvergewisserung. Bruno Apitz wollte Zeugnis ablegen, über einen Todesraum, über den erlittenen Schrecken, über Angst und Überlebensschuld. Und er musste es wohl auch. Die Jahre in Buchenwald waren eine schwere Hypothek. Ihn quälte die Erfahrung, aber auch die nach Ende des Krieges erfolgte Zurückweisung der Erinnerung, vor allem die durch seine Partei. Das Rohmaterial des Manuskripts kann so den Blick dafür freilegen, dass und wie der Autor seinen Roman zum Zeugen von Buchenwald machen wollte. Er hatte ihn nötig, als Anwalt, zur Durcharbeitung seines Traumas, zur Verteidigung seiner Erlebnisse und als Verpflichtung.

Dabei war der Status des Zeugen in mehrerer Hinsicht unversichert. Zunächst einmal war er nicht gewollt. Als Bruno Apitz sich im November 1954 mit einem Buchenwaldstoff an die DEFA wandte, wurde er abgelehnt. Anfang 1955 bat er beim Berliner Vorstand des Deutschen Schriftstellerverbandes mit einem 55-seitigen Typoskript um ein Darlehen für die Arbeit an einem Roman. Auch von dort bekam er ein Nein. Es ging ihm nicht gut zu der Zeit: Er lebte praktisch mittellos, seine Ehe war geschieden, der Körper durch die lange Haftzeit angegriffen, der Stoff bedrängte ihn. Es waren Freunde und der Mitteldeutsche Verlag Halle, die ihn bestärkten, an dem Buchprojekt festzuhalten. Zweieinhalb Jahre dauerte der Schreibprozess. „Beängstigend war", schrieb sein fast dreißig Jahre jüngerer Lektor Martin Gustav Schmidt alias Martin Gregor-Dellin, der, politisch unter Druck geraten, noch im Produktionsprozess des Buches in den Westen flüchtete, „daß die Manuskriptsendungen immer länger auf sich warten ließen, je weiter es dem Ende zuging."[16]

16 Martin Gregor-Dellin: Ich war Walter Ulbricht. In: Süddeutsche Zeitung, 21./22.2.1987, S. III.

Im Oktober 1957 war der Roman endlich fertig. Aber was für ein Text war da entstanden? Welche Darstellung des nicht darstellbaren Grauens, welche Worte für das Unsagbare? Durfte sich das Geschriebene außerhalb der Erzähl-Erlaubnis bewegen, auf die sich das rote Schweigekollektiv nach Buchenwald selbst eingeschworen hatte? Denn bereits im April 1945 hatten die US-Behörden irritiert festgestellt, dass die vernommenen deutschen Kommunisten alle denselben stereotypen Lagerbericht ablieferten: „Wenn die Armeeuntersuchungsbeamten die Mitglieder der kommunistischen Organisation über ihre Grausamkeitsmethoden befragten, war es, als wenn sie gegen eine glatte Wand rannten. Kein Kommunist gab mehr zu, als ‚daß die kriminellen Elemente in dem Kampf um die Macht rauh behandelt wurden'."[17]

„Nackt unter Wölfen" ist ein bislang kaum ausgeloteter Vexierraum um Realität und Fiktion. Hatte Bruno Apitz ausdrücklich darauf verwiesen, dass der Text als Roman verstanden werden solle, machte er ihn genauso ausdrücklich zu einer Rehabilitationsschrift, mit seinen konkreten Lagererfahrungen als gravitativem Kern. So sind die frühen Berichte von Apitz über das reale Buchenwald teilweise wortwörtlich in den Text aufgenommen worden. Auch die Widmung, die dem Roman vorangestellt ist, nimmt direkten Bezug auf die reale Geschichte: „Ich grüße mit dem Buch unsere toten Kampfgenossen aller Nationen, die wir im Lager Buchenwald zurücklassen mußten. Sie zu ehren, gab ich vielen Gestalten des Buches ihre Namen."[18]

Dieses Changieren des Autors und besonderen Zeitzeugen im Hinblick auf die Realität ist sicherlich ein Grund für die unermüdliche Rezeption des Buches geworden. Kaum ein Leser, der mit diesem Schlüsselroman nicht auch sein Bild von Buchenwald geformt hätte. Doch stellt sich damit nicht umso dringlicher die Frage nach dem Status des Textzeugen? Denn wer erzählt hier eigentlich was? Oder auch: Welche Realität wird mit dem Roman freigelegt? Wie viel Erinnerung wird ihm gestattet? Existiert die „glatte Wand" auch im Text? Und wenn ja, was geschieht vor ihr und was hinter ihr?

---

17 Lutz Niethammer (Hrsg.): a. a. O., S. 365.

18 Bruno Apitz: Nackt unter Wölfen, Halle 1958, Widmung.

Mit der Fassung, die im Oktober 1957 abgeschlossen vorlag, reagierte Bruno Apitz unmittelbar auf den chronischen Verdacht, der im Hinblick auf die „rote Kampfgemeinschaft" seit Ende des Krieges im Raum stand. Im Grunde genommen hielt er gar direkt auf die Anwürfe zu und baute die Handlung entlang der faktischen Konfliktmasse auf. Dabei wurden die systematische Ermordung von Mithäftlingen durch Giftinjektion und unter Assistenz der deutschen Kommunisten genauso wenig ausgespart wie die Rolle der roten Kapos im Hinblick auf die Transportlisten.

Susanne Hantke, die Herausgeberin der 2014 neu edierten Ausgabe von „Nackt unter Wölfen", die sich zum Ziel gesetzt hatte, die 1957 fertig gestellte Autorenfassung freizusetzen, legte denn auch folgerichtig nahe: „Apitz wollte nicht nur die Erfolge politischer Funktionshäftlinge bei widerständigen Aktionen herausstellen, sondern er wollte vor allem die zwiespältige Erfahrung ihrer Ohnmacht und ihres Ausgeliefertseins bei der Verrichtung der von der SS angeordneten Tätigkeiten zu einer Erzählung verdichten."[19] Doch damit war der heikle Grat zwischen Zwangssituation und eigenen Verbrechen von vornherein nivelliert. Die diskreditierten Vorgänge wurden in der Erstfassung nicht abgewehrt, abgewehrt wurden die Dimension des Geschehens, die Frage nach der Eigenbeteiligung und die nach einem angemessenen Umgang damit.

Die historische Wahrheit blieb in dieser Version unausgesprochen und als tiefere Realität hinter der „Wand" verborgen. Die Großbotschaft lautete: Das kommunistische Netzwerk versuchte, in einem Kosmos aus Terror und Gewalt zu überleben, und diese Not rechtfertigte alle Mittel.

An der brutalen Zwangssituation im Lager kann es fraglos keinen Zweifel geben. Auch wäre es historisch ohne Maß, dem Kommunisten Bruno Apitz entgegenzuhalten, er hätte seinen Überlebensbericht dem seiner Partei angeglichen. Sie hat ihn gerettet. Dennoch könnte die Darstellung des strittigen Geschehens und sein Ort im Text mittels Abgleich der historischen Dokumente Aufschluss darüber geben, was und vor allem bis wohin der Roman eigentlich erzählt. Denn evident ist, dass der Autor den Leser zwar an das In-

---

19 Bruno Apitz: Nackt unter Wölfen, Berlin 2014, S. 561.

kriminierte heranführt, aber strafrechtlich Relevantes jeweils hinter häufig hochemotionalisierten Textmasken verschwinden lässt.

So wird etwa in einer Schlüsselszene über den SS-Lagerarzt „Papa Berthold"[20] am Anfang des Romans das „Abspritzen" eines polnischen Häftlings geschildert und der mutmaßliche „Missbrauch"[21] des Lagerschutzes thematisiert, die systematische Abspritzpolitik der deutschen Kommunisten aber im Hinblick auf ihre polnischen Mithäftlinge bleibt strikt ausgespart. Die Szene wird somit entlastend ambivalent besetzt, die Beteiligung an den Verbrechen aber im Unerreichbaren hinter der Wand abgelegt.

Dem uneigentlichen Erzähler kommt bei dieser Deckarbeit eine aufklärerische Sonderrolle zu. Er ist es, der die Mehrwandigkeit des Romans lesbar macht und darin selbst zum Signalsystem wird. Sein Weg durch das Buch macht die problematischen Szenen zu Chiffren, die an die konkreten Daten der Auslöschungen im Lager und die Großtraumata der deutschen Kommunisten in Buchenwald heranführen. Der implizite Textzeuge verweist durch sie hindurch, nach innen wie nach außen. Der involvierte Leser ist so stets im Bilde, der nicht involvierte bleibt mit dem zensierten Buchenwaldgedächtnis außen vor. Bruno Apitz bricht das kommunistische Sprachverdikt demzufolge nicht auf, vielmehr überlässt er es dem impliziten Textzeugen, im Binnenraum des Romans Verweise zu platzieren, um das Unsprechbare sprechen zu lassen. Diese äsopsche Deckarbeit wiederholt sich im Buch bei der Rettung des jüdischen Jungen, der, als Stefan Jerzy Zweig Anfang 1941 in Krakau geboren, am 5. August 1944 zusammen mit seinem Vater auf dem Bahnhof Buchenwald eintraf. Zu einem Zeitpunkt, als das Lager durch die ankommenden Transporte aus Auschwitz und die Evakuierungszüge aus Polen und Frankreich kollabierte und die rote Selbstverwaltung den meisten Einfluss im Lager hatte. „Vieles deutet darauf hin, daß es nach dem Luftangriff vom 24. August [1944, I. G.], der alle Probleme des Lagers potenzierte, eine vorübergehende Übernahme der wichtigsten Funktionen des Lagers durch die Oberschicht der Häftlingsverwaltung gab".[22]

---

20 Ebd., S. 19.

21 Ebd., S. 20.

22 Harry Stein: www.buchenwald.de/geschichte/themen/online-beitraege, S. 8.

Es war vor allem diese Konstellation, die das Überleben des Dreijährigen in Buchenwald überhaupt nur möglich machte. Dass die Umstände dabei gänzlich andere waren als im Buch beschrieben und Stefan Jerzy Zweig bei aller grundsätzlichen Bedrohung von Anbeginn kein illegales Kind war, konnte der 1987 veröffentlichte Bericht des Vaters Zacharias Zweig, „Mein Vater, was machst du hier …?“[23], detailliert klarstellen. Auch die reale Rettung des Jungen verlief auf drastische Weise anders als in „Nackt unter Wölfen“ beschrieben: Für den 26. September 1944 hatte die Gestapo einen Transport mit 200 Kindern und Jugendlichen nach Auschwitz zusammengestellt, darunter auch Stefan Jerzy Zweig mit der Nummer 200. In letzter Minute wurde er ins Krankenrevier gebracht und erhielt dort eine Fieberspritze. Nach seiner Genesung blieb er bis zur Befreiung von Buchenwald im Kleinen Lager, aufopfernd geschützt durch seinen Vater Zacharias Zweig.

Auf der Liste für den Kindertransport nach Auschwitz am 26. September 1944 hatte auch der zehnjährige Sinto-Junge Rudolf Blum gestanden. Als sein sechs Jahre älterer Bruder Willy Blum von der bevorstehenden Trennung erfuhr, entschied er sich, bei ihm zu bleiben, und meldete sich ebenfalls für den Transport. Zu dieser Liste existiert ein Anhang „Berichtigung zum Transport Auschwitz“ der SS-Lagerverwaltung Buchenwald. Auf ihr sind zwölf Namen gestrichen worden, darunter der von Stefan Jerzy Zweig. Stattdessen ist unter der Häftlingsnummer 74254 der Name „Blum, Willy, geb. 26.6.1928“, verzeichnet. Rudolf und Willy Blum fuhren beide nach Auschwitz und wurden dort vergast.

Die Deportation der 200 Kinder am 26. September 1944 nach Auschwitz gehört zum emotionalen Tiefengedächtnis von Buchenwald. „Das ist eine der grausigsten Erinnerungen meiner Verschlepptenzeit. Diese Kinder wußten genau, was sie erwartete. Sie weinten und schrien, als man sie in die Wagen hineinstieß“[24], gab der französische Häftlingsarzt Victor Dupont vor dem Nürnberger Gerichtshof zu Protokoll. Die konkrete Szene der ungeschützten und

---

23 Zacharias Zweig: „Mein Vater, was machst du hier …?“, Frankfurt a. M. 1987.

24 Harry Stein: a. a. O., S. 9.

verzweifelten jüdischen Kinder und Sinto-Kinder, die mit Karabinern und Maschinenpistolen zusammengetrieben wurden, blieb im Roman allerdings ausgespart, das heißt hinter der Erzählwand. Stattdessen machte Bruno Apitz eine einzelne heroische Kindsrettung, erkämpft allein vom kommunistischen Lagerwiderstand, zum Kernnarrativ seines Buches. Erst diese Manipulation des Realen – seine Entkoppelung, Umschreibung, Amalgamierung und Symbolisierung – machte den Text zur idealen, weil willkürlichen Projektionsmaske, auf der hunderte Buchenwaldkinder für die Ideologie geopfert, die toten Kampfgenossen dagegen zur Verpflichtung wurden. Ihre Realnamen werden im Roman ausdrücklich genannt.

Der Status des Textzeugen aber war noch in anderer Hinsicht bedroht. Anfangs ungewollt, dann dem mehrwandigen Gedächtnisfilter des parteiergebenen Autors erlegen, musste „Nackt unter Wölfen" nach Manuskripterstellung schließlich auch noch durchs zähe DDR-Zensurmahlwerk. Und das, obwohl das symbolische Kapital des Romans von den SED-Oberen mittlerweile durchaus verstanden worden war. Denn der Roman passte, ja er galt jetzt sogar als entschieden gewollt, zu einer Zeit, da eine ganze Crew von Gedächtnispolitikern angestrengt am Mythosblock Buchenwald arbeitete. Die Eröffnung des Nationaldenkmals Buchenwald im September 1958 stand unmittelbar bevor. Ein Datum, das den kollektiven Identitätshort der DDR begründen sollte und das auch tat. Ein gut ausgesteuerter Roman über das Lager, der die Massen tatsächlich erreichte, würde der dringend nötigen Machtsicherung der SED durchaus dienlich sein können.

Das augenscheinliche Umdenken in Bezug auf Autor und Text dürfte aber auch noch einen anderen Grund gehabt haben. Denn im August 1957 hatte sich Bruno Apitz – seltsam pünktlich kurz vor Fertigstellung seines Romans – unter dem Decknamen „Brendel" dem Ministerium für Staatssicherheit angedient. Seine Schweigeverpflichtung gegenüber dem MfS ist auf den 21. August 1957 datiert. Brendel, eine gleichnamige Figur aus „Nackt unter Wölfen", gehörte als Häftling im KZ Buchenwald zum umstrittenen Lagerschutz, der von deutschen Kommunisten verwalteten Lagerpolizei.

Aber alle realen, fiktiven oder auch geheimdienstlichen Lager- wie Textpolizisten nutzten nichts. Die Partei brauchte für den anstehenden Monumentalisierungsakt eine lupenreine Buchenwaldversion, die über jeden noch so geringen Zweifel am Exklusivkarma des kommunistischen Widerstands erhaben war. Was nichts anderes bedeutete, als dass auch dieses Manuskript durch alle Instanzen musste. Und von denen gab es einige: den Verlag zuallererst, dann die Hauptverwaltung Verlagswesen beim Ministerium für Kultur als Druckgenehmigungsbehörde, das Komitee der antifaschistischen Widerstandskämpfer, aber auch allerhand Mentoren und Begutachter wie die ehemaligen roten Kapos Walter Bartel, Robert Siewert und Richard Großkopf, die schon aus Selbstschutz heraus kein Interesse an einer realitätsnahen Darstellung der Buchenwald-Verhältnisse haben konnten. Und es gab ja auch noch das Politbüro des Zentralkomitees der SED.

Laut Erinnerung des Lektors Martin Gustav Schmidt hatte die Hauptverwaltung Verlagswesen die Druckgenehmigung im Winter 1957/58 für das Buch bereits erteilt, da stach die oberste Zensurinstanz doch noch durch: „Das Amt leitete eine Kopie des Manuskripts ans Politbüro des Zentralkomitees der SED weiter, indem sich zu jener Zeit außer Ulbricht und Grotewohl vermutlich die Genossen Norden, Hager, Kurella, Becher und Fröhlich in Krisenfällen mit der Darstellung der Parteiarbeit in der Literatur befassten. Die damalige Zusammensetzung des Politbüros lässt keine anderen Schlüsse zu. Es waren denn auch nicht weniger als sieben Fahnenabzüge, die das Zentralkomitee der SED vom Mitteldeutschen Verlag anforderte. Die Druckgenehmigung wurde angehalten.“[25]

Jeder Satz des Romans dürfte daraufhin noch einmal hektisch durchgeschüttelt worden sein. Als „Nackt unter Wölfen“ nach einem Dreivierteljahr Textprüfung im Frühsommer 1958 schließlich erscheinen konnte, kannte die Erstausgabe keinerlei ambivalente oder auch unter Verdacht stehende Passagen mehr. Unter der Hand seiner Zensoren samt Selbstzensur war das erhoffte Rehabilitationsbuch zum Politmärchen degradiert, die Erinnerungen des Autors in rigorosem Stil enteignet worden. Die Tilgung betraf alles, was auf die tatsächliche Verantwortung der kommunistischen Politführung im Lager hätte zielen können: ihre systematische „Ab-

25 Martin Gregor-Dellin: a. a. O., S. III.

spritz"-Politik, die prekären Todeslisten, die fragliche Lagerbefreiung oder auch die konkrete Rettungsgeschichte des Jungen. Der gesiebte Text hatte keine Mehrwandigkeit, kein Signalsystem und keinerlei nervöse Spuren mehr. Alles gelöscht. Aufschlussreich die Härte, mit der die entlastenden Zwischenerinnerungen des Autors dabei für nichtig erklärt wurden. Heraus kam ein Roman aus reinen kommunistischen Helden, aus grandiosem Triumph des Guten über das Böse, aus großer, weihevoller Ernsthaftigkeit, so vage und im Ungefähren, dass jede noch so leise Frage an der teflongleichen Erzählwand abgeprallt wäre.

Ein verletztes Buch, ein verletztes Gedächtnis und ein einmal mehr auf sich und seine Erinnerungen zurückgeworfener Autor, der in einem Interview auf die Frage nach seinem Lektor nur noch zwei Worte wusste: „Walter Ulbricht!"[26] Gleichwohl hatte „Nackt unter Wölfen" über Nacht ein spektakuläres Echo. Die erste Auflage von 10.000 Exemplaren war sofort vergriffen. 18 Monate später waren bereits 200.000 Exemplare über die Ladentische gegangen. Die immense und nicht abreißende Rezeption des Romans hatte diverse Ursachen. Im Kern aber lässt sich das Buch als Nukleus für eine zu dem Zeitpunkt synchron laufende Tiefenformierung von DDR-Staat und DDR-Gesellschaft lesen. Das ostdeutsche Publikum fand sich mit „Nackt unter Wölfen" als Staatsbibel in den Zustand einer solidarisch verbundenen Opfergesellschaft hinein, als „Sieger der Geschichte", ohne jede Schulddynamik, Verstrickung und ohne jede Widersprüchlichkeit. Die noch junge DDR-Gesellschaft wurde mit dem Buch politisch zum Kind, das sich auf kommunistische Weise hatte retten lassen. Die Staatsoberen wiederum konnten mithilfe dieses Stoffes in der fragilen Phase nach dem 17. Juni 1953 ihr politisches Monopol auf das bessere, weil antifaschistische Deutschland fundamentieren.

Im September 1958 wurde die Nationale Mahn- und Gedenkstätte Buchenwald mit allem ideologischen Tamtam eröffnet. Am Vorabend der Denkmalseinweihung brachte der Rundfunk der DDR eine von Bruno Apitz bearbeitete Hörspielfassung des Romans. 1960 erschien die Dokumentation „Buchenwald – Mahnung und Ver-

---

26 Ebd.

pflichtung", eine erste, 650 Seiten umfassende Sammlung von Dokumenten und Zeitzeugenberichten über das Lager. Ebenfalls 1960 wurde ein Fernsehspiel, basierend auf dem Roman, erstausgestrahlt. 1963 kam der DEFA-Film „Nackt unter Wölfen" unter der Regie von Frank Beyer, den bis Anfang 1964 eine Million Zuschauer gesehen hatten. 1970 hielt das Buch Einzug in die Lehrpläne der DDR-Oberschulen und wurde fortan in jeder 9. Klasse gelesen. Das Buchenwald-Staccato war Programm, ein Absolutum und zur Staatsdoktrin geworden. Buchenwald, die gedächtnispolitische Hypnose, unter der Millionen Ostdeutsche durch eine Politik der komplementären Drehung DDR-loyal gemacht wurden: verschweigen, wegerzählen, umdeuten, nivellieren, ausblenden, vermeiden, vergessen. Es war ein Mimikry-Angebot der neuen Macht. Das Mehrheitsbewusstsein nahm es an. Der Druck war enorm.

Als der am authentischen Ort gedrehte DEFA-Film 1963 in die Kinos kam, verstärkte er im Zuschauer noch einmal die Bereitschaft, „Nackt unter Wölfen" als Realität anzunehmen. Als 1964 obendrein das „reale Buchenwaldkind" Stefan Jerzy Zweig in Israel gefunden und in der DDR kalkuliert in Szene gesetzt wurde, waren Fiktion und Wirklichkeit praktisch deckungsgleich geworden. Es war, als hätte man einen Mythos zu allem noch heiliggesprochen. Dem enthusiastischen Amnesieprogramm im Land war kaum mehr etwas entgegenzusetzen. Auch der Autor, mit seiner Deckarbeit allein gelassen, erlag dem staatseigenen Diktum und empfahl sich Staat und Partei als treuer Vasall und stalinistischer Hardliner. Zwar hatte Bruno Apitz seine Zuarbeit für den DDR-Geheimdienst nach zwei Jahren aufgekündigt, aber sie war als Loyalitätsbezeugung auch nicht mehr nötig gewesen. Sein Schicksal, sein Welterfolg mit „Nackt unter Wölfen" und seine exponierte Stellung als Dauerrepräsentant der jungen DDR waren ohne Rest aufgegangen im Kult des historischen Siegers und in eine vollständige Angepasstheit, die ihn zu einem der schneidigsten Propagandisten des Systems machte, egal, wozu und wohin es ihn berief. Als es um ein Gutachten zu Inge und Heiner Müllers verbotenem Stück „Die Umsiedlerin" ging – ein Vorgang, der das Künstlerpaar in schlimmste Not brachte –, verfasste er es, und zwar in härtestem Ton. Als es um den Bau der Berliner Mauer im August 1961 ging, begrüßte er ihn, weil mit ihm die „Annexion der DDR und der Dritte Weltkrieg verhindert wurde"[27]. Die oppositionellen Literaten in der DDR kanzelte er harsch ab. In Sachen deutsch-deutsche Teilung erwies er sich als einer ihrer exponiertesten Verfechter. Sein Credo war lodernd und in einer unmissverständlichen Sprache: „sofort zur Waffe zu greifen und mein Leben hinzugeben für den Inhalt meines Seins als Kommunist: den Kampf um die Verwirklichung der sozialistischen Gesellschaftsordnung"[28].

Der Komplex Buchenwald als die zementierte gedächtnispolemische Achse der DDR. Es dürfte keinen Ort in Deutschland geben, an dem sich rote und braune Gewaltwelten so nahe kamen und im Nachhinein derart kategorisch wieder getrennt wurden. Zumindest hätte Buchenwald als der denkbar ungeeignetste Ort für eine Großinszenierung gelten müssen, die als Lüge zum emotionalen Fundament einer Diktatur wurde. Aber die Gedächtnisplatte Buchenwald wurde gelegt und hatte eine hermetische Wirkung. Etwas schloss sich ab. Zugleich machte sie mit Kriegsende das Szenenplateau für den kommunistischen Osten Deutschlands aus, ja dürfte ihm sogar einiges an Anziehungskraft garantiert haben. Eine Platte, auf der auch die Literaturlandschaft der DDR verhandelt wurde.

Das Bild dieser Landschaft nimmt bislang zwei agierende Gruppen auf: die „staatstragenden" Künstler zum einen und deren „Kontrapunkte" als kritische, aber dennoch loyale Stimmen zum anderen, die oft auch im Westen zu Berühmtheit gelangten. Dieses Bild ist noch immer verzerrend, da unvollständig. Und das, obwohl die offizielle Archivlage nach dem Ende der DDR „besonders günstig genannt werden kann. Erstaunlich vieles von dem, was damals nicht publiziert werden konnte oder was die Hintergründe des Veröffentlichten in neuem Licht erscheinen lässt, hat sich erhalten."[29] Ein Resümee, das jedoch nur für die zu DDR-Zeiten zugelassenen und damit öffentlich gewordenen Autorinnen und Autoren zutrifft, nicht aber für die dritte Gruppe der unterdrückten Stimmen, die Gegenstand dieses Buches sind.

---

27 Lars Förster: a. a. O., S. 173.

28 Ebd., S. 177.

29 Ulrich v. Bülow, Sabine Wolf: DDR-Literatur. Eine Archivexpedition, Berlin 2014, S. 9.

Werner Mittenzwei, Gründungsdirektor des Zentralinstituts für Literaturgeschichte der Akademie der Wissenschaften der DDR, hatte in seinem Buch „Die Intellektuellen. Literatur und Politik in Ostdeutschland 1945–2000"[30] den literarischen Intellektuellen nicht ohne Grund als jemanden bezeichnet, der mit seiner Arbeit in der Öffentlichkeit etwas bewirkt. „Man könnte den literarischen Intellektuellen als einen Signalisten der Gefühls- und Gedankenwelt von Menschen, des Mentalitätspotentials einer Nation, Klasse oder sozialen Gruppe bezeichnen. Auf diese Weise nimmt der Intellektuelle eine repräsentative Gestalt an."[31] Bruno Apitz war ein solcher Repräsentant. Repräsentanten schaffen Referenzräume, Resonanzräume, Rezeptionsräume.

Dabei werden die aktuellen Kanon-Auseinandersetzungen zum Bestand der ostdeutschen Literatur naturgemäß weniger zwischen den Schreibenden geführt. In den Feuilletons, beim MDR, in Verlagen mit DDR-Tradition, an Germanistischen Instituten oder öffentlichen Literaturorten wird die vorhandene Energie vor allem dafür genutzt, sich weiterhin an den Leitbildern des Sozialismus abzuarbeiten. Man bewegt sich in Evidenzsystemen: Begriffe, Namen, elaborierte Diskurse und Rezeptionslinien sind über Jahrzehnte eingeführt. Kanalisierte Denkschablonen haben einen erstaunlichen Langzeitwert. Ideologische Interessen bleiben ideologische Interessen, Mimikry-Angebote bleiben Mimikry-Angebote. Und so versuchen sich aktuelle Sekundärnarrationen erstaunlich konstant an einer kategorischen Entpolitisierung der kategorisch politisierten Literatur in der DDR. Das vor 1989 Verschwiegene muss auf diese Weise ein zweites Verschweigen ertragen.

Als „Nackt unter Wölfen" am 1. April 2015 als Neufassung erstausgestrahlt wurde, stand zwangsläufig die Frage im Raum, ob es der MDR-Produktion gelingen würde, den Mythos Buchenwald zu destruieren. Der Stand der historischen Forschung hätte es hergegeben, ja verlangt. Stefan Kolditz, der in Ostdeutschland geborene Drehbuchautor, äußerte in einem Interview, dass das Werk dazu bei-

30 Werner Mittenzwei: Die Intellektuellen. Literatur und Politik in Ostdeutschland 1945–2000, Leipzig 2001.

31 Ebd., S. 18.

tragen möge, die noch immer getrennten kollektiven Gedächtnisse in Ost und West zusammenzuführen. Die Schlussszene des Films zeigt den kleinen jüdischen Jungen. Seine Hand berührt vorsichtig den Körper des sterbenden Kommunisten, der ihn gerettet hat. Die Conclusio des Streifens setzt somit auf Engführung von jüdischer und kommunistischer Leidensgeschichte. Ein eklatanter historischer Missbrauch.

In vielen Sequenzen sind die Filmemacher der 2014 freigelegten Erstfassung des Romans gefolgt und rekonstruieren im Bild, was einst die Zwischenerinnerungen von Bruno Apitz gewesen waren: eine deutlich widersprüchlichere Lagerwelt, die fehlende heroische Selbstbefreiung, ein nicht allwissendes rotes Widerstandsnetz, vielmehr Angst und Willkür. Aber auch die sogenannte „Neuinterpretation" kommt an der Tatsache nicht vorbei, dass ihr Narrativ an der glatten Erzählwand abgeprallt ist, als könnten alle Lehren von 1989 ohne Schaden über Bord geworfen werden. Bruno Apitz ist mitten in diesem Rezeptionsschub von Neuherausgabe, Film und Dokumentation mit aufschlussreicher Verve zum „Oppositionellen dreier deutscher Staaten"[32] umerzählt, die Deckerzählung an der Oberfläche lediglich eine Runde weitergedreht worden.

Also was war daran nun neu? In der Kernlüge nichts.

32 Lars Förster: a. a. O., S. 8.

ANGSTRÄUME UND LITERARISCHE GEGENWELTEN

Vorwort von Joachim Walther

Wenn es ihn so locke, solle er doch versuchen, trotz des Verbotes hineinzugehen: So spricht der Türhüter in Kafkas Parabel „Vor dem Gesetz“ zu dem, der Einlass begehrt, ihn aber zu Lebzeiten nicht erhält, obwohl, so beteuert der Türhüter, dieser Eingang nur für ihn offen gehalten werde, und merkt noch an, er sei mächtig, doch nur der unterste der Türhüter, die von Tür zu Tür mächtiger würden, so dass den Anblick bereits des dritten nicht einmal er mehr ertragen könne.

Hier haben wir in literarischer Fiktion die Wirklichkeit gewordene Metapher des Totalitären. Das nicht einsehbare Innere der Staatsgewalt. Das streng bewachte, doch inexistente Geheimnis, die Verhüllung des Kerns durch verschwörerische Geheimhaltung. Die demonstrativ ausgestellte Macht, die mehrfach gesicherten Zugänge zu dem pyramidalen, hierarchisch organisierten Bau. Die über allem schwebende, unberechenbare Drohung und die daraus landesweit gewebte engmaschige Angst. Die DDR fügte Kafkas Alptraum die zynische Arroganz der Dialektikjongleure mit ihrer komplementär gewendeten marxistischen Semantik hinzu: die Deklaration des Zwanges als Freiheit, des Diktatorischen als demokratisch, des Verschlossenen als offen, des Innen und Außen als verbunden, des hartleibigen Provinzialismus als propagierte Weite und Vielfalt. Dazu noch: Die alles durchdringende Konspiration und Kontrolle. Die Abschnürung als fortschreitende Selbststrangulation. Die Aushärtung einer Idee zur fixen Ideologie bis hin zu deren sklerotischer Selbstlähmung. Die Verhinderung geistiger Osmose mit der Welt als kontraproduktiver Effekt, der das Vakuum im Inneren und damit die Implosionsgefahr fortwährend erhöhte. Das Selbstzerstörerische des Stabilisierungswahns der zu keiner Zeit legitimierten und deshalb unsicheren Machthaber. Die systematisch organisierte Überwachung der Bilder und Worte, so dass jeder Kreative vor dem Gesetz zu erscheinen hatte, das ihm die Tür zur ohnehin beschränkten Öffentlichkeit entweder mit dem Vorbehalt, den Zugang jederzeit und ohne weitere Begründung wieder versperren zu können, öffnete oder aber vorübergehend bis dauerhaft schloss.

Definiert man die DDR als moderne Diktatur, als poststalinistisches, totalitäres System der angestrebten totalen Kontrolle, so folgt daraus, dass sowohl das offiziell gesteuerte, funktionalisierte, kollektive Gedächtnis als auch das unbegrenzte und deshalb in Diktaturen generell der Eliminierung unterworfene kulturelle Speichergedächtnis und also die gesamten Literaturverhältnisse der sicherheitspolitischen Kontrolle der Partei und des Staates unterworfen sein mussten. Das hieß auch: Verhinderung eines Gegen-Diskurses oder der Entstehung eines Gegen-Gedächtnisses, Implantation einer staatlich-sakralen Erinnerungskultur mittels Mausoleen, Wimpeln, Plakaten, Abzeichen, Fahnen, Spruchbändern, Symbolen, Jahrestagen, Mahnmalen etc. Dazu: Schutzschilde vor häretischer Entzauberung, paranoide Verfolgung des freien Wortes, Gleichzeitigkeit von Kanonisierung und Zensurierung, Honorierung des Angepassten und Stigmatisierung des Kritischen. Das alles gehört unabdingbar zu dem fundamentalen, existentiell überlebenswichtigen Repertoire der Machtsicherung derart verfasster Gesellschaften.

Es ist offensichtlich, dass der literarische Raum in der DDR von der alles bestimmenden Partei bemessen, seine interne Ordnung von ihr bestimmt und überwacht, die einzelnen Literaturproduzenten durch die Türhüter eingelassen oder abgewiesen wurden, ebenso wie die literarischen Texte, die nach den kulturpolitischen Leitlinien der Partei einer selektierenden Bewertung unterlagen, deren Kriterien im normgebenden Konzept des „Sozialistischen Realismus“ und in daraus abgeleiteten Urteilsdichotomien wie formalistisch/dekadent – realistisch/sozialistisch; wahr – falsch; fortschrittlich – reaktionär oder simpel schädlich – nützlich gründeten.

Hier ist nicht der Ort, die Zensurgeschichte der DDR zu schreiben, doch sei auf die Kontinuität dieser speziellen Wortaufsicht hingewiesen. Schon in der Gründungsverordnung des Amtes für Literatur und Verlagswesen von 1951 bildete den Kern des Ganzen die Inhaltskontrolle und Begutachtung der von den Verlagen ausnahmslos zur Veröffentlichung einzureichenden Literatur. Auch später ging es der Partei immer wieder um die Verhinderung einer Literatur, die nicht mit den von ihr erlassenen Gesetzen des von ihr geschaffenen und kontrollierten Staates in Einklang stand, die ihr Meinungsmonopol und damit ihre Alleinherrschaft gefährdete. An diesem so schlichten wie rigiden Diktum änderte sich bis zum Staatsuntergang 1989 grundsätzlich nichts.

1984 erschien in Köln Erich Loests Bericht „Der vierte Zensor – Vom Entstehen und Sterben eines Romans in der DDR", in dem er neben der staatlich institutionalisierten Zensur die Zensur durch die Verlage, die Selbstzensur und die Parteizensur als Zensurkomplex benannte. Erst nach dem Untergang der DDR wurde nach Öffnung und Sichtung der schriftlichen Hinterlassenschaften der Staatssicherheit ein weiterer Teil dieses Zensurkomplexes bekannt: die streng konspirativ gehandhabte Zensur durch eben dieses Ministerium. Dieser fünfte Zensor war der politisch konsequenteste und der einer modernen Diktatur adäquateste, da er sich bei der Bewertung literarischer Texte primär auf das politische Strafrecht konzentrierte und seinen Apparat und seine Methodik perfekt im unsichtbaren Bereich hielt. Der fünfte Türhüter war die schärfste Waffe gegen das freie Wort und verfügte flächendeckend über ein engmaschiges Netz hauptamtlicher und inoffizieller Mitstreiter. Er war die militärbürokratisch organisierte letzte Instanz. War ein Manuskript samt Autor durch alle vier Vorkontrollen geschlüpft, konnten es oder er noch immer in die MfS-Endkontrolle geraten und dort entweder strafrechtlich bewertet oder „operativ bearbeitet" werden. Freilich funktionierte auch die vierfache Vorkontrolle in der DDR bereits vorzüglich, so dass die Staatssicherheit nicht selten lediglich die gemeldeten literarischen Abschüsse zu registrieren hatte und selbst nicht mehr einzugreifen brauchte.

Orwells negative Utopie „1984" formierte sich in der DDR vor und nach 1984 mehr und mehr zur Realität. Der Oberzensor des Landes nannte sich offiziell „Stellvertretender Minister für Kultur" und ließ sich gern mit dem Schmeichelnamen „Bücherminister" titulieren, die Zensurbehörde hieß seit 1963 „Hauptverwaltung Verlage und Buchhandel", die staatlich organisierte Buchzensur „Druckgenehmigungsverfahren". Auch fühlten sich die hauptamtlich bestallten Zensoren subjektiv nicht etwa als Verhinderer, sondern als Förderer der Literatur und fanden nach der Revolution von 1989 – stilistisch sensibel –, der Begriff Zensur sei unangebracht, weil er zu viele negative Assoziationen hervorrufe. Den Begriff meiden und die Praxis schönen: Einige der einstigen Sprachinspektoren wollten uns im Nachhinein weismachen, sie hätten in den letzten Jahren der DDR so rastlos wie selbstlos daran gearbeitet, das „Druckgenehmigungsverfahren" zu vereinfachen und gar abzuschaffen, leider sei dem die Abschaffung des Staates zuvorgekommen. Die aktenkundige Wahrheit ist, dass die Zensur niemals abgeschafft, sondern lediglich besser kaschiert werden sollte. Bei ihrer Vorverlegung in die Verlage ging es um einen weiteren Schritt in Richtung *brave new world*, dessen ideales Endziel das Etablieren der Zensur in den Köpfen war. Jeder sein eigener Zensor, die Schere im Kopf, davon träumten die Retuscheure der Diktatur. Allein die individuell verinnerlichte Zensur ist die perfekte Zensur.

Auch die Zensur der Staatssicherheit zielte letztendlich auf das ideale Endstadium einer modernen Diktatur: auf die freiwillige Selbstzensur der Autoren. Die Allgegenwart der Staatssicherheit im literarischen Raum war schlimm, doch war sie nicht das Schlimmste. Noch schlimmer war, dass sie durch ihre Omnipräsenz einen gesamtgesellschaftlichen Angstraum erzeugte, der auch ohne direkte Repression wirkte, unsichtbar, subtil als Selbstzensur, als Denkblockade und als schwarzer Fleck. Zur ganzen Wahrheit einer Literatur in der Diktatur gehören nicht nur das Verstümmelte und das Unveröffentlichte, zu ihr gehören das Verhinderte, das Ungeschriebene und selbst das Ungedachte, was in kein Archiv der Welt je Eingang findet. 1980 meinte Jurek Becker, das meiste von dem, was verboten sei, werde gar nicht erst geschrieben. Doch auch mit diesem Satz sind wir noch nicht im Zentrum des Unheils angekommen, im geheimen Inneren moderner Diktaturen, die immer auch Gesinnungsdiktaturen sind.

In dem Roman „Kindheitsmuster" schreibt Christa Wolf, die Galionsfigur der kritisch-loyalen DDR-Autoren, 1976 von ihrer Angst, zu viel zu erfahren und in eine Zone der Nichtübereinstimmung gedrängt zu werden. Noch 1984 spricht sie in einem Vortrag von ihrer Angst vor zu weit gehenden Einsichten als einem besonders starken, hartnäckigen und zugleich diffusen Widerstand, der sie daran hindere, zu tabubesetzten Themen etwas zu schreiben. Hier wird die Loyalitätsfalle der partiell praxiskritischen, doch der sozialistisch-kommunistischen Idee treuen Autoren offenkundig.

Nicht Staatssicherheit und nicht Zensur waren Kern des Übels, sondern eben diese Angst, die als ideologischer Virus in die Innenwelt der Ideen eingedrungen war und dort ihre verheerende Arbeit des Verhinderns verrichtete. Diese tief verinnerlichte Angst war die feinste und zugleich fürchterlichste Wirkung der DDR-Diktatur. Die konkret genannte Utopie war auf dem Weg zum finalen Heil. Die Verhinderer haben dann nichts mehr zu verhindern, da es bereits im Ansatz verhindert worden ist. Die Wortwächter brauchen nichts mehr abzutreiben, weil die Texte ungezeugt geblieben sind. Das verhängte oder selbst auferlegte Denkverbot ersetzt das Druckverbot. Die Selbstzensur das Deleatur.

Die Schwierigkeit war nicht, die Manipulationen am retuschierten Positiv zu durchschauen, sondern die hinter der Stirn unsichtbar patrouillierende Selbstzensur zu erkennen, die Negative unzensiert im innersten Archiv abzulegen und die Angst vor den zu weit gehenden Einsichten zu verlieren. Diese vollzogene Konsequenz macht den Unterschied zwischen affirmativen und kritisch-loyalen Autoren einerseits und systemkritischen wie subversiven Autoren andererseits.

Synchron mit Zensur und Selbstzensur wirkte durch etablierte zentrale Symbole (wie „Spartakus", „Bauernkrieg", „Buchenwald" u. a.) und Mythen (wie dem „antifaschistisch-demokratischen" Gründungsmythos) sowie einen als vorbildhaft propagierten und als Lektürekanon in den Schulen pädagogisch vermittelten Textkorpus „humanistischer", „realistischer" und „sozialistisch-realistischer" Literatur aus Gegenwart und Vergangenheit ein weiteres Machtmittel, um die Funktionalisierung und Instrumentalisierung der Literatur möglichst im Konsens zu erreichen: der Kanon.

Der in jeglicher, also auch in der DDR-Diktatur, von oben gesetzte Kanon als ein komplexes System der Förderung und Privilegierung, flächendeckender Kontrollmechanismen sowie eines variablen und willkürlich einsetzbaren Instrumentariums der Sanktion und Repression sollte durch wegweisende Orientierung integrativ und stabilisierend wirken, was jedoch auch bedeutete, alles nicht zu Integrierende strikt auszugrenzen. Obwohl weder in ein Goldenes Buch noch in einen Index eingeschrieben, war dieser Kanon dennoch kein Phantom. Er wurde gesetzt, gepflegt und verändert von Institutionen und Personen. Ganz oben standen die programmatischen Festlegungen zu Literatur und Kunst auf den Plenen und Parteitagen der SED, vorbereitet von und institutionell organisiert in der Ideologischen Kommission, der Abteilung Kultur und dem Lehrstuhl Kunst und Literatur am Institut für Gesellschaftswissenschaften im ZK-Apparat der Partei, gefolgt von parteikontrollierten literaturwissenschaftlichen Instituten wie dem Zentralinstitut für Literaturgeschichte der Akademie der Wissenschaften oder den germanistischen Instituten an den Universitäten, in denen mehrheitlich marxistisch-leninistische, wenn auch in dogmatische und kritisch-loyale Geister geschiedene Literaturwissenschaftler beschäftigt waren, sodann die personell aufgeblähten und von der Partei angeleiteten Künstlerverbände und kulturbezogenen Vereine, dann zudem verdeckt präsent, doch praktisch äußerst wirksam der gesamte Zensurkomplex in seiner Funktion als Kanonhüter und die Staatssicherheit als letzte Bastion mit ihrem kurzen Draht zur exekutierenden DDR-Justiz.

Gewiss gab es unter Autoren, Literaturwissenschaftlern und Verlagsmitarbeitern auch solche, die redlich bemüht waren, der geistigen Armut im Lande aufzuhelfen, gewiss ist der literarische Kanon in den vier DDR-Jahrzehnten verändert, auch erweitert worden, doch haben Partei und Staat zu keinem Zeitpunkt darauf verzichtet, Literaturen und Autoren auszugrenzen, zu unterdrücken und zu verfolgen, was die Schicksale der in der Bundesstiftung Aufarbeitung im Archiv unterdrückter Literatur versammelten Autoren belegen.

Zudem ist zu fragen, ob die von einigen Literaturwissenschaftlern heute ein wenig heroisch genannten „Kanonkämpfe" nicht viel mehr hoffnungslos verspätete und nicht nur aus heutiger Sicht lächerlich anmutende, vormals mit vollem, mitunter gar heiligem Ernst ausgetragene Scharmützel waren, um, was an moderner Kunst und Literatur längst in der Welt und anerkannt war, noch einmal abzulehnen oder zuzulassen, weshalb die „Kanonkämpfe" eher „Kanonkonvulsionen" genannt zu werden verdienten. Sei es die Formalismus-Kosmopolitismus-Debatte in den fünfziger Jahren, sei es die um den Expressionismus, um Kafka, Musil, Trakl oder das Gezerre um Freud oder Nietzsche in den achtziger Jahren. Es war in jedem Fall immer schon zu spät, wurde aber dennoch mit Vehemenz ausgetragen: auf der einen Seite meist rückwärtsgewandte Kulturfunktionäre der Partei im Verbund mit dogmatischen Wissenschafts-Apparatschiks, auf der anderen Seite zur Diskussion zugelassene kritisch-loyale Schriftsteller und Literaturwissenschaftler, denen aber jederzeit die Zulassung entzogen werden konnte. Diese Auseinandersetzungen um literarhistorisch längst Erledigtes weiteten lediglich den offiziellen Kanon, der ohne ideelle Ausstrahlung auf die nonkonformen Autoren blieb, aber als materielle Gewalt auf sie zurückschlug, indem sie durch diesen Kanon und die daraus abgeleitete Kultur- und Zensurpolitik marginalisiert und ausgegrenzt wurden. An dessen Stelle setzten sie ihren eigenen, ideologiefreien, „stillen" und offenen Kanon von unten, dessen Firmament signifikant andere Leitgestirne trug als der offizielle Kanon: die gesamte literarische Moderne der Welt als produktiver Vorrat, aus dem eigenen Land nur wenige Auserwählte, dazu vorurteilsfrei Philosophien und Ästhetiken aller Zeiten und Kulturen, was hieß: Chlebnikow statt Ostrowski, Benn statt Becher, Bourdieu, Deleuze, Lacan, Foucault, Derrida statt Marx, Engels, Lukács.

Bei den im Archiv unterdrückter Literatur in der DDR versammelten Primärtexten und dem zeithistorischen Sekundärmaterial handelt es sich um einen neuen, bisher nicht zugänglichen Fundus. Dessen Bewertung soll einen faktisch begründeten Blick auf bislang ausgeblendete Teile der in der DDR geschriebenen Literatur ermöglichen und insofern modifizieren, als der von der marxistisch-leninistischen Literaturwissenschaft vorgegebene und nach dem DDR-Untergang weitgehend fortgeschriebene Kanon aufgebrochen werden soll, um den 40 Jahre existenten literarischen Raum in der DDR neu zu vermessen. Dieses Buch, eine erste Überschau und Analyse des Archivbestandes, soll dazu ein Auftakt sein.

Dabei zeigt sich, dass das literarische Leben in der DDR heterogener und polarisierter war, als es die publizierten Texte aus dieser Zeit vermitteln. Angesichts der mittlerweile bekannten Zensurpraktiken und politischen Restriktionen in der DDR wird diese Tatsache kaum erstaunen. Doch gelangten die in der DDR nicht veröffentlichten literarischen Entwürfe, die ein anderes Bild von Staat und Gesellschaft als das offiziell propagierte wiedergaben, auch nach 1989 kaum an die Öffentlichkeit.

Die Sichtung der meist unveröffentlichten Texte zeigte zudem, dass deren Autoren politisch kalkuliert ausgesondert worden sind, da sie nicht bereit waren, kulturpolitisch angetragene stofflich-gegenständliche, thematische, aber auch formal-ästhetische Verformungen in Bezug auf die eigenen Schreibexistenzen zu gestatten.

Neben den aus verschiedenen Gründen nicht in diesem Archiv vorhandenen, aber von ihrer Schreibgenese und ihren Arbeitsbedingungen her dazugehörigen Schriftstellern wie Gert Neumann, Wolfgang Hilbig und etlichen weiteren Autoren muss die Literatur dieser nicht kanonisierten Urheber als Korpus notwendigerweise fragmentarisch bleiben: Vernichtung von Manuskripten und das organisierte Vergessen haben in etlichen Fällen ihr Werk getan. Auch die Frage, wie viele künstlerische Versuche abgebrochen, wie viele literarische Lebensentwürfe in der DDR-Diktatur zerstört worden sind, wird kaum mehr zu beantworten sein. In einer Zeit, in der die sichtbaren Zeichen der zweiten deutschen Diktatur sukzessive schwinden, wird das Archiv unterdrückter Literatur in der DDR zu einem Dokumentationsort politischer und ästhetischer Widerständigkeit, zu für Folgegenerationen konkreten Belegen individueller Unbedingtheit, Zivilcourage und des Bewahrens geistiger Autonomie unter den Bedingungen eines totalitär verfassten Staates.

Ein nicht unwichtiges Motiv für die Gründung des Archivs wie für die zehnbändige Edition „Die Verschwiegene Bibliothek" in der Büchergilde Gutenberg (2005–2009) war zudem, die in der DDR abgewiesenen Autoren moralisch zu rehabilitieren und ihren Texten, die dort keine Chance auf Publikation hatten, heute das zu geben, was Literatur zum Leben braucht wie der Mensch die Luft zum Atmen: Öffentlichkeit. Damit erhalten zumindest einige der einst verschwiegenen, verbotenen, zensierten, unterdrückten und bei der Staatssicherheit gesperrt abgelegten Texte nun endlich die Chance, ins kulturelle Gedächtnis der Nation gehoben und dort bewahrt zu werden.

Ines Geipel

ERSTER TEIL

1945–1968

DIE STUNDE NEUSCHULD
UNMITTELBARER NACHKRIEG

Die Gruppe 47 Ost

Literarischer Neuanfang und modellhafte Nachkriegsöffentlichkeit, Talentformung und Freundschaftsfeste: Als der Schriftsteller Franz Hammer am 1. Juni 1947 auf der ersten Thüringer Schriftstellertagung in Weimar einen Arbeitskreis junger Autoren ausrief, war das nichts anderes als die Geburtsstunde der Gruppe 47 Ost. Immerhin reichlich ein Vierteljahr vor der Initiation der legendenumwobenen Poeten-Werkstatt im Westen gelang es ihm, 20 junge Stimmen zu versammeln, darunter etliche später in der DDR vielgelesene Autoren wie Armin Müller, Hansgeorg Stengel, Günther Deicke oder Harry Thürk, die sich schon einen Tag später in Hammers Wohnung im Nietzsche-Haus in der Luisenstraße einfanden.

Die Zeit roch nach Anfang, Hoffnung, Aufatmen. Der Hunger nach geistiger Auseinandersetzung, nach Austausch und Öffentlichkeit war so unmittelbar nach dem Hitler-Desaster immens. Der Modus der Zusammenkunft: frische Texte vorstellen, debattieren und dabei das Neue auf brennendste Art zerreißen.[33]

---

33 Von den annähernd 70.000 Manuskriptseiten im Archiv der unterdrückten Literatur der DDR (AUL) ist der weitaus größte Teil des Materials aus den siebziger und achtziger Jahren. Der reduzierte Bestand aus den frühen DDR-Jahren hat mit den gebrochenen Biografien der Autorinnen und Autoren zu tun, den Schwierigkeiten des Nachkriegs sowie mit der Vernichtung des Materials beim Zugriff durch die Sowjets bzw. durch deutsche Sicherheitskräfte. Später konfiszierte das Ministerium für Staatssicherheit bei Verhaftungen vorgefundene Manuskripte, um sie als „Beweismittel" einsetzen zu können, wodurch sie erhalten blieben. Das Archiv befindet sich in der Bundesstiftung zur Aufarbeitung der SED-Diktatur (BStA), Berlin.

Die Genese der Gruppe 47 Ost lässt sich somit durchaus als Paradigma für die Sprach-, Denk- und Wirkmöglichkeiten junger Intellektueller – mit wenigen Ausnahmen waren alle Kreismitglieder zwischen 1920 und 1930 geboren – in den unmittelbaren Jahren nach dem Zusammenbruch des Nationalsozialismus im Osten Deutschlands lesen. Drei Jahre waren der avancierten Idee nur gegönnt. Wenig Zeit für eine literarische Urszene, die es wohl ohnedies nur gab, da das Vorhaben unter besonderem Schutz stand. Denn der Thüringer Kulturbundsektion, für die Franz Hammer als Landessekretär fungierte, saß ab März 1946 die widerständige Geistesaristokratin Ricarda Huch vor, die in Jena lebte. Ihr Ruf als integre „Königin der inneren Emigration" war auch bei den sowjetischen Kulturoffizieren, die im Sommer 1945 bei ihr in Sachen Kulturarbeit anfragten, über jeden Zweifel erhaben. Beinahe zeitgleich zu Huchs Amtsantritt war der Schriftsteller Theodor Plivier, später berühmt geworden für seine Kriegstrilogie „Stalingrad", „Moskau", „Berlin", auf Betreiben des Kulturbundchefs und Moskau-Emigranten Johannes R. Becher zum Landesvorsitzenden gemacht worden. Thüringen als kulturelles Pilotprojekt für den Osten? Zumindest erhielten die Jungen am Anfang gehörig Unterstützung. Das thüringische Kultus- und auch das Volksbildungsministerium förderten. Schon Ende 1947 konnte Franz Hammer Autorinnen und Autoren auf honorierte Lesungen einladen und Stipendien vergeben. Er holte Fachreferenten in den Kreis, organisierte Tagungen und gewann den „Thüringer Volksverlag", der die Patenschaft für seine Schützlinge übernahm. Eine geschickte Kooperation, weil sie erste Publikationen möglich machte. Der Arbeitsrhythmus der Gruppe 47 Ost schien nach knapp einem Jahr gefunden. Es hagelte Preise, Lesungen, Rundfunkaufnahmen, Veröffentlichungen. Viel öffentliches Renommee also.

Als die Ehrenpräsidentin Ricarda Huch am 4. Oktober 1947 den Ersten Deutschen Schriftstellerkongress[34] eröffnete, markierte dieser Auftritt mitten in den intendierten Aufbruch hinein jedoch eine erste und ernste Zäsur. Denn ihre Rede, die in gewohnt univer-

---

34 Ursula Reinhold, Dieter Schlenstedt, Horst Tanneberger (Hrsg.): Erster Deutscher Schriftstellerkongress, 4.–8. Oktober 1947, Berlin 1997.

Ricarda Huch mit Melvin J. Lasky, Erster Deutscher Schriftstellerkongress 1947

sellem Huch-Format das Konzept des deutschen Weltbürgers aufrief, wurde zugleich ihr Abschied. Wenige Stunden später floh sie – desillusioniert und hochgradig genervt von Kontrolle, Dirigismus und neuer Gewalt – aus der sowjetischen Besatzungszone. In ihrem Vermächtnis, das sie vor 300 Kollegen im Berliner Hebbel-Theater sprach, sah Ricarda Huch den Weg der deutschen Literatur nach 1945 insbesondere in der Deutschen Einheit, der Überwindung der geistigen und politischen Isolation des Landes und in der Annäherung zwischen innerer und äußerer Emigration. Als auch Theodor Plivier – dem wachsenden Druck aus Ostberlin erlegen – Anfang 1948 in den Westen ging, war der politische Rückbau nach dem kurzen Aufatmen von 1946/47 schon offenbar. Thüringen hatte seine besten Köpfe verloren, noch ehe überhaupt von Aufbruch wirklich die Rede sein konnte.

Und auch die Gruppe 47 Ost blieb von der brisanten politischen Gemengelage und dem Terror in der sowjetischen Besatzungszone nicht verschont. Am 18. Juni 1948 wurde Gerhard-Rolf Wenzel, einer der Hauptinitiatoren des Kreises, verhaftet. Dem 27-Jährigen, 1921 in Sondershausen geboren, wurde vorgeworfen, von Juni bis November 1947 für die Westberliner SPD konspirativ tätig gewesen zu sein. Tatsächlich gab es nichts, was man gegen den engagierten Journalisten und Schriftsteller in der Hand hatte. Alle Ermittlungen liefen ins Leere. Dennoch wurde im Juli 1948 in Weimar ein pseudojuristisches Verfahren eröffnet, bei dem Gerhard-Rolf Wenzel wegen Spionage angeklagt und zu 25 Jahren Zuchthaus verurteilt wurde.[35] Ein extremes, wenn auch übliches Urteil in diesen Jahren. Und so musste der junge Dichter am 19. Juli 1948 seine Haftzeit im berüchtigten Zuchthaus Bautzen antreten.

Noch während des Militärtribunals zu Wenzel, konkret am 13. Juli 1948, war es in Sondershausen zur „Auflösung eines Arbeitszirkels von Schumacherleuten“[36] gekommen. Jeder, der in Thüringen mit dem SPD-Politiker Kurt Schumacher in irgendeiner Form in Verbindung stand und ermittelt werden konnte, wurde verhaftet. Die Gründung der SED im April 1946 zog ihre Kreise. Seit der

---

35 Gerhard-Rolf Wenzel: Militärtribunal Land Thüringen, Akte Nr. 127502.

36 BStU, Berlin: MfS Allg. S 382/76.

Zwangsvereinigung von KPD und SPD hatten 20.000 Sozialdemokraten in der SBZ ihre Arbeitsstellen verloren, 100.000 flohen in den Westen, 5000 hatte man in Lager gesperrt, 400 waren ermordet worden.

Die Nachricht von der Verhaftung ihres Kollegen hatte die Literatengruppe nur Stunden später schon erreicht. Aber was war geschehen? Wo war „der Lange" abgeblieben? Niemand wusste etwas. Die Vaterfigur des Kreises, der 1903 in Dresden geborene Schriftsteller Gustav Leuteritz, ein Freund von Gerhard-Rolf Wenzel und Kulturredakteur der „Täglichen Rundschau", dem Organ der sowjetischen Militäradministration, wurde nur Tage nach Wenzels Verhaftung von der sowjetischen Leitung seiner Zeitung einbestellt. Das als Befragung getarnte Treffen wurde zum gezielten Tribunal. Als der Druck auf den verängstigten Leuteritz groß genug war, kamen die Sowjets mit ihrer Forderung heraus: Spitzeldienste als Loyalitätsbekundung. Gustav Leuteritz würde seine Reputation nur wiederherstellen können, wenn er für den KGB arbeitete und Informationen über den Kreis und sein Umfeld lieferte. Er zögerte, dann willigte er ein.

Aus einem späteren Brief von Erna Leuteritz, seiner Ehefrau, an Johannes R. Becher vom 9. Oktober 1955 geht hervor, dass ihr „Mann mit der Verpflichtung nicht fertig geworden" sei und „überhaupt nicht mehr schreiben konnte"[37]. Zwei Jahre lang hatten beide die Situation besprochen, dann habe sie ihm geraten, sich „den sowjetischen Freunden anzuvertrauen"[38]. Am 14. Juli 1952 sei er zu einer „Unterredung mit den sowjetischen Genossen"[39] gegangen. Von da war er nicht mehr zurückgekommen. Gustav Leuteritz wurde unmittelbar nach seiner Verhaftung ins Straflager Workuta deportiert, in den Gulag am Nördlichen Eismeer. Am 2. Juni 1954 sei er dort gestorben, berichtete ein Mithäftling später nach seiner Rückkehr aus dem ewigen Eis. Erna Leuteritz hörte nie mehr etwas von ihrem Mann. Sie erhielt auch keine offizielle Todesnachricht. 1956 ließ sie ihn für tot erklären.

---

37 SAPMO-BA, DR/1/8379, Bl. 140–142.

38 Ebd.

39 Ebd.

Gruppe 47 Ost, mittig sitzend Franz Hammer, Zweite von rechts Ursula Adam, hinten Dritter von rechts Gerhard-Rolf Wenzel

Gerhard-Rolf Wenzel starb am 21. Oktober 1950 im Zuchthaus Bautzen an Tbc. In seiner Krankenakte dieses Tages ist zu lesen: „Patient verfällt zusehends, nimmt nichts mehr zu sich, fällt am Nachmittag in Agonie, Exitus 21.35 Uhr.“[40] Mit knapp zwei Metern hatte Gerhard-Rolf Wenzel am Ende keine 50 Kilo mehr gewogen. Vier Tage nach seinem Tod fand die Feuerbestattung des 29-Jährigen statt. Die Eltern erhielten daraufhin einen Brief: „Die Strafanstalt Bautzen Abteilung V teilt Ihnen mit, dass Ihr Sohn Gerhard-Rolf Wenzel, geb. 10.5.1921, am 21.10.1950 an einer Infektionskrankheit in hiesiger Anstalt verstorben ist. Betreff der Sterbeurkunde wenden Sie sich bitte an das Standesamt in Sondershausen. Der Nachlass Ihres Sohnes kann hier gegen Quittungsleistung empfangen werden. Volkspolizei-Inspekteur Bausch, Leiter der Strafanstalt Bautzen.“[41]

Im Sommer 1948 saß die 27-jährige Ursula Adam im thüringischen Naumburg und schrieb Protestgedichte für die Freilassung ihres Kollegen Gerhard-Rolf Wenzel. Wie er und Gustav Leuteritz gehörte auch sie zu den Gründungsmitgliedern der Gruppe 47 Ost. In einem Lebenslauf, datiert vom April 1947, schrieb die 1922 in Naumburg Geborene: „1941, mit 19 Jahren, wurde ich zwangsweise Telefonistin, kam nach Halle, später München, Hamburg, zuletzt Weißenfels, wo ich mich 1944 für die Pflege meiner schwerkranken, gelähmten Mutter befreien konnte. In München nahm ich an zwei Hörersemestern Philosophie an der Universität teil. Während der schweren Krankenpflege meiner Mutter begann ich, den Lebensunterhalt durch Malerei zu verdienen. Im April 1945 wurde meine Mutter bei einem Bombenangriff getötet. Hatte ich schon vorher Gedichte verfasst, so führte mich dieses Ereignis zur Schriftstellerei.“[42]

Bedrohte, ortlose, schwere Kriegsjahre, die sie teilte mit den anderen aus der Gruppe, die vor allem auch eine Erfahrungsgemeinschaft war. Junge Aufbau-Dichter mit frühen Existentialbiografien, insbesondere bei den Männern. Unter anderen: Armin Müller, Jahrgang 1928, kam aus Niederschlesien, musste noch als 15-Jähriger in

---

40 Gerhard-Rolf Wenzel: Militärtribunal Land Thüringen, Akte Nr. 127502.

41 Ebd.

42 Ursula Adam: MfS BV Halle, AST 6249 a.

den Volkssturm und darauf in sowjetische Kriegsgefangenschaft. Hansgeorg Stengel, 1922 in Greiz geboren, wurde nach dem Abitur in die Wehrmacht eingezogen und geriet in Verona in amerikanische Kriegsgefangenschaft. Harry Thürk, 1927 in Oberschlesien geboren, wurde 1944 zum Fallschirm-Panzer-Korps Hermann Göring eingezogen und floh am Ende des Krieges nach Weimar. Hans Jürgen Geerdts, 1922 geboren, kam aus Danzig, 1940 trat er in die NSDAP ein, ab 1944 war er in der Wehrmacht und wurde noch wegen Wehrkraftzersetzung angeklagt. Günther Deicke wurde 1922 in Hildburghausen geboren, er war Führer der Hitlerjugend in Römhild, trat 1940 in die NSDAP ein, ging als Freiwilliger auf Minensuch- und U-Boote und wurde Marineoffizier. Rudolf Weiß wurde 1920 in Eisenach geboren, nach seinem Arbeitsdienst musste er zur Wehrmacht und erlitt 1943 eine schwere Verletzung an der Ostfront. 1944 trat er der NSDAP bei. Walter Stranka wurde 1920 im böhmischen Kaaden geboren, 1938 trat er der tschechischen Kommunistischen Partei bei, musste im selben Jahr nach Prag fliehen, wurde 1940 als Deutscher zur Kriegsmarine eingezogen, nach Kriegsende aus Tschechien vertrieben und landete in Weimar.

Aber wie kamen diese frühen Lebensbrüche zur Sprache, wie wurden Erfahrungen wie diese literarisch aufgenommen? Im Februar 1948 hatte Ursula Adam in einem Brief an Franz Hammer geschrieben: „Wir schreien zu viel nach dem, was nicht da ist, und rennen mit großen Worten um ein Leeres. Viel Staub wird aufgeblasen, manche Köpfe werden verdreht. Um das, worum es wirklich geht, kann man doch einen wahren Dichter oder Schriftsteller nicht erst aufklären. Er muss es in sich fühlen."[43] Ein früher Korrektur- und Distanzversuch, der direkt ins Arbeitsherz der Gruppe traf, da die Vorstellungen im Kreis in Sachen ideologische Zugeständnisse zunehmend divergierten. Franz Hammer als Kopf und Mentor des Kreises geriet im Mai 1948 in einer lancierten Kontroverse unter Beschuss. In der Hauptsache drehte sich der Angriff um seine Vermittler- und Funktionärsrolle. Nicht laut, aber doch vernehmbar hatte er versucht, sich der rüder werdenden SED-Politik in Sachen Kultur entgegenzustemmen. Zumindest versuchte er eine

43 Ursula Adam: Nachlass, BStA, AUL.

Zeitlang noch, die ihm Anvertrauten zu schützen, vor allem wenn sie nicht Mitglieder der Partei waren. Die staatlichen Reglementierungen aber nahmen zu. Der Druck auf die Gruppe erhöhte sich.

Im November 1949 stellte der Generalsekretär des Kulturbundes, Klaus Gysi, auf dem 2. Bundestag den Kreis noch als „vorbildliche Arbeitsgemeinschaft" heraus und behauptete darin ein weiteres Mal das Avantgardeprinzip der Trümmergeneration als Fackelträger für den neuen Osten. Als sich der Arbeitskreis junger Autoren Thüringens Ende 1950 dann aber erstmals mit einem 30-seitigen „Versuch einer kritischen Selbstdarstellung" öffentlich vorstellte, war das Drama zwischen politischer Instrumentalisierung und individueller Kreativität schließlich auch schriftlich fixiert. „Eine andere Ordnung, andere Menschen! Selten kann man so klar den innigen Zusammenhang zwischen Kultur und Gesellschaft, zwischen der wirtschaftlichen Struktur und dem Kunstwerk erkennen wie gegenwärtig, wo sich Altes und Sterbendes deutlich vor dem roten Feuer einer aufgehenden Epoche abhebt"[44], hieß es. Zum roten Feuer gehörte laut Text, dass die Gruppe seit ihrem Bestehen einen „neuen Typ des Schriftstellers" generiert habe, der sich vom bürgerlichen Schriftsteller wesentlich unterscheide. Klar war auch, worin: „Es hat sich in der Arbeit des Kreises immer deutlicher erwiesen, dass eine qualitative Entwicklung des politischen Bewusstseins eine literarische Qualitätssteigerung nach sich zieht."[45]

Eine *déformation professionelle* als Reaktion auf die dreijährige Anpassungsleistung der Pilot-Gruppe? In jedem Fall hatte das Werbeheft diejenigen Mitglieder des Kreises gelöscht, denen es in den Augen seiner Macher an politischem Bewusstsein und ergo literarischer Qualität ermangelte. So findet sich kein Hinweis auf den toten Gerhard-Rolf Wenzel, kein Wort zu seinem Schicksal, nichts zu seinem Wirken und Schreiben. In der Offerte an die Macht fehlte aber auch noch ein zweiter Name – der von Ursula Adam. Sie hatte sich Ende Oktober 1949 auf eine fünfmonatige Reise durch Westdeutschland begeben, da sie Kontakte zu Zeitungen und Rundfunk-

---

44 Hans Jürgen Geerdts: Der Arbeitskreis junger Autoren Thüringens, Weimar 1950, S. 9.

45 Ebd., S. 17.

Ursula Adam Ende der fünfziger Jahre in Westberlin

sendern auftun wollte, mit denen sie sich als freie Autorin auf solidere Füße stellen könnte. In einem Zug Richtung Wiesbaden saß sie dem gleichaltrigen Volkswirtschaftsstudenten Oskar Stühmke aus Westberlin gegenüber. Eine Begegnung mit Folgen. Sie blieb in Wiesbaden und wurde schwanger.

Am 7. September 1950 wurde Oskar Stühmke im Zug D49 von Frankfurt am Main nach Berlin verhaftet. Er war in Naumburg eingestiegen. Ursula Adam stand kurz vor ihrer Entbindung, die in ihrer Wohnung stattfinden sollte. Beim Durchsuchen seines Gepäcks fanden die Polizisten etliche Manuskripte, die Verdacht erregten. Sie zerrten ihn aus dem Zug. Ein Auto brachte ihn nach Halle, in den „Roten Ochsen", die Strafanstalt des Ministeriums für Staatssicherheit Halle, wo man den 26-Jährigen sofort nach seiner Ankunft mehrfach verhörte.

Nur Stunden später, am Morgen des 8. September 1950, wurde in Naumburg Imanuel Adam, der Sohn von Ursula Adam und Oskar Stühmke, geboren. Einen Tag darauf durchsuchte das MfS die Wohnung der Wöchnerin in Naumburg, Kösener Straße 17, und konfiszierte alle ihre Texte. Im Polizeibericht heißt es: „Bei der sofort vorgenommenen Hausdurchsuchung im Zimmer der Adam wurden belastende Schriftstücke aufgefunden, die den Verdacht der Agententätigkeit aufkommen ließen."[46] Die Mutter und ihr Neugeborener wurden abgeführt, ebenfalls in den „Roten Ochsen" gebracht und beide dort getrennt. Ursula Adam kam in die Frauenhaftanstalt Weißenfels, der Sohn in das städtische Kinderheim „Frankenhaus". Zu dem Zeitpunkt wog er fünf Pfund.

In den späteren Anklagen gegen das Paar ging es im Kern um einen einzigen Text, den Sketch „Jugend spricht über die Eiserne Wand", den Ursula Adam als Gedankenskizze zu einer Fahrt von Weimar nach Erfurt in einem unbeleuchteten D-Zug angefertigt hatte. Die Anklage hält dazu fest: „Das Manuskript strotzt von Gemeinheiten gegen die Einrichtung der DDR und die sowjetische Besatzungsmacht. Als Grund ihrer hetzerischen Tätigkeit gibt die Adam an, dass sie sich unter dem Kommunismus etwas anderes vorgestellt hat. Ein Sketch von diesem Format hätte nur den Inter-

---

46 Ursula Adam: MfS BV Halle, AST 6249 a.

essen der westlichen Kolonialherren gedient. Es ist festgestellt, dass die Angeklagte durch die Abfassung des Manuskripts den Frieden des deutschen Volkes und der Welt gefährdet hat.“[47]

Aus „Jugend spricht über die Eiserne Wand“:

Er: Wo kommen Sie denn her?
Stimme: Von drüben.
Stimme: Das sagen ’se ma nich so laut.
Sie: Sie bringen gleich einen anderen Geruch mit.
Stimme: Das ist hier aber auch ein Gestank und Dreck. Kann man ja nur im proletarischen Arbeitskittel fahren.
Er: Sie müssen das Schweigen noch lernen.
Stimme: Na, ein paar Worte wird man doch wohl noch sagen dürfen. (Lachen)
Er: Kürzlich saßen ein paar Herren im Abteil. Ich hatte in der „Thüringer Volkszeitung“ die dicken Zeilen der glücklichen, gesunden Planwirtschaft gelesen. Ungewollt kam mir ein gedehntes: Ja, ja! über die Lippen. Sagt der neben mir kopfnickend: Ja, ja! Ein zweiter seufzt: Ja, ja! Sagt ein Mann am Fenster: Meine Herren, führen Sie bitte nicht solche politischen Gespräche! --
Stimme: Ja. ja! Das Land hier ist reich an Möglichkeiten.
Er: Warten Sie’s ab, die Schrauben werden einmal so fest gedreht sein, daß sich der Motor heiß und feurig läuft.
Stimme: Sie haben wohl Redefreiheit?
Stimme: (Lachen) Ja, ja! …
Sie: Ich möchte Ihnen einen guten Rat geben. Seien Sie vorsichtiger in Ihrer Wortwahl!
Er: Aber meine Verehrteste, ich danke für die echt demokratische Sorge in diesem Jagdgebiet der Polizeidiktatur. Doch Sie haben ja die Zustimmung der fremden Paradiesbewohner gehört.[48]

---

47 Ebd.

48 Ursula Adam: Nachlass, BStA, AUL.

Am 28. Februar 1951 wurden Ursula Adam und Oskar Stühmke von der 8. Strafkammer des Landgerichts in Halle/Saale wegen „Verbrechen nach Artikel 6 der Verfassung der DDR und nach Abschnitt III A III der Kontrolldirektive 38“ angeklagt. Oskar Stühmke wurde zu 5 Jahren Zuchthaus verurteilt. Ursula Adam musste für 8 Monate hinter Gitter, obwohl sich ihr Sketch lediglich im Gepäck des Freundes befunden hatte und, wie sie im Prozess zu verdeutlichen suchte, nie zur Veröffentlichung bestimmt war. Noch am Tag der Urteilsverkündung erklärte sie so mutig wie beharrend in einem Gnadengesuch: „Ich kann beweisen, dem Frieden der Welt durch Veröffentlichung von Gedichten gedient zu haben. Ich habe als Mutter, getrennt von meinem Kind, schon derart gelitten, dass ich jede weitere Bestrafung als zu hart empfinde und deshalb an ihre Herzen und an die Gerechtigkeit appelliere. Sie wissen, dass ich nichts Hetzerisches veröffentlicht habe.“[49]

Das MfS schwieg. Vier Wochen später schrieb Ursula Adam, in höchster Sorge um den Sohn, ein zweites Gesuch. Dem wurde erst stattgegeben, nachdem sich die Dichterin für den Geheimdienst zwangsverpflichtet hatte. Am 3. April 1951 wurde sie entlassen und nahm noch am selben Tag nach einem halben Jahr Trennung ihren Sohn im „Frankenhaus“ in Empfang. Doch die Entlassung wurde ein „furchtbarer Sturz“[50], wie sie in einem Brief an Franz Hammer festhielt. Die Willkür der Haft, Angst, Ohnmacht, der Bruch mit den Literatenfreunden, ihre völlige Mittellosigkeit, und nachdem sie ihren Sohn völlig unterernährt aus dem Heim geholt hatte, ließ sie nichts unversucht, ihn wieder zu Kräften kommen zu lassen. Doch er erholte sich nicht. „Mein Kind starb in der Nacht zum 6. Mai an Herzlähmung, Tbc und Lungenentzündung“[51], schrieb sie an Hammer.

Eine 29-Jährige, nach fast einem Jahr Zuchthaus, mit einem toten Kind und einem Freund in Haft, auf sich allein gestellt, innerlich ortlos, ohne Geld, politisch isoliert und mit einem Kollegenkreis, der jedes Gespräch verweigerte. Ursula Adams Gedichte in der Zeit sind Schmerztexte, konzentriertes, entschlossenes Sprachgeröll.

---

49 Ursula Adam: MfS BV Halle, AST 6249 a.

50 Ursula Adam: Nachlass, BStA, AUL.

51 Franz Hammer: Nachlass, Literaturarchiv der Akademie der Künste Berlin.

Oskar Stühmke musste seine fünf Jahre Gefängnis bis auf den letzten Tag absitzen, da „seine Einstellung zur heutigen Staatsführung negativ“[52] sei, hieß es von Seiten der Staatsanwaltschaft Halle. Die Beziehung zu Ursula Adam ging aufgrund der langen Trennung in die Brüche. Noch im Sommer 1951 flüchtete Ursula Adam aus der DDR und ging nach Westberlin. Dort versuchte sie, sich ein neues Leben und ein kulturelles Kontaktnetz aufzubauen. Sie schrieb Lyrik, Prosa, Stücke, Zeitungstexte, arbeitete für den RIAS und den SFB. Sie lebte in der Frontstadt des Kalten Krieges, in der Wunde Berlin, mit viel Alkohol und Zigaretten, mit Freunden und langen Reisen durch Europa. Sie starb am 12. November 1979, einen Tag vor ihrem 57. Geburtstag.

Die zweite Verhaftung aus der Gruppe 47 Ost, die von Ursula Adam, waren die maßgebenden Gremien allerdings nicht mehr bereit, ohne weiteres hinzunehmen. War ihre Haltung etwa ein Indiz für das politische Klima im Kreis? Gab es noch mehr Abtrünnige, noch mehr „hetzerische Texte“? Bildete sich da unter den Augen der Kulturkontrolleure eine junge, kritische Intelligenz, die politisch außer Kontrolle geriet? War das große Hoffnungsprojekt in schwerster Krise? Die Sache schien eindeutig. Der Gruppenchef Franz Hammer hatte den Kreis nicht im Griff. Und die jungen Leute wiederum waren nicht willens, sich in vollem Umfang dem neuen „roten Feuer“ zu verschreiben. Umbaumaßnahmen mussten her.

In der „kritischen Selbstdarstellung des Arbeitskreises“ oder auch dem Sargdeckel der Gruppe ließ Kreismitglied und Verfasser Hans Jürgen Geerdts, SED-Mitglied, ab 1958 Literaturprofessor in Greifswald und als einer der führenden DDR-Literaturwissenschaftler später Mitherausgeber der vielbändigen „Geschichte der deutschen Literatur“, seinen Arbeitsbericht sorgsam austariert in einem Beitrag über ein deutsch-sowjetisches Schriftstellertreffen im Weimarer Puschkin-Haus enden. Die russischen Autoren, im eigenen Land oft aufs Drakonischste gemaßregelt, wollten von ihren jungen Kollegen wissen, ob sie denn in der DDR frei schreiben könnten. Die Antwort: „Sie sind verwundert, wenn man sie fragt, ob sie denn wirklich ‚freie‘ Schriftsteller wären. Dann verstehen sie aber und erklären

52 Ursula Adam: MfS BV Halle, AST 6249 a.

ruhig, dass sie es bei ihren freundschaftlichen Zusammenkünften gelernt hätten, offen und ehrlich zu sein. Ja, sie wären wirklich frei. Kein Mensch schreibe ihnen vor, was sie schreiben sollten, keiner hätte sie jemals einem Zwang unterworfen."[53]

Der Schlusstext der Gruppe, zugleich Strukturbild für die ab 1950 dem Schriftstellerverband der DDR beigeordneten „Arbeitsgemeinschaften Junger Autoren", fand durch Hans Jürgen Geerdts eine aufschlussreiche Übersetzung: „Wichtige Veränderungen sind in der letzten Zeit eingetreten. Aus dem Arbeitskreis haben sich in diesen Wochen diejenigen herausgelöst, die auf einer höheren Stufe der Entwicklung neue Aufgaben erfüllen wollen. Die ‚Gruppe Thüringen 1950' ist damit geschaffen."[54]

Die Gruppe 47 Ost als Modellfall einer erhofften offenen Literaturpolitik im Osten Deutschlands war tot. Franz Hammer ließ sich in jenem Druckkessel einer kompletten Neuausrichtung auf besagte „höhere Stufe" hieven und in die neue Literatengruppe Thüringen 1950 integrieren. Ein Kniefall, ein so rasanter wie widersprüchlicher Identitätswechsel, mit dem er sich und die eigene Position innerhalb des explosiven literarischen Versuchsfelds Thüringen stabilisieren konnte. Etwas später platzierte er mit den richtigen Sätzen gegenüber den richtigen Stellen, was seiner Karriere in der DDR dienlich sein konnte. Seinem Weg als treu dienender Kulturfunktionär – er leitete viele Jahre das „Schiller-Komitee der DDR" – stand damit nichts mehr im Wege.

Die Literatur der frühen DDR ist eine Literatur zwischen zwei deutschen Diktaturen. Zur Gründungserzählung des vermeintlich ersten sozialistischen Staates auf deutschem Boden gehörte, sich als eigentliche Aufnahmeinstanz der vertriebenen Gegner und des Widerstands gegen das NS-Regime zu verstehen und damit legitimer und edler Erbe der „wahren deutschen Kultur" zu sein. Insbesondere die große Zahl exilierter Intellektueller sollte nach dem Mai 1945 im Osten Deutschlands geistige und existentielle Bedingungen vorfinden, die ihnen einen wirklichen Neuanfang ermöglichten. Not, Verfolgung und leidvolle Exilerfahrungen sollten so hin-

---

53 Hans Jürgen Geerdts: a. a. O., S. 26.

54 Ebd.

ter ihnen liegen. Nicht von ungefähr bezog die junge DDR einen Großteil ihrer romantischen Faszination und Attraktivität aus diesem Kernkonzept propagierter Fürsorglichkeit. Vor allem die junge Generation Intellektueller im Osten nahm dieses Narrativ dankbar auf, ja goutierte es: Dort, wo die Malträtierten des Hitler-Desasters eine neue Heimat fanden, nur dort würde ein „anderes und besseres Deutschland" entstehen.

Insofern war es durchaus kein Zufall, dass das literarische Selbstverständnis ostdeutscher Autorinnen und Autoren der unmittelbaren Nachkriegszeit auffällig oft auch an ein bestimmtes publizistisches Selbstverständnis gekoppelt oder auch dass die entstehende Literatur dieser Jahre genuin an Zeitgeschichte gebunden und damit hochgradig politisiert war. Ein Politisierungsprogramm, das bei allen Facetten letztlich alternativlos und zuallererst eine Machtfrage war. Sein Fundament lag in der kommunistischen Exilliteratur, insbesondere bei den Stimmen, die während des Nationalsozialismus in der Sowjetunion gelebt hatten. Bei einer Autorengruppe um Johannes R. Becher, Friedrich Wolf, Erich Weinert und Willi Bredel also, deren Werke in der frühen DDR nicht nur aufmerksam betreut und massenhaft öffentlich gemacht wurden, sondern die auch als Parteifunktionäre an der Stalinisierung der Kultur im Osten maßgeblich beteiligt waren.

Das Ende des Nationalsozialismus und die drängende Neuordnung des kulturellen Lebens in Deutschland: Es ging zunächst um notwendigstes Basiswerk – um die „Konfiskation nazistischer und militaristischer Literatur" etwa, in der SBZ geregelt durch den Befehl Nummer 039 der SMAD, bei dem alles, was unter dieses Rubrum fiel, in den Bezirkskommandanturen der SMAD abzuliefern war. Lizenzen für die Gründung von Buch- und Zeitschriftenverlagen erteilten allein die Besatzungsmächte. Bis Ende 1946 gelang das in der SBZ 55 Buch- und Zeitschriftenverlagen. Ab Herbst 1946 übernahm das Referat für Verlagswesen in der Deutschen Verwaltung für Volksbildung die Lizenzierungen. Auch der SDA, der Schutzverband Deutscher Autoren, und der im Januar 1947 gegründete und mit ausdrücklichem Lenkungsanspruch betraute „Kulturelle Beirat" übernahmen Fragen der „Entnazifizierung" und mehr. Bis einschließlich 1947 ist dabei nicht von einer „ostzonalen" Kulturpolitik zu sprechen, eher von Kulturpolitiken.

Die Genese der Gruppe 47 Ost als signifikante Szene – an ihr lassen sich modellhaft die zentralen „Säuberungs"-Leitlinien ablesen, die das Feld der Kultur in den ersten Jahren nach dem Ende des Zweiten Weltkrieges in Ostdeutschland bestimmten: brutales Abstrafen und Aussondieren ungenehmer Stimmen, die Orientierung am sowjetischen Modell, die strikte Politisierung der Kunst, die einsetzende Formalismus-, Kosmopolitismus- und Dekadenzdebatte, der gesuchte Sonderweg zum Sozialismus samt Denkverboten, Kampfmetaphern und Bindung der Künstler an die SED, die Dämonisierung des Westens und jeglicher Liberalität. Kurzum: Stalinismus als Gegenbewegung zur Blut-und-Boden-Politik Hitlers. Das System der Kader- und Nomenklaturpolitik in der Literatur wurde spätestens mit der Neugründung des Deutschen Schriftstellerverbandes im Jahre 1950 verbindlich. Der Parteigenosse als „Schriftsteller neuen Typs", als Stimme des „roten Feuers", als politischer Garant für das bessere Deutschland, als moralischer Anwalt, als besonders reiner und feiner Mensch.

Ganz anders im Westen: „Nach 1945 dominierte in den Westzonen eine Natur- und Schicksalsmetaphorik, oft christlich überhöht – die ‚heile Welt' Werner Bergengruens wurde zum Programm. Gertrud von Le Fort dichtete: ‚Die Schuld ist ausgeweint'. Die großen Dichter hießen Rudolf Alexander Schröder, Hans Carossa und Friedrich Schnack. Die Generation, die jetzt nahezu geschlossen eine ‚innere Emigration' für sich in Anspruch nahm und zwischen 1880 und 1920 geboren worden war, beherrschte die Zeitschriften, die Feuilletons und den Buchmarkt. Und Autoren wie Frank Thiess oder Kasimir Edschmid, die Debatten initiierten und die Diskussionen bestimmten, wurden als Literaturfunktionäre mächtig. Sie stehen mit ihrer Biografie für eine fast bruchlose Kontinuität von der Weimarer Republik durch die Zeit des Nationalsozialismus in den Nachkrieg und den Adenauerschen Wirtschaftswunderstaat: völkisch, opportunistisch, möchtegern-elitär."[55]

---

55 Helmut Böttiger unter Mitarbeit von Lutz Dittrich: Doppelleben. Literarische Szenen aus Nachkriegsdeutschland, Göttingen 2009, S. 9.

Isolationen

Sonntag, den 5. Oktober 1947, um 15 Uhr: Ricarda Huch eröffnete in Berlin die erste Arbeitstagung des Schriftstellerkongresses mit der knappen Aufforderung: „Ich bitte um rege Teilnahme." Die Diskussion stand unter der Überschrift „Geistige Fragen. Literatur und Gesellschaft" und hatte den Schwerpunkt: „Innere und äußere Emigration". Nach der inneren Emigrantin Elisabeth Langgässer, dem Exilanten Alfred Kantorowicz und anderen trat als zwölfte Rednerin eine junge dunkelhaarige Frau im eng geschnittenen hellen Kostüm ans Mikrofon. „Ich glaube", sagte sie mit fragiler Stimme, „wir sind uns doch eigentlich alle im Wesentlichen darüber klar, wie wir leiden darunter, dass wir nicht das Wort gefunden haben, dass wir nicht illegal gekämpft haben – die, die wir es eben nicht getan haben … Und es liegt eine Schamlosigkeit darin, wie viele den Anspruch darauf erheben, innere Emigration zu sein, bloß, weil wir feige waren – ich übrigens auch."[56]

Am Pult stand Susanne Kerckhoff, zu diesem Zeitpunkt Redakteurin beim amerikanisch lizenzierten „Ulenspiegel". Einen Tag später meldete sie sich ein zweites Mal zu Wort: „Gestern habe ich im Zorn gesprochen, heute spreche ich aus Angst", sagte sie. „Es kann in der Situation eines Schriftstellers, vielleicht eines Künstlers überhaupt, Momente und Spannungen geben, wo die Intensität des Lebens oder die Intensität mit dem Werk die eigene Kritik einfach überspült, wo plötzlich die Situation zu stark ist, um die politische Verantwortung voll durchzuhalten. Und aus diesem Grunde glaube ich, daß es das Schlimmste für uns alle war, daß wir isoliert waren."[57] Deshalb wolle sie „den Kongreß nur daran erinnern, daß jetzt ein Anfang gemacht ist, daß wir uns nie wieder so allein lassen"[58].

Für beide Repliken erhielt die 29-Jährige Bravorufe und viel Beifall. Aber wer war sie? Susanne Harich, spätere Kerckhoff, wurde im

56 Zit. in: Ursula Reinhold, Dieter Schlenstedt, Horst Tanneberger (Hrsg.): a. a. O., S. 172.

57 Ebd., S. 222.

58 Ebd.

Februar 1918 in Berlin-Halensee, im poetischen Urstromland von Else Lasker-Schüler geboren. Bei Familie Harich, die ihre großbürgerliche Wohnung – die Mutter Eta Harich war eine über Berlin hinaus bekannte Cembalistin, der Vater Walther Harich Schriftsteller, bekannter wohl als Herausgeber der Texte von E. T. A Hoffmann und Jean Paul – zum Treff der künstlerischen Ku'damm-Boheme machten, hatte die große Expressionistin merklich Spuren hinterlassen. Musiker, Maler, Philosophen, jede Menge buntes Volk, Großstadtpoeten – darunter Klabund, Gottfried Benn, Carl Sternheim, Erich Kästner – hockten da unter schwerem Stuck und drehten sich ihr eigenes Gesellschaftskarussell. 1922 wurde die Ehe der Harichs geschieden, was nichts am Turnus der Treffen änderte. Das Freigeistige, Kunstsinnige, Exquisite des Halenseer Ästhetenclubs lebte unvermindert weiter. Überliefert ist, dass der große „Kreidekreis"-Erfolg des schon todkranken Klabund hier in großer Runde gefeiert wurde. Mit welchem Blick hatte die Tochter aus gutem Hause den „Cyclopen Benn" betrachtet, der in schöner Regelmäßigkeit im großen Musikzimmer der Mutter reüssierte?

Es war der Glanz einer noch ganzen Welt, der Hang zum Exzentrischen und Furiosen, der die Kindheit von Susanne Harich mit einem gewissen Nimbus ausstattete. Geist und Sprachwitz, Status und Nonchalance, persönliche Katastrophen und Berliner Sensatiönchen waren in diesem Kosmos noch die einfachsten Selbstverständlichkeiten. Es soll im Jahr 1930 gewesen sein, als der ebenfalls im Harich-Salon anwesende Kurt Hiller das kaum zwölfjährige Wundermädchen zum „bedeutendsten Kind von Mitteleuropa" erklärte und ihm binnen kurzem den Weg für erste Publikationen in der „Weltbühne" bahnte. 1933 erhielt die Mutter eine Professur für Cembalo an der Berliner Hochschule für Musik. Die Tochter reagierte später auf die Liebedienerei der Mutter gegenüber den Nationalsozialisten, indem sie die Nähe zu kommunistisch-konspirativen Gruppen und zur sozialistischen Arbeiterjugend suchte. Dennoch dürften die politischen Kontakte der Mutter dafür gesorgt haben, dass die Tochter 1937 – mit 19 Jahren – jüngste Dichterin in der Reichsschrifttumskammer wurde. Es war auch das Jahr, in dem sie Abitur machte, den Buchhändler Hermann Kerckhoff heiratete und Hermann, den ersten Sohn, zur Welt brachte. Schriftstellerin, Ehefrau, Mutter innerhalb eines Jahres?

Warum nicht. Die Halensee-Welt hatte das im Programm. 1938 wurde Tochter Dina geboren. Die Familie zog nach Berlin-Karolinenhof und nahm trotz Gefährdung über die Jahre verfolgte Juden auf, versorgte sie mit Pässen, Kleidung, Essen. Zwischen 1940 und 1944 veröffentlichte Susanne Kerckhoff drei Romane. Durchweg flüssig erzählte Unterhaltung, in der weibliche Figuren das Erzählzentrum waren und sich jede eine freie Existenz als Künstlerin imaginierte. Traumlandschaften, mitten im Terror. Kurz nach Kriegsende, mit nunmehr drei Kindern – der jüngste Sohn Christian kam im Frühjahr 1945 zur Welt –, war Schluss mit den fiktionalen Spielereien.

„Das Kunstleben in Berlin ist zwar recht rege, aber doch nicht so elementar wie nach dem letzten Krieg. Es ist einfach zuviel entzwei, und die Menschen sind zu kaputt. Ich will versuchen, hier einiges Literarische ins Laufen zu bringen“[59], schrieb Susanne Kerckhoff im Frühjahr 1946 an die mittlerweile in Japan lebende Mutter. Ein Vorhaben, das es mit der Realität nicht leicht hatte. Denn das künstlerische Familiennetz, das bislang so manchen Weg ebnen konnte, war zerrissen. Die meisten Freunde hatten Berlin den Rücken gekehrt oder lebten nicht mehr. Die Stadt selbst war ein einziges Ruinenmeer. Not und Hunger bestimmten den Alltag. Die politische Atmosphäre belastete: „Die Nachkriegszeit in ihrer Fragwürdigkeit macht so kaputt. Wir haben uns alle so sehr auf das Kriegsende und den Sieg der Freiheit gefreut. Wir haben uns seelisch nicht richtig vorbereitet ... Es ist sehr sonderbar und tragisch, wie im heutigen Deutschland die Antifaschisten am meisten leiden, während die Nazis und Mitläufer wieder munter umherplätschern – es sind eben die Menschen, denen es so leicht fällt, sich zu akklimatisieren.“[60]

Wie also Literatur machen in dieser Trauma-Stadt? Zumal Susanne Kerckhoff in dem Moment auch privat wenig stabilen Boden hatte. 1946 ließ sie sich scheiden und ging erst einmal mit ihren drei Kindern ins Emsland. Ein Jahr später schon zog sie es wieder zu-

---

59 Zit. in: Ines Geipel (Hrsg.): Die Welt ist eine Schachtel. Vier Autorinnen in der frühen DDR, Berlin 1999, S. 49.

60 Ebd.

rück ins Ruinenberlin. Denn die kaputte Hauptstadt war trotz Ausnahmezustand und Elend in kultureller Hochstimmung. Das neue Deutschland würde zuerst in Berlin stattfinden, das war klar, und da musste sie hin. Die Autorengruppe um Becher, Weinert und Bredel war aus dem sowjetischen Exil zuerst zurückgekehrt. Dann kam Anna Seghers aus Mexiko, Arnold Zweig aus Palästina und Bertolt Brecht aus den USA. Bereits im Juni 1945 war der „Kulturbund zur demokratischen Erneuerung Deutschlands" gegründet worden, der angesichts der deutschen Katastrophe Konsens, Tradition, Dialog und eine Koalition mit den bürgerlichen Kräften betonte. Ein Konzept, dem allerdings kein langer Atem beschieden war. Dafür sorgte insbesondere die SMAD, die sowjetische Militäradministration, die nach außen der Kultur in diesem zermürbenden Anfang viel Raum und ein bisschen Glanz zu geben vermochte, nach innen hin jedoch mit aller politischen und juristischen Willkür agierte.

„Auf den ‚Frühling von Berlin' folgte ein rauer Herbst: 1947 hatte sich das politische Klima zwischen den Alliierten rapide abgekühlt. Demarchen von beiden Seiten zementierten die Blockbildung und polarisierten das Kulturleben wie die Gesinnungen. Mit der sowjetischen Blockade Berlins 1948 wurde die abwartende Deutschlandpolitik der ersten Nachkriegszeit endgültig von der Option für einen eigenen Machtbereich abgelöst. Jetzt erfolgte auch dessen zielstrebige Anverwandlung nach sowjetischen Strukturmustern, in Wirtschaft und Politik ebenso wie im Kulturbereich."[61] Aber nicht nur das sowjetische Patronat weitete sich aus, auch die neue SED wollte die Kunst zwangsverpflichten. „Für einen Blaue-Blümchen-Sozialismus", erklärte Kulturpolitiker Klaus Gysi im Parteiauftrag, sei kein Raum mehr: „Viele stehen noch neben den klaren Auseinandersetzungen unserer Tage, sie haben noch nicht verstanden, wo die Kernfragen der geistigen Auseinandersetzung liegen. Wir müssen frontal in die ideologischen Probleme stoßen."[62]

---

61 Anne Hartmann: Schwierige Mission. Facetten des kulturellen Neubeginns in der SBZ und frühen DDR. In: Helmut Böttiger, unter Mitarbeit von Lutz Dittrich: Doppelleben. Literarische Szenen aus Nachkriegsdeutschland, Göttingen 2009, S. 94.

62 Zit. in: Anne Hartmann: a. a. O., S. 94.

Am 19./24. November 1948 erschien in der Berliner „Täglichen Rundschau" der Beitrag „Über die formalistische Richtung in der Malerei", geschrieben von Alexander Dymschitz, dem wichtigsten Kulturoffizier der sowjetischen Militäradministration. Keine drei Wochen später veröffentlichte das Zentralorgan der SED, „Neues Deutschland", Martin Böttchers Stück „Dichter im Niemandsland?", das eine prompte Gegendarstellung von Alexander Abusch, Mitglied des SED-Parteivorstands, auslöste. Alles publizistische Startschüsse für eine im Osten Deutschlands so hartnäckig wie weitreichend geführte Kampagne gegen die künstlerische und ästhetische Moderne. Waren in der Tagespresse bis Mitte 1948 noch Texte von Else Lasker-Schüler und Klabund, Abbildungen von Picasso, Schmitt-Rottluff, Jawlensky, Heckel und Chagall erschienen, verschwanden diese nun zusehends.

Susanne Kerckhoffs „Berliner Briefe" erschienen bereits im Frühjahr 1948 und machten schlagartig Furore. Da hatte eine das „Prinzip Vorbehaltlosigkeit" in den politischen Raum katapultiert und damit den Zeitnerv getroffen. Da war nichts mehr mit Lagern, Blöcken, abwartender Deutschlandpolitik. Da schilderte eine, wie es zuging im neuen Deutschland, wie es wirklich stand um den Neuanfang inmitten des oft nicht leicht auflösbaren Verwirrspiels um Macht, Karrieren und rigider Abwehr von Schuld.

Berliner Briefe
Erster Brief

Mein Lebensgefühl verdeutlicht sich vielleicht in einem Bild, als sei ich ein Teil des Trümmeratems von Berlin – Staub, Ruinen, Tote – aber auch Hoffnung, Zuversicht, Neubau, manchmal gleißend bunt und lügnerisch; es gibt Augenblicke, wo ich Zuversicht und Neubau für gesund halte. Ich möchte Dir von anderen Dingen erzählen, in denen ich bin. Ob Du zurückkehrst? Credo quia absurdum est – meine Weise der Schilderung erhebt nicht den Anspruch auf Allgemeingültigkeit, es ist mit meinen Augen gesehen. Ich darf nicht für alle sprechen, für keine Gruppe, keine Partei, keine Kirche, keine Klasse, nicht einmal für meine Generation – denn noch niemals habe ich mich als Repräsentantin gefühlt. Überhaupt haben mich Verallgemeinerungen mit der Tarantel gestochen.

Gestern sprach ich mit einem Achtzehnjährigen über Rußland. Er hatte Ansichten. Genauso ausgeprägte, rundliche Ansichten hatte er wie einst Du und ich. Er wußte, was Demokratie, was Freiheit meint. Er verstand unter Freiheit Amerika. Es war alles ganz einfach, was er sagte. Plastisch. Ich redete, wie er mir vorwarf, drum herum. Erwartest Du anderes von mir? Ich kann nur noch an die Dinge heran, wenn ich um sie herum gehe. Ich schleiche wie eine Katze um den heißen Brei, mit einem verbrannten Geschmack auf der Zunge. Aber niemand hat mich gebrannt oder auf den Mund geschlagen, außer meine eigene Einsicht.

In ein bestimmtes Lager gehöre ich – in das Lager derjenigen, die sich noch in keiner Weise beruhigt haben. Über Nationalsozialismus und Krieg, über Sozialismus und Kapitalismus, über Schuld und Sühne, über eigene Schuld und eigene Sühne kann ich mich nicht beruhigen. Auch nicht über unsere Spiegelbilder und Verzerrungen, nicht über Papierverordnungen, an denen Blut und Hunger haften. Ich weiß kein Heilmittel gegen diese Unruhe, und wüßte ich eines, ich würde es nicht anwenden.[63]

Die 13 fiktiven Briefe an einen jüdischen Emigranten in Paris – in unübersehbarer literarischer Entsprechung zu den 1917 veröffentlichten „Briefen einer Deutsch-Französin“ von Annette Kolb – zeigten ein bizarres Zeitbild des politischen Nachkriegsdeutschlands. Frappant die Detailkenntnisse der 30-Jährigen, die Verve, mit der sie punktgenau auf jedes nur denkbare Tabu zusteuerte, aber auch die dezidierte Verteidigung ihrer Politik „zwischen den Stühlen“. Über ihren Halbbruder, den Philosophen Wolfgang Harich, schrieb sie im Februar 1947: „Mein Bruder […] hat sich mit dem bürgerlichen Lager völlig überworfen. Ich dagegen pendele. Nicht aus Charakterlosigkeit, sondern weil die Welt so rund ist, und die Ideolo-

63 Susanne Kerckhoff, in: Ines Geipel (Hrsg.): Die Welt ist eine Schachtel, a. a. O., S. 16.

gien so eckig sind. Und das hatten wir ja auch schon mal alles. Aus der SPD bin ich nach wackerer Tätigkeit wieder ausgetreten. Sie beschneiden mir die Flügel. Wenn ich mal von Christus dichte, ist das CDU-Propaganda. Aber das ist nicht der Grund. Der Grund ist die Blockbildung. Ich bin nicht für Blocks."[64]

Nach den kurzen Auftritten auf dem Ersten Deutschen Schriftstellerkongress im Oktober 1947 hatte Susanne Kerckhoff ihre Stippvisite beim „Ulenspiegel" beendet und war als Feuilletonchefin zur „Berliner Zeitung" gewechselt. Neben den „Berliner Briefen" wurden vor allem ihre Gedichte und die Portraits „Menschen in unserer Zeit", die ab September 1948 erschienen, heftig debattiert und ließen sie zur Kulturprominenz Ostberlins gehören. „Täglich kommt ein Telegramm von einer Redaktion oder dem Rundfunk und so weiter – ich soll mal. Dann sind Diskussionen im Kulturbund. Dann bin ich im Vorstand des Schutzverbandes Deutscher Autoren in Berlin, dann im Vorstand der Gewerkschaft, dann im Kulturvorstand der Sozialistischen Einheitspartei"[65], stand in einem Brief an die Mutter, und sie berichtete ihr von Erfolgen, von der dadurch bedingten Freizügigkeit, vom „beglückenden Zustand, etwas zu leisten" und von „maßloser Arbeitsüberlastung".

Der öffentliche Blitzstart einer jungen Dichterin und Publizistin, mit breitestem Literaturbegriff ausgestattet, mit einer, wie sie schrieb, „sublimen, international ausgerichteten Erziehung" – konnte dem kaputten Berlin, konnte Ostdeutschland etwas Besseres passieren? Doch die anfangs so emphatische Susanne Kerckhoff steuerte in den fragilen, politisch brisanten Jahren um die Gründung des Staates DDR in einen Konflikt hinein, der für sie bald schon nicht mehr zu steuern war. Ausgangspunkt war die Veröffentlichung des im Herbst 1948 im Verlag Volk und Welt erschienenen Tagebuches des holländischen Kommunisten Nico Rost „Goethe in Dachau"[66], das im zeitlichen Kontext mit den Dachauer Buchenwaldprozessen stand. Am 19. Oktober 1949, knapp ein Jahr nach

---

64 Zit. in: Ines Geipel (Hrsg.): Die Welt ist eine Schachtel, a. a. O., S. 37.

65 Ebd, S. 56.

66 Nico Rost: Goethe in Dachau. Ein Tagebuch, übersetzt von Edith Rost-Blumberg, München 2001.

Veröffentlichung des Buches, erschien in der „Berliner Zeitung" ein „Offener Brief an Nico Rost", verfasst von Susanne Kerckhoff. In ihm warf sie dem ehemaligen Dachau-Häftling in scharfem Ton Polenfeindlichkeit vor, die sie aus seinem Buch glaubte herausgelesen zu haben. Polenfeindlichkeit in einem Lagertagebuch? Ein krasser Vorwurf, und in einer Sprache, die befremdlich wirkte. Aber warum die Attacke und warum so verspätet, warum in der Härte, warum bei diesem Thema? Kerckhoffs Angriff auf Rost, der über eine Initiative von Otto Grotewohl, aber auch auf Wunsch seiner Freunde Johannes R. Becher und Anna Seghers – und so aus Kerckhoffs Sicht mutmaßlich geschützt genug – nach Ostdeutschland gekommen war: Was hatte dieser Angriff zu bedeuten?

Die Stoßrichtung der Kontroverse lag nicht unmittelbar auf der Hand. Offenbar gab es erneut ein Tabu, einen maskierten Kern, der sich im öffentlichen Disput nicht direkt zeigen konnte und in dem die kritisierte Polenfeindlichkeit für etwas anderes stehen sollte. Susanne Kerckhoff jedenfalls war bekannt dafür, dass sie genau recherchierend ihre Redaktion leitete, publizistische Schnellschüsse vermied und politische Liebesdienste ausschlug. Befreundet mit vielen West-Emigranten, die sich nach und nach wieder in Berlin sammelten, als Journalistin direkt angebunden an den medialen Informationsstrom, als Schriftstellerin ohnedies in einem weitmaschigen Austausch, muss sie noch ein anderes Wissen gehabt haben.

Kerckhoffs Stellungnahme erschien bemerkenswerterweise knapp zwei Wochen nach der Gründung der DDR und traf auf ein kompliziertes politisches Feld mit etlichen Vorder- und Hinterbühnen. Über den Prozess der Machtsicherung, der in diesen Wochen im Gange war, geben einige Beschlüsse des SED-Zentralkomitees Auskunft: 2. August 1949 Amnestie der NSDAP-Mitglieder, 6. Oktober 1949 Überprüfung von Zeitungen und Zeitschriften, Verbot der Zeitschrift „Die Tat" der Vereinigung der Verfolgten des Naziregimes und der von Alfred Kantorowicz herausgegebenen Zeitschrift „Ost und West", 17. Oktober 1949 Eingliederung der Abteilung Justiz in die Abteilung Staatliche Verwaltung, 18. Oktober 1949 Überprüfung wichtiger Funktionäre aus westlicher Gefangenschaft und Emigration. Dazu gehörte auch die fieberhafte Suche nach Kontaktpersonen des amerikanischen „Agenten" Noel H. Field, einer Schlüsselfigur für inszenierte Schauprozesse in mehreren Ländern

Osteuropas. Auch die SED suchte sich für ihren DDR-eigenen Schauprozess ihre Szene zusammen, ihre Feinde, ihre Dämonie.

Viel machtstrategische Kulissenschieberei also. Es war Stephan Hermlin, der mit seiner drei Tage später folgenden Replik auf Susanne Kerckhoff in der „Täglichen Rundschau" in einem „Offenen Brief an die falsche Adresse" halbwegs Licht in die Sache brachte und diese dabei voraussehbar forcierte. Nachdem er Nico Rost gehuldigt und Susanne Kerckhoff als „Redaktrice mit tantenhaftem Ton" eingeführt hatte, wurde er deutlich: „Sämtliche von Frau Kerckhoff angeführten Zitate beziehen sich auf die Gruppe der Revierpfleger und der Kapos. Man muß nur noch die Frage stellen, was Kerckhoff dazu bewogen haben mag, ihr miserables Produkt in einem denkbar günstigen Moment an die Öffentlichkeit zu bringen. Ich glaube, daß eine mechanische Übertragung des Prinzips einer kompromißlosen progressiven Kritik im Spiel ist, die ein alarmierender Beweis für die Rückständigkeit unserer Kritiker ist. Hier muß etwas getan werden und zwar gleich."[67]

Bereits am 10. Februar 1947 hatte Walter Bartel, in Buchenwald Vorsitzender des illegalen Lagerkomitees und zu dem Zeitpunkt nun persönlicher Referent von Wilhelm Pieck, in einer Hausmitteilung alarmiert darauf hingewiesen, dass einige kommunistische Kapos aus dem KZ Buchenwald ab dem 1. April 1947 wegen Verbrechen gegen die Menschlichkeit in Dachau ihren Prozess erhalten werden: „Es ist nicht ausgeschlossen, daß vielleicht jetzt schon die Absicht besteht oder sie sich im Prozeß herausstellt, einige Angriffe gegen ehemalige Lagerfunktionäre zu starten, die früher der KPD angehörten und jetzt verantwortliche Partei- und Regierungsfunktionen bekleiden … Wir müssen von vornherein durch die Presse und den Rundfunk dem Prozeß ein bestimmtes Gewicht geben. Es wäre wohl an der Zeit, die Rolle der Widerstandsgruppen im Lager Buchenwald aufzuzeigen, das Echo, das sie bei den nichtdeutschen Häftlingen fanden, und die Anerkennung, die den deutschen Antifaschisten im Lager auch heute noch zuteil wird."[68] Bartel for-

67 Stephan Hermlin: Offener Brief an die falsche Adresse. In: Tägliche Rundschau, 22.10.1949, S. 4.

68 Walter Bartel: SAPMO-BA, ZPA, I 2/3/156.

derte als Akteur im eigenen Interesse „sofort alle bisherigen Publikationen des In- und Auslandes über die Rolle der Kommunisten im Lager“[69] zusammenstellen zu lassen, das Material durch vorhandene persönliche Beziehungen zu ergänzen und medial zu verbreiten. Das rote Netzwerk trat in Aktion.

Der Kerckhoff-Brief war offenkundig punktgenau dort gelandet, wo er landen sollte. Es ging einmal mehr um die Verbrechen der roten Kapos, den Buchenwald-Komplex und die in der Folge angelaufenen politischen Umbaumaßnahmen. Eine öffentliche Kontroverse über die Verstrickung, ja Schuld der roten Politkader sollte um jeden Preis verhindert werden. Eine dokumentarische oder auch kritische literarische Auseinandersetzung stand der angestrebten Anonymisierung der Verbrechensvorgänge diametral entgegen. Vom „denkbar günstigen Moment“ sprach Hermlin allerdings noch aus einem anderen Grund. Denn er – als Freund von Otto Grotewohl und ohnedies in Nähe zur Staatsmacht – dürfte um die Anordnung gewusst haben, die am Tag vor Susanne Kerckhoffs Kritik, am 18. Oktober 1949, vom Kleinen Sekretariat des ZK der SED verabschiedet worden war und die Überprüfung wichtiger Parteifunktionäre aus westlicher Gefangenschaft oder Emigration anordnete. Durch sie hätte auch er – als Emigrant in Palästina, Frankreich und der Schweiz – in den Bedrohungsstrudel geraten können. Die Erklärung für Hermlins eigene Biografielegende[70] lag wohl in jenen Zeiten stalinistischer Ausrichtung, in denen Informationen über exorbitant hohe Zuchthausstrafen, NKWD-Lager, deutsche wie sowjetische Entführungen, willkürliche SMAD-Urteile und jede Menge Todesurteile in Berlin im Umlauf waren. Entbehrung und existentielle Angst im Exil waren eben erst überwunden, da fand sich die neue Gesellschaft in Hatz und Terror wieder. Stephan Hermlin, Bruno Kaiser, Ursula Wiebach und alle diejenigen, die den Rost-Konflikt öffentlich aufgriffen und sich gegen Susanne Kerckhoff stellten, standen zu der Zeit selbst im Bannkreis drohender Zugriffe.

---

69 Ebd.

70 Karl Corino: Außen Marmor, innen Gips. Die Legenden des Stephan Hermlin, Düsseldorf 1996.

Diese in dem Sinne erzwungenen Loyalitätsbekundungen beschleunigten den politischen Sondierungsprozess, der zwischen Moskau-Emigranten, West-Emigranten, zwischen den in Lagern Inhaftierten, den während des Nationalsozialismus in der „inneren Emigration" Ausharrenden, den Vertriebenen sowie NS-Belasteten stattfand. Eine argwöhnische, kreuzgefährliche Neidgesellschaft im Stellungskrieg, inmitten sich überlagernder politischer Konflikte, über denen noch dazu die kommunistische Harmonieglocke hing. Eine Fluchtgesellschaft, eine Heimkehrergesellschaft, eine Notgesellschaft. Eine Gesellschaft, in der tagtäglich Menschen verschwanden, die nie mehr auftauchten. Eine Gesellschaft, die sich eisern ausschwieg. Denn Sprechen konnte Gefahr, auch den Tod bedeuten.

Auch Georg Stibi, zu der Zeit stellvertretender Leiter des Informationsamtes und in engster persönlicher Beziehung zu Susanne Kerckhoff, geriet in den Diffamie-Strudel, den er beinahe nicht überlebt hätte. Über seine Person rückt eine weitere Kontroverse – die Kampagne gegen den vermeintlichen amerikanischen Agenten Noel H. Field – ins Blickfeld der Auseinandersetzung um das Rost-Buch. Georg Stibi war zusammen mit seiner Frau Henny Stibi „wegen sehr ernster Fehler in Mexico", das heißt wegen zu enger Beziehungen zu italienischen und mexikanischen Kommunisten, noch in Mexiko aus der KPD ausgeschlossen worden. Beide kehrten 1946 aus der Emigration nach Deutschland, nach Ostberlin, zurück. Georg Stibi arbeitete ab Juli 1947 bis September 1949 als Redakteur, dann als Chefredakteur der „Berliner Zeitung", um in der Folge stellvertretender Leiter des Amtes für Information zu werden. Eine politisch forcierte Stellung, denn immerhin handelte es sich um die neu geschaffene Lizenz- und Zensurbehörde der DDR. Henny Stibi war Personalchefin der „Berliner Zeitung". Nachdem beide erst im März 1949 politisch rehabilitiert worden waren, rollte erneut äußerste Gefahr heran, und zwar wegen ihrer Beziehungen zu Noel H. Field.

Henny Stibi hatte 1941 in Marseille im Auftrag von Paul Merker, dem Vorsitzenden des ZK der KPD in Paris, die Verbindung zu Noel H. Field übernommen und gemeinsam mit Field zahlreiche Hilfsaktionen für politische Häftlinge organisiert. Georg Stibi wiederum hatte Field sowohl in Frankreich als auch in Mexiko getroffen. Vor der Ausreise nach Mexiko hatte Henny Stibi die Verbindung zu Field an den späteren DDR-Reichsbahnchef Willi Kreikemeyer übergeben. Dessen Zusammenarbeit mit Field in der Emigration endete – laut Darstellung des MfS – am 30. August 1950 tödlich. Möglicherweise auch deshalb, da zu den zahlreichen von Field unterstützten Deutschen in Frankreich auch ein Mann namens Leistner, alias Erich Mielke, gehörte, der nach dem Ende der Field-Affäre im November 1957 zum Chef der Staatssicherheit avancierte. Das aber musste vertuscht werden. Auch für andere endete die einstige Verbindung zu Field tödlich. Neben dem Schicksal von Kreikemeyer zählt auch der nebulöse Tod des Journalisten Rudi Feistmann – zu jener Zeit in der außenpolitischen Redaktion des „Neuen Deutschland“ – dazu. Feistmann, der am 7. Juni 1950 mit 42 Jahren starb und der zusammen mit Henny und Georg Stibi aus dem politisch starken mexikanischen Exil nach Berlin zurückgekommen war, überlebte den auf ihn einsetzenden Druck nicht. Die offizielle Variante seines Todes lautete allerdings: Fleischvergiftung. Weiterhin Lex Ende, Chefredakteur des „Neuen Deutschland“, und ebenfalls aus Mexiko zurückgekommen: Er wählte im Januar 1951 den Freitod. Leo Zuckermann, Ulbricht-Mitarbeiter und dann Leiter der Präsidialkanzlei von Wilhelm Pieck, ebenfalls durch seine Field-Zusammenarbeit bedroht, floh im Dezember 1952 nach Westberlin.

Susanne Kerckhoffs Brief an Nico Rost kompilierte insofern die politische Konfliktlage im Gründungsmoment der DDR: den Buchenwald-Komplex, die Verfolgung von Westemigranten für einen geplanten Schauprozess, den Antisemitismus in der DDR und die Schuldbelastung gegenüber Polen. Und inmitten dieser politischen Großkonflikte ereigneten sich ja immer auch noch die kleinen, persönlichen, intimen: Lebensbrüche, Lebenshunger, Lebensangst. Am 23. Oktober 1949 reagierte Susanne Kerckhoff in der „Berliner Zeitung“ auf Hermlins Brief: „Damit will Hermlin wohl sagen, dass Antifaschisten – zu deren besten Vertretern ich Nico Rost rechne – unangreifbar sind, dass man ihr Werk unter ihre untadelige Person zu stellen habe: eine Auffassung, die unter Marxisten indiskutabel ist.“[71] Eine Stimme, die nicht klein beigab, die etwas sichtbar ma-

71 Susanne Kerckhoff: Zum Brief an Nico Rost. Berliner Zeitung, 23.10.1949, S. 5.

chen wollte. Und sicherlich auch ein Generationenkonflikt. Der Tabubruch zielte nicht nur auf den hohen Ton kommunistischer Selbstbeweihräucherung, sondern auch auf die sich zunehmend verschließenden unterschiedlichen Erfahrungskollektive im Osten, bei denen sich abzeichnete, wer in diesem Prozess die Oberhand gewinnen würde.

In jedem Fall war die Antwort auf Hermlin der letzte politische Auftritt von Susanne Kerckhoff im Feuilleton der „Berliner Zeitung". Ab November 1949 hatte sie Schreibverbot. Der umworbene Shootingstar war gefallen und binnen kurzem zur Persona non grata geworden, die sich in mehreren Anhörungen Volksbildungsminister Paul Wandel und sogar Walter Ulbricht zu stellen hatte. Auf Sitzungen des Kulturbundes oder des Kulturvorstands der SED wurde sie vehement angefeindet. Aufträge blieben zunehmend aus. Das Telefon klingelte nur noch selten. Die junge Dichterin war schnell vollständig isoliert.

Am 6. Februar 1950 wurde der Konflikt um das Rost-Buch schließlich auch Gegenstand der Sitzung des Sekretariats der SED mit dem Auftrag, „die Stellungnahme unserer Partei zu dem Buch von Nico Rost ‚Goethe in Dachau'[72] darzulegen. Nach Vorlage derselben im Sekretariat ist diese gegebenenfalls als offizielle Stellungnahme der SED der holländischen Partei zu übermitteln."[73] Susanne Kerckhoff dürfte zu der Zeit bereits gewusst haben, dass ihre wichtige Stelle als Feuilletonchefin einer der auflagenstärksten Zeitungen der DDR nicht zu halten war. Dabei hatte „die völlig unbekannte und unbedeutende Susanne Kerckhoff"[74], wie Otto Grotewohl anzugeben wusste, nichts anderes getan, als gegen die herbeimoderierte kommunistische Opferversammlung angeschrieben und ihre Genossen bei der explosiven Umschreibaktion ertappt. Hier wollte eine Schriftstellerin ihren Unmut gegen die verlogene Urszene der DDR artikulieren, gegen eine Gesellschaft, die sich abhandenkam, noch ehe sie zu sich gekommen war. Mit dieser Ansage aber stand Susanne Kerckhoff auf komplett verlorenem Posten und war zur

---

72 SAPMO-BA, DY/30JIV/2/3/83.

73 Ebd.

74 Otto Grotewohl: Brief an Nico Rost vom 31.10.1949, BStU, Berlin: AP 4443/57.

Susanne Kerckhoff als Feuilletonchefin der „Berliner Zeitung", 1948

Feindin der neuen Zeit geworden. Am 15. März 1950 war sie – mit 32 Jahren – tot. Nach offizieller Verlautbarung verübte sie Selbstmord in ihrer Berliner Wohnung in Karolinenhof.

Die Auseinandersetzung um Rosts „Goethe in Dachau" fand mit Susanne Kerckhoffs Tod jedoch kein Ende. Dem Protokoll Nr. 106 des Sekretariats des ZK der SED vom 10./11. Mai 1950 liegt als Anlage 5 ein Brief an das Zentralkomitee der Kommunistischen Partei Holland mit einer einhelligen Distanzierung von Susanne Kerckhoff sowie einer einhelligen Position zum Rost-Buch bei: „So begeht Nico Rost in seinem Buch den Fehler, an verschiedenen Stellen sehr scharf die antisemitischen reaktionären Polen, die als Kapos im Lager tätig waren, zu kritisieren, ohne dabei zu bedenken, dass eine solche isolierte Kritik die Gefahr gefährlicher Verallgemeinerung mit sich bringt."[75]

Die Gefahr gefährlicher Verallgemeinerung war offenbar derart groß, dass Nico Rost, der sich in der DDR aufhielt, über Monate von der Staatssicherheit observiert werden musste, um dann in einer Nacht-und-Nebel-Aktion ausgewiesen zu werden. Eine Aktion als Teil oberster Regie. Denn bereits im August 1950 hatte sich DDR-Präsident Wilhelm Pieck bei Paul de Groot, dem Sekretär der KP Holland, nach Nico Rost erkundigt. Am 14. Februar 1951 schrieb Wilhelm Pieck auf die Bitte von Erich Weinert, dem Freund Nico Rost doch das Aufenthaltsrecht für die DDR erneut zu verlängern: „Für Verlängerung der Aufenthaltsgenehmigung Rosts wird wohl kaum etwas zu machen sein, aus verschiedenen, nicht zu erörternden Gründen!"[76] Das Buch „Goethe in Dachau" kam 1953 auf den Index und zählte nunmehr zu den „Werken, die von Renegaten und Agenten verfasst wurden".

Nico Rost schrieb am 12. September 1953 einen flehentlichen Brief an Anna Seghers: „Ich kann nicht ohne Euch, ohne die deutsche Literatur, ohne die Freunde hier und dort."[77] Die Freundin antwortete so kryptisch wie ablehnend, wobei sie mit dem, was sie „Sache" nannte, wohl kommunistische Überzeugung meinte: „Was uns an

---

75 SAPMO-BA, DY/30JIV/2/3/106.

76 BStU, Berlin: AP 4443/57.

77 Nachlass Anna Seghers, Literaturarchiv der Akademie der Künste Berlin.

Dir als das Wichtigste vorkam, das war doch, daß das Wichtigste im Leben eben darin für Dich bestand, daß Du, was Dir auch sonst geschieht ... Du richtig glücklich und richtig unglücklich nur sein konntest, wenn eben diese Sache in Ordnung war oder nicht in Ordnung. Schlampig konntest Du sein Dein ganzes Leben bis dorthinaus, aber in diese Sache hast Du Ordnung gebraucht. Wenn Du dieses Bedürfnis nicht mehr hast, dann bist Du halt doch verändert, und zwar gründlich verändert, mein lieber Nico."[78] Der Brief trägt in der Handschrift Alfred Kurellas, einer der maßgebenden stalinistischen DDR-Kulturfunktionäre, das Kürzel „erl." – erledigt. Das dokumentiert, unter welchem Druck auch Anna Seghers zu der Zeit stand.

Georg Stibi überstand mithilfe seines Verbindungsnetzes ein weiteres Mal alle machtpolitischen Scharmützel, wurde Chefredakteur der „Leipziger Volkszeitung", dann des „Neuen Deutschlands". 1957 berief man ihn zum Botschafter in Rumänien, 1958 wurde er Botschafter in der ČSSR, ab 1961 zum stellvertretenden Außenminister der DDR berufen. Und Susanne Kerckhoff? Nach dem Kerckhoff-Gedenkbuch „Zeit, die uns liebt", das Heinz Lüdecke noch 1950 im Mitteldeutschen Verlag Halle herausgab, verschwand ihr Name zusehends aus der literarischen Öffentlichkeit. Keine Bücher mehr von ihr in den DDR-Bibliotheken, keine Aufnahme in die Literaturgeschichten der DDR, in keiner nach 1950 erschienenen DDR-Auswahl war sie noch zu finden. Die Rezeption ihres Werks setzte erst nach dem Zeitschnitt 1989 wieder ein. Zuerst durch einen Eintrag in einer 1991 erschienenen englischsprachigen Enzyklopädie. 1995 kam das Lexikon zu Schriftstellerinnen in Berlin 1871 bis 1945 von Petra Budke und Jutta Schulze heraus, in dem sie ebenfalls erwähnt ist. In der 1995 erschienenen Anthologie „Draußen vor der Tür" von Heinz Ludwig Arnold ist das Gedicht „Die Schuld", 1944 ihrem Lehrer Eduard Spranger gewidmet, enthalten.[79]

---

78 Ebd.

79 Heinz Ludwig Arnold (Hrsg.): Die deutsche Literatur 1945–1960. Bd. 1. „Draußen vor der Tür". 1945–1948, München 1995, S. 240.

Archipel der Angst

Susanne Kerckhoff war kein Einzelfall. Schreibende, Künstler, Publizisten, Intellektuelle gerieten in der frühen Terrorzeit schnell und meist willkürlich in den Fokus des Staatsapparates. Die Liste der Schicksale ist endlos: Der Schriftsteller Heinrich Adolf Acade, 1890 in Leipzig geboren, wurde 1950 zu 25 Jahren Arbeitslager verurteilt. Der Journalist John Brech, 1897 in Hamburg geboren, erhielt 1945 12 Jahre Zuchthaus. Die Journalistin Anna Marie Ending, 1914 in Altenburg geboren, bekam durch ein SMT-Urteil 8 Jahre Arbeitslager. Waltraut Franz, 1925 in Leutmannsdorf geboren und 1951 zu 10 Jahren Zuchthaus verurteilt, beging nach ihrer Freilassung im Lager Marienfelde Selbstmord. Die Journalistin Annerose Gröppler, 1923 in Leipzig geboren, wurde 1948 zu 25 Jahren Zwangsarbeitslager verurteilt. Der Journalist Siegfried Ihle, 1927 in Stollberg geboren, wurde 1949 ebenfalls zu 25 Jahren Zwangsarbeitslager verurteilt. Klaus Jelonnek, 1923 in Breslau geboren und auch Journalist, erhielt 1948 durch ein SMT-Urteil 25 Jahre Zwangsarbeitslager. Der Schriftsteller und Maler Gino F. Moellwitz, 1901 in Zürich geboren, wurde 1948 durch ein SMT-Urteil zu lebenslänglichem Zwangsarbeitslager verurteilt. Wolfgang Natonek, 1919 in Leipzig geboren und Vorsitzender des Studentenrats der Universität Leipzig, erhielt 1948 das SMT-Urteil: 25 Jahre Zwangsarbeitslager. Der 1929 in Königinhof geborene Journalist Oskar Rösner wurde 1950 zu zweimal 25 Jahren Zwangsarbeitslager verurteilt. Die Schriftstellerin Gertrud Waldschütz, 1905 in Dalldorf bei Berlin geboren, wurde 1945 zu 10 Jahren Zuchthaus in Waldheim verurteilt. Der Journalist Hans Joachim Saenger, 1919 in Welzow geboren und 1949 verhaftet, bekam durch ein Urteil des sowjetischen Militärtribunals (SMT) 25 Jahre Zwangsarbeitslager.

Verfolgungen, Verhaftungen, Verurteilungen, die im Land die Runde machten. Angehörige, Kollegen, Nachbarn verschwanden. Die frühe DDR war ein Archipel der Angst. Ein politisches Schweigesystem, das sich zwangsläufig in ein literarisches Schweigen hinein verlängerte. Denn wie schreiben über etwas, was nicht benannt und erzählt werden durfte? Wie etwas denken und fühlen, was nicht existieren sollte, aber eine schwer traumatisierte Nachkriegsgesellschaft bis ins Innerste in Atem hielt? Welche Ästhetiken unter der

Diktatur entstehen, wenn sich Schreiben mitten in Willkür und Terror ereignet, ja ereignen muss? Wer wird hier zum Zeugen? Wie viel Zeit ist vonnöten, ehe Schweigen und Angst literarisch transponiert werden können?

Die Schweigeordnung einer Diktatur als ihr ungeschriebenes Gesetz, als ein Existential-Artefakt, mit tausenden Ein- und Ausgängen, kolossal Widersprüchlichem, mit ihren Nicht-Orten, was auch heißt sprachlich Uneinholbarem, Unerzählbarem. Eine Gedächtnisverwirrung, die umso kompakter und unauflösbarer wird, je länger eine Diktatur dauert. Der Terror der frühen DDR als ein kategorisches Verschlusssystem, ein Vergessensraum, der nicht nur den harschen Bruch vieler Schriftstellerkarrieren nach ersten Texten und großen Hoffnungen bedeutete, sondern auch einen ganzen Schreibraum bestimmte. Ein Terror, der sich in die Biografien und damit in das Schreiben der Verhafteten unhintergehbar einschrieb und eine Literatur aus der Gefangenschaft entstehen ließ, mit Stimmen aus den Zellen.

Keine zwei Monate nach dem Tod von Susanne Kerckhoff, am 10. Mai 1950, betrat Volkspolizei-Kommandeur Hüttner gegen 12.30 Uhr das graue Etagenhaus in der Hauptstraße 67a in Potsdam-Eiche. In ihm wohnte die 20-jährige Edeltraud Eckert. Nach Feststellung der Personalien wurde sie in Handschellen abgeführt und in die Polizei-Haftanstalt Potsdam gebracht. Dort kam sie sofort in Untersuchungshaft. Die Verhaftung war vorbereitet gewesen. Denn schon am 30. April 1950 war Erich Mielke, zu dem Zeitpunkt noch einer der Stellvertreter von Wilhelm Zaisser, Chef des im Februar 1950 gegründeten Ministeriums für Staatssicherheit, telefonisch auf die vermeintliche Existenz einer Untergrundbewegung in Rathenow unweit von Brandenburg an der Havel unterrichtet worden. Noch am selben Tag wurden zwei Freunde von Edeltraud Eckert, die 23-jährige Ursula Jeschke und der 28-jährige Werner Krüger – sie waren ein Paar – in Rathenow auf der Chaussee Richtung Stechow verhaftet. Als Beweismaterial wurden drei Flugblattbomben à 400 Blatt sichergestellt.

Edeltraud Eckert hatte Ursula Jeschke 1944 auf einem BDM-Lehrgang kennengelernt. Beide waren im Januar 1945 zusammen mit ihren Familien aus Hindenburg in Oberschlesien geflohen, wo Edeltraud Eckert als fünftes Kind eines Buchhändlers 1930 geboren wurde. Die Familien Eckert und Jeschke landeten in Brandenburg an der Havel. Edeltraud Eckert machte ihr Abitur und trat wie viele zu der Zeit ganz idealistisch gestimmt in die Freie Deutsche Jugend ein. Im Januar 1947 lernte sie auch Werner Krüger kennen. Im Herbst 1949 begann sie ein Studium an der Pädagogischen Fakultät der Berliner Humboldt-Universität. Als sie und die beiden Freunde von den in Ostdeutschland existierenden NKWD-Lagern erfuhren, den vom sowjetischen Geheimdienst nach dem Ende des Zweiten Weltkrieges auf dem Gebiet der SBZ eingerichteten zehn Speziallagern, war das ein Schock, der in Empörung und Wut umschlug. Das also war die Realität des sozialistischen Projektes, an das sie glaubten? Die umstandslose Weiterführung des Lagersystems aus NS-Zeiten? Doch war an den Gerüchten, die in Umlauf waren, überhaupt etwas dran? Die Freunde wollten Klarheit, handfeste Informationen und nahmen Kontakt zur KgU auf, der „Kampfgruppe gegen Unmenschlichkeit", einem sich ab 1948 in Westberlin organisierenden Suchdienst für Angehörige verschwundener, entführter oder verhafteter Ostdeutscher, später ein unter der Regie des amerikanischen Geheimdienstes stehendes reges Forum für antikommunistischen Widerstand, das versuchte, die DDR zu destabilisieren.

Wirkliches Wissen über die ostdeutschen Speziallager hatte die KgU auch nicht, aber sie hatte etliche Angehörigenberichte. Für viele die einzige Nachrichtenquelle. Denn die Dimension des ostdeutschen Lager-Universums erhielt erst nach dem Ende der DDR quellengesicherte Kontur. Bis Ende 1948 hatten an die 150.000 Häftlinge in diesen Lagern eingesessen: NSDAPler, NS-Funktionsträger, Verbrecher, aber auch jede Menge Opfer von Denunziationen. Was anfangs „Entnazifizierung" hieß, wurde rasch zum Instrument der neuen Diktatur, um ihre „Klassenfeinde" einzufangen, tatsächlichen oder erdachten Widerstand zu brechen und bürgerliche Eliten auszuschalten. Die Todesrate in den Lagern war extrem hoch. Laut offiziellem Abschlussbericht der „Abteilung Speziallager" aus dem Jahr 1950 starben 42.889 Häftlinge. 25.000 Häftlinge wurden in den sowjetischen Gulag deportiert. Insgesamt ein Drittel – oft „nominelle" Nazis – wurden im Laufe der Zeit entlassen. Die kritischen Stimmen der SBZ-Politik blieben dagegen in Gewahrsam. Im Herbst 1948 wurden die 28.000 verbliebenen NKWD-Häftlinge auf die großen Internierungslager Buchenwald, Bautzen und Sachsenhausen konzentriert. Als im Februar auch diese geschlossen wurden, kam die Hälfte der Insassen frei. Die verbliebenen 14.000 Häftlinge wurden auf die Gefängnisse der DDR verteilt.

Das Projekt Ost war durch die Informationen der KgU in den Augen der kleinen Rathenower Gruppe, zu der noch der 44-jährige Rathenower Walter Wittig stieß, harsch entzaubert. Eine Desillusionierung, auf die Entschlossenheit folgte. Edeltraud Eckert sollte die Kontaktperson zur KgU werden, da sie sich durch ihr Studium beinah täglich in Berlin aufhielt. Aber der Verbindungsaufbau gestaltete sich schwierig und gelang im Grunde nur zweimal. Sowohl im Dezember 1949 als auch Ende Februar 1950 erhielt sie jeweils 1200 Flugblätter, mit der Aufschrift „F“ für Freiheit, „Freiheit der Ostzone!“, „Feindschaft dem Terror!“, die sie über Potsdam nach Rathenow schleuste. Zu mehr kam es nicht. Die Gruppe flog auf.

Die Verhöre der Gruppe[80] – Walter Wittig war am 6. Mai 1950 verhaftet worden – fanden unter Anwendung physischer Gewalt und getrennt statt. Mitte Mai 1950 kam es zur Überstellung der vier an das sowjetische Militärtribunal in Potsdam. Dort wurden sie nächtelang verhört. Der Prozess gegen die Gruppe, der unter Ausschluss der Öffentlichkeit stattfand, wurde auf den 29. Juli 1950 anberaumt. Keiner der Angeklagten erhielt einen Verteidiger oder durfte Entlastungszeugen benennen. Entsprechend drakonisch fielen die Urteile aus: Edeltraud Eckert wurde zu 25 Jahren Haft und Arbeitslager sowie Beschlagnahmung der gesamten persönlichen Habe zum Zeitpunkt der Verhaftung verurteilt. Werner Krüger erhielt ebenfalls 25 Jahre Zuchthaus, Walter Wittig musste 20 Jahre Arbeitslager antreten. Ursula Jeschke wurde wegen Mitwisserschaft zu 7 Jahren Zuchthaus verurteilt.

Am 30. September 1950 wurden die vier von Potsdam aus ins Zuchthaus Bautzen verlegt. Einen Tag später kamen Edeltraud Eckert und Ursula Jeschke nach Waldheim, in die berüchtigte Strafvollzugsanstalt in der Nähe von Chemnitz. Drastische Haftbedingungen, Hunger, die Willkür eines Gefängnisalltags, noch immer der Schock der Verhaftung und das außerordentlich hohe Strafmaß: Edeltraud Eckert, jetzt Häftling Nummer 3911, fand sich in einer Extremsitua-

---

80 Edeltraud Eckert: MfS BV Potsdam, Au 416/52.

tion wieder, in der sie sich einrichten musste: der große Belegschaftssaal der sogenannten Waldheimer Engelsburg, in dem 150 Frauen auf engstem Raum miteinander klarkommen mussten. Der Hafttag begann um fünf Uhr, mit Trillerpfeife. Im unbeheizten Waschraum nur kaltes Wasser, keine Seife, statt Zahnpasta einen Zahnstein. Hinter den Frauen Wachtmeisterinnen mit Gummiknüppeln. Nach dem Waschgang Bettenbauen, Zählappell, Frühstück. Ein Becher mit süßer, lauer Kaffeebrühe, ein Stück altes Brot, Margarine und Marmelade. Edeltraud Eckert wurde fürs Kurzschneiden von Kaninchenfellen eingeteilt, dann zum Stofffetzen-Sortieren, dann saß sie in der Schneiderei an der Knopflochmaschine.

Wie übersteht man das? Zuchthaus im Stalinismus der DDR? Womit hat Edeltraud Eckert versucht zu überleben? Das Briefeschreiben nach Hause. Einmal im Monat, nicht mehr als zwanzig Zeilen, dabei nichts Konkretes über die Haftbedingungen. Mit Beginn ihrer Zuchthauszeit suchte sie ihre Selbstbehauptung in der Literatur und der Musik. „Ich bin so eingesponnen in meine Verse, Melodien und Sätze“[81], schrieb sie im Juli 1952 an die Eltern. Die Musik der Sprache, der Versuch, die Last an den Ton zu binden und sie ins Liedhafte zu heben – Edeltraud Eckerts Gedichte sind aus langem Atem gemacht. Ihre Verse gehen genau, Stück für Stück. Sie halten, fügen, knüpfen, suchen dabei nach Verlorenem, beschwören Träume, sehen Landschaften, Jahreszeiten und bestehen auf einem abwesenden Gegenüber. Sie kommen über den Klang, über das Tönende. Eine Stimme läuft die Zeilen ab. Sie darf nicht brechen. Hält sie, bedeutet das Leben, das in einer anderen Zeit pulst als die ausweglose Haftzeit.

Ein Brief

Ich weiß nicht viel von mir zu sagen,
Nur daß ich lebe, daß ich bin,
Und alle Wünsche, die mich tragen,
Sind im Verzicht ein Neubeginn.

81 Edeltraud Eckert: Jahr ohne Frühling (Die Verschwiegene Bibliothek), Frankfurt a.M. 2005, S. 71.

Als ich euch damals lassen mußte,
War ich beinah noch ein Kind,
Das nichts von all den Tiefen wußte,
Die oft ein buntes Trugbild sind.

Die Menschen, die mich hier umgeben,
Stehn grell geschminkt im kalten Licht,
Das man das Schicksal nennt. Sie leben,
Zumeist mit Masken vorm Gesicht.

So steh ich wartend unter vielen.
Ich lache mit und bin nicht froh.
Ich hör und seh mich selber spielen.
Mein Herz ist weit, ist anderswo.

Waldheim, 18. Oktober 1951[82]

Vor allem schrieb sie ihre Gedichte und Lieder, damit sie im Gemeinschaftsraum von den gefangenen Frauen gesprochen oder gesungen werden konnten. Ihre Verse sind mit Dauer befrachtet, sie restrukturieren Zeit. Ihr existentielles Maß heißt: Je länger der Atem, desto weniger Haftalltag. Als könnte ein Vers durch seine Klangfilter hindurch im Versetzen der Zeit ein Mindestmaß an Schutz bedeuten. Für ihre Verse standen Edeltraud Eckert kein Bücherschrank, kein Studium, keine Universitätsbibliothek, keine Reise nach Paris oder Rom, kein Konzert, keine Diskussion über einen aktuellen Film, keine Liebe und auch kein anregender Austausch mit Freunden zur Verfügung. Mit ihren 20 Jahren war sie völlig auf sich selbst zurückgeworfen, formte sich ihr Blick auf die Welt durch den Blick aus dem Eingeschlossensein.

Die 101 erhaltenen Gedichte von Edeltraud Eckert sind eine Intensivexposition für ein späteres Werk, stehen aber auch exemplarisch für Maß, Kreativität und Eigensinn einer verhinderten Schreibgeneration junger Stimmen in der frühen DDR. Nicht jeder Text war zur Gänze geformt, nicht jeder Stoff dicht und welthaltig, aber je-

---

82 Ebd, S. 16.

der Text setzte eine Gegenwelt. Dass es tatsächlich viele waren, die sich mit ihren Idealen für viele Jahre hinter den dicken Zuchthausmauern des Landes wiederfanden, belegt auch eine Sammlung von Gefangenengedichten unter ehemaligen Häftlingen und ihren Angehörigen, die, 1958 begonnen, drei Jahre später schon 3502 Gedichte von 230 Verfassern beinhaltete[83]. 44 davon waren Autorinnen. 12 Autoren und 2 Autorinnen verstarben noch in der Haftzeit.

Was aber bedeutet das, wenn das Schreiben ein Schreiben hinter Mauern ist? Die eigene Sprache als Existenzbeweis. Der Versuch, die eigene Welt zu halten, zu behalten, zu verteidigen, die Gedanken, Gefühle, Werte in Schutz zu nehmen als das letzte Refugium des Selbst. Der Versuch, in einer eigenen Sprachwelt zu leben, mit anderen Wörtern zu sein als mit denen, die einen umgeben, die einen attackieren und verschwinden lassen wollen. Vermutlich ist jede Existentialpoesie eine Poesie der Erfahrung und so genau genommen unkommensurabel, uneinholbar, unübersetzbar, unteilbar. Die Notwendigkeit von Sprache unter existentieller Bedrohung als eine Sprache des Konkreten, der letzten Einfachheit, der puren, vom Kern aus atmenden Wörter. Absolute Poesie im Sinne der unverrückbaren Wörter, eines Sprechens, Suchens, Fixierens von innen.

Üblicherweise erhielten die Häftlinge in den Zuchthäusern der frühen DDR kein einziges Stück Papier. Stattdessen memorierten sie ihre Texte während der Haftzeit im Kopf. Die gefangene Kopfsprache als ortlose Schrift. Im Nachhinein auf das Jahr, mitunter auf den Tag genau datiert. Genauso der konkrete Ort. „Diese Daten gehören zu den Versen wie zu ihren Verfassern das Schicksal, das sie registrieren."[84] Die registrierte, gefangene Zeit und der genaue, unerbittliche Ort als Essenzsignaturen des eigenen Lebens und der eigenen Sprache. Einer Sprache im Einschluss, die ganz bleiben will, ja muss, in der Abwehr des Schrecklichen, des Abgrunds. Die auf den Ton besteht, auf Litaneihaftes, Volksliedhaftes, auf das Lamento.

Poetische Sprache, die im Einschluss entsteht, spielt nicht, variiert nicht, kann nicht weg, kann nirgendwohin ausweichen. Sie

---

83 Kurt Pförtner, Wolfgang Natonek: Ihr aber steht im Licht. Eine Dokumentation aus sowjetischem und sowjetzonalem Gewahrsam, Tübingen 1962, S. 20.

84 Ebd., S. 15.

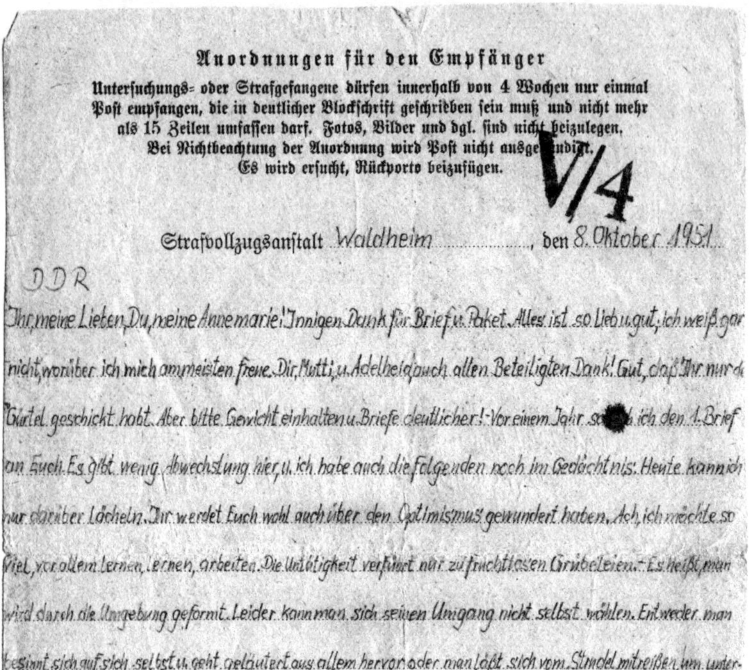

Anordnungen für den Empfänger

Untersuchungs- oder Strafgefangene dürfen innerhalb von 4 Wochen nur einmal Post empfangen, die in deutlicher Blockschrift geschrieben sein muß und nicht mehr als 15 Zeilen umfassen darf. Fotos, Bilder und dgl. sind nicht beizulegen. Bei Nichtbeachtung der Anordnung wird Post nicht ausgehändigt. Es wird ersucht, Rückporto beizufügen.

V/4

Strafvollzugsanstalt Waldheim, den 8. Oktober 1951

DDR

Ihr, meine Lieben, Du, meine Annemarie! Innigen Dank für Brief u. Paket. Alles ist so lieb u. gut; ich weiß gar nicht, worüber ich mich am meisten freue. Dir, Mutti, u. Adelheid auch allen Beteiligten Dank! Gut, daß Ihr nur d. Gürtel geschickt habt. Aber bitte Gewicht einhalten u. Briefe deutlicher! – Vor einem Jahr sa[illegible] ich den 1. Brief an Euch. Es gibt wenig Abwechslung hier, u. ich habe auch die Folgenden noch im Gedächtnis. Heute kann ich nur darüber Lächeln. Ihr werdet Euch wohl auch über den Optimismus gewundert haben. Ach, ich möchte so viel, vor allem lernen, lernen, arbeiten. Die Untätigkeit verführt nur zu fruchtlosen Grübeleien. – Es heißt, man wird durch die Umgebung geformt. Leider kann man sich seinen Umgang nicht selbst wählen. Entweder man besinnt sich auf sich selbst u. geht geläutert aus allem hervor oder man läßt sich vom Strudel mitreißen, um unterzugehen. Ich habe viel gehört u. gesehen, Annemarie, aber Du brauchst mich darum nicht zu beneiden. Macht Euch nur keine Sorgen, ich bemühe mich, grade u. aufrecht zu bleiben. – Wenn Platz ausreicht, an Werner Grüße u. Glückwünsche! Else, Erna, Erich, Thea, Hans u. Kindern ebenfalls Grüße. Mit dem Gedanken, daß ich noch eine Nichte habe, muß ich mich erst vertraut machen. – Du, Annemarie, ich kann mir gar nicht mehr vorstellen, wie ein Klavier klingt, trotzdem seh' ich in Gedanken Deine Hände oft über die Tasten gleiten. Daß man sich so nach Musik sehnen kann! Du, ein Beethoven-Konzert! Wie freue ich mich darauf! – Wer jetzt allein ist, wird es lange bleiben. – Bleibt nur alle gesund u. laßt Euch ganz herzlich grüßen (auch alle Bekannten) von Eurer

Traudl.

Brief von Edeltraud Eckert aus der Strafvollzugsanstalt Waldheim vom 8. Oktober 1951 kreist, kreiselt, hämmert, stockt, schlägt, klammert sich an die Registraturen von Zeit und Ort. Mauertexte als gedengelte Sprache, als kreatürliche Unwucht, die einfach, groß, weit und schwer ist, ausgehärtet und getaktet in einem klaren Reimschema zwischen Trost und Monomanie. Eine Sprache der Urwünsche, Urgefühle, Ursehnsüchte, des Universellen und Wesentlichen. „Das Getändel mit dem Wort hat keine Chance, die Angst spürt genau, welcher Atem jedes Wort getragen hat. Das Authentische springt heraus aus dem Gemachten“[85], schreibt Herta Müller.

Texte hinter Mauern sind Texte zum Selbstgebrauch und zum Gebrauch mit anderen, die gesprochen, geflüstert, gemeinsam gesungen werden wollen, in harten Nächten, beim Freigang auf dem Gefängnishof, in den „Gewahrräumen“, an Weihnachten im Speisesaal, als letzter Schutz also im Ausgeliefertsein. Oft sind es Elegien, auf sich zurückgeworfene Texte von totaler Verlassenheit, von Not, von Selbsttrauer, aus Trostwörtern und Sehnsuchtsbildern, reduziert auf Archaisches, auf verstoffwechselten, in den Vers transponierten Schmerz, auf Natur, die Zeit ist, auf einen zunächst nur sich meinenden, die Nahtstelle zwischen Leid und Transzendenz bewohnenden Sinn, der zu Klang wird.

Elegie

Ob ich vor vielen, vielen Jahren
Wohl einmal eine Birke war?
So blütengläubig unerfahren
Spür ich wie leises Offenbaren
Den Frühlingswind in meinem Haar.

Ob ich einmal vor langen Zeiten
Als Schwalbe fremde Länder sah?
Noch ist das Sehnen nach den Weiten,
Das Schweben und das Niedergleiten
Und Wärmesuchen in mir da.

---

85 Herta Müller: Hunger und Seide. Essays, Reinbek 1995, S. 36.

Ob ich in einem großen Meere
Wohl einmal schon als Welle trieb?
Mitunter ist mir so, als wäre
Ich losgelöst von aller Schwere
Und nur das Rauschen und Verrinnen blieb.

Ob ich wohl zwischen Nacht und Träumen
Einmal als leiser Wind geweht?
Mir blieb ein Duft von allen Räumen,
Die große Stille aus den Räumen,
Die zitternd durch mein Leben geht.

Waldheim, 4. Dezember 1953[86]

Im Karl-Marx-Jahr 1953 zogen dicke Sturmwolken über Ostdeutschland. Butter, Zucker, Gemüse, Kartoffeln wurden rationiert. Zehntausende waren durch NKWD und nach den Zugriffen der Staatssicherheit verurteilt worden und saßen hinter Gittern. „Im Mai 1953 saßen etwa 66.400 Häftlinge in Zuchthäusern, Gefängnissen und Arbeitslagern, die Mehrheit davon waren Arbeiter."[87] Das Land war verstört und erschöpft. Zwangskollektivierungen, auf dem Land, Massenfluchten, Druck vor allem auf die evangelische Kirche. Die Reparationsleistungen an die Sowjets waren immens, um Längen höher als im Westen. Dennoch ging die SED weiter gegen die eigene Bevölkerung vor und nannte diese Zwangspolitik „Neuen Kurs". Als sie die Arbeitsnormen um mindestens zehn Prozent hochdrehte, drohte der Druckkessel zu bersten. Das Ganze roch nach Bankrott und nach Revolution.

Im Land brodelte es, bis die Berliner Bauarbeiter am 16. Juni 1953 zum Generalstreik aufriefen. Anderthalb Millionen Ostdeutsche beteiligten sich an dem Volksaufstand, der 700 Städte erfasste. „Die Hauptforderungen im gesamten Land lauteten: ‚Nieder mit der SED', ‚Freie Wahlen', ‚Freilassung aller politischen Häftlinge', ‚Rücktritt der Regierung', ‚Abzug der Besatzungstruppen aus Deutsch-

---

86 Edeltraud Eckert: Jahr ohne Frühling, a. a. O., S. 34.

87 Ilko-Sascha Kowalczuk: 17. Juni 1953, München 2013, S. 16.

land‘ und ‚Wiedervereinigung‘.“[88] Auch an den Toren der Waldheimer Vollzugsanstalt machte der Aufstand nicht halt.

Dass Edeltraud Eckert im Juli 1953 aufgrund guter Arbeitsleistungen einmalig die Möglichkeit erhielt, ihre Gedichte und Vertonungen in ein kleines Schreibheft einzutragen, war letztlich die Folge des Volksaufstandes, der in den ostdeutschen Gefängnissen kurzzeitig zu minimalen Haftverbesserungen führte.

Im Herbst 1953 waren die Zuchthäuser der DDR völlig überfüllt. Viele „Juni-Häftlinge“ aus Sachsen wurden nach Waldheim gebracht. Bei Edeltraud Eckert zeigten sich im Sommer 1953 deutliche Anzeichen von physischen Haftfolgen. Im August 1953 hatte sie einen Arbeitsunfall, bei dem ein Finger schwer verletzt wurde. Im November erkrankte sie an einer komplizierten Bindehautentzündung, bei der ihr eine dunkle Brille verordnet wurde. Noch im selben Monat diagnostizierte der Gefängnisarzt bei ihr Tuberkulose.

Die harte Existenzschule, die Edeltraud Eckert durchlief, veränderte mehr und mehr ihre Texte. Die Anfangsgedichte aus der Haft erinnerten noch vielfach an den Abschied von zu Hause. In den Briefen Ende 1950 versuchte sie sogar noch, Kraft nach außen zu geben und aus dem Gefängnis heraus die Eltern zu halten. Im Herbst 1953 aber schrieb sie: „Es herbstet, der Winter wird kommen und damit Weihnachten. Ich habe mir abgewöhnt zu fragen: wie viele noch? Einmal, aber das liegt so weit, muss es ja so sein. Es fragt sich nur, was dann von dem Menschen, der damals von Euch ging, übrig geblieben ist.“[89]

Ununterbrochen kommende und gehende Menschen, überfüllte Gewahrräume, das Alleinsein innerhalb des Haftuniversums. Die Einsamkeit zog nun auch in ihre Verse, nistete sich dort ein, machte den Binnenklang poröser. Eine Zeitlang versuchte sie auch freiere Verse, doch als sie begann, in ihren Texten immer deutlicher ein imaginäres Du anzusprechen, griff sie auf den ganzen Ton, auf das „Eingesponnensein in ihre Melodien“[90] zurück.

88 Ebd., S. 35.

89 Edeltraud Eckert: Jahr ohne Frühling, a. a. O., S. 84.

90 Ebd., S. 71.

Im März 1954 wurde die inzwischen 24-Jährige in die Strafanstalt Hoheneck verlegt, in das größte und mit hartem Regiment geführte Frauenzuchthaus der DDR. Schlechteste hygienische Anlagen, stickige Enge in Schlafsälen mit 120 Gefangenen, sadistische Wärterinnen, harter Kommandoton, schwerste Arbeitsbedingungen für die Frauen. Für Edeltraud Eckert kam noch der Entzug ihres Schreibheftes dazu. Als sie zusammen mit anderen Frauen versuchte, Kassiber zu schmuggeln, musste sie für mehrere Wochen in Einzelhaft, in die „Tigerzelle", in ein feuchtes Kellerloch. Nach dem Karzer wurde sie als Mechanikerin in der Schneiderei eingesetzt. Das hieß Akkordarbeit. Der Druck in den Schichten war hoch. Denn hohe Arbeitsleistungen versprachen zusätzliche Lebensmittel und Haftverkürzung. Außerdem verging darüber die Zeit. Nach der Übergabe des Falls an die DDR-Justiz hatte eine Kommission Ende 1954 Edeltraud Eckerts Strafende auf den 10. Mai 1958 festgelegt. Zunächst eine gute Nachricht. Dennoch: Es blieben noch vier zermürbende Haftjahre.

Am 24. Januar 1955 lief die große Welle im Arbeitssaal auf Hochtouren. In der Spätschicht ging es hektisch zu. Die Mechanikerinnen hatten alle Hände voll zu tun. Plötzlich fiel ein Spulgehäuse auf den Boden, das auf einer der Maschinen gelegen hatte. Edeltraud Eckert bückte sich nach ihm, um das Anhalten der Welle zu verhindern. In dem Moment wurden ihre Haare, die sie ausgerechnet in dieser Schicht offen getragen hatte, vom Getriebeband erfasst und kamen in die Rotierung. Die Kopfhaut wurde großflächig abgerissen. Da die Elektrikerin in der Nähe war, konnte die Welle binnen Sekunden abgestellt werden. Die Zuchthausärztin legte zwar sofort einen Notverband an, aber der Skalp hätte desinfiziert werden müssen. Die Wachtmeisterin aber, die den Schlüssel zum Arzneischrank in der Tasche trug, hatte sich in jener Nacht für die Stadt abgemeldet. Niemand war da, der sich traute, den Schrank zu öffnen.

Als Edeltraud Eckert endlich im Städtischen Krankenhaus Stollberg eintraf, wurde das ganze Ausmaß ihrer Verletzung sichtbar. Der amtierende Chefarzt nahm an, dass sie die Nacht nicht überleben würde. Am 26. Januar 1955 überwies man die Schwerstkranke ins Haftkrankenhaus Leipzig-Meusdorf. Während einer dreistündigen Operation wurde ihr die Kopfhaut ein weiteres Mal aufgenäht. Sie wuchs zunächst gut an. Dennoch wurden in den nächs-

Edeltraud Eckert als Studentin der Humboldt-Universität in Berlin, Herbst 1949

ten Wochen mehrere Transplantationen nötig. Die Wunde eiterte und wurde immer komplizierter. Schwere Infektionen folgten. Der Vater Emanuel Eckert fuhr nach Berlin, sprach in den zuständigen Ministerien vor, forderte die Überführung seiner Tochter in ein ziviles Krankenhaus. Ohne Ergebnis. Aufgrund einer weiteren Operation am 29. März 1955 geriet die eitrige Kopfwunde völlig außer Kontrolle. Die Ärzte in Meusdorf entschieden, Edeltraud Eckert am 8. April 1955 wegen Wundstarrkrampf in die Chirurgische Universitätsklinik Leipzig einzuliefern. Wegen akuter Atemnot wurde ein Luftröhrenschnitt angesetzt. Doch alle Hilfeversuche kamen zu spät. Edeltraud Eckert starb nach unseligem Todeskampf am 18. April 1955, morgens um zwei Uhr.

Zwei Tage später wurde die 25-Jährige eingeäschert und ihre Urne in einem geheim gehaltenen Massengrab beigesetzt. Am 23. April 1955 hielt ein Paketauto vor dem Haus der Eltern. Der Bote gab einen mit Papierbindfaden verschnürten größeren Karton ab. Der Inhalt: das Kostüm von Edeltraud Eckert, das sie trug, als sie verhaftet worden war, ein paar Habseligkeiten und das kleine Schreibheft, das sie in Waldheim führen durfte. Eine Stunde später fiel ein Brief mit kurzem Wortlaut in den Briefkasten. Absender: Haftkrankenhaus Meusdorf. Die Eltern erhielten weder Totenschein noch Sterbeurkunde. Von einer glaubhaften Auskunft, was mit ihrer Tochter geschehen war, ganz zu schweigen.

Zur Gefängnisliteratur der frühen DDR-Zeit gehören auch die Werke, die nach Haftzeit und Lagererfahrung entstanden. Durchweg Versuche, über die Behinderung, ja Zerstörung von Geist und Leben literarisch Zeugnis abzulegen. So es sich um ausgereifte Schreibgenesen handelt, geben diese Auskunft über lebenslange Prägungen versuchter Auslöschung: Walter Kempowski, Jahrgang 1929, wurde am 8. März 1948 verhaftet und vom sowjetischen Militärtribunal wegen Spionage zu 25 Jahren Arbeitslager verurteilt. Nach acht Jahren Zuchthaus Bautzen wurde er entlassen und verließ die DDR. 1969 erschien sein Debüt „Im Block. Ein Haftbericht“[91]. Horst Bienek, Jahrgang 1930, wurde am 7. November 1951 von der Staatssicher-

---

91 Walter Kempowski: Im Block. Ein Haftbericht, Reinbek 1969.

heit wegen vermeintlicher „Verbrechen gemäß Kontrollratsdirektive 38 III A III und Artikel 6 der Verfassung der DDR“[92], kurzum wegen Spionage, verhaftet und ein halbes Jahr später vom sowjetischen Militärtribunal zu 25 Jahren Zwangsarbeit verurteilt. In Büchern wie „Traumbuch eines Gefangenen“, „Die Zelle“ oder auch der postum veröffentlichten Prosa „Workuta“[93] machte er die Trias Kindheit, Zelle, Workuta literarisch zum persönlichen Signum. Eva Müthel, 1926 geboren, studierte Germanistik und Soziologie in Jena und war in den Jahren 1946/47 Redakteurin der Thüringer Zeitung „Das Volk“ in Weimar. Am 8. September 1948 wurde sie wegen „antisowjetischer Propaganda, Gruppenbildung und Spionage“ verhaftet und zu 25 Jahren Zuchthaus verurteilt. 1954 amnestiert, siedelte sie nach Westberlin über und veröffentlichte 1957 den Roman „Für dich blüht kein Baum“[94], der in sentimentlosem Ton ihre Gefängnisaufenthalte zum Thema hat. Elisabeth Graul, 1928 geboren, studierte in Erfurt, Weimar und Berlin Musik. 1950 gehörte sie zum Jugendwiderstand und wurde 1951 verhaftet. Das Oberste Gericht der DDR verurteilte sie zu 15 Jahren Zuchthaus, von denen sie zehn Jahre in Hoheneck absitzen musste. Ihr autobiografischer Text „Die Farce“[95] erschien erst nach dem Ende der DDR, im Jahre 1991.

Auswuchten des Stalinismus

Susanne Kerckhoffs Schaffen geriet in Misskredit, als sie begann, sich als Schriftstellerin für die politischen Umbaumaßnahmen im Gründungsmoment der DDR zu interessieren und danach zu fragen, was in den Lagern des Nationalsozialismus tatsächlich ge-

---

92 BStU, Berlin: MfS HA IX 21697.

93 Horst Bienek: Traumbuch eines Gefangenen. Prosa und Gedichte, München 1958; ders.: Die Zelle. Roman, München 1968; ders.: Workuta, Göttingen 2013.

94 Eva Müthel: Für dich blüht kein Baum. Roman, Frankfurt a. M. 1957.

95 Elisabeth Graul: Die Farce. Autobiographischer Roman, Magdeburg 1991.

schehen war. Edeltraud Eckerts frühes Talent wurde in einem ostdeutschen Zuchthaus abgewürgt, weil sie wissen wollte, wer in den ostdeutschen NKWD-Lagern nach 1945 einsaß und warum. Gerhard-Rolf Wenzel, Walter Kempowski, Horst Bienek, Ursula Adam, Eva Müthel, Gustav Leuteritz, Rudolf Feistmann – es waren ausschließlich politische Gründe, die für die Autorinnen und Autoren der SBZ und frühen DDR zu extrem hohen Haftstrafen, nicht selten zum Tod führten.

Ein hochpolitisches Kampffeld war aber auch die Form, spätestens seit der im November 1948 eröffneten Formalismuskampagne von Alexander Dymschitz[96] und seinem Angriff auf das „bürgerlich dekadente Bewußtsein", auf Individualismus, Kosmopolitismus oder „künstlerischen Subjektivismus" – Begriffe einer als Liquidation durchgeführten ästhetischen Stalinisierung des Ostens. Letztlich konnte in diesem hochkarätigen Konflikt jede und jeder zum Objekt gewalttätiger Zugriffe werden. Diejenigen, die sich nicht zur Gänze in das dezidiert volkspädagogische und heilsmissionarische Programm der SED-Politik einpassen ließen und mitsamt ihren Texten unter den Verdacht gerieten, dem „sozialistischen Realismus" als verbindlicher Doktrin nicht Folge zu leisten, setzten sich der Gefahr aus, zum Formalismuslager zu gehören und als „westlich dekadent" abgestraft zu werden.

Zu ihnen gehörte auch der am 13. Oktober 1926 in Gohlitz/Westhavelland geborene Autor Horst Schumacher. Gohlitz, ein 100-Seelen-Dorf zwischen Nauen und der Stadt Brandenburg. Die Landschaft nahe der Oder: viele Kiefern, verschwiegene Seen, unendlicher Himmel, eine große Kindheit einerseits und früher Drill unter Hitler andererseits. Im Januar 1944 wurde der 17-Jährige zur Wehrmacht eingezogen, als Infanteriesoldat und Melder im Fronteinsatz in Mittelitalien. Ein halbes Jahr später Gefangenschaft durch die Engländer, darauf vier Jahre Wüstencamp in Ägypten und Libyen. Der einzige Halt: die Briefe der Mutter. Im Sommer 1948 kehrte der mittlerweile 21-Jährige nach Deutschland zurück, nach Jena, wo die geflüchtete Mutter mit den drei Geschwistern lebte.

96 Alexander Dymschitz: Über die formalistische Richtung in der deutschen Malerei. In: Tägliche Rundschau, 19./24.11.1948, S. 3.

Der Vater, Maschinist, galt als vermisst und wurde später für tot erklärt.

Horst Schumacher kam somit in jene Stadt, die Ricarda Huch neun Monate vorher verlassen hatte, weil sie sich dem Terror in ihr nicht mehr gewachsen sah. 1948 als das „Jenaer Krisenjahr“[97]: ein neuer, der erste sozialistische Rektor, das Ende der studentischen Selbstbestimmung und eine ideologische Zulassungspolitik an der Universität. Das hieß Resolutionen, Proteste und Professorenstreiks, aber auch Gängelung, Dogmatismus, Druck, Säuberungen, Entlassungen. Horst Schumacher holte sein Abitur nach und studierte mitten in der Zeit des verordneten und vehementen Umbruchs hochschulpolitischer Sowjetisierung zwischen 1950 und 1954 Germanistik sowie Pädagogik an der Friedrich-Schiller-Universität Jena.

Am 17. Juni 1953 zogen tausende Jenaer am Vormittag wütend und aufgeheizt zum Holzmarkt ins Stadtzentrum. „Um 12.00 Uhr hatten sich hier und in den angrenzenden Straßen und Plätzen etwa 20.000, eine Stunde später etwa 30.000 Menschen eingefunden.“[98] Der Rat des Kreises, die SED-Kreisleitung, das Stasigebäude und das Untersuchungsgefängnis wurden erstürmt, besetzt und zum Teil zerstört, Bedienstete und Funktionäre verprügelt. Am Nachmittag rückten sowjetische Panzer ein. Frauen setzten sich auf die Straße und bildeten Sitzblockaden. Schüsse fielen. Es kam zu Verhaftungen. Ab 17 Uhr fuhren Lautsprecherwagen durch die Stadt und verkündeten den Ausnahmezustand. Doch schon am nächsten Tag war die Revolution abgewürgt.

Es war auch der Tag, an dem der Schlosser Alfred Diener als vermeintlicher Rädelsführer der Jenaer Großdemonstration im Gebäude der sowjetischen Kommandantur in Weimar hingerichtet wurde. Die naive Emphase vieler Ostdeutscher, bedingt durch unmittelbare Nachkriegshoffnungen und die Neuindoktrinierung nach Hitler, endete in völliger Desillusionierung. Der Aufstand des 17. Juni 1953, brutal niedergewalzt, war im selben Moment aber auch

97 Tobias Kaiser: Karl Griewank (1900–1953) – ein deutscher Historiker im Zeitalter der Extreme, Stuttgart 2007, S. 239.

98 Ilko-Sascha Kowalczuk: a. a. O., S. 97.

Horst Schumacher als Student in Jena, 1952

der politische Bankrott des DDR-Regimes, ein Trauma der SED mit enormer Langzeitwirkung.

Horst Schumacher bezeichnete seine Studienjahre später als „Eskalation des Stalinismus". Es war die Schärfe jenes Umbruchs, die ihn zum Schreiben nötigte. In seinem Versdrama „Die Niederlage oder Montanien ist überall", das er 1952 begann, lässt er General und Minister einen Turm besteigen, während sich das Volk ringsum zu einer riesigen Demonstration einfindet. Ein Imperium des Totalitären fällt in sich zusammen, General und Minister müssen abtreten und in die „Rumpelkammer der Geschichte". „Es ist dies ein dramatischer Versuch, der seit 1965 abgeschlossen vorliegt, in der DDR aber naturgemäß nicht veröffentlicht werden konnte. Das Grundanliegen des Werkes, einem gesellschaftlichen Umbruch und seinen Grundsituationen nachzuspüren sowie das Verhalten Einzelner dabei zu gestalten, wuchs aus dem facettenreichen Geflecht ganz persönlicher Lebens- und Welterfahrungen, die ich unter zwei Diktaturen und in der Kriegsgefangenschaft gewonnen und auf meine Weise verarbeitet habe: stark überhöht, streckenweise phantastisch und darum – vielleicht ungewohnt – in Versen. Meine Figuren tragen weder Braun- noch Blauhemden. Namen wie Mäulig, Gläubig, der Maskentragende, Anonymus, der Zustimmende verraten schon, daß es Individuen und Grundtypen zugleich sind. Montanien gab es in der Vergangenheit, und es existiert, weltweit gesehen, in der Gegenwart fort – überall dort, wo Recht und Unrecht, Freiheit und Unfreiheit, Humanität und Barbarei zusammenstoßen und den einzelnen zu Entscheidungen zwingen: Montanien ist überall, und jedes der fünf Bilder bestätigt das"[99], so setzte es der Autor seinem Stück als Prolog voran.

Der Ort: das fiktive Montanien in „einem gebirgigen Land" als politischer Übergangsort, als Sehnsucht nach einer Revolution, die im Frühsommer 1953 in Jena so jäh erdrosselt wurde. Die Zeit: der letzte Tag des Großen Kriegs der Trommler und die darauffolgende Nacht. Das Ganze klingt nach Thesentheater und Parabelstück, aber auch nach Tradition und hohem Vers, nach einer großen Welt-

---

99 Horst Schumacher: Die Niederlage oder Montanien ist überall, Vorsatz, Januar 1991, Nachlass, BStA, AUL.

erklärung auf der Bühne, bei der sich Abstraktes und Konkretes, Gegenwärtiges und Historisches doppelsinnig kreuzen. Nicht zuletzt auch nach Bekenntnis und Protest gegen die „Sprachverhunzung in Diktaturen“[100], wie der Autor festhielt. Der geformte, rhythmisierte Vers als dezidierter Kunstraum, als ästhetischer Überlebensraum gegen die Agitationssprache der frühen fünfziger Jahre in der DDR.

4. Bild
Wald

Mäulig, um ihn Gestalten, öffnet eine Trommel und entnimmt ihr ein Formular, läuft gespreizt-protzig, Verzeichnis und Personen miteinander vergleichend, an den Gestalten vorbei, die durch farbiges Licht aus ihrem Schattenreich herausgehoben werden.

MÄULIG:
Die Schleicher sind mir wie das Grab zuwider!
Im einzelnen und überhaupt;
Grau in grau Gesicht und Glieder,
Unstatthaft und unerlaubt;
Dieweil es so nicht gehen kann
Und Ordnung Ordnung schaffen muß,
Zerschlagen wir den Überdruß
Und heften dafür jedermann
Das neue Trommlerzeichen an.

Greift einige Gestalten heraus, versieht sie mit leuchtend bunten Nummern.

MÄULIG:
Am Anfang steht, wie üblich auch,
Das Inspizieren und Sondieren
Nach Alter und Geschlecht und Rang,
Gefühlsverwirrung, Geistesüberhang;

---

100 Horst Schumacher: Autobiografisches, Nachlass, BStA, AUL.

Dann folgt, nach fester Norm und altem Brauch,
Zum Zweck präziser Überschau
Das Zählen und das Numerieren
Und – diesbezüglich – strikt genau
Das Ein- und Um- und Ausgruppieren.

Tritt zurück, trommelt. Sowie er endet, lösen sich die Gruppen auf.

MÄULIG:
Wer wagt es, wagt es, sich zu regen,
Auf nicht markierten, krummen Wegen
Dem Zeitgeschmack sich zu entschlagen
Und „Nein" zu ihm und uns zu sagen?!

Trommelt lebhafter, dann abgehackter, unrhythmischer.

CHOR: (während Mäulig kraftlos weitertrommelt)
Du trommelst deinesgleichen aus der Welt,
Nicht uns! Denn jeder Schlag, der niederfällt,
Ruft, über sich hinausgestellt
Und hart und gnadenlos erhellt,
Im unbegrenzten Ringsumher
Die Kraft, die Macht zur Gegenwehr![101]

Eine junge Generation der Kriegsheimkehrer, die Hitler, Gefangenschaft, Heimatverlust und den Totalitarismus der ersten DDR-Jahre als Erfahrung in sich trug und inständig nach Orientierung suchte. Halt schien es einzig durch Distanz, Entzug und Gegenwehr zu geben. Horst Schumacher machte sein Stück „Niederlage" zu einem eigenwilligen ästhetischen Antidot. Die Zeit sang von Siegen auf den Erfolgsstraßen des Sozialismus, er schrieb von Niederlage. Sie verlangte den Realismushelden, er schuf allegorische Gruppen und Thesenträger, um den fiktiven gesellschaftlichen Umbruch als

---

101 Horst Schumacher: Die Niederlage oder Montanien ist überall, Stadtroda 2010, S. 86 f.

Symbolstück zu entwerfen. Neben General und Minister spielt auch eine ganze typisierte Gesellschaft: Zustimmender, Anonymus, der Maskentragende, Mäulig, Gläubig, der Helfer, das rote Mädchen, der Blinde, der Verkünder, der Struppige und der Glatte. Es gibt Schlachtengeister, Trommler und Chöre „in deutlich voneinander abgesetzten Gruppen aus dem Hintergrund hervortretend, die sich immer enger zusammenschließen“[102].

Die rhythmisierte Menge, der forcierte Klang, die Befreiung ins Vitale, Lebendige lassen die Macht auf der Bühne abtreten und das Stück offen enden. 13 Jahre schrieb Horst Schumacher an der „Niederlage“, wissend, dass sein Text unter den kulturpolitischen Bedingungen der frühen DDR-Jahre, alarmiert auch durch die demonstrativen Strafen gegen andere Autoren, nicht öffentlich werden würde. Die Formalismusdoktrin im Land ab 1948 hatte zum harten Bruch insbesondere mit der klassischen Moderne vor 1933 geführt, aber auch zur beginnenden Abkopplung von den avantgardistischen Strömungen im Westen. Ein Disziplinierungsversuch, der die Kunst im Osten insgesamt erfasste und der rüden Intelligenzpolitik der SED entsprach. Horst Schumachers Stück, das vage zwischen Ionescos „Die Nashörner“ oder auch Becketts „Warten auf Godot“ und einem erhabenen Kleist-Ton changierte, entschlug sich der neuerlichen Indienstnahme der Kunst durch den Staat bewusst.

Das Beharren auf einer Literatur ohne Staat, auf Individualität, auf eigener Sprache, eigenen Stoffen und Ästhetiken. Wie verliefen die Schreibgenesen, die ohne Resonanz, ohne Korrektur, ohne Publikum bestehen mussten? Horst Schumacher dürfte die Weichenstellungen in der Literaturprogrammatik des kommunistischen Ulbricht-Kampfclans nach dem 17. Juni 1953 aufmerksam verfolgt haben und damit auch den Dauerstreit zwischen der Freiheit der Schreibenden und dem enervierend eingeforderten „parteilichen Standpunkt“ mitten in der „Inkubationszeit für den neuen Menschen“, wie es Christa Wolf später formulieren wird. Er wusste um die öffentlichen Tribunale und Anwürfe, die Reuerituale und Unterwerfungsszenarien. Die Lukullus-Debatte um Brecht/Dessau, die Faustus-Debatte um Hanns Eisler, die attackierte Barlach-Aus-

102 Ebd., S. 16.

stellung, die Angriffe auf den Intendanten des Deutschen Theaters, Wolfgang Langhoff, im Umfeld der Field-Affäre – all das waren versuchte politische und künstlerische Demontagen, die nur durchstehen konnte, wer sich durch ein Netzwerk geschützt sah oder bereits einen internationalen Namen als Künstler hatte. Horst Schumacher hatte beides nicht. Er saß in Jena, arbeitete nach dem Studium in seinem Brotberuf als Lehrer und schrieb nach dem 1965 abgeschlossenen Stück „Die Niederlage" intensiv an der Prosa „Die Verwandlung", die jedoch Fragment blieb, da er mehr und mehr verstummte.

Wie viele Stimmen dieser frühen DDR-Jahre ins Aus gesetzt, wie viel Leben und Text geschasst, wie viele Stoffe ungehoben oder propagandistisch umgepolt wurden, wie viele Denk- und Sprechverbote subversiv umgangen, wie viele Texte äsopisch getarnt und maskiert werden mussten, wie viel Schreiben von vornherein im Verborgenen stattfand, um der Instrumentalisierung zu entgehen, muss unbeantwortet bleiben. Bekannt ist, was Kanon wurde und zu Leitfiguren der DDR-Literatur. Das Weggedrängte, Attackierte, zum Verstummen Gebrachte fiel in den Zeitriss. Horst Schumacher behauptete seinen individuellen ästhetischen Überlebensraum gegen das apostrophierte „Kollektivwesen Literatur"[103]. Ein Schreiben, dem kein Platz zugestanden wurde innerhalb der Literatur der DDR.

Niemandsland der dritten deutschen Literatur

Schreiben unter Druck, Angst und Terror war aber nicht allein ein Signum der ersten Nachkriegsjahre. Es bestimmte in besonderer Weise auch die späteren fünfziger Jahre. Der am 11. April 1921 in Kassel geborene und in Düsseldorf aufgewachsene Herbert Bräuning gehörte ebenfalls zur Generation der jungen Kriegsheimkehrer, die das Projekt DDR anfangs begrüßt hatte, sich aber bald skeptisch und angewidert davon abwandte. 1940 wurde er zur Wehrmacht einge-

103 Max Walter Schulz: BStU, Berlin: MfS ZAIG 10074, S. 304.

zogen und stand sowohl in Frankreich als auch auf dem Balkan an der Front. Mit Kriegsende ging er nach Mainz und begann im Wintersemester 1946 mit dem Studium der Germanistik, Romanistik und Theaterwissenschaften an der Johann-Gutenberg-Universität. Der Freund und Schauspieler Christoph Engel holte ihn im Sommer 1948 als Regieassistenten ans Stadttheater Plauen und machte ihn in Leipzig mit Hans Mayer bekannt, dem jüdischen Emigranten, Marxisten, Literaturkritiker und Schriftsteller, den die Messestadt 1948 an ihre Universität berufen hatte.

Der Magnet Hans Mayer, der die ostdeutsche Literaturkritik neu dimensionierte, der mitten im Formalismusstreit Autoren wie Kafka, Proust und Joyce verteidigte, der im Westen auf den Tagungen der Gruppe 47 hockte und im Osten die Akademie-Debatten forcierte, der an den Außenseitern und Widerständigen in der Kunst festhielt und die junge Literatur sowie vor allem seine Studenten förderte, vermittelte Herbert Bräuning ab Januar 1950 nach Ostberlin, zum Verlag Volk und Welt. Ein so sehender wie glücklicher Vorschlag, denn der 29-Jährige mit profunden Sprachkenntnissen auch in Französisch und Englisch landete damit nicht nur im wichtigsten DDR-Verlag für internationale Literatur und dem größten Übersetzerverlag des Landes, sondern traf dort neben dem Verlagschef und Westemigranten Michael Tschesno-Hell auch Marianne Dreifuß als Cheflektorin oder Fritz J. Raddatz, den Leiter der Auslandsabteilung und stellvertretenden Cheflektor. Und er traf auf die Chefsekretärin des Hauses, Ursula Weiher. Beide heirateten ein Jahr darauf.

Es war auch eine politische Liebe, mit Kontakten zum Ostbüro der SPD in Westberlin, mit Überwachung durch die Staatssicherheit und ersten Verhören nach dem 17. Juni 1953, den beide am Prenzlauer Berg erlebten. Die frühen fünfziger Jahre in Ostberlin, das waren auch intensive Schreib- und Übersetzerjahre von Herbert Bräuning, bei denen Begegnungen mit Bertolt Brecht und Helene Weigel, mit Ernst Busch und Nico Rost zum Alltag gehörten. Beim Versuch, einen Protest gegen die wegen Fluchthilfe verhängten Todesurteile von Werner Rudert und Max Held nach Westberlin zu lancieren, wurden Ursula und Herbert Bräuning Anfang Februar 1956 verhaftet und ins Stasigefängnis Hohenschönhausen überstellt. Die Hauptabteilung V/2 des MfS stellte drei Wochen später fest:

„Die inhaftierten Bräuning unterhielten seit dem Jahre 1952 eine laufende Verbindung mit dem ‚Ostbüro der SPD‘ und übten im Auftrag dieser Spionagezentrale eine aktive feindliche Tätigkeit gegen die DDR aus. Während der oben angeführten Zeit lieferten sie umfangreiche politische Spionagematerialien an das ‚Ostbüro‘. Weiterhin schrieb der Bräuning für die vom ‚Ostbüro‘ herausgegebenen Hetzschriften Artikel und stellte sie so dar, als wenn darin die Meinung der breiten Masse der DDR zum Tragen kommt.“[104] Der Bericht endete mit dem Satz: „In der Hauptabteilung V/2 wurden auf Linie ‚Ostbüro der SPD‘ zwei feindliche Elemente liquidiert.“[105] Am 3. Juli 1956 wurde das Ehepaar Bräuning in Cottbus wegen vermeintlicher „Boykotthetze“ verurteilt, Ursula Bräuning zu 2 ½ Jahren, Herbert Bräuning zu 3 Jahren Zuchthaus.

Der 20. Parteitag der KPdSU im Februar 1956, der erste nach dem Tod von Stalin, löste mit Chruschtschows fünfstündiger Geheimrede über Stalins Verbrechen einen innerkommunistischen Schock aus, der seinen deutlichsten Ausschlag in der ungarischen Revolution im Herbst 1956 und in den Unruhen in Polen fand. In der DDR wurde der Volksaufstand von 1953, damals in der Hauptsache initiiert, organisiert und durchgekämpft von den Arbeitern auf der Straße, im Jahr 1956 als Aufstand der Intellektuellen und Studenten in Hörsälen, Debattierkreisen, auf Plattformen, in Verlagen und Redaktionen, über Forderungskataloge und publizistische Kritik neu initiiert. Man nannte es „Fehlerdiskussion“ und wollte vor allem weg von den „schnellen Festnahmen“, den „konzentrierten Schlägen“ des Geheimdienstes, den zahllosen „Schauprozessen“, von all den Formen schärfster Repression.[106] Den Initiatoren der reformkommunistischen Opposition ging es dabei um nichts weniger als eine politische und geistige Kernsanierung des Projekts Sozialismus, um einen ab dem Zeitpunkt viele Köpfe anhaltend beschäftigenden „dritten Weg für die DDR“, der der Wiedervereinigung Deutschlands eine reale Chance einräumen wollte,

104 BStU, Berlin: MfS HA XX 6222, Teil 1.

105 Ebd.

106 Karl Wilhelm Fricke, Roger Engelmann: „Konzentrierte Schläge“. Staatssicherheitsaktionen und politische Prozesse in der DDR 1953–1956, Berlin 1998, S. 7.

wenn sie gleichberechtigt vonstattenging. In jedem Fall hatten die Enthüllungen über Stalin neue Hoffnungen geweckt. Das war allerdings alles das, was die Ulbricht-Riege überhaupt nicht wollen konnte. Hochgradig alarmiert topfte sie diese ursprünglich kommunismusfreundliche Kritik in atemberaubender Schnelligkeit in „imperialistische Aufweichungsversuche" um, in „konterrevolutionäre Umtriebe", vom Westen gesteuert, und machte genauso schnell und gezielt die Zentren der feindlichen Intelligenzrevolte aus. Es waren die Verlage, vornehmlich der Aufbau Verlag, sowie die Universitäten, insbesondere die Humboldt-Universität. „Als es am 5. November 1956 in Berlin zu einer Demonstration von rund eintausend Studenten, vor allem von Studenten der Veterinärmedizinischen und Medizinischen Fakultät der Humboldt-Universität zu Berlin, kam und Kampfgruppen [staatliche, I. G.] eingesetzt wurden, sah Ulbricht den Tag gekommen, an dem der ‚konterrevolutionäre Putsch' beginnen sollte."[107]

In dem Jahr, als Ursula und Herbert Bräuning in den ostdeutschen Zuchthäusern – in Cottbus, Guben, Görlitz, Brandenburg – verschwanden, verschwanden auch viele andere. Wolf Biermann sprach von den „verfluchten vier Jahren der geschichtlichen Interferenz zwischen Sowjetunion und DDR" und meinte damit die Jahre zwischen 1956 und 1960. Von Liberalisierung erneut keine Spur. Am 29. November 1956 wurde Wolfgang Harich, Philosoph, Publizist, stellvertretender Cheflektor des Aufbau Verlages und Halbbruder von Susanne Kerckhoff, von der Staatssicherheit verhaftet und in einem Schauprozess wegen „Bildung einer staatsfeindlichen Gruppe" zu 10 Jahren Zuchthaus verurteilt. Am 6. Dezember 1956 verhaftete man Walter Janka, den Chef des Aufbau Verlages. Er bekam im Juli 1957 fünf Jahre Zuchthaus, wegen Bildung einer „konterrevolutionären Gruppe". Fritz J. Raddatz, der Mitte Oktober 1956 im Ostberliner „Club der Kulturschaffenden" in der Jägerstraße 2 den „Donnerstags-Kreis" ins Leben gerufen hatte, wurde rund um die Uhr

---

107 Ilko-Sascha Kowalczuk: Frost nach dem kurzen Tauwetter: Opposition, Repressalien und Verfolgungen 1956/57 in der DDR. Eine Dokumentation des Ministeriums für Staatssicherheit. In: Jahrbuch für Historische Kommunismusforschung, Berlin 1997, S. 170.

bespitzelt und später ebenfalls zu Verhören in die Normannenstraße abgeholt. Aber was wollte der Kreis, zu dem auch Manfred Bieler, Günter Kunert, Erich Arendt und Heiner Müller gehörten, denn so unerhört Störerisches, dass man ihn nicht aushielt? „Abschaffung der Zensur im Verlagswesen, eine zensurunabhängige Wochenzeitung, unbehinderte Forschung an den Universitäten, keine kunstfremden Eingriffe in Theater- und Filminszenierungen, keine Behördenüberwachung von Kunstausstellungen. Kurzum: … eine bessere, freiere, nicht strangulierte DDR."[108]

Der Bräuning-Mentor und Leipziger Symbolfigur Hans Mayer hatte sich am 2. Dezember 1956 in der kulturpolitischen Wochenzeitung „Sonntag" zu Wort gemeldet, um die Gegenwartsliteratur in Ost und West zu bilanzieren. Sein Fazit fiel überaus ernüchternd aus: „Der Tisch unserer Literatur" sei kärglich gedeckt, schrieb er. Im Gegensatz zu den zwanziger Jahren befände man sich in ausgesprochen mageren Zeiten. Mayers Klarsicht löste sofort einen Sturm der Entrüstung aus. Monatelang hagelte es harsche Repliken, wollte man doch nicht Kritik haben, sondern die neue Zeit, den neuen Kurs, den neuen Menschen besungen wissen. Mayers Blick ließ die notorischen politgeladenen Heilsversprechungen jedoch nicht zu. Auf subtile Art rekurrierte er mit seinem Text auf das Hauptreferat des Kulturministers Johannes R. Becher während des IV. Deutschen Schriftstellerkongresses im Januar 1956 unter dem Titel „Von der Größe unserer Literatur". Becher hatte darin die Linie vorgeben wollen, Mayer aber hatte Monate später mit einer realistischen Bestandsaufnahme dagegengehalten, nicht zuletzt wegen der nicht enden wollenden Verhaftungswellen. Neben denen gab es noch andere Druckmittel: Der Chefredakteur der „Bildenden Kunst" wurde entlassen, der Chefredakteur der „Zeitschrift für Geschichte" auch. Die gesamte Redaktion der „Berliner Zeitung" wurde „entlarvt". Schriftsteller wurden mundtot gemacht, indem man sie inquisitorisch durch die Presse zerrte. Der Kontrollwahn der Partei machte vor nichts halt und zersetzte das Land.

Als Ursula Bräuning im August 1958 und Herbert Bräuning im Januar 1959 nach Jahren Einzelhaft und Untersuchungskellern ent-

108 Fritz J. Raddatz: Unruhestifter. Erinnerungen, Berlin 2005, S. 117.

lassen wurden und zunächst in Westberlin landeten, war aus der DDR-Krise 1956/57 längst ein geistiger Aderlass sondergleichen geworden: Alfred Kantorowicz, neben Hans Mayer der wichtigste Literaturkritiker des Landes, war im August 1957 nach Westberlin geflohen. Ihm folgten viele. Am 8. Dezember 1958 schrieb Fritz J. Raddatz aus Westberlin an Walter Czollek, den aktuellen Verlagsleiter von Volk und Welt: „Diesen Brief zu schreiben, fiel schwer. Es ist der Schlussstrich unter eine lange Jahre hindurch – trotz allem – bejahte innere und äußere Existenz. Jenes Ja musste ich immer mehr in Zweifel ziehen, bis zum Nein: Ich habe die DDR verlassen."[109] Es war bedachte Entschiedenheit, aber auch Riss und Schmerz, die aus dem Schreiben sprachen: „Dass Walter Janka in Einzelhaft sitzt, todkrank, ohne Diät, die jedem Kriminellen gewährt wird; dass Nagy ermordet wurde, wovon selbst seine Familie erst durch das Radio erfuhr; dass die Frau von Rajk verschwunden ist; dass am 17. Juni 1953 im SSD-Gefängnis Unter den Linden Dutzende von Menschen erschossen wurden (wie ich von einem geflohenen Kommilitonen erfuhr, dessen Verwandte bei dieser löblichen Behörde arbeiteten) – es schert Euch nicht oder wenig."[110]

Herbert Bräuning hatte die letzten Tage seiner Haft im Januar 1959 in Brandenburg in einer ungeheizten Zelle verbracht. Als er mit einer schweren Lungenentzündung bei Ursula Bräuning in Westberlin eintraf, setzte er sich hin und schrieb noch am selben Tag seine 28 Haft-Sonette auf, die er im Kopf notiert und dann drei Monate lang in sich memoriert hatte. Darüber hinaus arbeitete er an seinem Roman „Im Würgegriff" weiter, einem Stoff über den 17. Juni 1953 in Berlin. Zu dem Text schrieb er: „Figuren und Handlung dieses Romans sind fiktiv – mit einer Einschränkung: Die hier geschilderten Ereignisse vom Juni 1953 beruhen in allem Wesentlichen auf persönlichen Erfahrungen und Beobachtungen des Autors, die er in diesen Tagen in Berlin gemacht hat. Ein erstes Konzept entstand 1954/55, ein ausführliches Exposé folgte. Ende 1955 begann der Autor mit der Niederschrift des Romans. Als er und seine Frau am 3. Februar 1956 verhaftet und später verurteilt wurden, entging

109 Ebd., S. 135.

110 Ebd.

das Manuskript der Aufmerksamkeit des Staatssicherheitsdienstes nur dank einer List. Der Text auf dem Titelblatt war zur Tarnung wie folgt abgefasst worden: Pierre Courtade. Die Stadt im Schatten der Wälder. Titel des französischen Originals: La ville à l'ombre des bois. Pierre Courtade, ein bekannter kommunistischer Schriftsteller – das war unverfänglich. Die List konnte allerdings nur gelingen, da der Autor in der DDR seit Jahren als literarischer Übersetzer (Amado, Barbusse, Dumas, Pozner) tätig war und sich auf seinem Schreibtisch eine Menge echter Übersetzungsunterlagen befanden. Anfang 1959 aus der Haft entlassen, schrieb der Autor den Roman zu Ende."[111]

> ... Hinter dem Brandenburger Tor der russische Sektor. Gleich an einem der ersten Tage hatte er sich dort umgesehen. Neugier verpflichtet. Er war nicht auf seine Kosten gekommen, in keiner Weise. Unter den Linden, die angeblich so berühmte Straße: eine einzige Enttäuschung. Da hatte ihm im Westen der Kurfürstendamm schon besser gefallen, obwohl im Vergleich zu Paris ... Doch das war ungerecht. Paris hatte den Krieg unzerstört überdauert, Berlin dagegen war auch acht Jahre nach den letzten Bomben noch immer eine kaputte Stadt. Und eine geteilte dazu.
>
> „Eigentlich eine reichlich perverse Idee."
>
> „Was?"
>
> „Diese Teilung, ich meine, so eine große Stadt in zwei Teile zu zerreißen. Stell dir vor, Pierre, eine Stadt wie Paris zweigeteilt. Am Montparnasse und im Marais sitzen die Russen, auf dem Montmartre und im Bois de Boulogne die Amerikaner."
>
> „Du hast ja eine reizende Phantasie! Nur, was kümmern mich die Deutschen? Mir reicht, was sie im Krieg angestellt haben, auch wenn sie zu uns nach Lyon erst im Herbst zweiundvierzig gekommen sind. Nein, mir tun sie nicht leid. Die Scheiße haben sie sich selber eingebrockt."[112]

---

111 Herbert Bräuning: Im Würgegriff, Nachlass, BStA, AUL, S. 328.

112 Ebd., S. 3.

Die Handlung: Der 25-jährige Student Marcel Callac aus Paris absolviert ein dreimonatiges Praktikum in Westberlin und gerät „unfreiwillig in den Strudel der Juni-Ereignisse“[113]. Jedem der sieben Kapitel ist ein Tag einer historisch gewordenen Woche zugeordnet, der Revolutionswoche zwischen Samstag, dem 13. Juni 1953, und Samstag, dem 20. Juni 1953. Das Kapitel „Gefährliche Wege“, das den Tag nach dem niedergeschlagenen Aufstand beschreibt, nimmt die hochgradig militarisierte, angstbesetzte Atmosphäre in Ostberlin auf:

> Wie ein verwundetes Tier stöhnte die erwachende Stadt. Doch es war ein lautloses Stöhnen. Zu viele Wächter achteten auf ihre unscheinbarste Regung. Nach der Nacht waren zuletzt eine todesähnliche Erstarrung und die Ruhe eines Kirchhofs über sie gekommen. Wohl versprach nun ein wolkenleerer Himmel einen ferienschönen Tag, aber die Gegenwart der überall auf den Straßen und Plätzen und besonders entlang der Sektorengrenze biwakierenden Truppen, die sich mit verblüffender Selbstverständlichkeit in die unvereinbaren Rollen von Eroberern und Beschützern fanden, verdunkelte die Sonne.
>
> Das Leben in der besetzten Stadt kam nur sehr langsam in Gang: Straßenbahn, U- und S-Bahn verkehrten erst auf wenigen Strecken und in großen, unregelmäßigen Abständen. Die Mehrzahl des Personals war trotz wiederholter amtlicher Aufforderung der Arbeit ferngeblieben. Außer Militärfahrzeugen und den bekannten Funktionärs-Limousinen aus Eisenach sah man nur wenige Privatautos. Im übrigen beherrschten wie schon am Vortag Fußgänger das Straßenbild. Je näher der Grenze, desto mehr Panzer, Soldaten und bewaffnete Volkspolizisten. Unmöglich, da durchzuschlüpfen.[114]

Der Neuanfang im Westen, in Westberlin, im Exil. Für Autorinnen und Autoren, die die DDR verließen, bedeutete dieser Bruch nicht

---

113 Ebd., Vorsatz.

114 Ebd., S. 234.

Herbert Bräuning in den siebziger Jahren in München

nur geistige Neuorientierung, sondern zugleich auch Entwurzelung im Hinblick auf die bisherige Schreib- und Lebenswirklichkeit; für all die mit Hafterfahrung natürlich auch ein unbedingtes Ende vom Utopieprojekt Sozialismus. Flucht, Exil, das Ende einer Staatsbürgerschaft, Weggehen, Wegbleiben, Exit DDR. Was es in dieser Zeit hieß, Exilant in der eigenen Sprache zu sein, in ein anderes politisches System und in eine andere Kultur zu wechseln, zunächst nur einen C-Ausweis, einen Flüchtlingsausweis, zu erhalten, keinen Bürgen für eine Wohnung zu haben, aufgrund der eigenen Haftgeschichte von den West-Behörden stigmatisiert zu werden, ohne jede Handreichung durch ein Netz von Freunden oder eine Verlagsanbindung sozial und intellektuell isoliert zu leben und dabei in der DDR wiederum stoisch tabuisiert zu werden. „Der Anfang war entsetzlich. Warum sind Sie geflohen, wurden wir gefragt. Sie haben Ihre Strafe doch abgesessen", sagte Ursula Bräuning. „Zuallererst haben wir darum gekämpft, dass unsere Urteile aufgehoben wurden. Denn so galten wir als vorbestraft. Und das aus einem anderen Land kommend. Damit ging gar nichts."[115]

Nach und nach gelang es Ursula und Herbert Bräuning, sich in ihrem neuen Leben zu konsolidieren. 1962 gingen beide nach Hamburg. Sie arbeitete bei der Bank für Gemeinwirtschaft, er im Brotberuf beim Springer-Verlag. Neben dieser Tätigkeit schrieb Herbert Bräuning intensiv und leidenschaftlich an eigener Prosa und übersetzte weiter. 1968 gingen sie nach München. Herbert Bräuning arbeitete bei der wöchentlich erscheinenden Fernsehzeitschrift „Gong". 1982 erschien sein erster Roman. Sein literarisches Vermächtnis über den 17. Juni 1953 aber blieb unveröffentlicht. Als es 1969 um die Gründung des Verbandes deutscher Schriftsteller unter Dieter Lattmann ging, wurde Ursula Bräuning dessen Geschäftsführerin. Eine Arbeit, bei der sie sowohl Heinrich Böll, Günter Grass, Siegfried Lenz, Martin Walser und Martin Gregor-Dellin begegnete als auch Horst Bienek, Gerhard Zwerenz, Reiner Kunze, Udo Steinke und all jenen, die über die Jahre aus der DDR gekommen waren.

Die lange Geschichte des deutsch-deutschen Literaturexils. Die einen gingen und wollten wie Gerhard Zwerenz unbedingt Teil

---

115 Gespräch mit Ursula Bräuning, 1.7.2015.

der DDR-Literatur bleiben. Die anderen, wie die Dichterin Helga M. Novak, fühlten sich „von ihrem eigenen Land" befreit, die dritten, wie Uwe Johnson, bestanden darauf, lediglich „umgezogen" zu sein. So heterogen die Motivationen des Weggangs, so unbestimmt und unausgeschrieben blieb der deutsch-deutsche Exilanten-Status. Es war Fritz J. Raddatz, der mitten in einem avancierten Streit über die Einheit der deutschen Literatur auf die Existenz einer dritten deutschen Literatur verwies: „Sie wird von denen geschrieben, die einst in der DDR lebten und heute – in den unterschiedlichsten zivilrechtlichen Situationen – in der Bundesrepublik leben und arbeiten ... Weil ihr Scheitern sich nicht in der Spekulation abspielte, spielt ihre Literatur (des Scheiterns) in der Realität. Die dritte deutsche Literatur ist im Augenblick die einzige von politischer Evidenz."[116]

Eine politische Evidenz, die offenkundig auf schwerwiegende Weise grenzenlos, unzugehörig, staatenlos machte und in ihrer Tiefendimension um einiges mehr an innerer Gefährdung bedeutete, als die deutsch-deutschen Literaturexilanten und ihre Rezipienten[117] in der späteren Reflexion erkennen ließen. Der Status der kategorischen Ortlosigkeit, der sich tiefgreifend in die Textgenesen einzuschreiben wusste und zumindest die Frage aufwirft, ob Verunsicherung, Demütigung und Zurückweisung in den Jahren des deutsch-deutschen Literaturexils nicht im Kern unübersetzbar geblieben sind, ob dieser Status letzten Endes nicht auch eine unhintergehbare Langzeitwirkung für die Autorenbiografien hatte. Bei aller Singularität und allem Eigensinn jedes einzelnen Lebens ist die Konsequenz zur existentiellen Ortlosigkeit als letztgültige Zugehörigkeit jedenfalls auffällig. Als gäbe es das, ein Land der uneinholbaren, preisgegebenen, ausgesetzten Erfahrung, das trotz großer Werke und vieler Worte letztlich ohne Sprache geblieben ist.

So starb Uwe Johnson einsam und unter Alkohol bereits 1984 mit erst 49 Jahren auf der englischen Insel Sheppey. Als die Dichterin

---

116 Fritz J. Raddatz: Zur deutschen Literatur der Zeit 3. Eine dritte deutsche Literatur. Stichworte zu Texten der Gegenwart, Reinbek 1987, S. 52.

117 Vgl. Walter Schmitz, Jörg Bernig: Deutsch-deutsches Literaturexil. Schriftstellerinnen und Schriftsteller aus der DDR in der Bundesrepublik, Dresden 2009.

Christa Reinig, die der DDR 1964 den Rücken kehrte, 2008 in einem Münchner Hospiz starb, hatte sie im Vorfeld bestimmt, dass auf ihrer Trauerfeier kein Wort mehr über die Dichterin Christa Reinig fallen dürfe. Das bewusste Szenario einer poetischen Selbstauslöschung, über die die literarische Öffentlichkeit des geeinten Deutschlands in ihren Augen das letzte Wort längst gesprochen hatte. Helga M. Novak, die die DDR 1967 verließ, tauchte zornig und für lange Zeit in den polnischen Wäldern ab. Thomas Brasch, Dramatiker und Autor des Buches „Vor den Vätern sterben die Söhne", 1968 verhaftet und wegen des Verteilens von Flugblättern zu 2 Jahren und 3 Monaten Zuchthaus verurteilt, ging 1976 in die Bundesrepublik. Er starb jung, mit 46 Jahren. Die Dichterin Sarah Kirsch hatte sich nach ihrem Weggang aus der DDR 1977 weit in den Norden Deutschlands, nach Tielenhemme, zurückgezogen. Als sie 2013 starb, erfuhr die Öffentlichkeit erst 14 Tage später davon. Erich Loest, 1957 wegen angeblicher „konterrevolutionärer Gruppenbildung" zu 7 ½ Jahren Haft verurteilt, verbüßte das Urteil im Zuchthaus Bautzen II. 1981 siedelte er in die Bundesrepublik über. 1990 hatte er seinen zweiten Wohnsitz erneut in Leipzig und lebte ab 1998 ausschließlich dort. 2013 stürzte er sich schwer krank aus dem Fenster der Universitätsklinik Leipzig. Fritz J. Raddatz, der 1958 Ostberlin verlassen hatte, beging 2015 in der Schweiz begleiteten Selbstmord.

Leise Antworten auf den geistigen und politischen Zustand im deutsch-deutschen Niemandsland der Literatur, die bei aller Einzigartigkeit jedes Schicksals weitergehende literaturgeschichtliche Untersuchungen notwendig machen?

DAS PROJEKT DER SPALTUNG
NACH DEM MAUERBAU

Zeitalter des Misstrauens

Der 17. Juni 1953, die Interferenz-Jahre 1956/57. Das Ulbricht-System hangelte sich von Krise zu Krise. Begriffe wie „Revisionismus", „Konterrevolution", „große Reinigung", „Selbstkritik" standen synonym für diese Repressionsjahre. In der Kultur sprach man chronisch von Eiszeit und hoffte Runde um Runde auf Tauwetter. Bertolt Brecht starb im Sommer 1956. Johannes R. Becher, der als Kulturbund-Mann in der unmittelbaren Nachkriegszeit noch durch avancierte Versöhnungsarbeit einige kulturpolitische Fenster offen halten konnte, regredierte als Kulturminister der DDR zusehends zum Stalinismus-Großpoeten. Nachdem er sich in der Disziplinierungswelle von Lukács, Bloch, Harich und Janka völlig preisgegeben hatte, starb auch er krebskrank im Herbst 1958. Wichtige Stimmen wie Erich Loest oder Walter Janka waren inhaftiert, viele wie Walter Kempowski, Fritz J. Raddatz, Alfred Kantorowicz, Gerhard Zwerenz, Herbert Bräuning hatten die DDR verlassen, Uwe Johnson und Heinar Kipphardt folgten 1959. Der Raum der Literatur war durch den Weggang und auch den Tod von so viel tonangebender Intelligenz Ende der fünfziger Jahre spürbar blutleerer geworden.

In dieses Sprach-, Denk-, Wirk- und auch Generationsvakuum hinein setzte Walter Ulbricht „aufgrund von Tempoverlust im Gestalten sozialistischer Neuerungen"[118] im Frühjahr 1959 eine Bewegung in Gang, die als Bitterfelder Konferenz und unter dem Slogan „Greif zur Feder, Kumpel! Die sozialistische Nationalkultur braucht dich!" denkwürdige Furore machen sollte. Es war ein Schreibprogramm für Werktätige und ein Übersiedlungsprogramm für Litera-

118 BStU, Berlin: MfS SED-KL 827.

ten in die Produktion. Mit allem Goodwill ein säkularisierter Harmonisierungsversuch von Kunst und Arbeit, genau genommen aber ein Projekt zur Erzwingung von Parteiliteratur.

Im Vorfeld der Konferenz war der Schriftsteller und Ulbricht-Sekretär Otto Gotsche zu der Ansicht gekommen, dass „Arbeiterkorrespondenten der Tagespresse, vor allem aber Arbeiterkorrespondenten, die die Betriebszeitungen gestalten, Schriftsteller im ganzen Land, die sich mit Gegenwartsfragen befassen, vor allem junge Autoren" und die „Mädchenbrigaden von der FDJ-Konferenz"[119] dazugeholt werden müssten, um der Tagung das entsprechende Gepräge zu geben.

Die ebenfalls anwesende Christa Wolf empfand, „daß sich die Verkrampfung im literarischen Leben der letzten Jahre zu lösen"[120] begonnen hätte. „Ich muß sagen, daß es mir in Bitterfeld eigentlich schmerzhaft bewußt geworden ist, wie weit wir in der Literatur schon an den Schwanz geraten sind und wie weit wir aufzuholen haben"[121], erklärte sie.

Im Land war die Rede von „sozialistischer Kulturrevolution", mit dem „Arbeiterleser" als Hauptheiden. Um das vermeintlich öffentliche Anliegen in Schwung zu bringen, sollten bis Ende 1959 einhundert Autorinnen und Autoren auf die „Bauplätze der Republik" umgesiedelt werden, deren Auswahl nicht allein ästhetischen Kriterien folgte. Vielmehr suchte man vor allem nach „körperlich fähigen Autoren". Gesund, allseits bereit und strahlend sollte die neue sozialistische Nationalkultur entstehen.

Da Ulbrichts Anspruch auf Gleichschritt von Staat und Literatur nicht automatisch auf Rundumbegeisterung stieß und die Gerufenen auffallend zurückhaltend auf die dynamische Produktionsofferte reagierten, rief sein Sekretär Gotsche die Zögernden unmissverständlich zur Räson: „Die Frage der Parteidisziplin ist keine Frage, über die man diskutiert. Die ist einfach da. Man kann doch nicht über eine Sache, die dasteht wie ein Turm, diskutieren … An einem bestimmten Tag wird beschlossen, und wenn beschlossen ist, hört die Diskussion

119 Ebd.

120 BStU, Berlin: MfS ZAIG 10074.

121 Ebd.

auf. Dann wird gearbeitet und durchgeführt. Das muß doch mal klar sein."[122]

Ulbrichts kurzzeitige Machtstabilisierung Ende der fünfziger Jahre hatte sich Anfang der sechziger Jahre schon wieder aufgebraucht. Das Land befand sich in einer erneuten, beunruhigend um sich greifenden Krise: Waren 1959 noch 143.000 Ostdeutsche geflohen, verließen 1960 schon 199.000 die DDR. 1961, das war in den ersten Monaten schon absehbar, würden es noch einmal deutlich mehr werden. Vor allem Ärzte, Ingenieure, Professoren kehrten dem Land den Rücken. Die Wirtschaftszahlen brachen ein, der „Sozialistische Frühling", der im April 1960 verkündete Abschluss der Zwangskollektivierung der Landwirtschaft, forderte seinen Tribut. Willkür, Druck, Mangel, Engpässe dominierten den Alltag. „Im Sommer 1961 hatte die ostdeutsche Regierung die Wirtschaft ihres Landes durch Eigensinn und Irrtum schwer beschädigt, die meisten Bürger durch Gewalt und Drohung so verärgert, daß bald an jedem Tag über tausend Leute auf der Stadtbahn nach Westberlin fuhren, der einzigen offenen Stelle Deutschlands, entschlossen, dahin nicht zurückzukehren"[123], schrieb Uwe Johnson, mit Blick nun schon aus Westberlin, in seinem Zeitungsessay „Boykott der Berliner Stadtbahn" über die unhaltbare Situation.

Gearbeitet und vor allem durchgeführt wurde nach Geheimabsprachen mit den Verbündeten des 1955 geschlossenen Warschauer Pakts auch am 13. August 1961. Ulbricht nannte es „Maßnahme", ließ um Mitternacht die Grenze zu Westberlin schließen und die Mauer bauen. Es war die Spaltung der Stadt und des Landes und damit die endgültige, auch geistige Abschnürung der DDR von der Welt. „Das zunehmende Sperrbauwerk, damals schon Mauer genannt, fiel grausig aus der Zeit Westberlins heraus, war zurück in der Geschichte, tödlich für Leute ohne Uniform."[124] Was für die einen zu einer neuen Kriegserklärung wurde, war für die anderen das Fanal für den „echten Sozialismus" mit „uneingeschränkter, ernster Zu-

---

122 BStU, Berlin: MfS SED-KL 827.

123 Uwe Johnson: Boykott der Berliner Stadtbahn. In: Berliner Sachen. Aufsätze, Frankfurt a. M. 1975, S. 24.

124 Ebd., S. 24.

stimmung", wie Stephan Hermlin beteuerte. Das „Kollektivwesen der Literaten" und die Theater begrüßten den „antifaschistischen Schutzwall" mehrheitlich. Das Berliner Ensemble, die Volksbühne, die Staatsoper oder die Akademie der Künste schickten zustimmende Briefe. Man erhoffte sich dadurch angeblich Schutz und Unabhängigkeit vor „äußeren" Einflüssen. Darüber hinaus nutzte Ostberlin das Zäsur-Datum auch noch zu einer klaren Absage an eine einheitliche deutsche Kultur.

Alexander Abusch, kurzzeitig Bechers Nachfolger als Kulturminister und legendiert als dogmatischer SED-Kulturfunktionär, stellte im Dezember 1961 ganz unverhohlen fest: „Gehen wir davon aus, daß unser Arbeiter-und-Bauern-Staat, der einzige rechtmäßige und humanistische deutsche Staat, die deutsche Republik des Friedens und Sozialismus ist, dann darf man auch nicht mehr verschwommen und verwaschen von der deutschen Kultur im Allgemeinen sprechen; eine solche deutsche einheitliche Kultur kann in beiden deutschen Staaten mit entgegengesetzter Entwicklung gegenwärtig nicht existieren."[125] Die Frage nach einer einheitlichen deutschen Literatur war damit im Osten stante pede für überflüssig erklärt. Insofern stand der 13. August 1961 – nach der Staatsgründung 1949 und der Niederschlagung des Volksaufstandes am 17. Juni 1953 – machtsymbolisch auch für die dritte „innere Gründung der DDR"[126].

Noch im August 1961, nur Tage nach dem Mauerbau, verließ Ernst Bloch die DDR. Nach etlichen Verboten von Theaterstücken – angefangen bei der „Umsiedlerin" von Inge und Heiner Müller bereits sechs Wochen nach dem Mauerbau – kam um die Jahreswende 1962/63 auch das Aus für Peter Huchel als Chefredakteur der Akademie-Zeitschrift „Sinn und Form". 1963 kehrte Hans Mayer nach einem Verlagsbesuch in Tübingen nicht mehr nach Leipzig zurück. Im Mai 1963 tagte in Liblice die internationale Kafka-Konferenz, die den Ideologie-Kurs in Osteuropa erhärtete. Im April 1964 warteten die DDR-Offiziellen mit ihrer 2. Bitterfelder-Konferenz auf, unter dem Diktum Arbeiterkultur versus westliche Moderne. Den

---

125 BStU, Berlin: MfS ZAIG 10074.

126 Ebd.

gezielten Strukturabfolgen lag die Idee zugrunde, in der DDR eine „Ersatzöffentlichkeit" zu kreieren, das Lexikon eines ganzen Landes – Sprache, Codes, Wahrnehmung, Geist – umzustülpen oder auch von Grund auf neu zu formatieren.

Ein neues Vokabular – eine neue Welt. Der prophezeite Prozess im Land korrespondierte mit gesellschaftlichen Kernumbauten. Die Zukunft sollte fliegen können, die große Idee endlich abheben. In der Tat wurde nach dem Mauerbau angestrengt über Kybernetik, Systemforschung, Praxistheorien nachgedacht. Es kam zu etlichen Neugründungen von Instituten und Akademien. In den Zeitungen las man unentwegt von „Straßen des Kommunismus im Kosmos". In den Schulen ging es polytechnisch zu. Die Kinder saßen in selbstgebastelten Raumkapseln oder glitten im Kopf über ausgedachte Hochstraßen, die den realen Stand des historischen Superlativs, in dem sie aufwuchsen, möglichst außen vor lassen sollten. Denn in der Wirklichkeit des Jahres 1961 hatte sich die DDR zwölf Jahre nach ihrer Gründung moralisch vollkommen desavouiert. Um jeden Preis hatte sie das „bessere Deutschland" sein wollen, stattdessen lebte man in Stalinismus und Terror. Das sollte im Einschluss nun besser werden. Mit einem Neuen Ökonomischen System (NÖS) wollte man vergleichsweise pragmatisch, weil wissenschaftlich fundiert, weil technisch abgesichert, endlich Land gewinnen. Utopieüberschuss qua Forschung und Technik, ergo stabilere Zeiten; wirtschaftliche Effizienz und Selbstbestimmung versus alleinigen Machterhalt der Partei. Ein heikles Experiment, das zwangsläufig auf eine gewisse strukturelle Dynamik und Offenheit setzen musste, was sich bislang nicht wirklich als Stärke des Ulbricht-Clusters erwiesen hatte.

Aber was war mit der Kybernetik der Poesie im apostrophierten Zukunftsjahrzehnt der DDR? Für das, was später einmal Literaturkanon DDR werden sollte, waren die Jahre nach dem Mauerbau so fundamentierend wie maßgebend. Die Texte, die in diesen Jahren entstanden, galten als Ankunftsliteratur, in einer konfliktbeladenen, aber letztlich gelingenden DDR-Wirklichkeit. 1961 erschien Brigitte Reimanns Roman „Ankunft im Alltag", ebenfalls 1961 Erik Neutschs „Bitterfelder Geschichten", 1963 Christa Wolfs Erzählung „Der geteilte Himmel". Fraglos ziehen sich durch jede Schreibgenese innere und äußere Kontroversen, Reibungslinien, sogar Umbauten des eigenen Schreibzentrums, dennoch galt im Kern eine klare Demarkationslinie: Wer in seinen Texten das Sprachidiom DDR anerkannte, wer die Staatsdoktrin bediente, wer die politischen Signen bejahte, sich zum „Werden der sozialistischen Nationalliteratur" bekannte und möglichst Parteimitglied war, dem wurde gedankt mit Reputation, Förderung, Öffentlichkeit, großen Verlagen und Auflagen. Das Schreiben derer, die sich nicht integrieren ließen, fiel dagegen in namenlose Leere. Es waren jene, die nicht gedruckt wurden und die heute niemand kennt.

In Nummer 20 der kulturpolitischen Wochenzeitung „Sonntag" des Jahres 1963 ist die Rezension des zuständigen Redakteurs für Literaturkritik Eduard Zak zu lesen, die den Ton und den Inhalt des angelaufenen Sondierungsprozesses für den Moment beispielhaft zu charakterisieren hilft. Unter der Überschrift „Tragische Erlebnisse aus optimistischer Sicht" mischte er sich unter die angelaufene breite Debatte um den „Geteilten Himmel" von Christa Wolf: „Aus der Reihe der Jungen sind in den Jahren des Aufbaus des Sozialismus viele, sehr verschiedene Talente aufgesprossen; die meisten von ihnen haben gehalten, was sie versprachen, haben mehr oder weniger rasch ihre Art gefunden und gehören heute zum festen Bestandteil der jungen, sozialistischen Nationalliteratur. Das Auftauchen Christa Wolfs als Erzählerin scheint mir jedoch einen besonders prägnanten Punkt in der Entwicklung der sozialistischen Literatur zu bezeichnen. Hier trifft ein kluges Abwarten und Reifenlassen mit den Bildungs- und Aufnahmebedingungen der bereits entfalteten sozialistischen Gesellschaft zusammen. Christa Wolf hatte die Kraft, ihre Erzählung ganz und fraglos in der gegenwärtigen Entwicklungsphase unseres nationalen Problems anzusiedeln. Deutlich und mit großer Entschiedenheit erklärt sie sich für die Maßnahme vom 13. August 1961 [...] In der Erzählung wird die Erkenntnis, jetzt und hier beheimatet zu sein, am Anfang und Ende mit den gleichen umfassenden und gefühlstiefen Worten zusammengefaßt: ‚Wir gewöhnen uns wieder, ruhig zu schlafen. Wir leben aus dem Vollen, als gäbe es übergenug von diesem seltsamen Stoff Leben, als könnte er nie zu Ende gehen.'"[127]

---

127 Eduard Zak: Tragische Erlebnisse aus optimistischer Sicht. In: Sonntag, Nr. 20, 19.5.1963, S. 3.

Ruhiger Schlaf und ein nie endender, aus dem Vollen schöpfender Lebensstoff galten Eduard Zak in seiner Rezension als Synonyme für bewältigte Krisen, mühsam Abgerungenes, aber auch für reines Gewissen und augenscheinlichen Aufbruch. In jedem Fall wurde die Wolf-Erzählung als eine Empfehlung an das Projekt DDR verstanden, mit „einem neuen, ruhigen Selbstbewußtsein"[128], als der „Glücksfall", die „Widersprüche unserer Gesellschaft als Frau von Grund auf zu erleben"[129]. Das Bekenntnis vieler Autorinnen und Autoren zum Mauerbau erwies sich dabei als Schlüsselerfahrung für das eigene Werk, für die weltanschauliche Bindung, oft genug für eine in der Folge unauflösbare DDR-Loyalität.

Der Mauerbau als politischer Lackmustest. Die dieses Bekenntnis verweigerten, verschrieben sich einem gänzlich anderen Projekt. Es müssen seltsame, oft bittere Jahre gewesen sein, in denen sich die Teilung nicht nur nach außen, sondern auch nach innen vollzog, quer durch Künstlergruppierungen, Künstlerfreundschaften. Künstlerpaare. Die in den Fünfzigern noch in Kneipen, Privatwohnungen, in Gärten oder ihren Sommerhäusern heftig über die Verhältnisse im Land stritten, fanden nun oft nicht mehr zusammen. Die Sondierung fand zumeist im Stillen statt. Die Ja sagten, wussten um die, die sich entzogen und umgekehrt. Die Szenen waren überschaubar, die DDR war ein kleines Land. In vielen Biografien und Selbstzeugnissen der Autorinnen und Autoren ist ablesbar, inwieweit sich sie ostdeutsche Literaturgesellschaft nach dem Mauerbau 1961 in ein neues Zeitalter des Misstrauens hineinarbeitete.

Sich verweigern, das hieß aber nicht nur, ohne Öffentlichkeit zu schreiben, sondern auch, ohne Ankunft in der DDR zu bleiben, das hieß, sich nicht beruhigen zu können, über die Trennung von Familien und eines Landes, das hieß eben kein ruhiger Schlaf. Im Gegenteil, sich verweigern, das hieß Lebensverlust, das hieß, sich in eine extremere Einsamkeit hineinzuleben, als Schreiben es bedeuten konnte, das hieß, mit der unabänderlichen Tatsache klarzukommen, öffentlich nicht wahrgenommen zu werden, nicht dazuzugehören. Der Riss war unerbittlich, nicht wenige stürzten in ihn

128 Christa Wolf: Die Dimension des Autors, Darmstadt u. Neuwied 1987, S. 37.

129 Ebd., S. 65.

hinein. Die Nein sagten, wurden zur poetischen Versammlung der Ausgegrenzten, politisch nicht Genehmen. Jede und jeder von ihnen arbeitete für sich an einer Ästhetik der Angst.

> Das Öffnen des Manuskriptbündels und die mengenmäßige Aufteilung des Materials war Preisgabe und Anmeldung meines Besitzanspruchs zugleich. Ich habe Angst. Maßstab ist die Angst vor dem, was greifbar ist. Es gibt nur ein Mittel, sie zu überwinden: die bindfadengesicherte Tür aufzubinden, hinter der ich auf einer Terrasse lebe, und durch das höhlenartige Haus zu gehen, von Nische zu Nische, um zu lesen und zu ordnen. Zu ordnen auf eine meinen Feinden nicht erkennbare Art.[130]

Die Angst vor dem, was greifbar ist. Ordnen auf eine den Feinden nicht erkennbare Art. Eine bindfadengesicherte Tür aufbinden. Auf der Terrasse leben. Durch das höhlenartige Haus gehen, von Nische zu Nische. Die Angst, der Feind, die Fluchttür? Oder die Tür hin zum Versteck? Die dachlose Terrasse, die Höhle, die Nischen. Der Roman „Freibank oder das Projekt der Spaltung" von Werner Kilz, Jahrgang 1931, das 1967 im Insel Verlag in Frankfurt am Main erschien, funktioniert wie ein Angstsystem. Hier strukturiert keine Katz-und-Maus-Spiel-Angst die Erzählung, keine Angst vor der Sekunde des Schreckens, keine Angst von Fall zu Fall. Hier erzählt unfixierbare Angst, eine, die alles durchsetzt. Eine Angst von „Kimme und Korn"[131], wie der Autor schreibt. Eine, bei der das Trefferbild bestimmt und die Kugel im Lauf ist. Eine Angst, bei der einem Hören und Sehen vergeht oder bei der das „Sehen ausgeschaltet und das Hören angegriffen"[132] ist. Bei der Text, Wörter, Denken, Sinne und so auch der Schreibende selbst auf atemraubende Weise unter ihr Signum geraten. Und bei der die Angst zugleich auf existentielle Weise verkoppelt ist mit der Angst der Mächtigen. Deren

130 Werner Kilz: Freibank oder das Projekt der Spaltung, Frankfurt a. M. 1967, S. 8.

131 Ebd., S. 14.

132 Ebd., S. 16.

Angst schlägt pausenlos an. Sie ist phobisch und einzig damit beschäftigt, die Gedanken und Gefühle, das Eigene und Unbedingte, die Haltungen und das Schweigen des anderen um jeden Preis greifen zu können.

> Es war das Erzwungene, Gewalttätige des Vorgangs, was mich so ängstigte. Die Gegenstände wurden nicht nur undeutlicher, sondern sie verloren ihre Gegenständlichkeit ganz, und nicht nur vorübergehend, sondern, so schien es, für immer. Und ich lebte mit ihnen.[133]

Aber was tun gegen eine solche Angst? Lesen und ordnen, sagt Kilz. Und vor allem schreiben. Das Schreiben schafft es, den Daueralarm der Sinne zu bannen, es schafft Distanz und fixiert. Dabei macht Kilz das Verfertigen der Schrift selbst zur Operation. Die Hände halten sich am Papier fest, sie spüren, teilen, verdoppeln. Haptisches und Mechanisches schaffen eine erste Ordnung, im Sinne der Angstbewältigung:

> Das Schreibheft ist in der Mitte aufgeschlagen. Ich habe die aufgeschlagenen Seiten beschrieben. Ich reiße das Doppelblatt heraus. Ich beschreibe die Außenseiten des Doppelblattes. Mit dem wenigen, was ich geschrieben habe – mit meinen vier liniierten Seiten in der Hand –, stehe ich der Masse des Materials nicht mehr als ein von vornherein Unterlegener gegenüber.[134]

Zur Angst vor dem, was greifbar ist, gehört auch die Chronik der Notunterkünfte bedrohter Manuskripte, denn das rein Physische der Texte konnte durchaus zur Gefahr für die Schreibenden werden. Sie ergibt eine ganz eigene Erzählung über das Dilemma, das Geschriebene an möglichst unwahrscheinlichen Orten zu verstecken. Mussten in der frühen DDR Autorinnen und Autoren im Zuchthaus fast durchweg ohne Papier auskommen und aus dieser Zwangssitu-

---

133 Ebd., S. 17.

134 Ebd., S. 15.

ation eine eigene Form des mündlichen Memorierens begründen, berichten widerständige Autoren der entwickelten DDR-Diktatur immer wieder von sorgsam bedachten Textaufbewahrungsorten, etwa in der Jauchengrube, im Kartoffelkeller, zwei Meter tief unter der Birke im Garten, von Verstecken in Schließfächern auf Bahnhöfen, eingenäht in Kissen, in den Spielzeugen ihrer Kinder oder unter Holzdielen. Hatten widerständige Autoren also mit der permanenten Angst zu leben, dass das, was sie dachten und fühlten, als Text greifbar werden könnte, so lebten Apparat und Geheimdienst in dem Dauerwahn, dass sie dieses ortlos gemachten Textes nicht habhaft werden könnten, was eine ganz eigene Phänomenologie der Textverstecke begründete.

„Wer versteckt hat, zeigte damit von vornherein, dass er nicht zurückstecken würde, sondern – falls erforderlich – in Hamburg einen Verlag um Hilfe bitten würde", schreibt der Philosoph Rolf Henrich. „In der zwanghaften Orientierung an einer Veröffentlichung in der DDR-Verlagslandschaft (alles andere wäre schließlich Verrat am Sozialismus gewesen) lag auf jeden Fall Befangenheit, die den Zustand des Gefangenen im Schatten der Mauer spiegelte. Wer sich darauf eingestellt hatte – wenn die mich hierzulande nicht publizieren lassen, dann gebe ich mein Manuskript eben in den Westen –, der folgte von vornherein einem freiheitlicheren Lebensentwurf, der die Vormundschaft der parteiamtlichen Zensoren zurückwies. Mit ihrer Ausleuchtung des Möglichen lassen Literaten und Philosophen ja nicht nur das selbst vollzogene Dasein in sich wirken. Sie versetzen auch ihre Leser in denkbare Möglichkeiten, die sie aus der Verborgenheit hochholen (Flüchten, Standhalten, Täuschen, Wegducken, Widerstehen). Sie machen ihre Leser sehend für das Wirklichseiende."[135]

Die Angst vor dem und um das, was greifbar ist. Die Grammatik der Angst zwingt das, was zu schreiben ist, in eine andere Physis. Die Angst wird zur Struktur des Zugriffs und zugleich der Regisseur des Textes. Denn alles, was in ihm atmet, atmet mit ihr und durch sie. Es ist die pure existentielle Angst, die Angst vor dem Zugriff auf den Autor wie auf den Text, die den Körper der Schrift auf-

---

135 Brief von Rolf Henrich an Ines Geipel, 29.11.2012.

lädt. Werner Kilz macht diese Gefährdung zugleich zu einer existentiell notwendigen Gefährdung:

> Gefährdetsein war alles, was wir erreichen konnten. Und es war die wichtigste Eigenschaft, die wir uns erhalten mußten. Wir glaubten, um das zu erleiden, was alle erlitten – verletzlich bleiben zu müssen. Wir nahmen uns vor, zerstörbar bleiben zu wollen, um dadurch unsere Unzerstörbarkeit zu beweisen, unsere einfache menschliche Unzerstörbarkeit. Wir, wie alle Menschen, brauchten keinen besonderen Schutz.[136]

Unter Dauergefährdung weisen nicht nur die Schreibenden, sondern auch die Schrift verschiedene Angstsymptomatiken auf. So werden Takt wie Register des Textes auf besondere Weise aufeinander bezogen, damit „sich nur erkennt, wer zusammengehört"[137]. Es geht um Begriffe wie Geborgenheit, Mitwisserschaft, Treue, um die Familie politisch wie künstlerisch Gleichgesinnter als „Ersatz für den Begriff Heimat, für etwas, was es für uns nicht gab, für die Selbstverständlichkeit, dabeisein zu dürfen, ohne etwas aufgeben zu müssen, irgendwohin zu gehören"[138]. Darin auch Inkohärenzen des Sinns herstellen, der Zeit und des Raumes, die eine Notgemeinschaft bedingen. Kilz stellt sie unter das Credo: „Je fremder, um so glaubwürdiger". Sich verstecken, sich fremd halten, draußen bleiben, weiter innerlich auf der Flucht sein, verstummen, ins Schweigen gehen. Genau genommen die Existenz eines Schiffbrüchigen führen, als Metapher für bodenlose Unsicherheit. Der Stoff des Kilz-Romans handelt nicht von ungefähr über weite Strecken vom Zeittotschlagen, vom vegetierenden Sichverkriechen, vom Sichverstecken, vom Sich-im-Geheimen-Einrichten. Da geht es um Visiere, Lichtschächte, Schatten, strategische Zeichen, unterirdische Gänge und Räume.

Die Angst vor dem, was greifbar ist, wird auf diese Weise auch eine Angst des eigenen Denkens vor dem, was es greifen, was es begreifen könnte oder zu begreifen hätte. Sie macht halt vor der Logik

---

136 Werner Kilz: a. a. O., S. 225.

137 Ebd., S. 54.

138 Ebd., S. 56.

des Sinns, der Gedanken, sucht Schlupfwinkel, geht Umwege, tappt in Sackgassen, macht sich fremd, verbirgt, maskiert, ja maskiert sich selbst, um der Dauerbedrohung zu entkommen. Als ginge es darum, das Trauma im Körper der Literatur zu schützen, die Not im Text zu bergen, die Angst zu transponieren. Es ist das Artefakt, in dem der Schmerz unterkommen will, ja, wo er hockt. Aber wie über Druck, Repression, die bestehenden Verhältnisse literarisch Auskunft geben, wenn die Worte nicht greifbar sein sollen, wenn sie nicht unmittelbar sprechen dürfen, weil sie Angst haben, weil sie vor lauter Starre nicht berichten können oder Inhalte verbergen müssen? Wie sprechen, wenn die Worte schweigen sollen?

Es ist der veränderte, irritierte, verstörte, ja mitunter regelrecht zerschossene Zustand der Texte, der über das Akute Auskunft gibt. Er bekommt Zeugnischarakter, wird zum Zeugen höchster Gefährdung, einer durchlittenen Zeit. Diese Textphysis markiert auch den Übergang zwischen der klassisch narrativen Struktur der Texte der frühen DDR und den literarischen Angstkörpern nach dem Mauerbau. Werner Kilz konnte sein Projekt der Spaltung abschließen und 1967 veröffentlichen, außerhalb der DDR. Was aber ist mit denen, die blieben, die in der DDR ausharrten?

Die andere Physis der Schrift. Die Schwierigkeit, ja Unmöglichkeit, das eigene Empfinden in Übereinstimmung mit der Sprache zu bringen. Man wollte nicht jubeln, wo man sich ummauert fühlte, nicht die „Einheit von Geist und Macht mitbilden und mitverantworten“[139], wie der Sekretär des Schriftstellerverbandes der DDR, Max Walter Schulz, es verlangte, nicht von Fortschritt sprechen, wenn es ums Ausbiegen, Umbiegen, Verdrehen von Wirklichkeit ging, wie es Anna Seghers beispielhaft vorführte: „Sozialismus bedeutet keine Einengung, sondern immer eine Erweiterung des Blickfeldes, weil ich einen Standpunkt gewählt habe, von dem aus ich rundum am weitesten sehen kann.“[140]

Die Notwendigkeit, sich von der Diktatur des Textrealismus zu befreien, gegen die in der offiziellen Sprache eingeschlossene DDR-Wirklichkeit anzuschreiben, inhaltlich aus den Ankünften,

---

139 BStU, Berlin: MfS ZAIG 10074.

140 Ebd.

aus der Mainstream-Figur des sozialistischen Aufbauhelden auszubrechen: Aber durch welche Stoffe, mit welcher Ästhetik? Wohin entweichen? Und wo dann sein? Die Texte der Unveröffentlichten geben Auskunft über den schmalen Grat zwischen Existenz und Schreibexistenz unter der Diktatur, die Sprache generell extrem behandelt. Die unter Verschluss entstehenden Textfiguren stoßen in jeder Richtung an Grenzen, werden attackiert, müssen ihre Gedanken und Gefühle verstecken, sind ummauert, stehen unter Druck, bewegen sich im Kreis, kommen nicht vorwärts, leben unter verschobenen Raum- und Zeitkoordinaten, fangen an zu stottern, zu lallen.

Was dann noch bleibt? Mit der Sprache brechen, die Unordnung, den Traum, die Krankheit, das Delirium, den Wahn, das Unbewusste, den Tod privilegieren. Sich ver-rücken, verrückt werden, sich in die Sprache des Körpers, in die Gebärden hineinverschieben, die sanktionierten Wahrnehmungen verlassen, notieren und chiffrieren, was der Textrealismus strikt ausblendet, und so Textkörper entwerfen, die den Bruch zwischen Sprache und Denken kenntlich machen.

Einschluss, unversöhnt

3. Oktober 1965. Eine Frau steht müde und völlig besoffen vor dem Tränenpalast, der Ausreisehalle des Bahnhofs Friedrichstraße, dem Nadelöhr zwischen Ost und West. Sie wartet auf ihre Mutter, die aus dem anderen Teil der Stadt kommen soll. Sie kommt nicht. Die Frau bepisst sich, läuft los, frierend und hungrig, bemerkt Stimmen. Auf dem Alexanderplatz kauft sie sich eine Bockwurst im Stehen, Zigaretten und Bier. Jemand zerrt sie am Mantel, beschimpft sie, jagt sie weg. Sie flieht, springt in eine Straßenbahn, in der ein Mann stirbt und durch einen Film entkommt. Oder: In der Straßenbahn wird ein Film gedreht, in dem ein Mann stirbt. Ostberlin als eine Landschaft des Surrealen. Die Bilder kippen. Wachen und Traum in Endlosschleife. Irgendwann landet die Frau erschöpft zu

Hause und schläft sofort ein. Als sie erwacht, liegt ein Zettel auf dem Tisch. Auf ihm steht, dass die Mutter da war.

So in etwa könnte die Nacherzählung der Prosa „Berlin, ein Tag" der Dichterin Eveline Kuffel[141] gehen. Von ihr heißt es, dass sie tatsächlich häufig vor dem Tränenpalast stand, auf die Mutter wartete, unentwegt in Ostberlin unterwegs war und viel in Kneipen geschrieben hat. Eine Vagantin, Zigeunerin, Närrin, die Verse über eine Vagantin, Zigeunerin, Närrin schrieb und sehr genau wusste, dass ein Text über eine Alkoholikerin nicht der Text einer Alkoholikerin zu sein brauchte, dass das zwei verschiedene Paar Schuh waren. Zumindest hätte Eveline Kuffel mit ihren einst der KPD angehörenden und aus diesem Grund von den Nazis verfolgten Eltern, die beide Arbeiter waren, in der DDR eine Bilderbuchkarriere zugestanden. Doch davon konnte keine Rede sein.

Vater Wladislaus Kuffel, 1898 im westpreußischen Bromberg-Bydgoszcz geboren, war Mitte der zwanziger Jahre nach Hennigsdorf ins Osthavelland gekommen. 1928 traf er in der Orts-KPD die zehn Jahre jüngere Anna aus Oberschlesien. Beide heirateten. Im Januar 1935 wurde das erste von drei Kindern geboren: Eveline Kuffel. Die Mutter arbeitete als Näherin in Heimarbeit, der Vater als Blechwalzer im Stahl- und Walzwerk Hennigsdorf, ein schwerer und vor allem „kriegswichtiger" Beruf, der ihm mehrfach das Leben gerettet haben dürfte. Schon 1932 wurde er als einer der aktivsten Kommunisten im Werk verhaftet, aber man brauchte ihn dringend an der Walze. Daher waren seine häufigen Gefängnisaufenthalte durchweg von kürzerer Dauer. 1936 wurde der Sohn Udo geboren, 1940 die zweite Tochter, Edeltraud. Um ihre drei Kinder halbwegs durch die Hitlerzeit zu bringen, entschieden die Kuffels, die illegale Parteiarbeit ruhen zu lassen.

Für sie war der neue deutsche Staat im Osten ursprünglich gedacht gewesen: für Anna und Wladislaus Kuffel, für die Arbeiter und ihre Kinder, die Bildung, Essen, Wohnung und Rechte erhalten sollten. Doch bereits 1947 – Eveline Kuffel besuchte gerade die Grundschule – wurde der Vater wegen öffentlicher Kritik an der poli-

141 Vgl. Ines Geipel: Zensiert, verschwiegen, vergessen. Autorinnen in Ostdeutschland 1945–1989, Düsseldorf 2009, S. 119.

tischen Situation in der SBZ und an den Zuständen im Werk entlassen und ging nach längeren Querelen schließlich entnervt nach Westberlin. Aus Hunger und wohl auch aus Langeweile begann der Bruder Udo Kuffel kleine Schiebereien mit um den Bauch gewickeltem Buntmetall, das er schmuggelte und gegen Essbares in Westberlin eintauschte. Eveline Kuffel begleitete ihn zweimal und erhielt dafür eine Handvoll Bonbons. Als die Sache aufflog, konnte der Bruder in den Westen entkommen. Eveline Kuffel – 15 Jahre alt und Schülerin der 10. Klasse – wurde verhaftet, erhielt am 13. Februar 1950 in Oranienburg „vor erweiterter Öffentlichkeit" und ohne Verteidigung einen Prozess und wurde zu 2 Jahren Haft verurteilt. Sie landete im Jugendwerkhof Schenkendorf bei Potsdam, ab Sommer 1952 saß sie im Jugendwerkhof Rotes Luch ein, danach musste sie nach Strausberg-Müncheberg. Diese Einrichtungen, ein System der Jugend-Spezialheime, waren zu der Zeit meist harte Arbeitslager, berüchtigt für ihren Sadismus und die Gewalt an den inhaftierten Jugendlichen. Als Eveline Kuffel 1953 entlassen wurde, waren die Mutter und die Schwester Edeltraud ebenfalls über die grüne Grenze in die Bundesrepublik geflohen. Vater und Bruder lebten noch in Westberlin.

Die knapp 18-Jährige wollte nicht in den Westen. Sie hoffte auf die junge DDR, vor allem auf eine Ausbildung. Im September 1954 wurde Eveline Kuffel an der Hochschule für bildende und angewandte Kunst in Weißensee in der Fachrichtung Plastik immatrikuliert. „Ihre künstlerische Begabung ist unzweifelhaft", hieß es mehrfach in den Studienunterlagen. Doch nicht lange, und es folgte die Relegierung, „wegen mangelnder Studiendisziplin". Blieb die Bewährung in der Produktion: ein Jahr Arbeit in der Lackiererei der Elektro-Apparate-Werke, Berlin-Treptow, dann Kassiererin in der Köpenicker „Konsum-Genossenschaft". Im Sommer 1960 durfte sie ihr Bildhauereistudium mit einem Diplom zu einem projektierten Gedenkstein für die Opfer des Faschismus am Weißen See in Ostberlin schließlich beenden. Unmittelbar nach dem Studium heiratete sie Thomas Heidolph, einen Mitstudenten. Im August 1961 kam der gemeinsame Sohn Simon zur Welt.

Für Eveline Kuffel bedeutete der Mauerbau insbesondere auch die endgültige Trennung von ihrer Familie. Die Texte aus dieser Zeit haben nur ein Thema: die Teilung von Berlin. „In der Stadt ohne

Eveline Kuffel als Kunststudentin,
Mitte der fünfziger Jahre in Ostberlin

Eveline Kuffel als Fliegerin,
Ende der fünfziger Jahre

Wind"[142] sucht der Blick einer Trinkerin Halt und Sprache. Windschiefe, expressive Slapsticks entstehen. Da stolpert jemand durch rotzig-derbes Milieu, hier torkelt Leben, das an seiner eigenen Logik baut: immerzu Zerplatztes, Zerfallenes. „Eine Stadt mit leeren Straßen", „die Last der Stille", „nichts als das Bröckeln des Steiges"[143]. „Das große Kotzen"[144] hatte Eveline Kuffel einen ihrer Berlin-Texte nennen wollen. 1963 wurde die Ehe mit Thomas Heidolph geschieden. Das Erziehungsrecht für den Sohn erhielt der Vater.

Sicherlich war es Eveline Kuffels poetisches Realitätsprinzip, das die Veröffentlichung ihrer Texte in der DDR unmöglich machte, aber auch ihre unmissverständliche Lebenspolitik. Am 16. November 1967 eröffnete die Volkspolizei Prenzlauer Berg, Abteilung K, unter der Registriernummer B 417/67 wegen des „Verdachts der staatsgefährdenden Propaganda und Hetze sowie vermutlicher Verbindung zu verbrecherischen Organisationen oder Dienststellen, nach Paragraph 19 bzw. 16 des StGB" die Kriminalakte „Poeten"[145] gegen sie. Im Eingangsbericht heißt es: „Die verdächtige Person stellt Schriften her, die sich gegen unseren sozialistischen Staat richten. Es soll sich dabei um Gedichte handeln, die nach Westberlin verbracht und dort durch bisher unbekannte Verlage verlegt werden sollen." Als Motiv für die vermeintliche Straftat vermutete sie Eveline Kuffels „Feindschaft zur DDR". Ihr Verbrechen war, dass sie versucht hatte, sich eine Schreibmaschine zu leihen, um ihre Texte wenn schon nicht in der DDR, dann zumindest in West-Verlagen unterzubringen.

Die über sie angelegte Kriminalakte gibt Auskunft über ihre unzweideutige politische Haltung, enthält Hinweise auf verlorengegangene literarische Versuche sowie über ihre Lebenssituation. So gab ein auf sie angesetzter Stasi-IM im Juni 1968 an, „daß die K. äußerst regelmäßig die Gaststätte ‚Schnalle' aufsucht. Beispielsweise war sie in der Woche vom 17.3.–23.3. jeden Tag ab 12 Uhr in der Gaststätte.

---

142 Eveline Kuffel, zit. in: Ines Geipel (Hrsg.): Die Welt ist eine Schachtel, a. a. O., S. 105.

143 Ebd. und S. 99.

144 BStU, Berlin: MfS XV 3346/67.

145 Ebd.

Sie hielt sich bis abends da auf. Meistens ist sie mit Hosen bekleidet. Manchmal läßt sie bei der Chefin der Gaststätte anschreiben. Ich habe schon mehrfach beobachtet, daß die ‚Ev' in den Gaststätten sehr viel schreibt."[146] Ende der sechziger Jahre arbeitete die Dichterin, wie nur noch die Akte belegen kann, an dem Stück „Die Revolution der Igel", in dem es um das Schicksal des Proletariats gehen sollte. „Es macht seine Revolution, besitze Stacheln (Waffen) und wird dann trotz seiner Illusionen über eine bessere Zukunft von der Geschichte überfahren (sich verselbständigende Apparate, Diktatur etablierter Führungsschichten etc.)."[147]

Eveline Kuffels artifiziellen, betont ungelenken Sprachgebilde, der spröde Ton, die enormen Spannungen in den Wortfeldern, ein verbeulter, nicht selten auch zersplitterter Sprachraum erinnern an die zeitgleich in Ostberlin schreibende Dichterin Inge Müller, Jahrgang 1925, aber auch an die im selben Jahr wie Eveline Kuffel in Berlin geborene Dichterin Helga M. Novak. Kriegskindheiten, unbehaust, unstet, unwirtlich. „Wie die Bomben aussehen, wie die Toten aussehen, wie Berlin aussah, das wusste ich"[148], erklärte Helga M. Novak. Die Zerrbilder in den Köpfen der Kriegsmädchen, die erlittene Ohnmacht, die Angst. Für diese Mädchen hatte die Norm ausgetickt. Bei ihnen suchten sich die inneren Bilder sehr eigene Wege, bekam ihre Sprache Löcher, schleppten ihre Körper elendig viel mit sich herum.

Es liegt nahe, dass sich Eveline Kuffel und Helga M. Novak irgendwann in einer der Ostberliner Künstlerwohnungen begegnet sind. Zwei Frauen, die in Verbänden und offiziellen Schriftstellerkreisen nie heimisch werden konnten, deren poetische Radikalität es im offiziellen Literaturraum DDR nicht zu geben hatte. Doch was bedeutete es eigentlich, im Schlagschatten der Berliner Mauer ohne Halt und Fürsprache zu leben? Eveline Kuffel bewegte sich im Umkreis von Wolf Biermann und dem bekannten Schauspieler Manfred Krug. Während ihres Studiums in Weißensee hatte sie sich mit

146 Ebd.

147 Ebd.

148 Helga M. Novak: Wer die Melancholie nicht kennt, weiß nur die Hälfte. In: Berliner Zeitung, 29.12.2005.

dem Maler und Schriftsteller Werner Kilz befreundet. In den Kneipen Ostberlins saß sie mit dem Dichter und Polonisten Henryk Bereska zusammen, dem Bulgaristen Norbert Randow oder der Dichterin Jutta Petzold. Eine Ostberliner Künstlergruppe von Solitären, außerhalb des offiziellen Literaten-Kollektivs.

Mitte Oktober 1961 gelang Werner Kilz durch die Kanalisation von Ostberlin nach Westberlin die Flucht aus der DDR. Norbert Randow, der die Manuskripte des geflohenen Freundes über Bulgarien schmuggeln wollte, wurde 1962 auf dem Flughafen Schönefeld mit dem Text „Freibank oder das Projekt der Spaltung" verhaftet. Nach einem nichtöffentlichen Prozess in Neubrandenburg verurteilte man ihn „wegen schwerer Boykotthetze", realiter wegen der vorbehaltlosen Hilfe für den Freund, zu 3 Jahren Haft, die er in verschiedenen DDR-Gefängnissen absitzen musste. Nach seiner Entlassung wurde Norbert Randow bis 1978 beruflich völlig kaltgestellt.

Langjährige Reisesperren, Fahndungsgesuche, ständige Telefonüberwachung gehörten auch zum Dauerprogramm des Geheimdienstes für Kuffels Freund Henryk Bereska. Besonders nach der Flucht von Werner Kilz intensivierte das MfS das Interesse an ihm. Aber wie die einzigartige Einheit einer Künstlergruppe leben, wenn der Einzelne kaum davonkam, wenn persönliche Souveränität unentwegt attackiert und Individuelles im Keim erstickt wurden? Druck und Zumutung sind auf Gegengewichte aus, auf Überwinterungsstrategien, auf ein Leben dazwischen, mitunter auch am Rand oder darüber hinaus.

Der in der DDR nicht veröffentlichte Henryk Bereska saß im märkischen Kolberg, ebenso der Dramatiker Alfred Matusche, dessen Stücke wenig gespielt wurden. Auch der einst kommunismustreue Schriftsteller Boris Djacenko war da, dessen zweiter Teil seines Kriegsromans „Herz und Asche" von den Behörden als sowjetfeindlich gestoppt wurde, weil darin die Vergewaltigungen beim Einmarsch in Berlin thematisiert worden waren. Nach Kolberg kam auch Helga M. Novak, um den trinkfesten Djacenko zu treffen. Von dort fuhr sie zu ihrer Liebe, dem ab 1965 mit Berufsverbot belegten Robert Havemann, nach Grünheide. Er wiederum stand in engem Kontakt mit Wolf Biermann. Wuchernde Freundschaftsrhizome oder auch chromatische Existenzen aus angehaltener Zeit,

Ostberliner Studienfreunde, Zweiter von rechts Werner Kilz,
ganz rechts Eveline Kuffel

Norbert Randow nach seiner Haftzeit,
Ende der sechziger Jahre

Moral, Himmel und Landschaft, Formlosem, Sprache, Intimem, Literatur, Unverhofftem. Oft ins Aus gesetzte Kreativität. Man lebte in einem verriegelten Land. Diesen Randgängern aber ging es um so etwas wie Takt, um etwas, das gewahrt und geschützt werden musste, wenn in Zeiten der Angst überhaupt noch etwas stimmen sollte. Es war der geheime und doch wirkmächtige Gegenstoff zum Neuen Menschen.

Und Eveline Kuffel? Sie dürfte ab Mitte der sechziger Jahre keinerlei Illusionen mehr darüber gehabt haben, was sie als selbständige Künstlerin in der DDR erwartete. Als Jugendliche wegen der politischen Haltung des Vaters kriminalisiert und für zwei Jahre inhaftiert, vom Kunststudium relegiert, das Sorgerecht für den Sohn aberkannt, unter ständiger Kontrolle des Geheimdienstes, deshalb stets kurz vor der Verhaftung und ohne einen einzigen künstlerischen Auftrag – es war dieser Lebensentwurf, der aus der DDR-Kulturprogrammatik bewusst herausfiel und sie zugleich immer stärker über den Rand drängte. „Die Last der Stille“, „das Unkraut zwischen den Schienen“, „das Bröckeln des Steigens“, „das leise Fluchen“ – Schlüsselbilder der Kuffel'schen Antiwelt, die nicht den Ton des „sozialistischen Aufbaus“ boten.

S-Bahnsteig

Schönheit
ist begriffene Häßlichkeit und
des Lebens Turbulenz das Gegenstück
zur schönen Einsamkeit
auf leerem Bahnsteig
mitten in der Nacht
für den und den,
für zwei, die warten.
Der mit der Tasche für Akten nicht und
nicht der mit nichts als mit Händen
in Hosentaschen, wagt zu lachen
über die Lok auf dem Abstellgleis,
über den Schornstein, der raucht
und schöner als die vortrefflichen Gewächse
des Parks von Sanssouci

erscheint das Unkraut zwischen den Schienen.
Bröckelnd gibt der Bahnsteig nach
unter der Last der Stille, –
der andere flucht leise,
der eine schreit nach dem letzten Zug,
ein ungehörtes Trio.
Da ist nichts als das Bröckeln des Steiges,
das leise Fluchen und der Schrei nach dem Zug.
Die tote Lok, der nicht rauchende Schornstein.
Und das schöner als die vortrefflichen Gewächse
des Parks von Sanssouci erscheinende Unkraut
schweigt.[149]

Manchmal nutzte Eveline Kuffel in ihren Gedichten Crashworte, sprachliche Bruchlandungen, wie in ihrem Gedicht „Mauer" das Wortungetüm „Knickkrachkriegsknackknochenstäbe". Der „knöcherne Käfig", die „feuchtzitternden Hände", der „Tod"[150] – ein vorgestelltes Bildnetz, um das sprachliche Bersten notwendig zu machen. Im Moment des Bruchs aber gelingt dem weiblichen Text-Ich der Zerstörung bannende Gestus gegenüber dem eigenen Kind. Privat, still, ohne Sprache – ein Blick eben, unter dem Gewicht dessen, was größer, mächtiger ist als das Intime der Situation. Nähe und Identifikation im Moment der Niederlage, des unerbittlichen Drucks.

Eveline Kuffel und die Jahre 1966, 1967, 1968. In den Kneipen Ostberlins malte und schrieb sie in zahllose Skizzenbücher, von denen nicht eines erhalten geblieben ist. Irgendwann zog sie los, übers Land. In der Folge entstanden ihre Zigeunerlieder. Ein gesuchter Sturz in die Ortlosigkeit, während es im Staat vor allem fixiert, behaftet, austariert zuging. Wie weit man damit gehen musste? Mit den Mitteln der Selbstinszenierung verließ sie Ende der sechziger Jahre zunehmend Schrift und Bild und griff nach dem eigenen Körper als dem ihr verbliebenen Ausdruck. Avantgardistische Ob-

149 Eveline Kuffel: S-Bahnsteig. In: Ines Geipel (Hrsg.): Die Welt ist eine Schachtel, a. a. O., S. 99.

150 Eveline Kuffel: Mauer. In: ebd., S. 111.

jektkunst, die sich aggressiv gegen den verzweckten Gesellschaftskörper stellte, in dem sie eingemauert war. Der eigene Körper als Gegenzeichen zur bestehenden Macht; Bloßes, Pures, Unverstellbares versus Gewalt.

Eveline Kuffel als ohnmächtiges, entschlossenes, versehrtes Artefakt. Als sie Anfang der siebziger Jahre an Kehlkopfkrebs erkrankte, wurden die lila-schwarzen Bestrahlungskreuze in ihrem Gesicht zur öffentlichen Demonstration, zur Aufforderung, sie als Figur des Todes anzuerkennen. Beladen mit Bierflaschen zog sie in die Ostberliner Schulen des Sozialismus und befragte deren Insassen – Schüler wie Lehrer –, was sie in den Klassenzimmern eigentlich tun. Höhnend und derb griff sie auf den Straßen Polizisten an.

Eveline Kuffel war Dichterin und Bildhauerin. Sie wusste genug vom Maskenspiel, vom subversiven Anfall, von paradoxer Intervention, Masken als Suggestion oder der Verweigerung des kulturellen Gehorsams. Sich zur Schau stellen. Als Protestierende, Närrin, Verwiesene, Groteske, als Vexierbild von Repression, als Allegorie des Todes? Aus dem Symbolischen des Systems vertrieben, blieb allein der Griff nach dem eigenen Körper als ekstatischem Material. Keine Rhetoriken, keine Versöhnung, allein Kreatur und Rohheit, Deformation und deren Zeichen. Sich verweigern, das hieß auch gegenüber sich selbst: meutern, schreien, sabbern, auslaufen. Wodka, Erbrechen, Ekel, Hunger.

Von dem, was Eveline Kuffel nach 1968 lebte, weiß niemand, trotz aller Legenden. Was als Maske gedacht war, wurde zur ungeschminkten Realität. Die Gegenwehr, die sie lebte, zerrte sie in Todesnähe. Das Lächeln, das ihre Gedichte so skurril und oft garstig gemacht hatte, das Lächeln nach der Zerstörung wurde zunehmend zur Groteske. Eveline Kuffels Agonie dauerte mehr als zehn Jahre. Sie starb am 15. Januar 1978, mit 43 Jahren, durch einen Schwelbrand im Bett.

Außerhalb der Sprachkapsel

Jutta Petzolds Poesie kommt ganz aus der Kunst, ist literarische Anrufung par excellence. In einem Brief aus dem Jahr 1964 gab sie an, sie sei „eine Seherin schon längst, die mit der Wahrheit auf du und du steht“[151]. Das klang hoch angelegt, musste aber offenbar genau so sein und war der Kern ihres ästhetischen Gegenprogramms. Jutta Petzold wollte nichts anderes, als politische Hybris und todstarre Rhetorik im Land über Bord gehen zu lassen. Sie wollte entrümpeln und eine Kunstwelt gegen das setzen, was sie vorfand:

Entrümpeler

Die Winde, sie küssen und rauschen
Die Schwäne auf tauiger Flut.
Die Mauern, sie können nicht tauschen.
Der Himmel ist manchmal auch gut.

Er bringt uns die Stürme und Schliefen
Und jagt unser schwankendes Schiff.
Die Wolken, die Lieder, die schiefen.
Wir sichten das kommende Riff.

Hei, Steuermann, ho! Auf die Wanten!
Solange der Mast nicht zerbricht.
Und klettern wir auch auf die Spanten,
Solange uns leuchtet das Licht.[152]

Jutta Petzold[153] gehörte wie Eveline Kuffel und Helga M. Novak zur Kriegskindgeneration und wurde am 22. Dezember 1933 in Berlin geboren. Der Vater Herrmann Petzold, ein überzeugter Nazi, war seit 1939 im Krieg. Die Mutter Ilse Petzold engagierte sich im kom-

---

151 Jutta Petzold: Vorlass, BStA, AUL.

152 Jutta Petzold: Entrümpeler. In: Ines Geipel: Zensiert, verschwiegen, vergessen, a. a. O., S. 161.

153 Vgl. Ines Geipel: Zensiert, verschwiegen, vergessen, a. a. O., S. 143.

Jutta Petzold in Ostberlin, um 1963

munistischen Widerstand. Für die Tochter folgte eine zerrissene Kindheit in zahllosen Heimen und an wechselnden Wohnorten. 1946 wurde die Ehe der Eltern geschieden. Jutta Petzold blieb bei der Mutter, die nach Potsdam übersiedelte und nach 1945 im Osten rasch Parteikarriere machte. Anfangs Direktorin einer Berufsschule, wurde sie Oberreferentin im Ministerium für Volksbildung der DDR, schließlich Dozentin an einer Parteihochschule. Nach dem Abitur in Potsdam begann Jutta Petzold ein Germanistikstudium an der Philosophischen Fakultät der Berliner Humboldt-Universität. Nach kaum zwei Semestern gab sie es auf. Sie hatte etwas von Literatur begreifen wollen und hatte es satt, unentwegt über Ideologie und Klassenkämpfe nachdenken zu müssen. 1953 lernte sie den Schriftsteller Eberhard Hilscher kennen. Im Mai 1955 heirateten sie. Die beiden saßen nun regelmäßig beim Akademie-Ehrenpräsidenten Arnold Zweig zu Hause, der auch Susanne Kerckhoff sehr geschätzt hatte. Jutta Petzold las auf Zweigs Couch eigene Gedichte und erntete ein „Poetessa" vom Altmeister. Auch Peter Huchel und Erich Arendt verfolgten den Weg des souveränen Talents und fanden viel Beifall für ihre Texte.

Mit 26 Jahren gelang Jutta Petzold unter dem Pseudonym Ruth Corduan das Debüt in der FDJ-Zeitschrift „Junge Kunst", Heft 8, Jahrgang 1959. Dabei war es vor allem der Durchsetzungskraft ihres Künstlerfreundes Werner Kilz geschuldet, der zusammen mit Heiner Müller für kurze Zeit als Redakteur der Zeitschrift fungierte, dass der Text überhaupt platziert werden konnte. Denn im Grunde war er ein Fremdkörper in einem Heft, wo ansonsten viel Dogma und dicker sozialistischer Realismus vorherrschte. Die hier abgedruckte historische Erzählung „Zola", eine von der europäischen literarischen Avantgarde des ausgehenden 19. Jahrhunderts handelnde Prosa, sollte denn auch die einzige selbständige Publikation in der DDR für sie bleiben. „Zola", als fiktives Streitgespräch zwischen Zola und seinem Kritiker Jules Desmont, setzte ausdrücklich aufs Dialogische, auf Stil und literarische Moderne.

Da wusste eine um sich und ihre poetische Kraft. Auch wo und bei wem sie suchen musste: ostasiatische Dichtung und Philosophie, Klabund und Sternzeichen, Heidegger und Heinrich Heine, Luther und Flaubert, Gottfried Benn und Tolstoi, Else Lasker-Schüler und Sigmund Freud, Cézanne und die Kybernetik – Jutta

Petzolds unbeirrbares Plädoyer für die stilistische Varianz und Vielfalt von Literatur war das Gegenstück zur forcierten Einengung des Literaturbegriffs in Ostdeutschland, die bereits seit 1948 griff.

Die fast zeitgleich in der „Jungen Kunst“ debütierenden Christa Wolf und Jutta Petzold verwiesen in ihren Erstlingen auf strikt auseinandergehende ästhetische Wege: Wenn Petzold mit überbordendem Sprachwitz foppte und spöttelte, folgte Christa Wolfs „Moskauer Novelle“ linear dem von Lukács geforderten „volkspädagogischen Wesen der Katharsis“. Wenn Petzold assoziierte, von Bild zu Bild hüpfte, kollagierte und die Wörter aus den Fugen springen ließ, blieb die frühe Christa Wolf auch im Ästhetischen eins zu eins auf der Höhe ihres Konflikts.

Aus Jutta Petzolds „Zwitter“:

> Wenn man als Prinzessin Ligo über den Dingen schreitet, so kennt man nicht die dunklen, bedrohenden Mächte, mit denen sich die Menschen untereinander die Luft abwürgen. Aber man schaut und fühlt Kummer. Da die Erzählerin weibliche Form hat, kann sie das verwirrte, tief verzwickte Problem der Schlechten Welt nur auf weibliche Art lösen. Die weibliche Art ist aber die einzige, die die Wahrheit in den lebendigen Dingen nahe genug zu umkreisen vermag. Sie hilft, die Grundursachen des Lebens zu verweben. Darin ist keine Mystik.
>
> Männer plätschern im Seichten. Sie versuchen das Unlösbare mit hundert Ideen auszuflicken. Oder sie ziehen das Schwert. Es fehlt ihnen die Verwachsenheit mit den Ursachen. Ihre Ohren sind nicht demütig genug, um das Gras zitternd aufsprießen zu hören. Sie schweben losgelöst und darum haltlos, und all ihr plätscherndes Vielwissen, mit dem sie sich blähen, rauscht an den wahren Wahrheiten vorbei, die immer ganz schlicht und nie ohne Wärme sind. Es fehlt ihnen, kurz gesagt, an Instinkt, wenn auch nicht an Intellekt. Sie sind begrenztsichtige Unmündige, für Wettkampf und fürs Sportliche in jeder Form (auch im Geiste) begeistert. Sie sind wie die Blinden, aber ohne Tastvermögen. Und

sie sind hitzige Kinder, bis über die Ohren in Lärm und Geräusche verstrickt.

All dies ist alt. Höchstens für mich immer noch nicht alt, so alt ich bin. Ich bin die Weberin am Webstuhl der Ewigkeit. Meine Leichtigkeit täusche mich nicht über meinen Verstand hinweg. Aber meine Weltverbesserungen sind mir ein zärtliches Spiel, denn so göttlich bin ich. Der alte, dummgute, böse Brummbär, er brummt. Er brummt, und ich haue ihm aufs Schnurrbart-Suahelihaar. Da zittert sein Katzenhaar, schnurrt und wird weich. Mit Absicht hat er die schlechtestmögliche aller möglichen Welten geschaffen. Aber nun komm ich. Eine Million Jahre ist nichts. Zeit ist relativ, sagt Einstein. Und ich sage euch: Wahrlich, wahrlich, ihr werdet euch wundern![154]

Als Werner Kilz im Herbst 1961 die Flucht in den Westen gelang, zerbrach die Künstlergruppe um Kilz, Randow, Bereska, Kuffel, jenes womöglich lebenserhaltende Kreativnetz für Jutta Petzold. Nur Wochen später existierte auch ein Fluchtplan für sie, von Westberlin aus durch Ingeborg Bachmann und Sebastian Haffner vorbereitet. Doch der sorgsam vorbereitete Fluchtversuch missglückte. Nur um Haaresbreite entkam Jutta Petzold der Verhaftung. Ein Fehlschlag im Realen, den sie durch eine Flucht in den Text aufzufangen versuchte. Tagelang schrieb sie die in der DDR verbotenen Klabund, George, Kolmar, Lasker-Schüler ab, hortete deren Ton, versammelte Sprachspannung, Versdruck, Bilder und Stoff, transponierte die fremden Systeme in das eigene. Wenn sich Eveline Kuffel mit ihrem versehrten Körper oder auch über die Allegorie Tod dem dauersiegenden Helden im Land entgegenstellte, machte sich Jutta Petzold die Schrift zur Allegorie, um den lebendigen Organismus der Sprache aufrechtzuerhalten. In ihrem poetischen System sollte es alles geben können, nur keine DDR.

Auf äußere Regression, geistige Ausdünnung und Druck reagierte sie mit heftigen Wortexplosionen. Syntax wurde aufgelöst, Satzzei-

---

154 Jutta Petzold: Zwitter. In: Ines Geipel, Die Welt ist eine Schachtel, a. a. O., S. 180 f.

chen verschwanden, Neologismen entstanden. Im Verlust sprachlicher Regie zeigte sich viel Disparates. Und überhaupt sah es so aus, als würde die Dichterin den ästhetischen Verdikten im Land samt und sonders widersprechen müssen. Wurde die Sprache um sie herum ideologischer, weitete Jutta Petzold sie aus, vervielfachte und sprengte sie. Verlangte die DDR-Literaturpolitik positive Figuren aus der Arbeitswelt, verteidigte sie ihre umso engere Bindung an die verfemte Moderne. Hieß es gusseiserner Realismus, schrieb die Dichterin Parodien oder Grotesken und trumpfte ordentlich auf: mit Traum, Spiel, Wut, Versatzstücken aus fremden Sprachen, Ying und Yang, Sequenzen aus diversen Notensystemen, Bezügen aus der Antike oder ausgewählten Einstein-Sätzen. Es gab alles: unbändige Sprachlust, Dialogisches und Phantastisches, Demontage und Kollage. Kam die Religion in gesellschaftlichen Misskredit, machte Jutta Petzold das Nachdenken über Gott und Moral zu einer Konstante ihres Werks. Geistige Aggressivität lautete ihr Zauberwort, wo doch landauf, landab die Autonomien des Geistes unter Totalverdacht standen.

Das 1961/62 geschriebene Minidrama „Vaticinantur nox caliginus visus“ oder auch „Der Anblick der finsteren Nacht“ ist sicherlich ein Schlüsseltext für Petzolds gefundene Schreibmethode: Die Schriftstellerin Elisabeth Schenn entschließt sich, die Erde zu verlassen, da die Verhältnisse, in denen sie lebt, zu statisch sind. Sie steigt in den Sputnik „Patricia“ und verschwindet im All. Die schwerelose Reise wird jedoch schnell zum Alptraum, der Aufenthalt an Bord zur absoluten Bedrohung. Da sie die Rechtloseste im Team ist, scheint sie prädestiniert zum Opfer. Wegen Mordes fälschlicherweise angeklagt, muss sie vor ein Tribunal. Sie verteidigt sich, steigert sich dabei zur politischen Anklägerin, kann gar den tatsächlichen Mörder nennen und überführen, doch all das nützt ihr wenig. Seine Macht erweist sich als absolut. Die Schriftstellerin wird verurteilt – zum Tod. Mit Chor und antikem Ton bewegt sich das Stück auf dem Boden klassischer Inszenierung, hat jedoch keinerlei traditionelle Figurenaufteilung mehr. Es spielt nur eine, die Schreibende, und die spielt ihre Geschichte aus, bis zum Tod.

1962 schrieb Jutta Petzold das „Jodelgedicht in Systemen“, arbeitete an der Prosa „Sappho in Berlin“ und an dem Fragment gebliebenen Versepos „Kore“. Für 1962 vermerkte sie als Lektüreplan

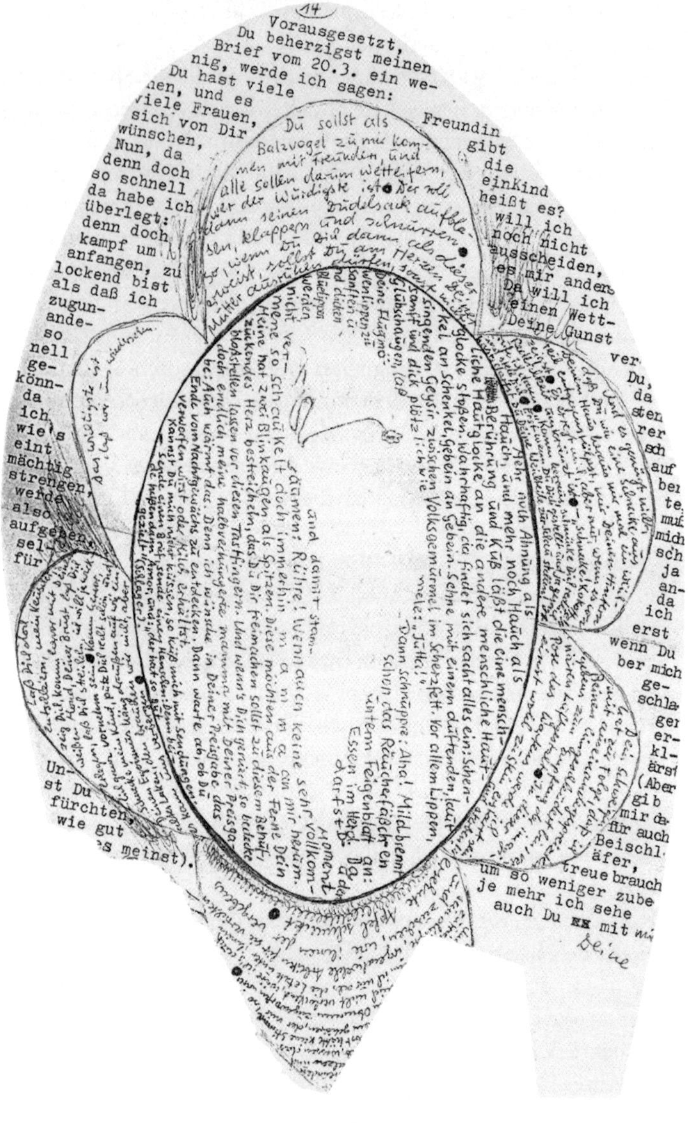

Textblume von Jutta Petzold aus dem Vorlass

lapidar: Pindar, Sappho, Tennessee Williams, Ingeborg Bachmann, Samuel Beckett, Heidegger, Nietzsche, aktuelle naturwissenschaftliche Abhandlungen, Philosophie, Mythologie und Religion. Jutta Petzold hatte sich ein Not-Terrain geschaffen, mit dessen Hilfe sie die zugemauerte Gesellschaftsinsel DDR überschrieb und an einer eigengesetzlichen ästhetischen Welt baute.

1964/65 arbeitete Jutta Petzold schließlich an einer etwa 100-seitigen Prosa, die mit den Mitteln der Selbstvertextung einen literarischen Suizid erzählt. „Die Verfolgung. Eine Krankengeschichte" berichtet vom Tag des Mauerbaus, von Ostberlin am 13. August 1961: Eine Frau beobachtet jede Menge Militärautos, hört Stimmen und laute Kommandos. Sie sieht Polizisten die Straße entlangkommen, die Leute anhalten. Überhaupt sind an diesem Sommertag auffällig viele Menschen auf der Straße. Sie spürt die Unruhe, fängt die Blicke der anderen auf. Eine Art Übergang, denkt sie. Etwas verändert sich, schlägt um. Mit einem Mal hört sie ein lautes Geräusch, erschrickt, versucht zu entkommen, springt in einen Zug. „Irgendwie bemerkte ich plötzlich, daß alles im Zug gelenkt war, die Reisenden waren Statisten. Da gingen mir endlich die Augen auf, und ich sah, daß ich bisher wirklich schwachsinnig gewesen war."[155]

Unruhe und Angst bleiben, auch nachdem die Frau den Zug wieder verlassen hat. Endpunkt der Erzählung ist die Aufnahme der Frau in die Psychiatrie. Ein Übergang, denkt sie ein weiteres Mal. Doch zwischen der Normalität der Psychiatrie und der Unnormalität der Welt, in der sie lebte, gibt es keinen Unterschied mehr. Wie schon im Drama der Gauklerin werden Klaustrophobie und Leere zum eigentlichen Raum der Handlung. Über diesen Text schrieb Jutta Petzold, er handle von der „Macht äußerer Verhältnisse in Gestalt der Mauer", bei dem das literarische System implodiert. Noch aus der Psychiatrie heraus versucht das weibliche Ich ein künstlerisches System, die „Idee eines gemeinsamen Kunstwerkes", gegen die Ohnmacht zu setzen, und ruft ihre Freunde noch einmal emphatisch auf, sich erneut ins Ästhetische zu retten: „Wir müßten eine Komödie aus dem Ganzen machen, so etwas wie Amphitryon. Alle gehen am Ende fröhlich nach Hause, und die Mauer

155 Jutta Petzold: Vorlass, BStA, AUL.

ist auch weg." Die Frau schickt Briefe, Texte, Lieder, ersinnt Codes. Doch ihre Idee wird nicht erkannt, die Adressaten begreifen die Intention nicht, die Botschaft schlägt fehl. Die ausbleibende Resonanz, die die Frau als Schreibende zunehmend in die Isolation treibt, sanktioniert letzten Endes auch ihr Weggesperrtwerden. Ihre Sprache fällt im Verlauf des Textes mehr und mehr aus dem gewohnten Gebrauchsraum heraus. Die Struktur der Prosa wird solipsistisch, der Zugriff total:

> Gepelltes Laub Kirchgenick. Solmitur versuch's nur. Glaudiärwoitek Rückfall. Sormatik mesodratik. Muskolosamt verfremdeter Effekt. Stanislaus merowingsting Lapiszula todremtokwi halun. Ich kenne deine stille hoffnungslos verlorene Welt. Hatokdedei marbus o sei. Vilfosugen halb astor sehn Jutta ist schön. Mobile steh warneuch komitee. Kristall man sei. Kolnu okei. Am Tag zu schreiben und nachts zu bleiben. Fapis morun kandis was tun. Verlier den Otto, dein kleines Hotto. Umgib mit Schleiern die Sonderfeiern. Miskorwita o dulada. Sibirskonu falukitu. Misorbetrit o wegzogzit. Vergiß den Wald, dort ist es kalt. Umgib mit Mauern das stetige Trauern. Verlier den Kram, der mit dir kam.[156]

Mit Texten wie diesen endeten vier Jahre intensiver Spracheruptionen von Jutta Petzold. Seitdem hielt sie sich wiederholt in der psychiatrischen Klinik der Berliner Charité auf. Die Künstlerfreunde berichteten von medikamentöser Überdosierung. Sie selbst schrieb nach draußen von der „vielen Chemie in meinem Bauch"[157]. In einem Brief 1964 an Werner Kilz, der mittlerweile in München lebte, berichtete Jutta Petzold von dem enormen Kräfteverbrauch, den ihr einzigartiges Literaturprojekt gekostet hatte. Ihre Zeilen endeten mit der Gewissheit: „Meine Dichtungen werden eines Tages zutage treten."[158]

---

156 Ebd.

157 Ebd.

158 Ebd.

Zur Künstlergruppe der Ostberliner „Fünf" gehörte auch Henryk Bereska, der am 17. Mai 1926 in Roździeń, dem ältesten Viertel von Szopienice, einem Vorort von Kattowitz, in der damaligen Woiwodschaft Schlesien, in eine Grubenarbeiterwelt hineingeboren wurde. 1932 zogen Vater Josef, Lokomotivführer der Grubenbahn, und die Mutter Maria mit ihren beiden Söhnen Heinrich (Henryk) und Alfred in das ein Kilometer entfernte Viertel Helgoland, in ein „Familoki". Egal, wie groß eine Arbeiterfamilie war, die Bergleute erhielten in diesen neugebauten zweistöckigen Häusern jeweils nur ein einziges Zimmer mit Küche. Mit sechs Jahren kam Henryk Bereska auf die Volksschule. Für die höhere Reife ging er nach sechs Schuljahren ins vier Kilometer entfernte Myslowitz. „In den letzten Augusttagen 1939 zogen polnische Truppen mit Panjewagen auf der Chaussee von Myslowitz nach Lattowitz und fragten forsch: ‚Wie weit ist es nach Berlin?' Tage später nur, Anfang September, schleppten sie sich erschöpft zurück. Hinter ihnen rückte schwere deutsche Kavallerie an. Mächtige Geschütze waren an ebenso mächtige Gäule gespannt und wurden von der Bevölkerung umjubelt. Wo kamen auf einmal all die Hakenkreuzfahnen her?"[159], erinnerte sich Henryk Bereska. „Wir wurden dem Deutschen Reich zugeschlagen. Ohne den Ort gewechselt zu haben, bekamen meine Eltern zum zweiten Mal eine andere Staatsangehörigkeit. Allerdings wurden sie nicht Reichsdeutsche, was sie vor zwanzig Jahren waren, sondern Volksdeutsche. Sie waren Liste 3, bedingt eindeutschungsfähig."[160] Für die Söhne der sogenannten Volksdeutschen bedeutete die Veränderung, der Hitlerjugend beitreten zu sollen, nur noch physische Arbeiten verrichten zu dürfen, ein Pflichtjahr auf dem Land zu absolvieren und später zur Wehrmacht eingezogen zu werden.

Mit 18 Jahren wurde Henryk Bereska zur Luftwaffe geholt und machte ab Mitte 1944 eine Jagdfliegerausbildung. Zum Einsatz kam er nicht mehr. Ausgerechnet in Braunau am Inn nahmen ihn die Amerikaner gefangen. Im Juni 1945 entlassen, schlug er sich nach

159 Gespräche mit Henryk Bereska, 2003/2004, BStA, AUL.

160 Ebd.

Hause durch, wollte endlich studieren und meldete sich bei der Kattowitzer Vorstudienanstalt. Als ihn nach zwei Monaten der polnische Geheimdienst aufsuchte und Berichte von ihm wollte, floh er gen Westen – nach Berlin. Ein Mann Anfang 20, im kaputten Berlin, zwischen Heimkehrern und unter Trümmern Hausenden, Hunger und Schwarzmarkt, erster Liebe und Heimweh. An einer Ostberliner Vorstudienanstalt, einer neu errichteten Institution in der SBZ, die Arbeitern das Studium ermöglichen sollte, holte er sein Abitur nach und studierte ab Herbst 1948 Germanistik, Slawistik und Polonistik an der Berliner Humboldt-Universität. Gleich zu Beginn des Studiums traf er auf den jungen Dichter Tadeusz Borowski, KZ-Häftling in Auschwitz und Dachau, und befreundete sich mit ihm. Unter anderem nach massiven Angriffen gegen Borowski auf dem Stettiner Autorenkongress 1949, wo seine Lagerprosa als „nihilistisch, objektivistisch und feindlich" verurteilt wurde, nahm dieser sich 1951 in Warschau das Leben. Eine menschliche und literarische Erdung sei Tadeusz Borowski für ihn gewesen, sagte Henryk Bereska und leistete poetischen Treuedienst, indem er seine Texte ins Deutsche übersetzte.

Ab März 1953 arbeitete er als Lektor und Redakteur für polnische Literatur beim Aufbau Verlag. Auf seinem Schreibtisch häuften sich damals die Werke von Adam Mickiewicz, Bolesław Prus, Stefan Żeromski, dem jungen Zbigniew Herbert. Der 17. Juni 1953 in Ostberlin, kurz darauf die hanebüchenen Attacken und Inszenierungen innerhalb des Aufbau Verlages, dem Schlachtschiff an der DDR-Verlagsfront: Politische und literarische Enge schlugen Henryk Bereska derart auf den Geist, dass er im Sommer 1955 kündigte und von da an freiberuflich für die Verlage Aufbau, Volk und Welt, Henschel und Reclam arbeitete. Der blockierende Verlagsalltag hatte zudem verdeckt, was sich seit geraumer Zeit in ihm durchzusetzen begann – eigene Texte, die Raum brauchten und nach Form suchten.

Als dieses Residuum, das neben seinem Leben in Ostberlin bald Rückzugs- und Sehnsuchtsort wurde, wählte sich Henryk Bereska ab 1958 das märkische Kolberg, wo er vom Dramatikerfreund Alfred Matusche ein kleines Grundstück mit spartanischer Holzhütte erwarb. „Prieros und Kolberg waren in den fünfziger, sechziger Jahren eine Schriftstellerkolonie", erklärte Henryk Bereska. „Am Streganzer See wohnte Anna Seghers, an der Dahme Christa Wolf. Durch die märkischen Gewässer dümpelte auf seinem Hausboot der Maler-Poet Roger Loewig. Um Kolberg zog Matusche seine Kreise. Hier schrieben Manfred Bieler, Werner Kilz und Boris Djacenko.“[161]

Der große märkische Himmel mit den exzessiv beobachteten Kolberg-Krähen, die „regellos, weit ausschwärmend, häufiger die Führung wechselnd, in lässiger Ordnung jedenfalls“[162] Bereskas Verse durchflattern, schien ihm eine Art Urbild von Leben, aber auch ästhetisches Modell für das Großprojekt seiner 1948 begonnenen literarischen Tagebücher. Über achtzig Schreibhefte, diverse Nebenhefte, etliche Stapel loser Blätter. „Staunend folge ich dem Flug dieser häßlichen Vögel“[163], meint das lyrische Ich in Bereskas Krähen-Gedicht. Als gehörte das Staunen gleichermaßen dem Vogelflug der Schrift, der alle Zeit der Welt zugeschanzt bekam, damit er seine Bahn aufnehmen konnte. Die geschriebene Welt sollte nicht genormt sein durch Verdikte und Ideologie.

Gleichwohl, betonte Henryk Bereska, unterlag das Tagebuch der chronischen Selbstzensur: „Man durfte kein ehrliches Tagebuch führen, weil man als Bespitzelter jederzeit die Beschlagnahme befürchten musste. Tagebuch als Anklagematerial“[164], erläuterte er. Kein 17. Juni 1953 folglich, kein Mauerbau, keine Flucht von Werner Kilz, keine Verhaftung von Norbert Randow, kein Prager Frühling. Dennoch ging es um ein Depot der Zeitgenossenschaft, der konkreten Erfahrung. Das Brüchige, die Möglichkeit zum Fragmentarischen, die Formlosigkeit als Form dürften für ihn deshalb ein besonderer ästhetischer Reiz gewesen sein. Endlos stromern, auslassen, maskieren, ins Unbestimmte ausbrechen. Das literarische Tagebuch tolerierte solchen Schlendrian. Je urwüchsiger und vitaler die Flugschrift, umso konsistenter die innere Siebung.

> Nachts bin ich auf meinen Wanderungen der einzige, und mir ist nach Lobgesängen auf das Gehen durch Nächte und Wald. Ich spüre, das Poetische wird sprachlos empfunden,

---

161 Ebd.

162 Henryk Bereska: Lautloser Tag. Gedichte, Berlin 1980, S. 15.

163 Ebd.

164 Gespräche mit Henryk Bereska, 2003/2004, BStA, AUL.

höchstens noch lallend. Musik käme im Ausdruck dem poetischen Gefühl am nächsten.[165]

Vitalität, Willkür, Überraschung, Kontrast wurden hier zu Konfidenten des Schreibens. Seine unverwüstlichen Lebensmodi fand Henryk Bereska immer wieder und zuallererst in der Natur als a-gesellschaftlicher Überlebensraum.

In seinen Tagebüchern etablierte sich – ähnlich wie bei Eveline Kuffel – eine bestimmende Figur, das Säufer-Ich als Anti-Held. Zuverlässig sieht man es abtauchen in die Labyrinthe des Alkohols, in die Kaschemmen Ostberlins, die Kneipenwelt um Kolberg. Und zuverlässig sieht man es baden gehen, vor den Ansprüchen des Alltags, dem Unverständnis der Nächsten, den unaufhörlich eingeforderten Selbstdisziplinierungen. Der Tagebuch-Trinker entlastet sich von jedweder Konformität und wird darin zwangsläufig zum Konterpart des im Land ausgerufenen Arbeiterhelden. Ein so bitterer wie schlauer Gegenstoff, denn Bereskas Torkler würde auf keiner Siegerstraße Figur machen.

Schon während seiner Studienzeit hatte Henryk Bereska begonnen, vom Polnischen ins Deutsche zu übersetzen. Das Andere des Selben, die Möglichkeit zur Distanz und zur besonderen Klarheit, das Hinkippen oder Zuneigen der Wörter von der einen in die andere Sprache. So wie Henryk Bereska in seinen Texten Kastanien oder Pilze sammeln musste, hortete er Wörter, schrieb sie auf Listen, telefonierte sich durchs Land, um genau den einen Begriff zu finden, den der zu übersetzende Text gerade brauchte.

Im Oktober 1955 reiste er erstmals nach seiner Flucht 1947 wieder nach Polen und wurde Austauschlektor im Warschauer Verlag PIW, lernte die entscheidenden Köpfe der polnischen Opposition kennen und wurde seitdem regelmäßig zu Universitätskursen und Übersetzerkongressen eingeladen. Das rief den polnischen Geheimdienst auf den Plan, dem sein Intensivkontakt zur Landesopposition nicht entgangen war. Interesse aber zeigten auch die ostdeutschen Schnüffler.

---

165 Henryk Bereska: Kolberger Hefte. Die Tagebücher 1967–1990 (Die Verschwiegene Bibliothek), Frankfurt a. M. 2007, S. 237.

Henryk Bereska Mitte der sechziger Jahre in Ostberlin

„In den Karteien des MfS liegt Bereska nicht ein“[166], hieß es beim MfS zunächst. Es blieb nicht dabei. Nach diversen Routineaufklärungen bestand für die Staatssicherheit Ende 1960 schließlich der „Verdacht der staatsfeindlichen Tätigkeit einer Gruppierung von Personen“. Bereska galt als deren Organisator. Im März 1961 machte das MfS aus seinem Anfangsverdacht den operativen Vorgang „Zersetzer“ und strickte nun sogar am „Verdacht der Spionage zugunsten des imperialistischen Geheimdienstes“[167]. Es hieß, die vermeintliche Gruppe wolle „die Massen gewinnen, um sich auf einen neuen 17. Juni vorzubereiten“[168]. Das war nicht wenig und löste Ermittlungen in alle Richtungen aus: Nachbarn wurden einbezogen, das Telefon in Ostberlin permanent überwacht, auch in Kolberg wurde spioniert. Insbesondere nach der Flucht von Werner Kilz zog sich der Ring um die Ostberliner Künstlergruppe noch enger. Norbert Randow wurde von der Staatssicherheit weggefangen. Auch Henryk Bereska musste jeden Tag damit rechnen. Am Ende hieß es in den Stasi-Akten lapidar: „Bereska wurde nicht mitverhaftet.“[169] Ihm blieb zwar das Gefängnis erspart, nicht aber das Dauerinteresse der Staatssicherheit. Die über ihn angelegte Stasi-Akte hat mehr als 1000 Seiten. Der letzte operative Vorgang „Polo“, eröffnet 1981, endete erst im Frühjahr 1989. Seit 1960 hielt die Verfolgungsakte fest, dass Henryk Bereskas eigene Texte nicht veröffentlicht werden dürften. Er war nicht vorgesehen für den Literaturraum DDR.

„Ich nahm es hin, versuchte, das Beste draus zu machen. Es traf jeden von uns“, sagte er selbst über die jahrzehntelange Notlage. „Matusches Stücke wurden kaum gespielt. Djacenkos zweiter Teil von ‚Herz und Asche‘ wurde gestoppt. Bielers ‚Das Kaninchen bin ich‘ wurde zwar verfilmt, aber auf Eis gelegt, ebenso sein Romanmanuskript.“[170] Letzten Endes kam es für Henryk Bereska zu lediglich einer Publikation, und die nicht mal in der DDR. 1980 erschien mit Unterstützung von Werner Kilz im Westberliner Verlag

166 MfS, Berlin: AOPK 1588/89.

167 Ebd.

168 Ebd.

169 Ebd.

170 Gespräche mit Henryk Bereska, 2003/2004, BStA, AUL.

Randlage der Gedichtband „Lautlose Tage". Aber auch wichtige Übersetzungsarbeiten von ihm bekamen eine Zeitlang Schwierigkeiten oder wurden mitunter ganz abgesagt. Tadeusz Borowskis Erzählungen „Bei uns in Auschwitz" wurden nach der ersten Auflage abgesetzt, ebenso die Prosa des emigrierten Stanisław Wygodzki. Der Aphoristiker Stanisław Jerzy Lec durfte erst mal nicht erscheinen.

Henryk Bereska parierte die Eingriffe, schrieb in seiner Privatenklave weiter an Prosa, Lyrik, Tagebüchern und übersetzte alles, was in Polen literarisch Rang und Namen hat – Herbert, Herling-Grudziński, Kisielewski, Różewicz, Zagajewski, Miłosz. Die Liste seiner Übersetzungen ist schier endlos. Von einigen heißt es, sie seien besser als das Original. Er selbst nannte sich schlicht „Fährmann mit kostbarer Fracht"[171]. Als renommiertester ostdeutscher Übersetzer aus dem Polnischen erfüllte er jahrzehntelang die häufig nur behauptete Partnerschaft, die Beziehung zu Polen, mit Leben. Ausgehärtete innere Freiheit war vonnöten, um über die Zeiten zu kommen. Sie war es auch, die ihn auf das Jahr 1989 vorbereitete.

Seit dieser Zeit sah man Henryk Bereska nur noch unterwegs, war seine Stimme als Mittler und Anreger polnischer Literatur genauso gefragt, wie er als Dichter gerufen wurde. Die Zahl der Ehrungen als einer der seltenen ostdeutschen Europäer war folgerichtig und wuchs in den Jahren nach 1989 ebenso an wie die Liste seiner Übersetzungen und eigenen Veröffentlichungen. Im März 2005 hatte Henryk Bereska einen Verkehrsunfall, der mehr bedeutete, als nur aus dem Lebensrhythmus zu kommen. Er starb am 11. September 2005 an einem Schlaganfall.

---

171 Ebd.

Den Horizont um den Hals

Aber auch außerhalb der großen Städte Ostberlin, Leipzig und Dresden versuchte sich Mitte der sechziger Jahre eine junge, alternative Literaten- und Kunstszene vom Normierungsprogramm der offiziellen Literatur abzusetzen. In Halle, Jena, Karl-Marx-Stadt (Chemnitz), Erfurt, auch in der vogtländischen Provinzstadt Greiz kamen junge Leute zusammen, die nichts am Hut hatten mit dem „Bitterfelder Weg", mit Förderleitlinien, den Strukturen des Schriftstellerverbands oder den zahllosen Zirkeln schreibender Arbeiter. Sie sahen sich auch nicht als Teil der großen Lyrikwelle, die seit dem Initial von Stephan Hermlin 1962 in der Ostberliner Akademie der Künste durchs Land rollte. Sie wollten ihr Ding machen und für wahr nehmen, was sie an Gesellschaft um sich herum sahen. In Greiz lebte ebenfalls seit 1962 der Dichter Reiner Kunze, der als Instanz, Maß und poetisches Gegenmodell von den Jüngeren gesucht wurde. Über seine Person lud sich das zwischen Buchenwäldern versteckte Greiz mit den Worten Opposition, Horizont, Essenz, Provokation auf. Eine Widerspruchsenergie, ein Reizklima, das genug Atem hatte, um in der kleinen Stadt am Rande ein lebendiges, unverwechselbares Kulturprofil zu stemmen. Kern des Greizer Kreises waren 10 bis 15 Visionäre mit einigem Sinn für Eigenwilligkeit, Unkalkulierbarkeit, Exzentrik und Witz. Man traf sich, um über Kunst, Bücher, die eigenen Texte und die verstörenden Zeiten zu sprechen. Mit dabei von Beginn an Harald Seidel. Auch Hansgeorg Stengel, der schon Mitglied der Gruppe 47 Ost gewesen war. Dabei waren Reinhard Hilbert, Winfried Arenhövel, Wolfgang Flügel, später auch der Dramatiker Klaus Rohleder, Arnold Vaatz, Jürgen Kornatz, Karsten Schaarschmidt und Volker Müller. Zum Gründungsstamm des Kreises gehörten aber auch die Mitglieder der sich in Greiz etablierenden Tanzband „Gallow Birds".

Sänger, Texter, Komponist und Schlagzeuger der Band war Günter Ullmann, der am 4. August 1946 in Greiz geboren wurde und seine Nachkriegskindheit „ein Privilegium aus Liebe, eine Welt aus Wärme, Zutrauen und Geborgenheit"[172] nannte, in der Jack London

---

172 Gespräche mit Günter Ullmann, 2004/2006, BStA, AUL.

und Mark Twain zu seinen Favoriten auserkoren wurden. 1963 erlangte er die mittlere Reife. Es war das Jahr, in dem die ganze Welt nur einen einzigen Song kannte: „I Want to Hold Your Hand“ von den Beatles. Auch in Greiz hörte und sang man ihn. 1964 kamen die Rolling Stones mit ihrer ersten Platte und wurden schlagartig zu Weltstars. In Greiz kämpften die „Gallow Birds“ um ihre Einstufung und erste Auftritte. Die „Galgenvögel“ landeten als Name schon mal gleich auf dem Index, und auch deren Musik stieß den Behörden schwer auf. „Rhythmusgitarre, Sologitarre, Baßgitarre – das kam aus England, das kam von den Beatles und war genauso verboten wie unsere langen Haare, die die Beatles ja auch hatten“[173], resümierte Günter Ullmann. 1965 wurde die Band wegen „sozialismusfremdem, englischen Gesang“ erstmals verboten. Um dennoch spielen zu können, nannte man sich schnell in „RATS-Combo“ um, schrieb den neuen Namen auf Schlagzeug und Plakate und hoffte, mit der List durchzukommen. Aber „RATS-Combo“ ging auch nicht, wegen der Ratten, die es im Sozialismus nicht zu geben hatte. „Media nox“ als dritter Name durfte endlich sein, und die Band entwickelte sich – pendelnd zwischen Dauerschikane, Verbot, Untergrund und erneuter Zulassung – vom Beat über Blues und Soul hin zum Modern Jazz.

1966 hatte Günter Ullmann sein Abitur mit Facharbeiterbrief Maurer abgeschlossen. Er wollte ernsthaft schreiben und auch malen. Das Kürzel oder das nicht mehr Reduzierbare, das möglichst knappste Graphem, um die Essenz von Welt zu erfassen, war das, wonach er suchte. Mit wenigen Strichen Zeichen finden, Zeichen für das, was er wahrnahm, empfand, erhoffte, Menschen als Kürzel in der Landschaft, Zeichen für sich und für die anderen. „Und in der Literatur waren meine Orientierung die Expressionisten. Trakl, Heym, die Lasker-Schüler“[174], erklärte er. Mit seinen Kürzel-Arbeiten bewarb er sich an der Fachhochschule für angewandte Kunst Heiligendamm. Dort wurden seine abstrakten Bilder als „entartet und dekadent“[175] abgelehnt, und die Studienzulassung wurde ihm

173 Ebd.

174 Ebd.

175 Günter Ullmann: Biografisches, Nachlass, BStA, AUL.

verwehrt. Ein Nein, das er hinnahm und es stattdessen am Leipziger Literaturinstitut „Johannes R. Becher" versuchte. Die Antwort ließ nicht lange auf sich warten. Dass man ihm leider den Zutritt zum Literaturstudium nicht gewähren könne, sondern er sich erst mal „inhaltlich und formal an Zeitungsgedichten orientieren"[176] solle, hieß es von dort. Nichts also mit seinem Traum von einer Kunstausbildung. Günter Ullmann arbeitete fortan auf dem Bau, bis zum Jahr 1989 immer in demselben Betrieb, als Maurer, Baustellenschreiber, Ökonom, Materialdisponent, Lagerist. Nach der Arbeit schrieb und malte er.

1965 war auch Manfred, später Ibrahim, Böhme nach Greiz gekommen und wurde über Nacht zum Motor des Kulturlebens der Stadt. Ein Mann der großen Inszenierungen. Durch ihn wurden die Diskussionen im Kreis intensiver, die Texte welthaltiger, die Nächte kürzer. Tolstoi und Dostojewski, Solschenizyn und Freud, Religion und Utopie, Kafka und Rilke, seine Idee von der Palastrevolution. Und dann das Jahr 1968. „Er hat uns zum Widerstand aktiviert", sagte Günter Ullmann. „Wir standen ja ganz im Zeichen des Prager Frühlings. Dubček war unser Mann. Wir wollten einen Sozialismus mit menschlichem, demokratischem Antlitz. Und die Fakten und Informationen hat uns Ibrahim Böhme verschafft. Er hat uns auch darin bestärkt, nach dem Einmarsch der Russen in Prag am 21. August 1968 ein tschechisches Fähnchen ans Revers zu heften."[177] Ein Protest, für den Günter Ullmann für Stunden vom Tanzsaal weg verhaftet wurde.

Der umtriebige Ibrahim Böhme, bald Kreissekretär des Kulturbundes, später Komet an der Spitze der Ost-SPD und beinah erster ostdeutscher Ministerpräsident nach 1989, kommunizierte, inspirierte, organisierte, zelebrierte, förderte. Jede seiner Veranstaltungen geriet ihm zum Spektakel. Lokale Parteigrößen spielte er mit erfundenen Lenin-Zitaten an die Wand. Bei Reiner Kunze ging er ein und aus. Er brachte die Wachen und Aufsässigen der Stadt zusammen, um sie im selben Atemzug als IM „Paul Bonkarz" alias IM „August Drempker" zu bespitzeln und zu verraten. Für Günter

---

176 Ebd.

177 Gespräche mit Günter Ullmann, 2004/2006, BStA, AUL.

Ullmann wurde der fast Gleichaltrige zum Freund und vor allem Anreger, dem er noch das Intimste bedingungslos anvertraute. Eine Vorbehaltlosigkeit, die verheerende Folgen hatte. Böhme lieferte als Denunziant en détail das Material zu dem gegen Ullmann anlaufenden operativen Vorgang „Medium". Böhmes januskköpfiges System war ein hybrides Gefühlsspektakel und dabei nichts anderes als politische Perversion.

Anfang der siebziger Jahre lernte Günter Ullmann in Greiz den in Jena Sozialpsychologie studierenden Schriftsteller Jürgen Fuchs, Jahrgang 1950, kennen. Es war der Beginn einer Lebensfreundschaft. Der kaum 20-Jährige kam des Öfteren nach Greiz, besuchte den immer stärker unter Druck geratenden Reiner Kunze, traf auch Ibrahim Böhme, um zu guter Letzt bei den Ullmanns in der Beethovenstraße zu sitzen und zu übernachten. Über Jahre gingen Verse, Briefe, Zeichnungen zwischen Jena und Greiz hin und her. Informationen austauschen, zusammen sein, sich beistehen, die Isolation überwinden, Angst nehmen, sich erregen, aufs Tempo drücken, aktiv werden – Jürgen Fuchs hatte seine Oppositionshaltung früh entschieden. Dazu sein Schreiben: anschreiben, provozieren, stören, forcieren, die verschärfte Gangart wählen. „Das Politische war mir immer wichtig. Die Freiheitsfrage. Aber da war auch schon das Literarische … Ich mochte den Klang der Worte."[178]

Literarischer Widerstand in der DDR tradierte sich nicht. Er musste sich immer wieder neu entwickeln, aus sich selbst heraus. Durch eine nächste Generation, unter veränderten politischen Verhältnissen, mittels anderer Ästhetiken, durch Schweigen und Tabus hindurch. Auf die klassische Narration der fünfziger Jahre folgte die Ästhetik der Angst nach dem Mauerbau. Nicht ad hoc, doch sukzessive entstand nach ihr eine insistierende Literatur, die von Angst erzählte, aber die Angst hatte die Texte nicht mehr am Kragen. Eine Literatur, der es möglich wurde, „ins Äußere und Innere von Macht und Ohnmacht zu schauen"[179], wie Herta Müller schrieb.

---

178 Udo Scheer: Jürgen Fuchs. Ein literarischer Weg in die Opposition, Berlin 2007, S. 33.

179 Herta Müller: Einführung zu: Jürgen Fuchs: Das Ende einer Feigheit (Hörbuch), Hamburg 2010.

„Sagen, was ist" lautete das Credo von Jürgen Fuchs. Es meinte Realitätstreue, emotionale Dokumentierung, zähe Courage und ein Schreiben „in zerstörerischer Absicht", so Jürgen Fuchs, als offene Widerstandshandlung.

Als er am 19. November 1976, drei Tage nach der Biermann-Ausbürgerung, verhaftet wurde, fuhr sein Freund Günter Ullmann spontan nach Grünheide bei Berlin, wo Familie Fuchs bei dem unter Berufsverbot stehenden Regimekritiker Robert Havemann untergekommen war, und wurde vor dessen Grundstück selbst verhaftet. Das MfS ließ ihn wieder gehen, allerdings nicht lange. 1976 hatte der S. Fischer Verlag „Die wunderbaren Jahre" von Reiner Kunze veröffentlicht, Prosa-Miniaturen voller DDR-Alltag, die den Autor im Osten endgültig zum „Staatsfeind" machten. Für ihn war kein Bleiben mehr. Noch im April 1977 verließ er die DDR. Wolf Biermann war ausgebürgert worden, Jürgen Fuchs saß in U-Haft. Für Günter Ullmann unaushaltbar. Er ging in die Offensive, verfasste eine Petition nach der anderen und schickte sie an den Staatsrat, den Ministerrat, den Schriftstellerverband, den Verband Bildender Künstler. „Ich musste etwas tun"[180], sagte er. Antwort kam keine. Wer kam, war der Geheimdienst, der die Schreiben zum Anlass nahm, um den Protestverfasser abzuholen. Günter Ullmann wurde nach Gera in die Abteilung Inneres gebracht. Während der Freund Jürgen Fuchs im Stasi-Gefängnis Berlin-Hohenschönhausen monatelangen Dauerverhören ausgesetzt war, saß er zeitgleich in Gera zwei Vernehmern gegenüber. „Es ist viel gefragt worden. Die Beziehung zu Reiner Kunze, zu Jürgen Fuchs, zu Ibrahim Böhme. Ich habe nichts gesagt, was von Belang gewesen wäre, aber ich habe dagegengehalten und erklärt, was das für ein Laden ist. Das hat denen nicht gefallen."[181] Siebenmal musste er nach Gera. Sieben lange Verhöre, in denen die Stasi-Leute ihn mit konkreten Details, privaten Informationen und intimen Gedanken konfrontierten, die eigentlich nur die engsten Freunde kennen konnten. Woher hatten die das? Von ihrem besten Informanten in der Szene, von Ibrahim Böhme alias IM „Paul Bonkarz".

---

180 Gespräche mit Günter Ullmann, 2004/2006, BStA, AUL.

181 Ebd.

„Bei den Verhören habe ich mich noch stark gefühlt", berichtete der Ausgelieferte, „aber zu Hause wurde es schlimm. Ich dachte immer, mich verfolgt jemand."[182] Der präzise bedachte Zersetzungsplan, was das MfS veranlasste, den Druck noch zu erhöhen: Günter Ullmanns Wohnung wurde rund um die Uhr bewacht, jedes Rollo, das sich hob, jede Tür, die sich öffnete, notiert, jeder Besucher fotografiert, die Post konfisziert. Wochen, Monate, Jahre in einem Alptraum, in dem sich der Sadismus der Provinz-Geheimdienstler ungestört ausagieren konnte. Günter Ullmann fing an, auch der Familie und den Freunden zu misstrauen, er schlief nicht mehr, bekam Panik. IM „Paul Bonkarz" beobachtete die Wirkung seines Gifts und gab stolz an die „Organe" weiter, dass es zu einer „psychischen Destabilisierung der feindlich-negativen Person" gekommen sei.

Günter Ullmann, der davon ausgehen musste, dass der Geheimdienst sein Innerstes kannte, begann damit, aus Zeitungen Gesichter auszuschneiden, die denen seiner Freunde ähnelten – für ihn ein Menetekel des Verrats. Er zerschnitt im Keller seines Hauses Drähte – für ihn Abhöreinrichtungen. Er ließ sich alle Zähne ziehen – für ihn implantierte Wanzen. Er fuhr nach Berlin, um seinen erdachten König Salomo zu suchen. Er unternahm zwei Suizidversuche.

Der operative Vorgang „Medium" war erfüllt, die Staatssicherheit am Ziel, eine Verhaftung unnötig geworden, da der „Feind liquidiert" war. Günter Ullmann musste in den folgenden Jahren stationär in die psychiatrischen Kliniken in Rodewisch, Stadtroda und Jena eingewiesen werden. „Mir wurde mit Gefängnis gedroht", sagte er dazu später, „ich landete in der Psychiatrie."[183] Trotz dieser massiven Zugriffe entstanden in den siebziger und achtziger Jahren 14 Manuskripte, alle für die Schublade.

TORSO
jeden morgen hunger
nach wahrheit

---

182 Ebd.

183 Ebd.

jeden tag etwas
sterben

und am abend laichen die
schwarzen sonnen

NEHMT UNS NICHT DIE HOFFNUNG
diese ungewißheit die
noch halt gibt

legt uns nicht den
horizont

um
den hals[184]

Der um den Hals gelegte Horizont. Dem literarischen Angstkörper drohte der Erstickungs- und Kältetod. Die Wirklichkeit der Worte war herabgebrannt auf das letzte noch Sagbare, die Physis der Verse hochkomprimiert, karg, ohne jede Ornamentik. Günter Ullmann selbst sprach von einer Suche nach dem Archetypischen, nach „metaphysischen Formeln" und wollte in seinen Gedichten „Zeichen der Transzendenz" finden. Es war seine Existenzpoesie gegen den fortschreitenden Hoffnungsverlust, gegen die Abwürgmethoden. 1980 erschienen erstmals Gedichte von ihm, aber nicht in der DDR, sondern in Westberlin, in der von Heinrich Böll und Günter Grass herausgegebenen Zeitschrift für Literatur und Politik „L'80". 1984 gab der Schriftsteller und Dissident Lutz Rathenow im Westberliner Oberbaum Verlag die Anthologie „Einst war ich Fänger im Schnee" heraus, in der Günter Ullmann vertreten war. So viel Publikationsoffensive verstand der Geheimdienst als unmissverständliche Provokation, verschärfte seine Maßnahmepläne gegen die „Vorgangsperson" Ullmann und drohte ihm nun direkt

184 Günter Ullmann: Die Wiedergeburt der Sterne nach dem Feuerwerk (Die Verschwiegene Bibliothek), Frankfurt a. M. 2008, S. 96 und S. 72.

mit Strafverfahren und Zuchthaus. Zwei Westveröffentlichungen, das hieß Straftatbestand nach § 219 oder auch ungesetzliche Verbindungsaufnahme oder auch Haft bis zu 5 Jahren.

Günter Ullmann war klar, dass das MfS nicht von ihm ablassen würde, dass er am Rand des Landes lebend, weit weg von Berlin und damit von der Möglichkeit, Schutz-Informationen nach Westberlin weiterleiten zu können, jeglicher Schikane und Willkür des Systems ausgesetzt war, dass seine Kraft nicht reichen konnte. Er zog sich isoliert zurück, sprach kaum noch, aß wenig, saß in seiner winzigen Textklause, rauchte Kette und schrieb. Was er in Verse formte, war poetischer Minimalismus, bei dem das nicht Reduzierbare zur Wirbelsäule und das Nichthintergehbare zum Fleisch der Texte wurde. Leicht und streng, ungebärdig und zart, mager und fliegend, hoffend und desillusioniert sollten seine Gedichte sein. Es ging um jedes Stück Himmel, jedes Stück Atem, jedes Stück Licht.

HINTERHOF
der winter bleibt
klein

die sonne hat
vier ecken

JAHRE SIND
staub

jeder tag ist ein
messer

am
kind[185]

Nach 1989 konnte Günter Ullmann einen Großteil seiner Manuskripte veröffentlichen, seine Gedichte öffentlich lesen, seine stark

185 Ebd., S. 75 und S. 93.

Günter Ullmann in den siebziger Jahren in Greiz

farbigen Kürzel-Bilder in Galerien ausstellen. Aber die bedrohten Jahre blieben eine schwere Hypothek. Verrat, Angst, Schmerz hockten in ihm und kamen als „gelaichte schwarze Sonnen" zurück. Günter Ullmann starb 2009 in Greiz mit 62 Jahren.

Rückrufungen und Kältespiele

Zum Greizer Kreis gehörte auch der Dramatiker Klaus Rohleder, der im Juni 1935 in Waltersdorf, einem Ort nur fünf Kilometer von Greiz entfernt, geboren wurde. Rohleder – das ist im hügeligen Vogtland eine wirkliche Bauern-Dynastie, labyrinthisch verästelt und mit langer Geschichte, die bis ins 16. Jahrhundert zurückreicht. Der Vater Kurt Rohleder war unter Hitler Bürgermeister von Waltersdorf. Als nach den Amerikanern Anfang Juli 1945 die Russen ins Dorf kamen, nahmen sie ihn mit. Zuerst musste er in ihren Vernehmungskeller in Greiz, dann kam er ins KZ Buchenwald, schließlich wurde er in die Sowjetunion deportiert. Drei Jahre saß er bei Karaganda in einem NKWD-Lager. Ende 1948 war er zurück, schwer gezeichnet und mit einem harten Schweigen, das den Sohn prägte. Klaus Rohleder[186] absolvierte acht Jahre Volksschule und wurde Bauer auf dem Familienhof.

Der dominante, wortlose Vater, die harte Arbeit im Stall, die neuen Zeiten im zwangskollektivierten Dorf und das Theater in Greiz, das den Teenager vollends faszinierte. Brechts „Antigone" erlebte hier 1951 ihre deutsche Erstaufführung. Klaus Rohleder war 16 und saß drin. „Zum Hasse nicht, zur Liebe leb ich", hatte Antigone ihm gesagt, was den Glutkern des späteren Rohleder-Theaters aufrief. Was bleibt, wenn die Verhältnisse zugeschlagen haben, die Zerstörung stattgefunden hat, die Liebe keinen wirklichen Anfang kannte, der Einzelne nicht lebt, was er sich erhofft, das wird ihn im-

186 Vgl. Jürgen Serke: Zu Hause im Exil. Dichter, die eigenmächtig blieben in der DDR, München 1998, S. 217.

mer interessieren. „Das spielen, was fehlt", erklärte er. „Meine Texte sind alles Rückrufungen."[187]

Was aber ließ sich im Realen rückrufen, wenn der Vater das Land in die LPG einbringen und 1960 auch noch das Vieh weggegeben werden musste? Ein Ukas als Zäsur, als endgültiger Bruch. Denn die Austreibung der Bauern war kein Drama, das sich auf der Bühne so einfach betrachten ließ. Ihr war der 25-Jährige real und mit aller Konsequenz ausgesetzt. „Es gab keinen Ausweg. Es war der Wärmetod des Dorfes"[188], erklärte Klaus Rohleder. Was bei ihm nicht die Vertreibung aus dem Paradies meinte, sondern das, was unabänderlich verloren war, der gelöschte Lebensnerv, die gekappte Wurzel. Denn was ist ein Bauer ohne Land, ohne sein Vieh, was ein Dorf ohne Tradition, ohne die Geschichte der Bauern? Der Hof, der den Rohleders von 1960 an blieb, war ein Hof am Hügel. Vom Küchenfenster aus sah man über die Wiesen, das Feld, weit in die Landschaft hinein.

„Uns Kriegskindern hat man das Genick gebrochen", erklärte Klaus Rohleder, „und dennoch ging es um Widerstand."[189] Widerstand gegen die LPG-Ansager im Ort, gegen die Demütigung, gegen das Umlügen der Verhältnisse. „Uns wurde das Ganze ja als Bauernrevolution verkauft und immerzu von unreifen Verhältnissen gesprochen. Aber wer das Dorf kappt, hat mit der Zerstörung der anderen Dinge keine Probleme mehr."[190] Er sprach vom Stimmrecht der Natur, vom Nichtokkupierbaren, vom Umbau der Gesetze des Bodens und von Zeiten, die am Verschwinden des Menschen arbeiteten. Große Themen, die nach sublimiertem Ersatz riefen, nach intellektueller Selbstverteidigung. Bei Klaus Rohleder wurde dieser Ersatz das Theater.

Das DDR-Theater Anfang der sechziger Jahre. Ausgerechnet das Stück, das sich mit der Situation der Bauern befasste und am 30. September 1961 Premiere feiern sollte – Inge und Heiner Müllers „Die Umsiedlerin oder Das Leben auf dem Lande" –, wurde zum Cor-

---

187 Gespräche mit Klaus Rohleder, 2006/2007, BStA, AUL.

188 Ebd.

189 Ebd.

190 Ebd.

pus Delicti und politischen Fall. Die Inszenierung wurde als „reaktionäres Machwerk“ befunden, kurzerhand abgesetzt und das Stück bis 1976 verboten. Dazu kamen harte biografische Einschnitte: „32 Parteistrafen, dazu Parteiausschluß, fristlose Entlassung und ‚Bewährung in der Produktion‘ für B. K. Tragelehn, Ausschluß aus dem Schriftstellerverband, zwei Jahre Isolation und kaum eine Verdienstmöglichkeit für Heiner Müller.“[191]

Ähnlich rüde wurde mit Peter Hacks' Neufassung von „Die Sorgen und die Macht“ verfahren, die im Oktober 1962 am Deutschen Theater in Berlin Premiere hatte und zwei Monate später schon vom Spielplan flog. Das nachdem Walter Ulbricht, die Kulturabteilung des ZK der SED und der VI. Parteitag der SED mit allen nur denkbaren Tribunalgängern ihren vernichtenden Sermon von sich gegeben hatten.

Doch mitunter ging es auch anders: Ebenfalls im Oktober 1962 hatte Peter Hacks' Aristophanes-Bearbeitung „Der Frieden“, inszeniert von Benno Besson, am Deutschen Theater Premiere, die mit ihrem spielerisch-phantastischen Komödienkonzept einen grandiosen Erfolg landen konnte. Legendär wurde auch das Politmärchen „Der Drache“ von Jewgenij Schwarz – in der deutschen Fassung von Inge Müller –, das ebenfalls in der Inszenierung von Benno Besson im März 1965 auf die Bühne kam. Theater war durch den frankophil-verspielten Schweizer plötzlich raffiniert und bilderstark geworden. Ein unerwarteter Freiraum, ein äsopsches Spiel, mit stofflicher und ästhetischer Distanzierung von der konkreten DDR, das in dem Moment auf ein überwaches, hungriges Publikum traf. Eine Inszenierung mit exzellenten Schauspielern, die es mit einem Mal raushatten, wie Verbote umspielt, Pausen gesetzt, Text ausgelassen, wie gesummt, gezwinkert, getänzelt werden musste, um bizarre Verhältnisse auffällig zu machen. Ein Spiel als konspiratives Agreement zwischen Theater und Zuschauer, ein gelungener Balanceakt, ausnahmsweise, in einer kurzen Phase der Liberalisierung. Klaus Rohleder fuhr nach Berlin und saß drin. Wer weiß, was er an

---

191 Christa Hasche, Traute Schölling, Joachim Fiebach: Theater in der DDR. Chronik und Positionen. Mit einem Essay von Ralph Hammerthaler, Berlin 1994, S. 43.

Klaus Rohleder in Waltersdorf, vermutlich Ende der achtziger Jahre den Abenden für sich entdeckt, womit sein Widerstand der Wörter angefangen hat.

Es war Ibrahim Böhme, der den Theaterenthusiasten Ende der sechziger Jahre in den Greizer Kreis holte und ihm einen dreijährigen Lehrgang an der Kulturakademie „Horst Salomon“ im thüringischen Rudolstadt vermittelte. Tagsüber war Klaus Rohleder Lohnarbeiter in den LPG-Ställen, doch wann immer er konnte, brütete er über seinem Gedankentheater. Orientierung war ihm, was er in Greiz und Berlin auf den Bühnen sah, war ihm ausdrücklich Reiner Kunze, wären ihm womöglich auch Daniil Charms und Alexander Wwedenskij gewesen, wenn man sie in der DDR veröffentlicht hätte. Ihr absurdes Theater war den beiden Russen nicht grotesk-komische Sinnfreiheit der Welt, sondern zuallererst existentieller Riss, transponiert in eine sehr eigene Theatersprache.

Klaus Rohleders Theaterstücke sind am ehesten skeptische Eutopien der Wärme, für die ihm die erfahrene Zerstörung der Dorfkultur weniger Stoff denn Grundlage für sein gegenläufiges Denkmodell gewesen ist. Sein Erstling „Das Fest“ beginnt mit einem Wettersturz, einem Fön, wie seine Figuren ohnedies Wetterfiguren sind, in a-gesellschaftliche, unverzweckte Verhältnisse gestellt. Im „Fest“ macht ein Paar einen Ausflug, hat eine Autopanne und läuft dann auf einer im Bau befindlichen, durch Sumpfgelände führenden Straße ins Nirgendwo. Ein a-chronischer und a-topischer Augenblick, der in „gewisser Weise auslöschen, ersetzen, neutralisieren oder einigen soll“[192]. Denn „Sie“ und „Er“ sind zuallererst ihrer erstarrten Liebe ausgesetzt, ohne Erinnerung, ohne Sinne, ohne Körper. Die Frau möchte an diesem „realen Ort jenseits aller Orte“[193] bleiben und sein, wieder Vögel, Frösche, Stille hören, sie will tanzen und „aus der Dunkelheit eine Handvoll Licht trinken. Damit uns Flügel wachsen.“[194] Der Mann dagegen fühlt sich als Gefangener dieser unberechenbaren Situation. Er verlangt ei-

192 Michel Foucault: Die Heterotopien. Der utopische Körper, Frankfurt a.M. 2005, S. 10.

193 Ebd., S. 11.

194 Klaus Rohleder: Das Fest. In: Harald Müller (Hrsg.): DDR-Theater des Umbruchs, Frankfurt a.M. 1990, S. 81.

nen Zweck und fängt an, aus nummerierten Steinen einen Turm zu bauen. Ein Fremder, das Dritte, die Erinnerung an das alte „Er" taucht auf. Fremder: „Da geht man, geht den langen Weg zurück. Ist das Erwartung, ist das Freude, wo ich pünktlich bin. Wo auf den Tag genau die Straße daliegt, fertig – frei zur Benutzung. Ich bin zurückgekommen!"[195] Sie: „Die Zeit wird wiederkommen." Deutlicher noch: „Die Zeit zurückholen. Trotzdem." Und: „Sag nichts. Eine Insel trocknen Grases muß geblieben sein. Wenn wir suchen, finden wir sie. Wir werden uns hinlegen. In den kleinen Himmel über uns einsteigen. Sag nichts." – Fremder: „Tritt auf. Mit beiden Füßen. Spürst dus? Den uralten Rhythmus, den wir ihr mitgaben: Eins – zwei! Eins – zwei! Von den Schuhsohlen aufwärts …" – Sie: „Vergiß alles. Nur die Schmetterlinge sind zugelassen; lautlos und bunt wie die Wiesen."[196]

Aber der Fremde ist zugleich auch die Erinnerung an die Zeit der Austreibung, des großen zerstörerischen Umbruchs qua Technik, der Auslöschung der Liebe. In diese Gewalterinnerung hinein vergewaltigt der Fremde die Frau, die daraufhin einen erwachsenen Sohn namens Leopold zur Welt bringt. Sein erster und gleichsam programmatischer Satz: „Ich will zurück!" Das Kind ohne Kindheit wird sich nicht eintakten lassen, es verweigert sich, auch gegenüber dem System von Liebe, in das das reinszenierte Paar ihn einbauen will. „Aufgrund des Turms, aufgrund der Leistung lieben wir uns wieder."[197] Der alte Junge glaubt nicht an diese Selbsttäuschungen der Eltern, lässt den Turm einstürzen und ist schon dabei, Feuer zu legen. Die Welt der Eltern soll explodieren. Sie: „Man könnte glauben, er haßt uns."[198] Doch dann ist es der Traum, der Traum der Frau, der Traum von einem regennassen, grünen Wald, „voller Tiere mit trüben, toten Augen", der die Vernichtung aufhalten kann.

Klaus Rohleders Bühnenpoesie ist ein einziger Sinnenanfall, ein Theater des Wesentlichen, der Essenzkerne und zugleich eine große

195 Ebd., S. 74.

196 Ebd., S. 75.

197 Ebd., S. 87.

198 Ebd., S. 93.

Erzählung vom gebremsten, kleingehaltenen, verunmöglichten Leben. Traum-, Wunsch-, Hoffnungsprogramme werden unentwegt aufgerufen, um sie ohne Zeit und ohne Ort zu lassen. Nur die Kinder, nur die Natur, das Fremde, die Liebe, der Glaube, der Tod werden in seinem Bühnenkonzept zu großen Ordnern, Bewegern und Veränderern. „Man muß eine Form finden, die sich nicht mehr vom Blatt spielen läßt, um gegen dieses Theater anzuschreiben; diese Geschichtenerzählerei, wo für einen Schauspieler kein Platz bleibt; für den Regisseur kein Platz und für den Zuschauer gleich gar nicht“[199], bestimmte Klaus Rohleder seine Position als Dramatiker in der DDR. Doch seine Aufführungsversuche sind durchweg ebenso aufschlussreiche Litaneien des Verunmöglichens. „Das Fest“, bis 1977 geschrieben, wurde erst über ein Jahrzehnt später, kurz vor Ende der DDR, unter abstrusen Bedingungen in der Reihe „Autoren en suite“ in der Volksbühne Berlin im „Theater im dritten Stock“ uraufgeführt. Klaus Rohleders originäre, direkte Theatersprache, das Unideologische, Zeitlose, die unverbrauchten, starken Bilder, sein Konzept der Nichtokkupierbarkeit hielt das offizielle Wahrheitsregime nicht aus.

Eine Drama-Realität, die sich nicht an der Formung des „sozialistischen Staatsbewusstseins des Publikums“[200] beteiligte, wie sie die dafür gebildete Spielplankommission vorsah, und auf den DDR-Bühnen keinen Platz erhielt. Ohnedies hatten die Kulturkontrolleure in Klaus Rohleder längst ihren „Beckett auf dem Lande“ ausgemacht, was ihn keineswegs ehrte, sondern das Nein für seine Texte nur erhärtete. Denn der Klassiker des Absurden galt in der DDR als westlich-dekadent und durfte bis 1988 kaum gespielt werden. Rohleders Stücke stießen auch deshalb auf Abwehr, da ein Stasi-Spitzel aus Waltersdorf nach dem Wegekeln von Reiner Kunze über den Dichter im Ort berichtet hatte: „Vorsicht, er könnte in seiner Art ein zweiter Reiner Kunze werden.“ Dieses Verdikt, noch dazu den Rigorismen der Provinz ausgesetzt, minimierte die Aufführungschancen der Rohleder-Stücke erheblich und versetzte die instruierten Stellen in chronische Alarmbereitschaft.

---

199 Klaus Rohleder, zit. in: Jürgen Serke: a. a. O., S. 236.

200 Christa Hasche et al.: a. a. O., S. 167.

Auch sein 1983 geschriebenes Stück „Das Spiel“ blieb ungespielt. Ort der Handlung: die Zuschauertribüne eines zugefrorenen Fußballplatzes. Zeit: unbestimmt. Erneut geht es zunächst ums Wetter, das allerdings mittlerweile keine natürliche Macht mehr ist, sondern durch Kälteaggregate eingestellt wird. Klaus Rohleders Theaterwelt fundamentiert sich darin erneut als Natur-Geschichte – als ein direktes Bezugsnetz von Natur, Gesellschaft, Geschichte. Ein Dramenkonzept, das eindeutige Bezüge zum russischen Filmregisseur Andrej Tarkowski aufweist, dessen Klassiker „Stalker“ 1982 in die DDR-Kinos kam, stark rezipiert wurde und ostdeutsche Kunstästhetiken spürbar beeinflusste. Trotz aller Zerstörung von Welt hockt im Kern dieser ästhetischen Ansätze eine Hoffnungsmaschine, die die Menschen suchen, weil sie sie brauchen.

„Es geschieht nichts.“[201] Der Satz beendet die vorangesetzte Spielanleitung des Acht-Personen-Stückes. Folglich keine Mannschaften, die auflaufen, kein Spiel, das beginnt. Während nichts geschieht und die Figuren in der Kälte gemeinsam auf den Anpfiff warten, kommen die Erinnerungen: an die erste Kindheit, die Spleens und Wunder des Lebens, aber auch an Alpträume und Schuld aus Kriegszeiten. Der Großvater, der als kleiner Junge beim Start eines Zeppelins auf der Wiese die Leine halten durfte, wartet sehnsüchtig darauf, dass das Luftschiff der Kindheit erneut angeschwebt kommt. In diesem Wunsch hat er nur noch die Enkelin als Gegenüber. Sein Credo lautet: „Man muß nur daran glauben … Was wissen die denn vom Fliegen … Alles wollen sie täglich … Und haben nicht einmal.“[202] Henry, ein kriegsversehrter Technikspezialist, erinnert sich an die Himmelschlüssel, die am Ende des Krieges viel zu früh blühten, und zieht seine Lebensbilanz: „Alles bleibt Spiel. Bis es dich endlich selbst erwischt. Bis der Schmerz alles andere auslöscht … Bis er das Beherrschende … das Einzige bleibt.“[203] Der Schmerz und die „herzustellende Wahrheit“ werden in der Folge die beiden großen Antipoden des halluzinatorischen Kälte-Spiels.

---

201 Klaus Rohleder: Das Spiel, Berlin 1989, S. 3.

202 Ebd., S. 13.

203 Ebd., S. 14.

Großvater: Mein Körper, wenn er ausreichen würde, das Feld zu bedecken … Wo man lang auf der Stelle tritt, taut das Eis. Sonne könnten wir sein … wenn wir groß genug wären.
Henry: Tatsächlich. Fußspuren hinterlassen wir, wo wir standen. Ein Halm kann aufstehen unter unseren Füßen, wenn wir nicht zu lang stehenbleiben.
Großvater: Blumen suchend scheinst du dir wichtiger als das Spiel erwartend. Doch du scheinst auch Angst davor zu haben, daß das, was du erwartest, plötzlich vor dir aufblüht. Hoffnung ist dir nur Kulisse. Pessimismus – davon lebst du.
Henry: Wo du dich niederlassen möchtest, bin ich durchgekommen.
Großvater: Was ich such, ist dir verlorengegangen.
Henry: Getretene Wege können auf neue Entdecker verzichten. Die schmalen Ausblicke lassen sich sagen – in Augenblicken.
Großvater: Wo ich Jahrzehnte unterbringen muß …
Henry: Steh ich dir zur Verfügung.
Großvater: Was wäre zu holen bei dir.
Henry: Alles.
Großvater: Kenntnisse, Zahlen. Gerade und ungerade.
Henry: Möglichkeiten, die sich tauschen lassen. Wechselnd von Spiel zu Spiel.

Generationen, die in dieser Technikwelt keine Sprache miteinander finden; Figuren, die um sich selbst kreiseln; Wahrheiten, die hohl bleiben. „Muß ich es sagen, daß das, was hell durch die Türritzen scheint, Dunkelheit ist. Daß sie die Schatten weggelogen haben, zugunsten des Zustands, den sie jetzt Licht nennen“[204], erklärt eine Figur. Es geht um Kälte, die leer macht, um ein Ausgehungertsein, das vom Warten kommt, um Erinnerungen, die nicht vom offiziellen Farbton abweichen dürfen. Niemand hat aus der Reihe zu tanzen. Wer stört, wird aussortiert. Das Klima der Aggregate hat sich eine eigene Menschenmaschine geschaffen, bei der die Jungen versehrt werden, ehe sie groß sind. So müssen der Enkelin aufgrund des tech-

204 Ebd., S. 26.

nischen Dauerfrosts die Hände amputiert werden. Ihre Conclusio lautet: „Anpassung fühlt es, ist Überleben – und dennoch Tod.“[205] Es ist allein der trotzig glaubende Großvater, der es schafft, aus dem Alptraum auszusteigen, in dem er auf sein inneres Brennen besteht. „Siehst du die Flamme – mir gehört sie. Dem der Sieg ist, dem ist auch das Feuer. Dir nicht – dir niemals.“[206]

Für Klaus Rohleder hat es ihn gegeben, den Augenblick Natur-Geschichte, in dem zurechtgestutztes Leben zu unverhoffter Freiheit wurde: Als die DDR im Herbst 1989 implodierte, war er der Erste in Waltersdorf, der aus der LPG austrat und sich seinen Grund und Boden zurückgeben ließ. Zwölf Hektar Land in Waltersdorf, zwölf Hektar Land in Linda, 25 Kilometer entfernt. Die Arbeit im Kuhstall mit den eigenen Tieren, im eigenen Wald, auf dem eigenen Feld war das, was er sein Leben lang machen wollte und nun endlich möglich war. Mit dem Glück der selbstbestimmten Arbeit wuchs auch die Lust am eigenen Text. 1990 kam das Stück „Die Panne oder der Oleander“, 1991 erhielt er den Förderpreis des erstmals vergebenen Kölner Ludwig-Mülheims-Preises für religiöse Dramatik – der Hauptpreis ging an Tankred Dorst –, für das Preisgeld kaufte er sich einen Traktor. 1996 schrieb er das Stück „Crash“. 1997 war Klaus Rohleder Stipendiat der zur Villa Massimo gehörenden Casa Baldi in Rom. Der Süden eröffnete sich für ihn als Ursprung der Moderne mit Zugang zur Antike und Renaissance, eine kulturelle Offenbarung und gänzlich neue Erfahrung. Dort begann er, Gedichte zu schreiben, hielt sich immer wieder an seinem persönlichen Kreativort Mondello bei Palermo auf und schrieb für den sizilianischen Komponisten Joe Schittino Libretti und Liedtexte. In Mondello schrieb er auch das Libretto für Schittinos Oratorium „Wasser, das zur Mauer wurde“, das die Geschichte des thüringischen Dorfes Mödlareuth, durch das bis 1989 die deutsch-deutsche Grenze verlief, musikalisch umsetzte. Klaus Rohleder starb 2013 in Palermo. Seine Stücke blieben bislang an großen deutschen Bühnen ungespielt.

205 Ebd., S. 43.

206 Ebd., S. 46.

List, Aberwitz, Gedankenaufsicht

Noch einmal zurück zum Neuen Ökonomischen System (NÖS), das die Ulbricht-Riege nach dem Mauerbau als Ersatz für die moralische Desavouierung des „besseren Deutschlands" durchzusetzen versuchte. Noch einmal der Pausenloston von den unreifen Verhältnissen, den errungenen Etappensiegen, vom historisch einmaligen Anspruch des Sozialismus.

Im Oktober 1964 wurde der Stalinismus-Überwinder Chruschtschow in Moskau handstreichartig sämtlicher Ämter enthoben. Mit seinem Sturz endete auch die Ära des versprochenen Umbruchs, die kurzen Zeiten zurückgenommener Angst, nicht nur in der Sowjetunion, auch in der DDR. Erich Apel, Chef der Staatlichen Plankommission und eigentlicher Promoter der ostdeutschen Wirtschaftsreformen, erschoss sich Anfang Dezember 1965 in seinem Dienstzimmer im „Haus der Ministerien". Sein System wirtschaftlicher Effizienz und Selbstbestimmung, das sich gegen das Machtprinzip der Partei zu behaupten versucht hatte, war damit ohne Kopf.

Für das zwei Wochen später stattfindende 11. Plenum des ZK der SED war das mehr als ein ungutes Zeichen. Nicht nur die Politik stand unter Schock, auch im Land großes Rätselraten. Was waren die Gründe? In der Sowjetunion übernahm der Restalinisierer Leonid Breschnew das Ruder. Welche Order würde er für die DDR ausgeben, die mit ihrer Reformwirtschaft im Gegensatz zum restlichen Ostblock forsch zu Wege gegangen war und den Alleingang geprobt hatte? Unsicherheiten in Ostberlin. Hatte sich Ulbricht verrannt? War er am Ende? Die Lage galt als unüberschaubar. Ausgerechnet in dieses Interregnum hinein hatte das geplante Plenum die Generallinie für die nächsten Jahre auszurufen und die Schlachtordnung in Sachen Wirtschaft zu erstellen. Ohne Marschbefehl vom Großen Bruder in Moskau konnte das schiefgehen und Köpfe kosten. Deshalb gab es im Hintergrund auf einmal eilige Planspiele, deshalb wurde eine Stellvertreterschlacht inszeniert.

Statt Wirtschaft eine Kultur-Wüstenei. Bei den Künstlern gab es auf einmal überall Schädlinge zu entdecken. Konterrevolutionäre, Nihilisten, Revisionisten, spießbürgerliche Skeptizisten, Dekadente. Es herrschte Kopfroll-Klima. Dessen Ergebnis ist bekannt: Allein zwölf DEFA-Filme – die gesamte Jahresproduktion – wurden verboten und zum umfassendsten Filmverbot der deutschen Kinogeschichte. Verbote auch von Theaterstücken und Musikbands. In der Literatur ging es erneut um Heiner Müller und sein Stück „Der Bau", um Volker Brauns „Die Kipper", um Werner Bräunig und seinen Roman „Rummelplatz", um Stefan Heym, Wolf Biermann und den Chemiker und Regimekritiker Robert Havemann. Außerdem hatten jede Menge Kulturfunktionäre zu gehen, angefangen vom Kulturminister Hans Bentzien und seinen für den Film verantwortlichen Stellvertreter Günter Witt.

Einzig Christa Wolf, zu dem Zeitpunkt Kandidatin des ZK der SED, schaffte es, sich dem Aggressionsfuror auf dem Plenum zu widersetzen: „Ich wusste, dass in diesem Gremium noch nie eine Kritik an einem Bericht des Politbüros geäußert worden war, und versuchte deshalb, im ersten Teil meiner Rede die Versammelten meines grundsätzlichen Einverständnisses mit der Politik der Partei zu versichern. Das war nicht nur taktisches Verhalten. Der tiefgehende Konflikt, in dem wir alle steckten – die Filmemacher, Bräunig, ich –, war gerade, dass wir durch unsere Arbeit die Entwicklung in der DDR vorantreiben wollten, für die wir uns mitverantwortlich fühlten. Wir hatten gehofft, nach dem Bau der Mauer würden bessere Bedingungen für eine kritische Literatur und Kunst entstehen, welche die Demokratisierung in anderen Bereichen der Gesellschaft befördern würden."[207]

Die ältere Generation der Literaten um Anna Seghers (Jahrgang 1900), Alexander Abusch (Jahrgang 1902) oder KuBa (Pseudonym für Kurt Barthels, Jahrgang 1914) dürfte den intellektuellen Kotau einfach als Déjà-vu, als eine nächste Runde des immer gleichen Strangulierungsprinzips der Partei wahrgenommen haben. Anna Seghers nickte das Ganze müde ab, Abusch und KuBa wetterten hysterisch gegen die vermeintlichen Schädlinge an. Für die Jüngeren aber – so Christa Wolf, Heiner Müller, Volker Braun, Werner Bräunig, Brigitte Reimann – war das Kulturgemetzel ein nur schwer verdaubarer Hieb. Hier war man zu weit gegangen. Alle wussten es. Verstört und ernüchtert realisierte vor allem die literarische Kriegs-

207 Christa Wolf: Jetzt musst du sprechen! In: Die Zeit, 8.9.2009, S. 12.

kindgeneration, das Objekt in einem bösen Spiel gewesen zu sein. Aber wie damit umgehen? Vor allem, wie weitermachen?

Auch auf diese Krise folgten Umbauten, und auch diese fanden im Stillen statt. Dennoch waren sie unübersehbar. Der zugelassene literarische Textkörper der DDR wurde räumlicher, schlauer, maskierter, listiger, zeitunabhängiger. Antike, Romantik, Märchen, Sagen, Mythen, Klassik dienten gemeinhin als Fundus. Eine stoffliche und ästhetische Distanznahme, die das geforderte Dogma Produktionsrealismus hinter sich ließ, um den Scharmützeln der DDR-Regenten nicht andauernd und willkürlich ausgesetzt zu sein. Ein Rückzug aus der Wirklichkeit, den das Publikum aber dankbar goutierte, weil es sich in dieser virtuosen Adaptionswelt mittels zeitlich-realer Lesarten mühelos zurechtfand. Eine Literatur, die auch im Ausland intensiv rezipiert wurde und die breite Reputation der kritisch-loyalen Stimmen aus der DDR maßgeblich ausmachte, nicht ohne dort das Bild über die realen Literaturverhältnisse im Osten stark zu vernebeln.

Das Kahlschlagplenum forcierte insofern auch, was man später zum Wolf-Paradigma erklärte und im Laufe der folgenden Jahrzehnte mit jedem Text und jeder öffentlichen Debatte sichtbarer wurde: von der ideologiegläubigen Literaturkritikerin mit MfS-Zuarbeit als IM „Margarethe" zur Großschriftstellerin mit dichter, unverkennbarer Sprache und gesellschaftsnervösen Sujets; von der Genossin mit Ambitionen ins SED-Zentralkomitee, feministischen Utopistin und Mythologin bis zu einer ins Detail ausgespähten Reformsozialistin; von der mutigen Königin der Widerrede auf dem 65er Plenum über die Verlängerin einer geschredderten Utopie bis hin zur abgestraften Stimme des Ostens und komplexen DDR-Trauerarbeiterin nach 1989. Aber zunächst musste die Plenumskatastrophe überhaupt erst einmal durchgestanden und sortiert werden. Christa Wolf wurde ernsthaft krank, gab noch im Krankenhaus ihr Mandat für das Zentralkomitee der SED zurück und begann an ihrem Buch „Nachdenken über Christa T." zu arbeiten, das für sie zur Zäsur wurde.

Für die Kultur war das Plenum ein Desaster, für die Ulbricht-Riege ein apostrophierter Erfolg. Das „Zeitalter des Sozialismus" galt als angebrochen und wurde auf Dauer gestellt. Der Literaturfunktionär Max Walter Schulz erklärte: „Unsere neue deutsche sozialistische

Literatur, die Literatur der herrschenden deutschen Arbeiterklasse war und ist und wird wesensgleich sein mit dem unerhörten Ereignis der siegreichen sozialistischen Revolution in Deutschland."[208] Die DDR ein einziges Tautologium. Ihr Erwartungshorizont: die Ewigkeit.

Den Literaten des Landes hockte die Verwüstung der Kultur von 1965/66 noch im Nacken, da befand sich die Welt schon in einer neuen politischen Zeit. Es war das Jahr 1968, in dem es brodelte: Im April wurde in Memphis, Tennessee, Martin Luther King erschossen, eine Woche später Rudi Dutschke in Westberlin schwer verletzt, Paris erlebte im Mai die heftigsten Streiks, und auch Leipzig, das Uwe Johnson als die wahre Hauptstadt der DDR bezeichnet hatte, war in Aufruhr: Am 30. Mai 1968 Punkt 10 Uhr wurde mitten in der Stadt die Universitätskirche gesprengt. Die Leipziger hatten zuvor heftig protestiert, aber die Staatsmacht kannte kein Einlenken. Dieses Bild sinnloser Zerstörung traf alle, die mit Dubčeks Programm eines „Sozialismus mit menschlichem Antlitz" auf die in Prag begonnenen Reformen gesetzt hatten. Das Moskauer Diktat aber ließ so viel Eigenständigkeit nicht zu.

Die rollenden Panzer im August 1968 wurden zu einem Akt absoluter Gnadenlosigkeit und erschütterten im Kern. Wer in der DDR mit dem Prager Frühling sympathisierte, den traf erneut alle Härte. Wieder Verhaftungen, wieder Entlassungen und Exmatrikulationen, wieder das gesamte Repertoire der Zugriffe. Doch der erstickten Revolution folgten Lähmung, Enttäuschung und bei vielen – insbesondere auch bei der künstlerischen Intelligenz – der anhaltende Bruch mit dem Projekt Sozialismus. Nicht nur politisch Erhofftes exilierte. Im Nachhinein zogen sich Kahlschlagplenum und Prager Frühling – zwei Ereignisse, die auf den ersten Blick wenig miteinander zu tun hatten – in den Köpfen vieler Protagonisten zu einem einzigen großen Gewaltexzess zusammen, der einerseits eine neue Zeit des Nichtsagens und Schweigens einleitete, andererseits aber klar politisierte und offene Antihaltungen hervorrief.

Das Plenum, das 20 Jahre nach dem Ende des Zweiten Weltkrieges im Osten Deutschlands ganz auf Epochenzuschnitt aus gewesen

---

208 BStU, Berlin: MfS SED-KL 827.

war, sowie die Revolutionsenergien, die von Prag in die DDR übergeschwappt waren, kamen jedoch in nächster Runde um ein weitreichendes Sondierungsprogramm nach innen nicht umhin. Ein Siebsystem, das weit mehr Schlagworte kannte als nur „falsche Innerlichkeit“, „intellektualistischer Pseudo-Internationalismus“, „politisch-ideologische Diversion“, „feindliche Plattform“.

Ein Begriff im Schädlings-Register des Systems war auch die Religion, zumindest wenn angenommen wurde, dass realiter zu viel Opposition in ihr steckte.

Im Fall der Leipziger Spielgemeinde war das so. Ein privates Tourneetheater, das auf dem 3. Deutschen Evangelischen Kirchentag 1951 von der Schauspielerin Ruth Langhammer und dem Diakon Herbert Dost gegründet wurde. Herbert Dost gelang es als charismatischem Kirchenmann, vor allem Leipziger Jugendliche an sich zu binden. Leipzig als „Zentrale der Jungen Gemeinde“ und sein Theater als „Sammelbecken der Opposition“? Für den Geheimdienst und die Kulturobristen ein Unding. Immer wieder kam es zum Verbot von Stücken, wurden Darsteller inhaftiert, Tourneen untersagt. Im Februar 1953 wurde schließlich auch Herbert Dost verhaftet, das Theater verboten und eilig aufgelöst. Nachdem er am 17. Juni 1953 im Zusammenhang mit dem Volksaufstand aus der U-Haft entlassen wurde, erhielt die Spielgemeinde ihre Aufführungserlaubnis zurück. Aber wirklich versichert war ihr Status nie. Man versuchte es mit allem, um die Resonanzräume so klein wie möglich zu halten. Das Ensemble hielt beharrlich dagegen. Ein unentwegter und auch gefährlicher Balanceakt. Ab 1961 gab es das Theater auf Beschluss des DDR-Kulturministers dann nur noch in den Räumlichkeiten der Landeskirche Sachsen, mit der zusätzlichen Beschränkung, dass es sich bei den Inszenierungen allein um „Verkündigungsstücke“ handeln durfte.

Ein Autor, der sich der Leipziger Spielgemeinde über Jahrzehnte zugehörig fühlte, war Fritz Kuhn. 1918 in Dresden geboren, wuchs er „in der bürgerlichen Genügsamkeit einer Juristenfamilie auf“[209]. Seine Mutter war Schriftstellerin, sein Vater Staatsanwalt.

---

209 Fritz Kuhn: Autobiografisches, Nachlass, BStA, AUL.

1937 machte er in der Dresdner Südvorstadt sein Abitur, musste zum Reichsarbeitsdienst und wurde mit Kriegsbeginn in die Wehrmacht eingezogen. Dann „Kriegsteilnehmer in Polen, Frankreich, Sowjetunion. 1940 Studienurlaub für ein Trimester an der Technischen Hochschule Dresden. Rückkehr an die Ostfront. 1944–1948 als Leutnant in sowjetischer Kriegsgefangenschaft. Rückkehr nach Dresden. Keine Genehmigung zur Fortsetzung des Studiums. Lehrausbildung als Augenoptiker“[210], so hielt er es in einer autobiografischen Skizze fest.

1951, als Fritz Kuhn seine Meisterprüfung absolvierte, erschien auch sein erster Band mit Erzählungen, „Die Verworfenen“, unter dem Pseudonym Christian Kern. In dieser Zeit schrieb er ebenfalls Lyrik, aber eigentlich ging es von Beginn an ums Theater. Da wollte er hin. Stücke schreiben für ein großes Publikum, eine lebendige, zeitgenössische, pralle Bühnenwelt entwerfen, auf der vor allem auch gelacht, verballhornt, überrissen werden konnte, mittels Stil, Form und fintenreicher Stoffe. Das war sein Kompass. Die Zeiten waren ernst genug. Frappant, wie umstandslos der Jungdramatiker mit seinem Ironiegebot zu Werke ging. Parteiliche Dramen? Brecht, Stanislawski? Die Überaufgabe des Autors? Produktionsstücke? Sozialistischer Realismus? Fritz Kuhn schrieb völlig unbeeindruckt von all dem, als hätte er nie davon gehört. Frappant auch, wie schnell der Erfolg kam. 1956 veröffentlichte er sein erstes Stück, das gleich in Halberstadt, Güstrow und Staßfurt inszeniert wurde.

1957 erschien „Venezianisches Glas“, landete auf mehr als 15 Bühnen und wurde auch im DDR-Fernsehen gezeigt. 1960 dann „Kredit bei Nibelungen“, eine tragische Komödie in acht Bildern, wie er sie nannte, die ihn zu einem der meistgespielten Autoren auf den Bühnen der frühen DDR machte und auch in Prag und Moskau zur Aufführung kam. Die kulturpolitische Wochenzeitung „Sonntag“ befand: „Das Stück gehört zu den wichtigsten zeitgenössischen dramatischen Werken dieser Spielzeit.“[211]

---

210 Ebd.

211 Gerhard Ebert: Kredit bei Nibelungen. Rezension. In: Sonntag, 28.2.1960, S. 6.

Fritz Kuhn Ende der fünfziger Jahre in Dresden

Ort des Stückes: eine rheinische Großstadt. Zeit: die Gegenwart. Fritz Kuhn entwarf vordergründig ein realbundesdeutsches Sittenbild, eine Karikatur der restaurativen Wirtschaftswunderwelt, um mit jedem Bild evident zu machen, dass seine Realsatire genauso gut in einem der gediegenen Villenviertel an den Hängen von Dresden spielen könnte. Der Autor sagte Adenauer-Republik, um der Ulbricht-Republik gedächtnispolitisch den Spiegel vorzuhalten. Im selbstverständlichen Zugriff auf das Sujet und die eigenen Erfahrungsräume – der ausstaffierten Bürgerlichkeit, der Juristerei, des Militärs, des Totalitären, des Krieges, der Kunst – zielte das Stück im Kern insbesondere auf die Vergessensseligkeit der Deutschen. In seiner autobiografischen Skizze aus dem März 1960 schrieb der Autor: „Ich wurde 1918 in Dresden geboren. Ein Weltkrieg ging zu Ende. Eine Lehre aus den Jahren, die so ‚schicksalhaft' über uns gekommen waren, zogen wohl nur wenige. Man vergaß gern und erstaunlich schnell. Man arbeitete wieder und feierte, man entfaltete ein emsiges Leben zu beiden Ufern der Elbe, des Rheins und überall in Deutschland. Man lebte dem Erwerb."[212]

Insofern ist „Kredit bei Nibelungen" eine tragische Spiegelbild-Farce, die 15 Jahre nach Kriegsende tief blicken lässt ins deutsche Traumaland West und Ost. Es geht um Nibelungentreue und um Nibelungengelder, um eine buntgewürfelte, durch Lügen heruntergekommene, offen antisemitische Gesellschaft und um die „Aktion Barcelona", die bei Lichte besehen von nichts anderem handelt als von der unstillbaren Sehnsucht der Deutschen, ihr großer Führer möge zurückkommen und endlich die Geschäfte wieder übernehmen. Diese Hitler-Sehnsucht machen sich im Stück zwei gewiefte Gauner zunutze, um ein ganzes Treuenetz aus Nazi-Altlasten zu foppen und gehörig zur Kasse zu bitten. Das ist bizarr, böse, drastisch und so hintersinnig wie deutlich, mit direkten, flotten Dialogen und einer lakonischen Sprache, wie sie auf den DDR-Bühnen jener Zeit ungewöhnlich war:

212 Fritz Kuhn: Autobiografisches, Nachlass, BStA, AUL.

BLOCK (nachdem sich die Tür hinter Susi und Fisch geschlossen hat): Jude, was?
SCHÖNFELDER: Erlauben Sie?! Was soll das heißen?
BLOCK: Das möchte ich Sie fragen, Hauptsturmführer Schönfelder!
SCHÖNFELDER (bestürzt): Wie?? – Herr, ich verbitte mir …
BLOCK (eisig): Vielleicht lassen Sie mich erst mal zu Worte kommen?
SCHÖNFELDER: Ich bin entnazifiziert!
BLOCK (mit sarkastischer Verneigung): Blochmann. – Höchst traurig, daß Sie auf diese Affenkomödie pochen. Schämen Sie sich nicht, Kamerad Schönfelder?
SCHÖNFELDER: Was wollen Sie von mir?
BLOCK (sieht das Telefon auf dem Tischchen an der Wand und geht hin): Sie gestatten doch? (Zieht den Stecker aus der Wand.) Ich liebe diese verdächtigen Apparaturen nicht.
SCHÖNFELDER (will ihn hindern): Was fällt Ihnen ein?
BLOCK (schiebt ihn mit leichter Hand zurück): „Vorsicht, Feind hört mit!" Wieder höchst zeitgemäß, diese Parole. (Schleudert den Stecker spielerisch an der Schnur herum.)
SCHÖNFELDER: Kommen Sie gefälligst zur Sache!
BLOCK (ruhig): Die SS interessiert sich für gewisse Kameraden. Unter anderem auch für Sie … Es gibt nur zwei Möglichkeiten. (Tritt drohend vor Schönfelder hin.) Kampf oder Fahnenflucht! Ich hoffe, Sie entscheiden sich richtig.
SCHÖNFELDER: Ich sehe durchaus keine Notwendigkeit – ?
BLOCK: Nun, dann werde ich Ihnen die Augen öffnen! (Schließt seine Mappe auf und entnimmt ihr ein Schriftstück. Markig.) Hauptsturmführer Schönfelder, ich habe dienstlichen Befehl, Sie von einer Tatsache in Kenntnis zu setzen, die jedes weitere Palaver überflüssig macht! (Gibt ihm das Papier.)
(Schönfelder glotzt verständnislos.)

> BLOCK: (schlägt ihm auf die Schulter, daß er knieweich wird. Schneidend): Mensch, Schönfelder, kneif die Arschbacken zusammen! Der Genius der Weltgeschichte schreitet die Front ab![213]

Wenn im Stück mehrfach von der „Firma“ die Rede ist, von „Spitzeln“, einer „korrupten Polizei“ oder von „verdächtigen Apparaturen“, die schon wieder mithörten, brauchte das Theaterpublikum in Rostock, Döbeln, Stendal oder Dresden nicht lange zu überlegen. Die Bezüge lagen auf der Hand. Es war diese kontinuierliche Toxizität, die Kuhns furiosen, aberwitzigen, parodistischen Coup so schneidend aktuell machte. Denn die Gedankenaufsicht, so das Stück, arbeitete längst wieder. Oder immer noch. Zumindest insinuierte der Autor, dass sich alte Nazi-Netzwerke auch im Osten in die neue Zeit retten und in Ruhe reorganisieren konnten. Eins dieser Netze war das Ministerium für Staatssicherheit, verstand man.

Die DDR indirekt entlarvt als eine Gesellschaft übelsten Polit-Raubrittertums und überdies mit annullierter Geschichte? Der große Neuanfang nichts anderes als eine Simulation? Wie hatte das durchgehen können? Das Stück, das mittlerweile landauf landab gespielt wurde – allein in Karl-Marx-Stadt und Potsdam mehr als hundertmal –, hatten die Zensurbehörden offenkundig nicht gelesen oder nicht verstanden. Es brauchte eine Weile, bis die Botschaft da landete, wo Dinge wie diese entschieden wurden. Sicher ist nur, dass es geschah. Das so erfolgreiche Stück verschwand von den DDR-Bühnen, und der Autor mit Talent und Stoff, mit einer gensicheren Sprache und gestisch gespannten, realitätsprallen Dialogen wurde seit dem Kahlschlagplenum 1965 nicht mehr inszeniert, der Name Fritz Kuhn für das offizielle DDR-Theater kommentarlos gestrichen. Ein harscher Schnitt, dem der Autor später mit dem Satz zu begegnen versuchte, er habe „kein weiteres Interesse an der hiesigen Bühne als ‚sozialistischer‘ Erziehungsanstalt gehabt, deren Intoleranz sich zunehmend durchsetzte“[214].

---

213 Fritz Kuhn: Kredit bei Nibelungen. Eine tragische Komödie in acht Bildern, Berlin 1960, S. 31.

214 Fritz Kuhn: Autobiografisches, Nachlass, BStA, AUL.

Fritz Kuhn arbeitete in seinem Beruf als Augenoptiker und schrieb weiter, insgesamt 28 Stücke, beinahe ausschließlich für die Leipziger Spielgemeinde. Zumeist bearbeitete er mythologische und biblische Stoffe. Dieser Bezug auf kulturhistorische Hintergründe machte es ihm möglich, aktuell zu werden. Für Herbert Dost, der das Theater unter dem Dach der Kirche bis 1971 leitete, verfasste er regelmäßig „Verkündigungsstücke". Das Zentrum seiner literarischen Arbeit aber sah er im Dialog. Für ihn das Gegengift zur verwirrten, nivellierenden Sprache unter der Diktatur: „Ich sehe im Dialog zwischen zwei Personen die beste Möglichkeit, eine klare Aussage zu präzisieren und zu demonstrieren. In ihm ist Sprache am wirksamsten."[215] Kuhns kleine Theorie des Dialogs rekurrierte auf das Gespräch, auf ein Gegenüber, auf Verstehen. Der Dialog war für ihn etwas kategorisch Offenes, Helles. Eine sublime Entgegnung auf das widersinnige Nein, dem sein Werk ab 1965 ausgesetzt war? Fritz Kuhn starb 2013 in Dresden.

---

215 Ebd.

Joachim Walther

ZWEITER TEIL

1969 – 1989

MACHTTHEATER IN BETRIEB
NACH DEM PRAGER FRÜHLING

Die siebziger Jahre

Nach dem Ende der Ära Walter Ulbricht und der Inthronisierung Erich Honeckers mehrten sich zu Anfang der siebziger Jahre die Zeichen, die auf eine Veränderung der Kulturpolitik hoffen ließen. Man las und hörte im Sommer und Herbst 1971 in den DDR-Massenmedien wunderlicherweise vom Reichtum der Handschriften, von Phantasie und der Entdeckerfunktion der Literatur, von schöpferischem Suchen, von Weite und Vielfalt, gar von Behutsamkeit und Geduld. Das waren von der Partei, die zudem Ende der sechziger Jahre das Ziel der deutschen Einheit aufgegeben hatte und nun einen „sozialistischen deutschen Nationalstaat" inklusive einer eigenständigen „sozialistischen Nationalliteratur" proklamierte, bislang ungehörte Töne. Aber auch Faktisches geschah.

Es durften, wenn auch limitiert, immerhin fast 20 Publikationen von sieben Autoren erscheinen, die bis dahin von der streng gehandhabten Zensur blockiert worden waren, so Stefan Heyms „Lasalle", „Die Schmähschrift" und sein „König David Bericht". Peter Huchel, der seit 1963 unter Hausarrest gestanden hatte, durfte endlich ausreisen. Außerdem verließ die Partei den „Bitterfelder Weg", der hinter vorgehaltener Hand auch „Bitterer Feldweg" genannt wurde, jenen kulturrevolutionären, skurril-hypertrophen und gründlich gescheiterten Großversuch, mittels schreibender Arbeiter die DDR-Literatur zu den lichten Höhen einer neuen sozialistischen Klassik zu führen.

Und schließlich sprach der frisch gekürte SED-Generalsekretär Honecker auf der 4. Tagung des ZK der SED am 17. Dezember 1971 ex cathedra den ebenso verheißungs- wie verhängnisvollen Satz: „Wenn man von der festen Position des Sozialismus ausgeht, kann es meines Erachtens auf dem Gebiet von Kunst und Literatur keine

Tabus geben."[216] Ein Konditionalsatz, der, wäre er schon damals nüchtern und nicht hoffnungstrunken gelesen worden, alles beim Alten ließ, durch die Formulierungen im zweiten Satzteil jedoch bei vielen ostdeutschen Intellektuellen, Künstlern und Schriftstellern Illusionen auf eine kulturpolitische Liberalisierung erzeugte, obwohl die Parteipresse den Satz in der Folgezeit kaum wiederholte, was sie doch sonst mit des Generalsekretärs Verkündigungen so ausführlich tat. Was für die Hoffnungsgläubigen nach einer behutsamen Öffnung aussah, war für die Partei lediglich eine taktische Variante, um nach innen ihre kulturpolitische Leitfunktion zu stabilisieren und nach außen in besserem Licht zu erscheinen.

Die DDR erfreute sich in dieser Zeit weltweiter diplomatischer Anerkennung, sie schloss 1972 den Grundlagenvertrag mit der Bundesrepublik, wurde 1974 UNO-Mitglied und unterzeichnete 1975 die Schlussakte der „Konferenz über Sicherheit und Zusammenarbeit in Europa (KSZE)", mit der sie sich allerdings etliche Probleme, vor allem in Fragen der Menschenrechte, ins verbarrikadierte Haus holte. Die wachsende äußere Anerkennung verhalf ihr aber nicht zu größerer innerer Legitimation. Die Angst der führenden Genossen um die von den Sowjets geschenkte, durch die sogenannten Volkswahlen nie wirklich legitimierte Macht blieb. Diese latente Unsicherheit verstärkte das angstneurotische Bedürfnis nach äußerer Abgrenzung und nach der inneren Sicherheit des Staates – und vergrößerte so die Bedeutung der Staatssicherheit. Nach und nach häuften sich die offiziellen Verlautbarungen, es gebe „keine Preisgabe prinzipieller Standpunkte" und „keine Konzessionen an bürgerliche Ideologien und imperialistische Kunstauffassungen". Die SED hatte zwar mehr Flexibilität signalisiert, darauf aber nie eine Garantie gegeben, und aus dem vagen Versprechen wurde bald wieder die übliche, mehr oder weniger offene Warnung an alle veränderungswilligen Geister im Lande. Was für die Künstler ein Anfang schien, war für die Partei bereits das Ende der Fahnenstange. Im Kern blieb sie bei ihren restriktiven und normativen Dogmen, verfeinerte jedoch gleichzeitig ihre repressiven Methoden und hielt

---

216 Gisela Rüß (Hrsg.): Dokumente zur Kunst-, Literatur- und Kulturpolitik der SED 1971–1974, Stuttgart 1976, S. 287.

die Eingriffe in die Literatur möglichst im konspirativen, von außen schwer einsehbaren Bereich.

Nachweislich lief zur gleichen Zeit eine massive personelle Aufrüstung und strukturell-methodische Modernisierung der Staatssicherheit ab. In dem „Referat des Genossen Minister auf der Dienstkonferenz vom 13.7.1972“[217] ging Stasi-Chef Erich Mielke ausführlich auf diese modifizierte Kulturpolitik der SED ein. Er wiederholte die Floskeln von der „großen Weite und Vielfalt in der Kunst“ und von der „Einheit von Prinzipienfestigkeit und Beweglichkeit in der Kulturpolitik“, allerdings „nur auf der Grundlage einer festen marxistisch-leninistischen Position“. Bemerkenswert ist der wiederholte Hinweis, „sehr klug zu differenzieren“, da die Partei an einem „konstruktiven Austausch der Meinungen“ interessiert sei, der jedoch zu einer „Klärung der Standpunkte“ führen solle. In diesem Klärungsprozess, so Mielke, scheide sich „deutlicher als bisher die Spreu vom Weizen“. Die besondere Aufmerksamkeit des MfS müsse all jenen gelten, von denen „vielfältige Versuche ausgingen, die Linie und die Politik unserer Partei zu entstellen“, sei es aus „feindlich-negativer oder schwankender Position“. In den Werken der Kulturschaffenden müssten sich „feste Positionen zum Sozialismus, Parteilichkeit und Prinzipienfestigkeit, Wirklichkeitsnähe, Lebenswahrheit, klares Bekenntnis zur Sowjetunion und zum proletarischen Internationalismus widerspiegeln“. Diese Forderungen der Partei seien die Kriterien für die politisch-operative Arbeit des MfS im literarischen Bereich. Sodann wurde Mielke praktisch und nannte als wichtigste operative Aufgabe die Klärung der Grundfrage „Wer ist wer?“ im kulturellen Bereich und forderte die umfassende und bis ins Detail gehende Aufklärung der politisch-ideologischen Grundeinstellung aller Kulturschaffenden. Dabei gelte generell, dass „mit dem richtigen Fingerspitzengefühl vorgegangen“ werde. Neben der Qualifizierung der Spitzel müssten die IM-Netze komplettiert werden, um die noch vorhandenen Lücken zu schließen. Mielke warnte aufgrund „vorliegender Informationen“ ausdrücklich vor vorhandenen Meinungen unter den Kulturschaffenden, die Partei werde künftig mehr „ideologische Toleranz“ zeigen und ein gewisses „politisches

217 BStU, Berlin: DSt 102217.

Tauwetter" zulassen. Nach wie vor sei es jedoch von größter Wichtigkeit, „solche Fakten aufzuklären, durch die die Feindtätigkeit bewiesen werden kann". Das Bedeutsame dieser Rede kam am Schluss, als Mielke über die Besonderheiten der Bearbeitung von Schriftstellern und Künstlern sprach: „Bei feindlich-negativen Kulturschaffenden ist die Anwendung strafrechtlicher Maßnahmen nicht so ohne weiteres angebracht, obwohl wir hier natürlich ebenso die Beweise für solche Maßnahmen erarbeiten müssen. Aber die Vorgangsbearbeitung, die operative Bearbeitung solcher Personen und Gruppierungen muß von vornherein stärker auf die Zielsetzung ausgerichtet sein, zersetzend zu wirken, sie unglaubhaft zu machen und zu isolieren, Mißtrauen zu erzeugen, um sie am feindlich-negativen Wirken zu hindern, um ihnen die Basis für ihr Wirksamwerden zu entziehen, um es ihnen nicht zu ermöglichen, ihre Rolle als politisch-ideologischer Stützpunkt des Gegners wahrzunehmen. Erfolge der Vorgangsbearbeitung in dieser aufgezeigten Richtung sind politisch wirksamer als Festnahmen und Verurteilungen."[218] Zusammenfassend gelte es, Folgendes prinzipiell zu beherzigen: Es sei in den meisten Fällen zweckmäßiger und nützlicher, „mit differenzierten Lösungsvarianten" zu arbeiten. Im Kern aber gehe es nach wie vor darum, zu jeder Zeit „Herr der Situation" zu sein.

Diese Rede Mielkes dokumentiert den Übergang des MfS von den groben Formen der Repression in den fünfziger und sechziger Jahren zu den subtileren, der außenpolitischen Reputation der DDR angemesseneren Modifikationen der Überwachung der kulturellen Szene in der DDR in den siebziger und achtziger Jahren. Nicht allein das Verhaften und Verurteilen sollten nun als Erfolg gelten, sondern in zunehmendem Maße das frühzeitige Erkennen von Gefahrenherden und deren möglichst lautlose „Liquidierung". Damit löste die leise und verdeckte Repression das demonstrative Machtgebaren von SED und MfS ab, ohne am Wesen des Systems etwas zu ändern.

Zersetzung und Isolation. Hier werden diese beiden zentralen Begriffe der verdeckten Repression zum ersten Mal derart prononciert genannt. Zwei Methoden, die in den siebziger und achtziger

---

218 Ebd., S. 136 f.

Jahren nicht unwesentlich den Rahmen für Kunst und Literatur in der DDR setzten, mit allen fatalen Folgen: den lokalen und individuellen Isolationsräumen, den fragmentierten Texten, den bedrängten Biografien und den Schreibgenesen ohne Öffentlichkeit. So sind auch der Charakter der Texte und die sehr disparaten ästhetischen Entwürfe und Schreibstrategien zu erklären, die unter diesen Bedingungen entwickelt worden sind: das Inkohärente, das Gebrochene, das Amorphe, das den Schmerz in die Texte ableitet und trotz der Bedrängnis die Autonomie der Literatur wie der eigenen Persönlichkeit verteidigt. Und es erklärt, wie für die nachwachsende Literaturgeneration ein enormer Repressionsdruck entstand, der bei vielen von ihnen eine Sehnsucht nach Schutzräumen solidarischer Gruppen weckte, um sich so der umfassenden Bedrängnis zu erwehren.

Während dieser Prozess im geheimpolizeilichen Hintergrund ablief, gab es einige Versuche von Künstlern und Schriftstellern, ihre noch immer vorhandenen Hoffnungen praktisch und öffentlich umzusetzen. So die Autoren, die 1973/74 die Prosa-Anthologie „Berliner Geschichten" im Selbstverlag planten, was insofern ein absolutes Novum gewesen wäre, als zum ersten Mal die beteiligten Autoren allein den Inhalt ihres Buches bestimmt hätten – ohne das Placet eines Verlages und der Zensurbehörde. Daraufhin schrillten die Alarmglocken des Ministeriums für Staatssicherheit und das Projekt wurde in „politisch-operativem Zusammenwirken" von Partei- und Staatsapparat mit dem operativen Schwerpunkt „Selbstverlag" verhindert.[219]

Zum Eklat kam es auch mit dem Dichter Reiner Kunze, dessen systemkritischer Kurzprosaband „Die wunderbaren Jahre" im September 1976 im S. Fischer Verlag in Frankfurt am Main erschienen war. Die Partei statuierte das „Exempel Kunze" mit dem Ausschluss des Autors aus dem Schriftstellerverband der DDR am 3. November 1976, was einem Berufsverbot gleichkam und mit der Ausreise Kunzes in den Westen endete.

Ein weiteres, außerordentlich folgenreiches Exempel mit Bumerang-Effekt wurde am 16. November 1976 an dem Liedermacher

219 Siehe auch: Ulrich Plenzdorf et al. (Hrsg.): Berliner Geschichten, Frankfurt a. M. 1995.

Wolf Biermann vollstreckt, dem während eines Konzertes in Köln die Staatsbürgerschaft aberkannt und der damit ausbürgert wurde. Doch die Politik der „harten Gangart" führte nicht – wie noch 1965 mit dem „Kahlschlag-Plenum" – zu einer vorübergehenden Ausschaltung des systemkritischen Potentials in Kunst und Literatur, sondern zum Fiasko, und zwar für die Partei. Zum ersten Mal in der DDR-Geschichte formierte sich auf eine solch rigide und hinterhältige Maßnahme hin nicht nur Protest im westlichen Ausland, sondern massiv im Land selbst, nicht nur unter Schriftstellern, auch unter Lesern, nicht nur in Ostberlin, auch in der Provinz. So markiert die Biermann-Ausbürgerung und ihre Folgen[220] eine kulturpolitische Zäsur von langanhaltender Wirkung: Das gebetsmühlenartig propagierte und beschworene „enge Vertrauensverhältnis zwischen Partei und Kulturschaffenden" war sichtbar zerbrochen und führte ab da zu einem signifikant verstärkten Exodus kritischer Künstler gen Westen, einem ständigen Aderlass des kreativen Potentials, darunter Schriftsteller wie Jurek Becker, Günter Kunert, Sarah Kirsch, Thomas Brasch, Stefan Schütz, Bernd Jentzsch und viele andere.

Innerhalb der DDR indes polarisierte sich die literarische Szene in die affirmativen, staatstragenden Autoren, die der Partei im Zentralorgan „Neues Deutschland" die Treue schworen und in ihren Büchern alle Widersprüche aussparten oder sie flugs zu „nicht-antagonistischen" verklärten, und jene, die sich entweder zurückzogen oder deren Loyalität zum Staat in dem Maße schwand, wie sie sich von dessen kulturpolitischen Normen und Dogmen emanzipierten.

Hinzu kam die offizielle, in der Praxis äußerst bedeutsame, klar definierte Differenzierung der Partei und ihrer Organe, die Schriftsteller des Landes in zwei Gruppen zu teilen. Auf der einen Seite die Etablierten, die im DDR-Schriftstellerverband und/oder in anderen gesellschaftlichen Organisationen Mitglied waren, die im Inland publizieren und vom Büro für Urheberrechte genehmigte Lizenzen ins Ausland vergeben durften, die mithin eine ihr Schreiben legalisierende Steuernummer besaßen. Auf der anderen Seite die Nicht-Etablierten, meist junge Autoren, die weder über Mitglied-

---

220 Siehe auch: Roland Berbig et al. (Hrsg.): In Sachen Biermann, Protokolle, Berichte und Briefe zu den Folgen einer Ausbürgerung, Berlin 1994.

schaften noch Publikationen und also keine Steuernummer verfügten und deshalb der Willkür der Behörden ausgesetzt waren, die ihr Schreiben jederzeit als „asoziales Verhalten" deklarieren und mittels Ordnungsstrafverfahren oder dem politischen Strafrecht verfolgen konnten. Die etablierten Autoren erfuhren auf diese Weise staatliche Anerkennung, einen begrenzten Schutz vor Verfolgung, genossen etliche soziale und finanzielle Privilegien, die sie korrumpieren sollten, bezahlten jedoch ihren eingeschränkten Freiraum und die Duldung kleinerer Grenzüberschreitungen, seien es nun partiell kritische Passagen in ihren Texten oder ungenehmigte Westkontakte zu Verlagen oder Medien, mit Vormundschaft und Kontrolle. Zudem drohte ihnen bei größeren Unbotmäßigkeiten der Verlust dieses Schutzes, entweder durch Ausschluss aus dem Verband oder den Entzug der Steuernummer, was in etlichen Fällen auch vollzogen worden ist. Spätestens dann gerieten die Autoren doch ins Visier des Partei- und Sicherheitsapparates, der nun zuschlug mit allen administrativen und geheimpolizeilichen Mitteln: mit Kündigungen, Parteiausschlüssen, Publikationsverboten, Rügen, Drohungen, demonstrativen Observationen, Zersetzungsmaßnahmen, Hausarresten, Verhaftungen und Verurteilungen. Die nicht etablierten Autoren waren meist schon auf dem Schirm der Staatssicherheit, noch bevor das Widerständige oder gar Subversive in ihren Texten erschien.

Im Mai 1979 kam es nach einer verschärften Fassung der Zoll- und Devisengesetze zu einer neuerlichen kulturpolitischen Kollision, als neun Schriftsteller in einem Brief an Erich Honecker gegen die Kriminalisierung ihres Kollegen Stefan Heym protestierten, der wegen der nicht vom Büro für Urheberrechte genehmigten Veröffentlichung seines Romans „Collin" beim C. Bertelsmann Verlag in München „wegen Verstoßes gegen das Devisengesetz" zu einer Geldstrafe verurteilt worden war. Am 7. Juni 1979 schloss der parteigesteuerte Schriftstellerverband mit seinem botmäßigen Präsidenten Hermann Kant die neun unbotmäßigen Kollegen in einer generalstabsmäßig organisierten Inszenierung im Roten Rathaus in Berlin aus.[221]

221 Siehe auch: Joachim Walther et al.: Protokoll eines Tribunals, Hamburg 1991.

Und schließlich wurde am 28. Juni 1979 das politische Strafrecht durch drei Paragraphen deutlich verschärft: die §§ 99 (Landesverräterische Nachrichtenübermittlung), 106 (Staatsfeindliche Hetze) und 219 (Ungesetzliche Verbindungsaufnahme), welche das freie Wort treffen sollten und auch trafen, da nun selbst weitergegebene Informationen, die ausdrücklich nicht der Geheimhaltung unterlagen, strafbar waren, dazu jegliche kritische Äußerung und die ungenehmigte Weitergabe von Manuskripten ins Ausland, wozu nun jedes Gedicht, jeder Roman, jedes Theaterstück gehörte. Alles das, was Literatur im Kern ausmacht und was sie zum Atmen braucht, wurde dadurch zu Straftatbeständen, die nicht nur zur Einschüchterung verkündet, sondern auch angewendet wurden, wie die zahlreichen operativen Vorgänge der Staatssicherheit und die erhaltenen Strafprozessakten belegen. Außerdem arbeitete die Partei an einem Gesetz zum Schutz der Berufsbezeichnung Schriftsteller, durch das kritische Literaten, die weder Verlagsverträge noch Mitgliedschaften aufweisen konnten, zwangsweise „geregelten Arbeitsverhältnissen" zugeführt werden sollten. Diese Gesetzesinitiative wurde zwar aufgrund der zu erwartenden Proteste nicht umgesetzt, doch deren Geist gegen junge Autoren unter der Bezeichnung „Bewährung in der Produktion" dennoch praktiziert. Die Knebelung der Literatur war mit dem verschärften Devisengesetz und der dritten Strafrechtsänderung zudem bereits ausreichend gesetzlich legitimiert, weshalb die Partei am Ende der siebziger Jahre glaubte, die Zügel wieder fest in den Fäusten zu halten.

Das dritte DDR-Jahrzehnt ist im gesellschaftlichen Kern zudem wesentlich gekennzeichnet vom zunehmenden Verlust und Missbrauch der Utopie durch die allein auf Machterhalt konzentrierte Innenpolitik der SED: Das reflektiert die Metapher Günter Ullmanns von dem um den Hals gelegten Horizont[222], der zum Instrument der Strangulation wird, zur Garotte des real existierenden Sozialismus. Die in den zwei Jahrzehnten zuvor erfolgte restriktive Verhinderung der Moderne-Rezeption und dezidierte Ausblendung deutscher Vorgeschichte, so sie nicht ins ideologisch straffe historische Korsett der SED passte, zeigten bei der veröffentlichten und propa-

---

222 Siehe S. 150.

gierten DDR-Literatur immer deutlicher die verkürzte Konzeption realsozialistischen Schreibens: ein beschreibender, stilistisch analoger Alltagsgestus überwog, mit reduzierter individueller Eigenart erfolgte die Ästhetisierung von Banalität en masse. Melancholie, kritisch-loyales Räsonnement, Enttäuschung und Resignation hielten Einzug in die Literatur und prägten so die gesellschaftliche Grundstimmung der achtziger Jahre vor.

Umso augenfälliger sind deshalb die Texte der unveröffentlicht gebliebenen und im Archiv unterdrückter Literatur in der DDR versammelten Autoren. Sie suchten statt der offiziell vorgegebenen ihre eigenen literarischen Traditionslinien, entwickelten ästhetische Schreibkonzepte fern des propagierten „Sozialistischen Realismus", bezogen sich ausdrücklich auf die noch immer weitgehend ausgesperrte Moderne und suchten so die ihnen vorenthaltene praktische Welterfahrung durch die Rezeption der Weltliteratur zu kompensieren. Ende der sechziger Jahre kündigte sich damit der Paradigmenwechsel der nachwachsenden literarischen Generation an, die sich nicht länger wie die vorherige Generation an den gestockten Widersprüchen der Gesellschaft abarbeiten und an der Reformunfähigkeit des Systems wundstoßen wollten, die nicht länger um Publikationsmöglichkeiten und Partizipation bitten mochten, sondern die nun begannen, sich alternativ, außerhalb der staatlichen Strukturen ihre eigenen künstlerischen Biotope zu schaffen, die freilich permanent bedroht waren vom Zugriff des Staates. Denn dieser war von den parteitreuen Literaturwissenschaftlern an der Akademie für Gesellschaftswissenschaften beim ZK der SED längst vor der zunehmenden Distanz der literarisch Nachgeborenen gewarnt worden, so in der vertraulichen Studie „Entwicklungsprobleme der DDR-Literatur 1975–1980", in der konstatiert wird, dass sich viele jüngere Autoren weitab von marxistisch-leninistischen Positionen bewegten, dass unter ihnen „Nihilismus, Skeptizismus gegenüber Ideologie und Kulturpolitik und elitäre Modelle von Literatur und Kunst" zu finden seien, und aufgrund dessen sei strategisch „zu verhindern, daß die Existenz einer DDR-Literatur, die nur westlicherseits gedruckt wird, begünstigt wird".[223] In einer Beratung von Kurt

223 SAPMO-BA, ZPA, IV B2/2.024/9, S. 37.

Hager mit Kulturminister Hoffmann vom 23. Oktober 1978 wurde festgelegt: „In allen kulturellen Institutionen und Einrichtungen sowie in den Künstlerverbänden ist für eine Verstärkung der ideologischen Arbeit und eine Erhöhung der Kampfkraft der Kommunisten Sorge zu tragen. Dabei muß besonderes Augenmerk auf die ideologische Festigung des Nachwuchses gerichtet werden."[224]

Folgt man der Typologie Karsten Dümmels[225], der die in der DDR geschriebene Literatur in die affirmativ-idealisierende sowie affirmativ-utopische Literatur, in die kritisch-loyale sowie kritisch-illoyale Literatur und in die subversiv-systemkritische sowie subversiv-apolitische Literatur differenziert, so sind die im Archiv unterdrückter Literatur in der DDR versammelten und hier untersuchten Texte den letzten drei Kategorien zuzurechnen, wobei der Fokus der Repression eindeutig auf den subversiv-systemkritischen Autoren lag. Zwar bekamen auch die kritisch-loyalen Autoren mit ihrer Teilkritik an der DDR-Gesellschaft hin und wieder Probleme mit der Partei, der Staatssicherheit und/oder der Zensur, doch begann der totale Zugriff des Staates erst bei den kritisch-illoyalen Autoren, die in ihrer Kritik nicht nur einzelne gesellschaftliche Erscheinungen beschrieben, sondern den Staat mit seiner Ideologie und den theoretischen Überbau samt der sinnstiftenden kommunistischen Utopie ihrer kritischen Sicht unterwarfen. Diesen Autoren ist gemeinsam, dass sie sowohl das affirmative Schreibkonzept, das Wolfgang Emmerich als „sozialistischen Offizialdiskurs mit ästhetischen Mitteln"[226] charakterisiert und bei dem sich die gläubigen Autoren (Marxismus als säkularisierter Glaube) freiwillig an das System banden und damit selbst fesselten, in toto ablehnten. Mit der Zeit überwanden sie das kritisch-loyale Konzept, das zwar partielle Kritik an einzelnen Erscheinungen der gesellschaftlichen Praxis übte, doch dem sozialistischen Modell als einzig denk-

224 SAPMO-BA, ZPA, IV B2/906/46.

225 Karsten Dümmel: Identitätsprobleme in der DDR-Literatur der siebziger und achtziger Jahre, Frankfurt a. M. 1997.

226 Wolfgang Emmerich: Status melancholicus. Zur Transformation der Utopie in der DDR-Literatur. In: Heinz Ludwig Arnold (Hrsg.): Literatur in der DDR. Rückblicke. „Text+Kritik"-Sonderband, München 1991, S. 236.

barer gesellschaftlicher Alternative und der linken „Epochenillusion“ (Horst Domdey) der konkret genannten Utopie verhaftet blieb, und schrieben es fort.

Die kritisch-illoyale Literatur markiert den Übergang zur subversiven Literatur, die sich Mitte/Ende der siebziger Jahre zunehmend als system- und sprachkritische Gegenöffentlichkeit alternativ im gesellschaftlichen Untergrund etablierte, deren Texte strukturell und semantisch Grenzen des bisher in der DDR Geschriebenen überschritten und deren Autoren interdisziplinär mit anderen Entwicklungen in der subkulturellen Szene (Punk, Grafik, Malerei, Theater) kooperierten. Vordenker waren ihnen weder Lenin und Lukács noch Brecht und Bloch, sondern Foucault und Guattari, Lacan und Deleuze, hinzu kam mit den Surrealisten, der konkreten Poesie, mit DADA und der Wiener Gruppe auch eine radikal modernisierte Erbe-Rezeption. Kennzeichnend ist überdies eine hohe Sprachsensibilität, die der herrschenden, von Ideologie sinnentleerten Offizialsprache der DDR mittels Sprachkritik und Dekonstruktion eine strukturell wie semantisch erneuerte „andere“ Sprache gegenüberzustellen versuchte, wobei die subversiv-systemkritischen Autoren in ihren Texten einen politischen Anspruch setzten, die subversiv-apolitischen Autoren jedoch aus dem gesellschaftlichen Diskurs ausstiegen und ihre artifiziellen Sprachspiele zum Programm erhoben. Beiden Gruppen ist jedoch gemeinsam, dass ihre Literatur nahezu ausschließlich nicht in Verlagen der DDR erscheinen konnte.

Kristallisationen

In dieser kulturpolitischen Landschaft bildeten sich also im Übergang zum dritten DDR-Jahrzehnt zunehmend Autoren heraus, die sich von ihrem Engagement für den Sozialismus und damit von ihren Illusionen verabschiedeten und fortan einzeln oder in Gruppen ästhetische Konzepte entwarfen, die Wege suchten, wie und worüber in der DDR in Abwendung von ihr oder in erklärter Opposition zu ihr geschrieben werden kann.

Im Gegensatz zu den achtziger Jahren geschahen diese Versuche der künstlerischen Gruppenbildung noch nach historischem Vorbild: an einem festen Ort, mit einer überschaubaren Personage und einer manifesten Programmatik. Was natürlich von Vorteil für die Staatssicherheit war, um die Gruppen in nascendi orten und liquidieren zu können. Mielke war in seinem bereits erwähnten Referat vom 13. Juli 1972 detailliert auf solche Gruppenbildungen eingegangen und hatte angewiesen, „in diesen Kreisen, in feindlichen Gruppierungen und Stützpunkten“ Misstrauen zu säen, ablehnende Stimmungen zu erzeugen und „systematisch“ einen Prozess der Differenzierung in Gang zu setzen, „mit dem Ziel ihrer Zersetzung und Auflösung“. In den achtziger Jahren dagegen bekamen es die Literaturüberwacher mit einer anders strukturierten Szene zu tun: dezentralisiert, ohne Programm und Hierarchie, ein flaches und ästhetisch wie politisch heterogenes Netzwerk oder, um im Bild zu bleiben, alternatives, flächendeckendes Kristallgitter, das durch Texte, selbstverlegte Zeitschriften und Lesungen lose verbunden war.

Entscheidend für diese Entwicklung war das Jahr 1968, in dem die letzten Hoffnungskeime auf eine Reform des sogenannten sozialistischen Lagers durch die russischen Panzer in Prag expressis verbis plattgewalzt worden waren. In dieser Zeit sind in der DDR die Anfänge der alternativen Parallelkultur der achtziger Jahre zu besichtigen, Kristallisationsorte, die nun landesweit entstanden und die in den achtziger Jahren zu einer zweiten Kultur heranwachsen sollten.

Im Folgenden soll anhand der Texte und Biografien einiger ausgewählter Autoren diese Entwicklung in Grundrissen skizziert werden.

intra muros

Die Halbstadt Ostberlin, offiziell Hauptstadt der DDR und Zentrum der SED-Herrschaft, wurde in den siebziger und mehr noch in den achtziger Jahren zum Parallel-Biotop nonkonformer Künstler aller Genres. In den siebziger Jahren war zwar der massive Zuzug der Generation, die in den achtziger Jahren als „Szene vom Prenzlauer Berg" zum Mythos werden sollte, noch nicht vollzogen, was aber keinesfalls heißt, dass es davor nicht auch subversive Strukturen und Freundeskreise in Ostberlin gegeben hätte. Die geteilte Stadt zog wegen ihrer relativen Unübersichtlichkeit und der Nähe zu Westberlin schon immer wie ein Magnet junge, kritische und kreative Leute aus der gesamten DDR-Provinz an. Die stetig verfallenden Altbaubezirke Friedrichshain und Prenzlauer Berg wurden zum alternativen Quartier einer wachsenden, virulenten Subkultur, zu Kristallisationspunkten für Gruppen, Projekte und Aktionen, die zunehmend ganze Viertel überzogen, so die Gegend um den Kollwitzplatz, die Kastanienallee samt Oderberger Straße und das sogenannte LSD-Viertel, ein Kürzel aus Lychener-, Schliemann- und Dunckerstraße. Die Hinterhofwohnungen, ausgebauten Dachböden, ehemaligen Läden und Kneipen entwickelten sich zu halblegalen oder gänzlich illegalen Privatgalerien, Podien für literarische Texte und unreglementierte Diskussionen, offenen Ateliers und Probebühnen für die alternative Theater- und Musikszene, aus denen mit der Zeit eine eigene, selbstbestimmte Gegenöffentlichkeit entstand.

Natürlich versuchte die Staatsmacht diesen Zuzug einer kreativen und alternativ lebenden Boheme zu kontrollieren und zu regulieren, wobei die städtische Wohnraumlenkung allmählich den Überblick verlor und so nur die letzte funktionierende Ordnungsmacht übrig blieb: die Staatssicherheit, welche dann auch rigide in die sich bildende Alternativkultur eingriff, um einzelne Akteure zu isolieren und zu zerstören.

Keimzellen der nichtstaatlichen Kultur im Ostberlin der siebziger Jahre waren neben anderen alternativen Initiativen die entstehenden privaten Wohnungsgalerien, Theaterprojekte und Lesebühnen. So die in der Dunckerstraße 17 gelegene, private, staatlich nicht genehmigte Hinterhofgalerie von Jürgen Schweinebraden, die von 1974 bis 1980 zahlreiche gut besuchte Ausstellungen nonkonformer Kunst aus der DDR sowie der internationalen Moderne zeigte, die man sonst in der DDR nicht zu sehen bekam: Konzeptkunst, Mail Art, experimentelle Fotografie, Performances. Gegen Mitte und Ende der siebziger Jahre bildeten sich nach solchen und ähnlichen Einzelprojekten die Vorformen einer subversiven Infrastruktur heraus. Dazu gehörten neben weiteren Wohnungsgalerien, ersten selbstverlegten Editionen auch die Gründung freier Theatergruppen, wie das Theater „Zinnober" am Kollwitzplatz, regelmäßige literarische Lesungen, beispielsweise bei Ekkehard Maaß in der Schönfließer Straße, bei Frank-Wolf Matthies in der Lottumstraße oder bei Gert und Ulrike Poppe in der Rykestraße. Bedeutsam war auch die umtriebige Ostberliner Mail-Art-Szene mit ihrem Nestor Robert Rehfeldt, die allein schon durch ihre offen praktizierte Internationalität in der DDR-Diktatur mit deren Zugriff auf das Postgeheimnis einen subversiven Charakter erhielt.

In diesem lebendigen Untergrund bewegten sich auch die literarischen Einzelgänger, die da und dort auftauchten, ohne sich einer Gruppierung anzuschließen, aber dennoch getragen und bestärkt wurden von den Gleich- und Ähnlichdenkenden, mit denen sie durch ihre Ablehnung der dogmatisch-tristen DDR-Gesellschaft und der reglementierten Offizialkultur über alle ästhetischen und politischen Differenzen hinweg verbunden waren.

Einer von ihnen war Thomas Körner, dessen umfangreicher Vorlass sich im Archiv unterdrückter Literatur befindet. Körner kam mit seiner Mutter im Januar 1945 aus Breslau, wo er 1942 geboren worden war, zunächst nach Coswig bei Dresden, der Vater blieb im Krieg verschollen. Er ging in Coswig, Pirna, Radebeul und Meißen zur Schule, wurde Mitglied der DDR-Jugendorganisation „Junge Pioniere", und sein Weg schien in Übereinstimmung mit der politischen Realität der frühen DDR vorgezeichnet. Doch dann ein Schlüsselerlebnis mit zwölf Jahren: Als er für ein Vierteljahr in die „Pionierrepublik" am Werbellinsee delegiert wurde, vergaß er das blaue Halstuch, das zu tragen „Ehrenpflicht" war, und als er vorschlug, sich eben eins zu borgen, wenn es denn unbedingt gebraucht würde, so war diese kindliche Flapsigkeit zu dieser Zeit ein Sakrileg, das seine künftige Karriere rasant abbremste. Als Kaderreserve nicht mehr gewollt, wollte er auch nicht mehr und dachte nach, wie er sich dem Staat entziehen könnte. Dichter zu werden schien ihm die Alternative zu sein. Nach Berlin zu ziehen und irgendwo unter einem Dach das zu tun, was er partout wollte: schreiben. Schreiben als alternativer Lebensentwurf, als Haltung, als eine ästhetische Parallelwelt, die im Anti-Wort ihren Freiraum findet. Im Jahr des Mauerbaus 1961 kam er so nach Ostberlin, studierte vier Semester

Medizin, ging nebenbei zu den Vorlesungen der in Westberlin wohnenden und in Ostberlin lehrenden Philosophie- und Theologieprofessorin Liselotte Richter und später zu denen Robert Havemanns, gab das Medizinstudium auf, arbeitete als Fensterputzer beim VEB Glas- und Gebäudereinigung und begann 1966 ein Jurastudium, obwohl er niemals wirklich praktizierender Teil des DDR-Justizapparates werden wollte. Die meiste Zeit jedoch widmete er seinem Werden als Dichter. Er wohnte gezwungenermaßen und standesgemäß im Hinterhof, in der Brunnenstraße, im Stadtbezirk Mitte, an der Grenze zum Prenzlauer Berg, damals ein gut durchmischtes Biotop von proletarischer Bodenständigkeit mit Berliner Schnauze und einer hohen Studentenpopulation. Körner las zu der Zeit die unter der Hand kursierenden Camus und Chlebnikow, beschäftigte sich mit konkreter Poesie und szenischer Prosa und schrieb erste, von der Pop Art inspirierte Texte. Indes fand er sich umzingelt von der ideologiegetränkten Staatssprache der DDR, erlebte das tägliche audiovisuelle Flächenbombardement mit Agitation und Propaganda und das nicht abstellbare, permanente Hintergrundgedröhn der Ideologieliturgie, hört die scharf zischenden Geschosse der klassenkämpferischen Gesinnung und die blechern zu Boden fallenden Hülsen der missbrauchten und entleerten Worte. Doch für satirische Naturen wie ihn waren ideologische Selbstverklärung und martialischer Sprachkitsch eine sprudelnde Quelle des Spotts, waren die Bleiwüsten des Partei-Zentralorgans „Neues Deutschland" ein unerschöpfliches Reservoir der Satire, das er nutzte, um die offiziellen Denk- und Sprachregelungen zu konterkarieren und kräftig zu karikieren.

Das alles fand statt in dem ummauerten Raum, in der geistigen Enge der verordneten Weltanschauung. Während sich die meisten der Eingemauerten im letzten Rückzugsraum der Diktatur einrichteten, der Nische privater Gemütlichkeit, in der sich ein resignatives, realsozialistisches Biedermeier entwickelte, wollte die nachgewachsene Generation Ende der sechziger Jahre dieses dumpf-biedere Schweigen nicht länger ertragen. Im Osten wie im Westen. Die im Osten fragten sich, welche Zukunft ihnen bliebe, nachdem die Mauer alle Ausgänge zur Welt versperrt und den Horizont betoniert hatte. Die im Westen, was die Väter-Generation von ihrer NS-Vergangenheit verdrängt hatte und wo hinter dem feisten und selbstvergessenen Wirtschaftswunder eine Perspektive liegen könnte. Im Osten das totalüberwachte, geschlossene System, die Hoffnung auf einen Sozialismus mit menschlichem Antlitz – und dann die Russenpanzer in Prag. Im Westen Spaßguerilla, Mao, Marcuse und der Traum einer linken Utopie. „Die haben gesagt: Wir finden links toll, und wir haben gesagt: Wir haben es."[227]

In dieser Zeit konzipierte Körner seinen neunteiligen Fragment-Roman, für den er nach Bildungs-, Entwicklungs- und Erkenntnisroman den Begriff „Existenzroman" erfindet, der die Tradition des Schelmenromans aufgreift, um ein System darzustellen, das eine soziologische, nicht psychologische Methode und eine quasi politökonomische Struktur des Textes erforderte. Sein Thema war, Gefangener eines geschlossenen sozialen Systems zu sein, in dem das Zusammenleben nach den Regeln einer Ideologie organisiert wurde, die sich selbst zur Wissenschaft erklärt hatte. Dagegen opponierte er. Hinzu kamen die Zweifel an der verstaatlichten Utopie und das Suchen nach einer geistigen Alternative außerhalb der politisch vorgegebenen Koordinaten. So schrieb er in den siebziger Jahren beharrlich an seinem großen Entwurf, und da er weitsichtig genug war zu wissen, dass er in der DDR mit seinen Texten keinerlei Chance auf eine offizielle Veröffentlichung hatte, verdiente er sich das nötige Geld als juristischer Mitarbeiter in einem Anwaltsbüro und mit dem Schreiben von Libretti, unter anderen für die Paul-Dessau-Oper „Leonce und Lena". Das wiederum eröffnete ihm im Dezember 1979 die Gelegenheit zur Flucht: Es wurde ihm als Librettisten erlaubt, zur Premiere der Oper nach Freiburg im Breisgau zu fahren. Die Flucht war lange vorgedacht, die Gelegenheit zwar Zufall, nicht aber der Plan. Sein Thema hatte er im Kopf – und in seiner Reisetasche sein literarisches Inventar: Manuskripte gerollt in Schlafanzughosen, Modelle, Notate und Karteikarten verpackt in Butterbrotpaketen, für die Grenzwächter garniert mit Dauerwurst und Thermoskanne. Die Flucht gelang. Fortan fand er im Westen mit Texten für das Musiktheater sein Auskommen, arbeitete eine Zeitlang als Dramaturg am Hamburger Schauspielhaus, schrieb aber vor allem unbeirrt weiter an seinem Fragment-Roman. Auch dann

227 Thomas Körner: Gesprächsprotokoll vom 12.8.2002, BStA, AUL.

noch, als sich 1989/90 die praktizierenden kommunistischen Länder in Europa von der Weltbühne verabschiedeten, was belegt, dass es dem Autor primär nicht um die Kritik der real existierenden politischen Mächte ging, sondern um deren fundamentale Sinngebungen, die auch nach dem Fortfall der Praxis in utopiehungrigen Hirnen noch zu wirken vermögen.

Körners Fragment-Roman „Das Land aller Übel" ist das lange und gründlich geplante und über Jahre und Jahrzehnte konsequent ausgeführte Projekt, in das Innere einer Weltanschauung vorzustoßen, die das 20. Jahrhundert wesentlich geprägt hat mit einem verführerischen Groß-Entwurf und einem kläglichen Zusammenbruch: der Utopie des Kommunismus. Diesen glühenden Kern, der über Jahrzehnte das Leben von Millionen Menschen beherrscht und epochale Illusionen sowie gigantische Verbrechen hervorgebracht hat, mit allen Mitteln der Kunst aufzubrechen und in seine Teile zu zerlegen, um das historisch relativ lange Funktionieren dieser auf Untergang programmierten Teilwelt zu verstehen, zu erklären und in seiner projektiven Strahlkraft zu dekonstruieren, war das erklärte Anliegen des Autors als einem der hineingeborenen Insassen des geschlossenen Systems, das er, nachdem er es geistig verlassen hatte, auch physisch verließ und dennoch dabeiblieb: als literarischer Analytiker der zur Diktatur verkommenen Utopie, ihrer Sprache und Ideologie. Der Gegenstand ist ernst, zu ernst, als dass er ohne satirischen Zugriff überhaupt zu bewältigen wäre, und so sieht man hinter dem klar strukturierten Konzept dieser literarischen Generalinventur einer heillosen Heilsversprechung die Konturen von Petronius, Rabelais, Grimmelshausen und Johann Gottfried Schnabel. Um seinem exorbitanten Gegenstand gerecht werden zu können, überschritt Thomas Körner die Grenzen des Narrativen und entzog sich als Autor-Typus zwischen intellektuellem Satyr und literarischem Philosophen der einfachen Kategorisierung.

Der inzwischen auf über 7000 Blatt angewachsene Fragment-Roman „Das Land aller Übel" meint nicht die DDR, sondern das Land Utopia, also die Idee von einer DDR, die es so nie gegeben hat und nie geben konnte. Protagonist ist nicht ein Figurenensemble, sondern das soziale System im Ganzen und in Funktion. Das freilich musste ästhetische Konsequenzen haben: Neben Prosa, Lyrik, Dramatik nutzt Körner auch die im Osten verfemten Bauformen der

Moderne wie visuelle Poesie, Collagetechniken, serielle Sprachkonstrukte, Sprachinstallationen und von ihm neu entwickelte Formen wie den dramatisierten Essay. Der Roman besteht aus neun Fragmenten: dem Fragment vom Wort, dem Fragment vom Buch, dem Fragment von der Weltanschauung, dem Fragment von der Arbeit, dem Fragment vom Mensch, dem Fragment vom Plan, dem Fragment vom Volk, dem Fragment vom Staat und dem Fragment von der Flucht.

Das erste Fragment lautet im vollen Titel: „DDR. Eine Sprachanstalt. Fragment vom Wort". Materiallieferanten für die collagierten Texte waren das SED-Zentralorgan „Neues Deutschland" und die im öffentlichen Raum unentrinnbar angebrachten Losungen und Spruchbänder sowie die „grandiosen Grabinschriften über den Jubeltribünen", wie er sie im Gespräch am 12. August 2002 nannte. Körner nimmt die offiziell verordnete und überwachte DDR-Sprache der Agitation und Propaganda beim Wort und arrangiert das alles neu in einem literarischen, nichtöffentlichen Raum der Sprachkritik, der als öffentlicher Raum gedacht wird. Zum Beispiel nimmt Körner die in den DDR-Massenmedien inflationär gebrauchten Wörter Masse, Kampf, Auftrag, Größe und Macht und strukturiert sie seriell:

massenkampf
massenauftrag
massengrösse
massenmacht

kampfmasse
kampfauftrag
kampfgrösse
kampfmacht

auftragsmasse
auftragskampf
auftragsgrösse
auftragsmacht

grossmasse
grosskampf
grossauftrag
grossmacht

machtmasse
machtkampf
machtauftrag
machtgrösse[228]

Das Fragment vom Buch heißt im vollen Titel: „EGSS oder Die Einheitskartei. System einer Lebensweise in fünf Karteikästen". Das Kürzel EGSS ist ein offizielles DDR-Ideologem und bedeutet: „Entwickeltes gesellschaftliches System des Sozialismus". Der erste Karteikasten trägt die Aufschrift „Der schreibende Arbeiter oder Das Karteiprogramm" und enthält Notizen zur Arbeit. Der zweite Karteikasten trägt die Aufschrift „Das Ding des täglichen Bedarfs oder Der Karteibeitrag" und sammelt „gefährdete" Wörter. Der dritte Karteikasten trägt die Aufschrift „Ich objektives Subjekt oder Das Karteimitglied" und verzeichnet „rein subjektive" Eindrücke. Der vierte Karteikasten trägt die Aufschrift „Mein persönliches Kollektiv oder Die Karteiführung" und gibt die Leseerfahrungen des Autors wieder. Der fünfte Karteikasten trägt die Aufschrift „In Gesellschaft herrschender Verhältnisse oder Der Karteitag" und ist eine Art Kalenderblatt-Sammlung. Dieses Fragment enthält Notate eines langjährigen Nachdenkens, sprachlich verdichtete Einkreisungen des Gegenstandes und Einblicke in ein Sprach- und Denklabor, das außer dem Autor noch kein anderer ernsthaft betreten hat. Ein Beispiel, betitelt „der staatskünstler":

am anfang das junge talent
am ende der maskenclown[229]

228 Thomas Körner: BStA, AUL, Band VI, Bl. 103.

229 Thomas Körner: BStA, AUL, Band X, Bl. 125.

Oder der Text „kontrolle“:

der griff nach dem ausweis
der griff nach dem herzen[230]

Das „Fragment von der Weltanschauung“ trägt den Titel: „Das Grab des Novalis. Dramatisierter Essay“ und ist in der Edition „Die Verschwiegene Bibliothek“[231] erschienen. Der Text liefert die ausgeführten Teile einer radikalen Dekonstruktion, die sich im Kopf des Lesers zum Schauspiel fügen soll. Es ist ein Kopf-Theater, das Mitarbeit verlangt. Und wünschenswerterweise einige Erinnerungen an die deutsche Literaturgeschichte, Novalis beispielsweise. Körner transponiert die sechzehn Gestalten aus dem Märchen, das Klingsohr in dem Roman „Heinrich von Ofterdingen“ einer Augsburger Abendgesellschaft erzählt, in sein Stück – als archetypische Gestalten eines ideologisch traumatisierten Bewusstseins. Der Autor zu seinen Intentionen: „Das heißt, ich habe versucht, in dem Novalis darzustellen, dass in dem Augenblick, wo das Ideologische – eine künstliche, geistige Umgebung habe ich es genannt – das Bewusstsein, die Psyche oder den seelischen Apparat eines Menschen tangiert oder ihm übergestülpt wird, er in eine traumatische Situation gerät, in ein ideologisches Trauma …“[232] Indem er durchexerziert, wie eine utopische Vorstellung in Agonie endet, entsteht ein Stück über die Weltanschauung in sieben dramaturgisch aufbereiteten Teilen. Das Stück selbst endet nach dem ersten Bild, da nach der Agonie der Utopie der Vorhang fällt, fallen muss. Das Ganze ist eine philosophische Groteske, ein komplexes Satyrspiel, welches das innere Dilemma einer diktatorischen Weltanschauung vorführt und mit der Sprache deren Denken generiert, analysiert und – ad absurdum führt. In dem Prolog „Was schwebt mir vor?“ schreibt er zu seinen Absichten:

---

230 Ebd., Bl. 155.

231 Thomas Körner: Das Grab des Novalis (Die Verschwiegene Bibliothek), Frankfurt a. M. 2007.

232 Thomas Körner: Gesprächsprotokoll vom 12.8.2002, BStA, AUL.

Das eine Gerüst für alle Parteitage?
Das große Blue Movie von der Geschichte der Deutschen Arbeiterbewegung?
Das sexische Marionettentheater schlecht – hin?
Der televisionäre Pomp einer Haupt + Staats-Aktion?
Das Mysterienspiel von der Revolution der Sozialistiker?
Das prolet-arische Krippenspiel?
Die Erklärung der DDR aus dem ptolemäischen Weltbild – darüber die sieben Sphären des Kapitalismus?
Die Genesis-Kolportage als Bilderbogen aus dem wilden Osten?

All das sowieso. Und außerdem: das barbarock-kabarettistische Stück aus Sex, Polit und Show, das einen Augenblick lang das Macht-Theater in Betrieb zeigt.

Nichts weiter also als ein Puppentanz zwischen Frühstück und Gänsebraten. Auf einer schäbigen Mattsch-Scheibe, von der Ödschlamm quillt. Luftballons platzen auf dem Flug in die Television. Sie sind mit rosa Zement gefüllt. Der Teufel, ein großspuriger Prolet auf Stelzen, ragt aus dem Dreck wie eine gefrorene Vogelscheuche. Im Mittelpunkt der Drehscheibe die rammelnde INLET-Maschine, das fiktive Gebein-Paar, der neue Mensch. Während der ewige Genosse mit dem roten Schwamm seines Riesenkopfes das Blut von der Bühne wischt …
Denn es ist unser Alltag. Wir tun, als ob wir sind. Allen heiteren Ernstes.

Und „… wir verlangen nach der Anschauung der großen einfachen Seele der Zeiterscheinungen" (Ofterdingen S. 139)

Gibt es ein satyrischeres Mysterium?[233]

Das Fragment von der Arbeit heißt im vollen Titel: „S oder Die

233 Thomas Körner: BStA, AUL, Band V.

Geschichte eines Steines. Beitrag zur theoretischen Literatur". S meint Sisyphos, denn dieser Teil des Fragment-Romans bezieht sich auf den antiken Mythos vom götterverurteilten ewigen Steinwälzer und natürlich auf Albert Camus' „Der Mythos von Sisyphos". Zu der Zeit schrieb er in der Ostberliner Staatsbibliothek, saß Tag für Tag im großen Gesellschaftswissenschaftlichen Saal und ging dort seiner „subversiven Tätigkeit" nach, nämlich ein Buch über das System des sogenannten realen Sozialismus zu schreiben. Und dabei ging es ihm nicht um die Darstellung des Statisch-Statistischen, sondern um die Darstellung des Systems in Funktion. Zu diesem Zweck erfindet er im „Sisyphos" den Begriff des Schaltbildes, mit dem er ein „stehendes Bild des In-Bewegung-Seins" generieren will. Außerdem beschäftigt ihn neben dem Problem der „Verideologisierung" das Phänomen der Veränderung. Er schreibt das Wort auf zwei verschiedene Weisen. Einmal mit ä: Dann wird alles anders, aber nichts ändert sich. Und zum anderen mit a und e (was Alpha und Omega meint, den Begriff also von Anfang und Ende her fasst): Da läuft alles auf einen Punkt zu, und der ist die einzige wirklich ernst zu nehmende Veränderung für den Menschen, ist die Bedingungsänderung seiner Existenz und heißt: der Tod. Wie analytisch-satirisch Körner hier vorgeht, soll der Ausschnitt „Die Bestandteile der Götterideologie" zeigen:

> 1. Objekte des Rechts sind Zitate/ Zitate werden als Errungenschaften verkauft/ das zitierbarste Zitat heißt der Grundsatz/ Der Grundsatz ist die wichtigste Errungenschaft des Rechts/ Grundsatz ist: er steht/ Zitat des Grundsätzlichen
> 2. Subjekte des Staats sind Schematismen/ Schematismen werden als notwendige Maßnahmen verkauft/ der schematischste Schematismus heißt Fortschritt/ Fortschritt ist die notwendigste Maßnahme des Staats/ ständiger Fortschritt bedeutet: er steht/ Schema des Fortschritts
> 3. Resultate der Geschichte sind Dogmen/ Dogmen werden als Gesetzmäßigkeiten verkauft/ das dogmatischste (unumstößlichste) Dogma heißt Widerspruchslosigkeit/ Widerspruchslosigkeit ist die wichtigste Gesetzmäßigkeit der Geschichte/ Widerspruchslosigkeit ist, wenn: er steht/ Dogma der Widerspruchslosigkeit

So geht es weiter bis Punkt 7, am Ende steht das „Fazit“:

> Die grundsätzliche Errungenschaft unserer fortschrittlichen Maßnahmen ist, das steht widerspruchslos fest, die Gesetzmäßigkeit der Erkenntnis der Wahrheit[234]

Das Fragment vom Mensch hat den Titel: „Der Verworfene. Mahnmal einer Utopie“. Es ist in der Zeit zwischen Körners Flucht in den Westen und der späteren Übersiedlung seiner Frau verloren gegangen und hatte die Absicht, „satyrisch ernst zu machen/mit dem satz vom neuen menschen/welcher das ensemble der neuen/gesellschaftlichen verhältnisse/sei“. Der ursprüngliche Arbeitstitel „homunculus socialisticus“ verrät beinahe schon alles.

Das Fragment vom Plan mit dem Untertitel „Vom Elend einer Methode“ ist als „fiktives Fragment“ Teil des Bauplans und gehört, auch wenn es nie begonnen worden ist, zum Ganzen des Fragment-Romans.

Das Fragment vom Volk ist betitelt: „Die Meister des Morgen (Der Hammer). Manuskriptmodell“. Das Fragment ist, wie in einer vorangestellten Deklaration erläutert, Entwurf für ein Buch vom Volk, dessen Gegenstand die Geschichte des Volkes ist, ihr Alltag, ihr Mythos, ihre Utopie und ein Paradigma des realen Falles.

Das Fragment vom Staat trägt den Titel: „Die Prinzipien der Nötigkeit (Die Sichel). Lesespiele“. Diesen Teil hat Thomas Körner in den Jahren 1971 bis 1973 geschrieben, sein Arbeitstitel lautet „Die Dialektik der Dummheit“. Es geht um die Macht, deren Produktion für die Betroffenen ohne die Konsumtion, also die Beteiligung daran, keinen Sinn macht.

Das den Fragment-Roman abschließende Fragment von der Flucht heißt: „Das P-Projekt. Ein Zweierversuch“ und ist in drei kapitelgebende Teile strukturiert: „Die Vakuole und ihr Ausweg“, „Wir Kinder der Entropie“, „Was hindert uns am Weltwechsel“.

„P-Projekt“ meint: Paradies-Projekt. Für Körner sind alle geschlossenen Systeme Paradies-Versuche, wobei das biblische Paradies das Urmodell des geschlossenen Systems ist, der geschlossene

---

234 Thomas Körner: BStA, AUL, Band VII.

Garten mit Adam und Eva, also ein Zweierversuch. Das Gesellschaftsmodell der DDR war ebenfalls ein geschlossenes System, das der Autor in dem Begriff der „Vakuole" fasst. Es ist die Kritik der Sozialutopie des Sozialismus und zugleich Kreation einer Gegen-Utopie, nämlich des Versuchs, zu zweit eine Alternative zu leben, deshalb wiederum „Ein Zweierversuch". Das Thema Flucht wird dargestellt als logischer Endpunkt des Buchprojektes und des Lebens in einer utopiegestützten Diktatur sowie als Daseinsweise des aufsässigen und eingesperrten DDR-Bürgers, der, wie der Insasse eines Gefängnisses, fortwährend die Flucht hinter der Stirn trägt.

Mit seiner Arbeit am Fragment-Roman, die er auch gegenwärtig mit der Veröffentlichung des nicht unbeträchtlichen Restes seines Fragment-Romans im Internet[235] noch fortsetzt, schwamm Thomas Körner lange Jahre gegen die Strömungen des Zeitgeistes, der so lange wähnte, eine Utopie nötig zu haben, und in der kommunistischen Welthälfte so vermessen war zu behaupten, sie gar verwirklichen zu können und auf dem Weg dahin zu sein. Körner war schon sehr früh und weit vor dem absehbaren und tatsächlichen Ende der Überzeugung – und die trug ihn über die Jahre gegen den Strom –, dass Utopien keineswegs per se menschenfreundliche Projektionen sind, obwohl sie sich so gerieren, und dass sie zwar alles dürfen, nur eben um Gottes willen nicht Realität werden wollen.

Dass solch ein Schwimmen gegen den Strom gefährlich, gar tödlich sein konnte, belegen etliche Schicksale anderer junger, ungeschützter Autoren auch im Ostberlin der siebziger Jahre. Pars pro toto soll hier das kurze Leben des Lyrikers Jörns Pfeiffer beschrieben sein.

Pfeiffer, 1944 in Mühlhausen geboren, begann nach einer Ausbildung zum Bibliothekar 1967 ein Regiestudium an der Filmhochschule Babelsberg, das jedoch im Gefolge mehrerer ideologischer Säuberungen, denen auch sein Kommilitone Thomas Brasch zum Opfer fiel, im April 1970 mit seiner Exmatrikulation endete. Der Rektor, Lutz Köhlert, befreundet mit dem dogmatischen TV-Scharfmacher Karl-Eduard von Schnitzler, befand kur-

---

235 https://daslandalleruebel.iablis.de

Jörns Pfeiffer in der Zeit nach der Exmatrikulation

zerhand, dass Pfeiffer aufgrund der fehlenden Einsicht in die Notwendigkeiten sozialistischer Kulturpolitik und „elitärer" Haltung im Auftreten und Äußeren (Bart, lange Haare) nicht zu einem Regisseur in den sozialistischen Massenmedien heranzubilden sei. In totalitären Staatsgebilden wie der DDR hatte solch ein Rauswurf, in der Kader-Akte als Stigma vermerkt, tiefgehende existentielle Konsequenzen, Pfeiffer war plötzlich „draußen vor der Tür": ohne Zugang zu anderen Hochschulen und Universitäten, ohne Arbeit, ohne Geld, ohne Wohnung und ohne Aufenthaltserlaubnis für Ostberlin. Zu Silvester 1973 schrieb er:

Unbehaust sein

Sie wurden der Leere ansichtig
als das Gefäß zerbrach
Da verließen sie die Anhöhn
und kamen herab in die Ebenen
Eiswind wehte
Hohngelächter[236]

So lebte er fast mittellos, unterstützt von Freunden, als Hinterhofdichter im Prenzlauer Berg, stets bedroht vom staatlichen Verdikt der Asozialität, diskriminiert und stigmatisiert, weshalb er seine dunklen und bitteren Gedichte gelegentlich in Anspielung auf den Attentäter von 1938 mit „Herschel Grinspahn" unterschrieb. Mitte Januar 1974 schrieb er ein längeres Bilanzgedicht voller Bitterkeit und Aussichtslosigkeit:

Mein dreißigstes Jahr

Zerschunden, voller scham
erinnern treibt mir röte ins gesicht
was ist geblieben von dem kindertraum: gut sein
all diese dinge – nicht einmal mehr schlafen lassen sie mich
wo auch immer ich mich hinflüchte

---

236 Jörns Pfeiffer: Gedichte, BStA, AUL.

in welchen winkel ich mich auch verkrieche
sie holen mich ein
holen mich
diese dinge
bilder erinnerungen
was habe ich jemals gut gemacht in diesem leben
da asche
und das sägen der zeit mitten durch mich hindurch
o zeit
ein wenig davon nur brauche ich noch
gut will ich es machen
gut gut gut
[…]
o einsamkeit
sägefisch
mitten durch mich hindurch geht die zeit
o zeit
sägefisch
eisvogel
pirol
das letzte bißchen kraft biete ich auf
o diese blinde kälte
nur das nicht
das nicht
nicht
[…][237]

Mitunter fehlte ihm sogar das wenige Geld für ein bisschen Tee, er verkaufte Möbel und Bücher, an denen sein Herz hing, vermietete seine winzige Wohnung unter, gesundheitliche und psychische Folgen blieben nicht aus, führten schließlich zu einem von den Freunden empfohlenen und arrangierten Aufenthalt in der psychiatrischen Klinik in Berlin-Herzberge, in der er es jedoch auch nicht aushielt. In einem weiteren Bilanzgedicht vom Mai 1975 fand er für seine Situation die Metapher des Albatros, der in windbewegter

237 Ebd.

Leere fliegen muss zwischen den mörderischen Meeren der Einsamkeit und Angst, die ihn verschlingen wollen, und dem sanften Demutsblau des Himmels, gehalten nur durch die Haltbarkeit seiner Flügel. Sie hielten nicht. Seine Stasi-Akte vermerkt abschließend und lapidar, dass der Pfeiffer J. am 17. Februar 1980 von einer S-Bahn in Berlin-Baumschulenweg überfahren worden sei.

Dass aufgebauter Verfolgungsdruck und permanente Drohgebärde der Diktatur nicht selten zu Suiziden führten, belegt ein weiterer Fall aus dem Ostberlin der siebziger Jahre: Hannelore Becker, 1951 in Leipzig geboren und lange Zeit einverstanden mit der kleinen Welt, in die sie hineingeboren worden war, wurde von der Staatssicherheit im Frühjahr 1971 als IM „Clementine" angeworben, vollzog nach vier Jahren den äußeren Bruch mit ihrer Bitte um Entpflichtung von der konspirativen Tätigkeit, konnte jedoch innerlich mit ihrer stark empfundenen Schuld nur schwer weiterleben. Sie war als vielversprechender Perspektivkader gefördert worden und hatte nach ihren Berichten aus Universität, Singe- und Literaturklubs und dem Schweriner Poetenseminar in oppositionelle Kreise eindringen und von dort berichten sollen, so in Jena, wo ein Forschungsstudium für sie organisiert werden sollte, um an den jungen Dichter Jürgen Fuchs und seinen Kreis heranzukommen. Als dies scheiterte, hatte man sie in Berlin auf den Schriftsteller Franz Fühmann und den Philosophen Wolfgang Heise angesetzt. Doch wie auch bei den ähnlich gelagerten Fällen der jungen Autorinnen Gabriele Eckart und Maja-Michaela Wiens hatten eben jene Zielpersonen durch ihre Nähe und die Gespräche mit ihnen die Zweifel der auf sie angesetzten jungen Frau an ihrem konspirativen Doppelleben und an ihrer Überzeugung von der gesetzmäßigen Sieghaftigkeit des Sozialismus genährt. 1973 schrieb sie:

> ZUGLUFT ergreift die
> dinge um mich erst wehte
> die gardine weg schon steh ich
> bloß inmitten meiner beschriebenen
> blätter REMBRANDT beguckt mich von
> oben lange winden blaue schiffe eh sie
> davonfliegen meine haarschleifen ihnen
> nach jetzt reißts karteikarten aus

dem alphabet ARBEITERKLASSE jagt die
IDEOLOGIE schon ist
KULTUR überm hof ENTFREMDUNG
schlägt die gitarre an das
A PRIORI kollidiert mit A POSTERIORT was
für eine welt [...][238]

1974 begann ihr Rückzug aus dem inoffiziellen und fremdgesteuerten Leben, sie arbeitete als Verkäuferin und schrieb intensiv. Es ging in ihren Gedichten um Vereisungen, Versteinerungen, um Schuld, Doppelexistenzen und Maskierungen, um Traum, Unruhe, Zwiespältigkeiten und Zweifel, es war ein Ringen um das Zusammenfügen eines zerrissenen Ich, das befürchtete, dass es ihm irgendwann, so ihre Metapher, das Dach vom Kopf reißen könnte. Das lyrische Ich sieht sich als Puppe an Fäden, hinter sich Bäume, Häuser und Menschen aus Pappe, die ebenso wie sie selbst an Drähten hängen:

Ich eine Puppe unter mir bohlen hinten bunte
kulissen die seiten gerümpel plüsch vorne
nichts schwarz mein kopf nicht holz die glieder
draht nicht aber an fäden mein wille nicht
seis fremde bewegungen ich seh ins schwarze sieh
da war zu mein kopf nicht albern ich führ eine
stimme im munde rede wer hörte hinten papp
bäume papphäuser pappmenschen ich aber tanze papp
menschen aufeinander los reißen pappe
von draht drahthähne drahthäuser drahtmenschen wo
sah ich das schon plötzlich von überall käfer grün
beinig schwarz auf mir lutschen die fäden
durch ich am boden morgen licht sonne[239]

Ein anderes Gedicht aus dieser Zeit endet mit: „ach diese stille / all unsre lügen / erstickt sie“. Ein auf 1975 datiertes schließt mit der Auf-

---

238 Hannelore Becker: Gedichte, BStA, AUL.

239 Hannelore Becker, in: Ines Geipel (Hrsg.): Die Welt ist eine Schachtel, a. a. O., S. 223.

Hannelore Becker, Anfang der siebziger Jahre

forderung: „Traut / mir nicht“. Im gleichen Jahr schreibt sie – einige Jahre vor Christa Wolf – ihr Kassandra-Stück, in dem sie den historischen Mythos als von oben determiniertes Handeln nach Plan dekonstruiert und die Machtlosigkeit des wahrhaftigen Sprechens in einer hierarchisch betonierten Machtstruktur vorführt.

Mit solchen Texten fiel sie freilich aus der offiziellen Literaturförderung, tauchte immer tiefer in die Isolation, sehnte sich nach einem Neubeginn ohne Schuld und hätte in dieser Situation unverstellter Hilfe bedurft, geriet jedoch an den Dichter Karl Mickel, Mitglied der SED, von 1959 bis 1963 für die Hauptverwaltung Aufklärung der Staatssicherheit tätig und ab 1987 wiederum als IM „Bert“[240] als Spitzel auf die Dichterszene am Prenzlauer Berg angesetzt. Er wurde ihr Geliebter, ob er aber je ihr Freund gewesen ist, steht zu bezweifeln. Hannelore Becker hatte zu der Zeit Panikattacken, trank, nahm Tabletten, wurde zurückgeholt von der vermeintlichen Fürsorge des Staates, begann im September 1975 im Ministerium für Kultur zu arbeiten, in der Abteilung Literaturverwertung und Propaganda. Es war ein letzter Versuch, sie wieder aufs Gleis zu heben, doch sie entzog sich der Heimholung und sprang am 13. Februar 1976 vor den Augen Mickels aus dem Fenster, einen Abschiedsbrief in der Tasche, handelnd von Liebe und Verrat. Da war sie 25 Jahre alt.

Aufbruch im Verfall

Für die Messestadt Leipzig war 1968 nicht nur wegen des gewaltsam beendeten Prager Frühlings ein denkwürdiges Jahr. Am 30. Mai 1968, Punkt 10 Uhr, wurde auf Weisung des Leipziger SED-Statthalters Paul Fröhlich die 1240 geweihte Universitätskirche St. Pauli im Zentrum der Stadt gesprengt. Mit ihr sank auch das benachbarte Augusteum, in dessen Hörsaal 40 der Philosoph Ernst Bloch do-

---

240 BStU, Berlin: AIM 26099/91 und 2899/86, siehe auch Ines Geipel: Zensiert, verschwiegen, vergessen, a. a. O., S. 173.

ziert hatte, in den Staub, und damit ein weiteres Stück vom „Prinzip Hoffnung". Proteste wurden brutal erstickt, denn trotz der intellektuellen Auszehrung durch die Flucht in den Westen gab es noch Reste bürgerlicher Kultur in der Messestadt, noch die Thomaner, noch die alte Universität und die künstlerischen Hochschulen. In der vom architektonischen Verfall geprägten Stadt entstanden in dieser Zeit Vorformen der subkulturellen, nonkonformen Szene, die nach und nach alle Kunstgattungen erfasste und zunehmend miteinander verband. So auch im literarischen Bereich.

Im Gefolge der Sprengung der Paulinerkirche, des Endes des tschechischen Reformprojekts und einer massiven Exmatrikulationswelle am Literaturinstitut „Johannes R. Becher" in den Jahren 1968/69, mit der mehr als ein Drittel aller Literaturstudenten von der Hochschule entfernt worden war (u. a. Siegmar Faust, Gert Neumann und Heide Härtl), bildete sich in der Messestadt erstmals eine unabhängige künstlerische Gruppierung, die trotz des erheblichen Verfolgungsdrucks und trotz der Verhaftungen einige Jahre bestand. Vorbild für die Gründung war die französische Künstlergruppe „Nabis", eine rebellische Gruppe junger Kunststudenten um 1888/89 in Paris, die gegen den damaligen Kunstbetrieb und die herrschenden Konventionen revoltiert und einen neu-romantischen Einklang von Kunst und Leben beschworen hatte.

Langjähriger Mittelpunkt war das abrissreife Haus in der Junghanßstraße 4, in dem Gert Neumann und Heide Härtl und – im Keller und unterm Dach – zeitweise auch Siegmar Faust, Kristian Pech, Wolfgang Hilbig und Andreas Reimann wohnten. Der Gruppierung gehörten außerdem die Maler Dietrich Gnüchtel und Michael Flade an. Den Zusammenhang stifteten die anfangs regelmäßigen Lesungen und die anschließenden Gespräche. Zeitweise gab es unter ihnen einen intensiven poetischen Austausch. Texte, Bücher, Gedichte gingen mit Widmungen hin und her, wovon ein Gedicht von Siegmar Faust vom 5. Juli 1968 zeugen soll:

Morgenappell
für andreas reimann

los
jungs

aufwachen!
rausgeklettert aus den bunkern unserer skepsis
morgenstunde hat rotz im munde
also zum ersten:
holt die flinten wieder aus dem korn
zweitens:
hängt eure weiszen westen an den nagel
asbestanzüge --- meinetwegen
wir wollen ja füreinander durchs feuer gehen
und wer nicht fühlen will musz hören:
im himmel soll die hölle los sein
los
jungs
wir wollen paar götter abschieszen[241]

Dieses Gedicht beschwört im Majakowski-Sound die Atmosphäre der Gründungszeit im Sommer 1968. Hinzu kamen als Leitsterne die Götter am Dichterhimmel: Kafka, Musil, Joyce, Beckett, Werfel, Rilke, Henry Miller, dazu Pound, Ginsberg, Chlebnikow, Mandelstam, auch Enzensberger, Handke und Jandl, die Philosophen Sartre, Camus, Heidegger, die nach und nach Marx und Engels erledigten, die Musik von Bob Dylan, Leonard Cohen, Deep Purple, Pink Floyd und Jethro Tull und die von Westen herüberwehende Revolte der studentischen Jugend. Inzwischen hatte sich in den Gesprächen auch ein ungeschriebenes Manifest der Arbeits- und Notgemeinschaft konturiert, in dem auf offizielle Förderung und angenehme soziale Stellung verzichtet und Schwüre auf unerschütterliches Vertrauen und unverbrüchliche Treue verweigert wurden und ein Anspruch formuliert wurde auf eigene Wahrheiten und Welten, in denen statt Disziplin und Zentralismus die Zerstreuung, die Abwechslung, das Zerfließende, das Explodierende, kritisches Bewusstsein und schöpferische Unruhe, Experiment und Expansion hinter den Horizont herrschen sollten, und das alles zu dem letzten Zweck: ernsthafte Kunst wahrhaftigster Absicht hervorzubringen.

241 Siegmar Faust: Vorlass, BStA, AUL.

Die Intentionen der Gründung und die spätere Intensität des Zusammenhalts waren individuell dennoch höchst unterschiedlich: Während den einen ein enger Verbund mit kodifizierten Gruppenregeln und rituellen Umgangsformen nach dem Vorbild der „Nabis“ vorschwebte, blieben andere mehr auf Distanz. Doch einig war man sich in zwei existentiell wichtigen Punkten, nämlich erstens niemals künstlerische Kompromisse einzugehen, um zu veröffentlichen, und zweitens sich in der gesellschaftlichen Isolation gegenseitig zu stützen.

Spiritus rector der Gründung und Seele des Ganzen war ein junger Lyriker, ein damals noch linker Feuerkopf mit Reformideen von einem Sozialismus ohne Dogma. Der 1944 in Sachsen geborene Siegmar Faust – 1967 von der Karl-Marx-Universität Leipzig und im April 1968 wegen eines unbotmäßigen Gedichtes zudem vom Literaturinstitut exmatrikuliert – organisierte am 26. Juni 1968 auf dem Elsterstausee bei Leipzig, an Bord eines volkseigenen Fahrgastschiffes, auf dem er zur Strafe (die „Bewährung in der Produktion“ genannt wurde) als Bootsfahrergehilfe arbeitete, eine staatlich nicht sanktionierte Lesung, zu der etwa „30 Leute“, wie die Staatssicherheit zählte, erschienen. Faust hielt an diesem Abend eine Ansprache zum Zweck des Treffens: der Gründung einer eigenständigen Arbeits- und Interessengemeinschaft. In Ermangelung eines fertig ausgearbeiteten Gründungsmanifestes, das er später nachzuliefern versprach, zitierte er aus einem Aktionsprogramm der tschechischen Reformkommunisten von 1968, dem „Manifest der 2000 Worte“. Anschließend lasen der Student Kristian Pech, die Studentin Friederike Techel und der Montagearbeiter Wolfgang Hilbig, dieser u. a. sein furioses Gedicht „Ansprache an Väter und verlorene Söhne“, in dem er der Vätergeneration radikal die Gefolgschaft aufkündigte. Anwesend waren auch die späteren Gruppenmitglieder Gert Neumann und Andreas Reimann, die sich an diesem Abend allerdings zurückhielten und damit schon am Gründungsabend das Heterogene dieser Gruppe aufscheinen ließen. Der 1946 in Leipzig geborene Andreas Reimann, Nachkomme einer Leipziger literarischen Dynastie, lyrischer Wunderknabe der sechziger Jahre und dennoch 1966 nach nur fünf Monaten Studium vom Literaturinstitut entfernt, betonte von Anfang an seine ästhetische wie politische Distanz zu Siegmar Faust und den anderen. Selbst sagt er so:

Siegmar Faust um 1970

Andreas Reimann Ende der sechziger Jahre

„Ja, ich wollte auch nie ein politischer Dichter werden. Ich musste lediglich reagieren, wenn Politik sich in mein Privatleben dauernd einmischt. Also mir ist wahrhaftig ein Gedicht, ein gutes Gedicht über einen Kirschbaum zehnmal lieber als die geringste politische Meinungsäußerung. Ich kann mich bloß der politischen Meinungsäußerung nicht verweigern. Eben weil sie mich persönlich betrifft und nicht nur betroffen macht."[242]

Reimann schwebte vor, in der Tradition seines Großvaters Hans Reimann und dessen 1920 in Leipzig gegründeter Chanson- und Lesebühne „Retorte", auf der Dichter wie Walther Mehring, Max Herrmann-Neiße und Ringelnatz aufgetreten waren, ein ständiges „Poesie-Theater" in Leipzig zu etablieren. Reimann ging es also primär um die Kunst, Faust um die Kunst als Waffe. Reimann wollte die Freiheit der Kunst, Faust darüber hinaus die Freiheit der Meinung für alle. Neben der von Anfang an gegebenen Distanz Reimanns zu der Gruppe kam hinzu, dass er, seit Mitte der sechziger Jahre im operativen Vorgang „Autor" bearbeitet, schon drei Monate nach der Bootslesung wegen „staatsfeindlicher Hetze" verhaftet und für zwei Jahre im Zuchthaus Cottbus weggeschlossen wurde, so dass Reimanns Anteil am Gruppenleben auch deshalb der geringste blieb.

Der 1941 in Meuselwitz bei Leipzig geborene und Ende der sechziger Jahre noch immer dort wohnende Wolfgang Hilbig erfuhr im Leipziger Freundeskreis erste Anerkennung und höchsten Respekt für seine Texte. Hilbig, in Meuselwitz nahezu vollständig isoliert, nachdem er 1965 aus dem „Zirkel schreibender Eisenbahner" ausgeschlossen worden war, lernte hier Gleichaltrige und Gleichgesinnte kennen, die wie er unreglementiert leben, lesen, sprechen und vor allem schreiben wollten. Dennoch blieb Hilbig, auch in seiner Selbstwahrnehmung, stets ein Außenseiter. Hinzu kam die immer enger gezogene Schlinge der Staatssicherheit: zuerst die Exmatrikulationen, nach 1968 dann die Verhaftungen seiner Freunde. Er zog sich weitgehend in seinen Sprachkokon zurück, bewahrte dort im Text, was ihm unverzichtbar war: die Autonomie der Literatur und seine Unabhängigkeit als Autor. Sein Debüt als Dichter geschah denn auch ohne sein Zutun – und im Westen. Siegmar Faust nahm

---

242 Andreas Reimann: Gesprächsprotokoll vom 14.12.2003, BStA, AUL.

bei seiner Entlassung aus der Staatsbürgerschaft der DDR 1978 auch Texte seines Freundes Hilbig mit und rührte für ihn kräftig die Trommel, unter anderem bei Karl Corino im Hessischen Rundfunk, der Hilbig an den Lektor Thomas Beckermann vom Frankfurter Fischer Verlag vermittelte, in dem 1979 Hilbigs erster Gedichtband „abwesenheit" erschien. Daraufhin widerfuhr ihm, was auch Stefan Heym und Robert Havemann widerfahren war: der Versuch der Kriminalisierung. Hilbig wurde wegen „Devisenvergehens" zu einer Geldstrafe verurteilt und zudem wegen einer angeblich heruntergerissenen DDR-Flagge für zwei Monate in Untersuchungshaft genommen. Mehr als 20 Spitzel waren auf ihn angesetzt, hinzu kamen die realisierten Zersetzungsmaßnahmen und Isolierungspläne, die nicht ohne Wirkung blieben, was Hilbig durch klaustrophobisches und exzessives Schreiben zu bewältigen suchte.

Der 1942 geborene Gert Neumann, Sohn der parteitreuen Autorin Margarete Neumann, von dem in der DDR auf offiziellem Wege keine Zeile erschien, mochte auch im Freundeskreis nicht gern über Handlungen in der Realität sprechen, ihn interessierte primär die Sprache als Handlung, die Sprache als Ort des Widerstandes. Das war ein radikal kritischer Reflex auf die hochideologisierte und genormte Sprache der Diktatur, welche, so dachte Neumann zu dieser Zeit, die transzendentale Struktur der Welt zerstörte und die Insassen des Sprachgehäuses DDR als Geisel und ihnen so eine eigenständige Weltanschauung und Welterkenntnis nahm. Neumanns sprachkritischer Ansatz war damit hochpolitisch, obwohl er mit seinem Schreiben weder eine positive noch eine negative Identifikation mit dem System eingehen wollte, und musste zwangsläufig zur Konfrontation mit der Staatsmacht führen. Neumann suchte diese nicht, sondern warnte sogar seinen Freund Siegmar Faust vor dessen romantischer Widerstandsidee, die über kurz oder lang ins Gefängnis führen müsse.

Die 1943 im vogtländischen Oelsnitz in einer Funktionärsfamilie geborene Heidemarie Härtl[243] fand durch die zwanzig Jahre dauernde, intensive, ja symbiotische Bindung an Gert Neumann zu ihrer Literatur und zu einer klaren Haltung gegenüber der Diktatur

243 Vgl. Ines Geipel: Zensiert, verschwiegen, vergessen, a. a. O., S. 177.

Gert Neumann um 1970

Heidemarie Härtl um 1970

der in Dienst genommenen Wörter. Schreiben und Liebe als ein intimer Rückzugsraum, als Enklave im empfundenen Nichts, als Experiment in gelebter Zweiheit. Ihnen war alles Literatur: das Schreiben existentiell, die langen Gespräche über ein gemeinsames tragfähiges Schreibkonzept, ihren „Wahrheitsdialog", wie sie das nannten, das Hereinholen der Weltliteratur und der Moderne in das karge Sprachterritorium DDR, das Etablieren der Poesie als Überlebensraum, das Anknüpfen an die gekappten Traditionen autonomen und sprachkritischen Schreibens vor den beiden deutschen Diktaturen, die Verteidigung ihres Denkens und Schreibens, ihrer sich immer klarer konturierenden eigenständigen Sprache, auch ihrer Liebe und ihres gemeinsamen Kindes gegen die mannigfaltigen Nachstellungen des gewalttätigen Staates, der ständig auf der Suche nach Feinden war. Ihr Credo dagegen: die poetische Würde des Lebens, eine „Poetik des Widerstandes"[244], gegen die Diktatur der sogenannten schwarzen Wörter, Wörtern wie Observation, Ideologie, Macht und Zensur. Ihr kritischer Ansatz war die Anmaßung der Diktatur, dass sich die Realität des sogenannten real existierenden Sozialismus aus objektiven Sätzen zu bilden habe, indem ein Ideologiesatz den anderen schob und sich zwischen den ideologisierten Wortschüben nichts mehr befand. Gert Neumann: „Der Widerstand, der also zu leisten nötig war, war, den Raum zwischen den Wörtern wieder mit der Überzeugung zu füllen, daß sich dort etwas befindet, was wesentlicher ist."[245] Etwas zwischen den offiziellen Zeichen zu finden, darin lag nach Überzeugung der Härtls die Chance des Widerstandes, nämlich diesen poetischen Mehrwert zu finden und zu verteidigen. Ein bewusst gesetztes Ethos in der von wenigen Freunden geteilten Gemeinschaftszelle, observiert, umstellt und bedroht von denen, die die Schlüssel in Händen hielten, die Staatsmacht und deren „Organe".

Im Frühjahr 1976 organisierte die Staatssicherheit für Heide Härtl ihre einzige offizielle Veröffentlichung in der DDR, um „die entstehenden Differenzen" zwischen ihr und ihrem Mann „zu nutzen":

244 Hubert Witt (Hrsg.): Poetik des Widerstandes. Versuch einer Annäherung, Leipzig 1992.

245 Ebd., S. 129.

ein perfider Strategiewechsel, um die Härtl-Neumann-Symbiose durch Ungleichbehandlung gezielt zu zerstören. Der noch weitgehend konventionell geschriebene Text „Ach, ich zog den blauen Anzug an“ erschien 1977 im Buchverlag Der Morgen, der von diesen konspirativen Machenschaften im Hintergrund nichts wusste. Obwohl die enge Beziehung der beiden dadurch zeitweise verunsichert und gefährdet war, hielt sie letztendlich stand und brachte Heide Härtl trotz des enormen Drucks darüber hinaus dazu, für sich ein neues Schreibkonzept zu entwickeln, weg von den Gegenständen, wie sie scheinbar waren, weg von der vereisten Sprache, hin zu einer tastenden, inventarisierenden Prosa der poetischen Wirklichkeit. Sie begann an einem Text mit dem Arbeitstitel „ohne aber“ zu arbeiten, der nach vielen experimentellen Fassungen und Abbrüchen erst 2006 unter dem Titel „Puppe im Sommer“ erscheinen konnte.[246] Der Text entfaltet, wie die Herausgeberin im Nachwort schreibt, das Panorama einer Endzeit, er beschreibt den Verfall, den Schmerz, das Warten, die Brüche, das Schweigen und die Geschichten der Zurückgewiesenen und Ausgestiegenen, die wie die Autorin selbst gegen die Zerstörung des Lebens und der Sprache etwas Positives zu finden und zu setzen versuchen.

Die Jahre der Isolation, der Versuch weiblichen Schreibens im Untergrund bedeuteten für sie eine extreme Belastung. Auch war ihr Leben mit dem Ehemann Gert und als einzige Frau innerhalb der Gruppe nicht unproblematisch, später sprach sie davon, mehrere Leben gelebt zu haben: als Schriftstellerin, als Frau eines Schriftstellers, als Mutter. In einem 1971 geschriebenen Gedichtentwurf, Wolfgang Hilbig gewidmet, hat sie dies thematisiert:

Ich bin die Frau
für W. Hilbig

Könnt ich dich doch lieben, Abel
Vielleicht wäre dann ALLES besser
Du hast deinen Bruder getötet

---

246 Heidemarie Härtl: Puppe im Sommer (Die Verschwiegene Bibliothek), Frankfurt a. M. 2006.

Ich war seine Frau
Und du hast ihn umgebracht,
Meinen Kain
Alle Menschen wissen nichts:
Kain ist tot
Abel lebt
Abel kommt vom Feld mit der blutigen Hacke
Und beginnt sein neues Leben.
Er will Kain werden
Könnte ich dich doch lieben
Kain – mein Mann in der Gestalt Abels
Könnte ich wenigstens dich jetzt lieben
Nach so so langer langer Zeit
Könnte ich doch vergessen, was du getan hast
Könntest du doch selbst vergessen, aber
Seit Jahrhunderten trägst du die Hacke
In der rechten Hand
Seit einer Ewigkeit hängt ein Tropfen Blut
An der Schneide
Und fällt nicht herab[247]

Heide Härtl lebte bis zum Ende der DDR in ihrer bewussten Antihaltung, mit dem individuell proklamierten Menschenrecht auf Widerstand, in einer ständigen Verteidigung ihres Lebens, ihres Denkens, ihrer Liebe, ihres Kindes und ihrer Sprache. Ihr Leben war eine ständige Anstrengung, das empfundene Nichts auszuhalten, Stil gegen die zunehmende Verwahrlosung der Gesellschaft zu setzen, sich durch die tatsächliche Verfolgung nicht in einen Verfolgungswahn treiben zu lassen und in Transzendenz und Relevanz zu leben.

Dass die Warnung Gert Neumanns an seinen Freund Siegmar Faust mehr als berechtigt war, zeigen die Aktivitäten der Leipziger Staatssicherheit, die von Anfang an im Bilde war. Sie wertete und verfolgte das Unternehmen als antisozialistische Gruppenbildung, beschloss die rasche Zerschlagung dieser Gruppierung sowie die Zerstörung der Kreativität der einzelnen Mitglieder mittels Zer-

---

247 Heidemarie Härtl: Nachlass, BStA, AUL.

Wolfgang Hilbig und Siegmar Faust Anfang der siebziger Jahre auf einem MfS-Observationsfoto setzung, brachte zahlreiche Spitzel in die Nähe der Gruppenmitglieder und eröffnete mit operativen Vorgängen und operativen Personenkontrollen gegen die beteiligten Autoren die strafrechtlichen Ermittlungen mit dem Ziel der Verhaftung und Verurteilung.

Andreas Reimann wurde im Oktober 1968 als Erster verhaftet und wegen „staatsfeindlicher Hetze“ und „Gruppenbildung“ zu 2 Jahren Haft verurteilt. Siegmar Faust, von der Staatssicherheit unter den Vorgangsnamen „Mephisto“ und „Literat“ bearbeitet, wurde nach einem von ihm abgelehnten Anwerbeversuch aus Leipzig ausgewiesen, kam aber nach Monaten zurück und wurde Nachtwächter in der Deutschen Bücherei, welchen Job er kräftig nutzte, um an verbotene und weggeschlossene Literatur zu kommen, so u. a. an Solschenizyns „Krebsstation“. Gert Neumann und Heide Härtl wurden 1969 vom Literaturinstitut exmatrikuliert und ab 1975 im operativen Vorgang „Anthologie“ aufwändig und intensiv von der Staatssicherheit bearbeitet: mit konspirativen Wohnungsdurchsuchungen, mit „Objekt-Beobachtungen“, die jede Bewegung festhielten, mit „Sonderleerungen“ ihres Briefkastens, dem Einsatz von Spitzeln, zeitweise sogar sieben hauptamtlichen Mitarbeitern, mit massiven Zersetzungsmaßnahmen (fingierte Befragungen, demonstrativ sichtbare Observation, tätliche Angriffe, Pöbeleien) und der ausdrücklichen Erlaubnis zur Nutzung aller zur Verfügung stehenden Mittel. Stasi-Chef Mielke informierte SED-Chef Honecker direkt über den Stand der Bearbeitung. Fausts Verhaftung erfolgte im November 1971, er kam nach 11 Monaten Untersuchungshaft durch Amnestie frei, wurde jedoch im Mai 1974 erneut verhaftet und zu 4 Jahren und 6 Monaten verurteilt und saß wegen Renitenz in Cottbus 400 Tage in verschärfter Einzelhaft: „Einzelhaft, völliger Reizentzug, keine Zeitung, keine Bücher, kein Kontakt, keine Natur, keine Kultur, also alles, was den Menschen ausmacht, völlig rausgerissen … Also die erste Woche in der Einzelhaft, ich bin bald kaputtgegangen, ich habe gedacht, die Wände wollen mich erdrücken, ich habe noch nie so Angst gehabt, eine existentielle Angst, so eine Beklemmung, so eine Atemnot. Wie ein Tiger immer hin und her gelaufen, die Adern gluckten am Hals, man japste nach Luft und hielt das nicht für möglich: Ich bin doch kein Raubtier, was habe ich verbrochen, dass die mich von der Menschheit so wie ein wildes Tier entfernen können?"[248] Seine zahlreichen Manuskripte, Romane, Gedichte, Stückentwürfe, blieben 1976 nach seiner Entlassung in die Bundesrepublik, so er nicht Kopien vorher beiseitegeschafft hatte, in der DDR, nämlich in den Akten der Staatssicherheit, in gesperrter Ablage. Im Westen hielt Siegmar Faust über die Jahre postalischen Kontakt[249] zu seinen Freunden Gert Neumann und Wolfgang Hilbig in Leipzig, auch tat er viel für deren schriftstellerisches Debüt im Westen. So hielt er dem Gründungsversprechen der Gruppe über deren Bestand hinaus die Treue, obwohl die Staatssicherheit die Gruppe entsprechend ihrer Zielsetzung erfolgreich zersetzt, zerstreut und zerschlagen hatte.

Auch die literarische Karriere von Michael „Salli" Sallmann auf dem Boden der DDR begann und endete in Leipzig. Seine literarische Biografie ist nahezu idealtypisch für das Schicksal junger, unangepasster Autoren in der DDR-Diktatur.

Sallmann wurde am 7. April 1953 im sächsischen Chemnitz geboren, das in seinem Geburtsjahr zwangsweise in Karl-Marx-Stadt umbenannt wurde. Auch Michael nahm später eine Umbenennung vor, aus Michael wurde Salli, im Gegensatz zu seiner Geburtsstadt allerdings freiwillig und selbstbestimmt. April 1953: Man könnte meinen, er sei unter einem guten Stern geboren, denn Josef Wissarionowitsch Stalin war im März gestorben. Doch war mit dessen Tod der Stalinismus noch lange nicht aus der Welt, was schon im Juni mit der Niederschlagung des ostdeutschen Volksaufstandes brutal belegt wurde. Viele Jahre wirkte die stalinistische Praxis fort, was der da Hineingeborene zwei Jahrzehnte später noch schmerzlich erfahren sollte. Ernährt von der alleinerziehenden, als Krankenschwester arbeitenden Mutter, oft behütet und betreut von der Großmutter und früh irritiert von einem Großvater, der mental in der ersten deutschen Diktatur verblieben war, wurde er 1959 im Erzgebirgsort Gornsdorf in die Alexej-Stachanow-Oberschule eingeschult, wurde selbstverständlich Jungpionier, erhielt schon in seinem ersten Schuljahr für gutes Lernen und normgerechtes Ver-

---

248 Siegmar Faust: Gesprächsprotokoll vom 7.8.2002, BStA, AUL.

249 Teile des Briefwechsels befinden sich im Archiv unterdrückter Literatur in der DDR in der BStA, Vorlass Siegmar Faust.

halten das Sputnik-Abzeichen Stufe I, beendete zehn Jahre später die Schule in Thalheim und ging anschließend zwei Jahre in die Lehre, um Maschinist für Großbaumaschinen zu werden.

Was so naht- und problemlos aussieht, war es indes bei näherem Hinschauen nicht. Neben den zeitlosen Nöten der Pubertät musste er wie jeder in der DDR-Diktatur Heranwachsende die Widersprüche zwischen großtönender Propaganda und der Realität des Alltags, zwischen behaupteter sozialistischer Demokratie und praktizierter Diktatur wahrnehmen und daraus seine Schlüsse ziehen. Er hatte die von ihm ignorierte Wichtigkeit des korrekten Pionierknotens zu begreifen, er wurde als kindlicher Klassenkasper zu „konstruktiverem" Verhalten ermahnt, er hörte von ferner Mauer und Mauertoten, einem noch ferneren Bonn und einem ganz fernen Bob Dylan, über dessen begeisternde Lieder sie in der Schule nicht sprechen durften. Wie über so vieles nicht. Die Alternativen waren, in der vorgegebenen Sprache die vorgegebenen Antworten zu liefern oder in Lüge und Schizophrenie zu leben und zu schweigen oder die Risse zu benennen und auf Veränderung zu drängen. Letzteres Begehren versprach kein bequemes Leben, die Lektion war früh zu lernen. Es war in der von Zensur beherrschten Gesellschaft schwer, sich argumentativ zu rüsten für das geprobte Widerwort, da alle Zugänge zu Andersdenkenden versperrt waren. In kleinstädtischer oder ländlicher Provinz war es nahezu unmöglich, sich aus dieser geistigen Enge mit eigener Kraft herauszuarbeiten.

Zudem gab es dort ein Jugendphänomen, das Sallmann in dem Text „Judenarsch"[250] eindrücklich schildert. Es war die jugendliche Revolte gegen einen Staat, der seinen antifaschistischen Gründungsmythos so penetrant bemühte, dass die aus vielen anderen Gründen frustrierten Jugendlichen instinktiv die Stelle fanden, die ihrem restriktiven Vaterland, das beispielsweise die von ihnen geliebte Beatmusik samt der angesagten langen Haare verbot, am meisten wehtat. Und das waren Nazi-Parolen. Diese spezielle Form des jugendlichen Aufbegehrens in der DDR war mit Sicherheit nicht die klügste, jedoch mit Abstand die provokanteste Ausdrucksweise des

---

250 Salli Sallmann: Badetag (Die Verschwiegene Bibliothek), Frankfurt a. M. 2009, S. 32 ff.

Protestes und der Verweigerung. Wie sehr es das konstruierte und labile Selbstverständnis der DDR-Ideologie traf, beweist die Tatsache, dass die DDR bis zuletzt den hausgemachten Neonazismus im eigenen Land offiziell verdrängte, da nicht sein konnte, was nicht sein durfte. Inwieweit die rückwärtsgewandten Äußerungsformen bei den Jugendlichen auch als Haltung oder gar Denken verinnerlicht oder manifest waren, hing sehr von der intellektuellen Ausstattung des einzelnen Jugendlichen ab. So auch bei Sallmann, der sich dieser dumpfen und geschichtsvergessenen Szene schon bald entzog, um sich dann einem weit schwierigeren und, wie man lesen kann, gefährlicheren Unterfangen zu widmen, nämlich der Reform des stalinistischen, reformresistenten Sozialismus, an der sich ganze Generationen bis zu dessen selbstverschuldetem und historisch folgerichtigem Untergang abarbeiten sollten.

Ein frühes Schlüsselerlebnis war für ihn dabei das Jahr 1968. Da war er fünfzehn Jahre alt und musste sehen, wie die Russen im Erzgebirge ihre Invasionstruppen zusammenzogen, um dem tschechischen Experiment, dem Versuch eines Sozialismus mit menschlichem Antlitz, den militärischen Garaus zu machen. Was sie denn auch gründlich taten, allerdings mit kontraproduktiven Folgen, denn in den Köpfen wirkten die noblen tschechischen Ideen auch nach der Zerstörung des Prager Frühlings weiter, beispielsweise im Kopf des jungen Sallmann. Aber erst einmal schrieb er emphatische Gedichte, in denen er die empfundene Enge und seine verzweifelte Suche nach selbstbestimmter Orientierung thematisierte. Sie waren der vorgefühlte Aufbruch, der dann 1971 mit der Delegierung zum Studium durch seinen Ausbildungsbetrieb geschah. Aus den Wäldern des Erzgebirges in die sächsische Großstadt Leipzig, Student der Bauökonomie an der Ingenieurschule, bald frisch verliebt, sodass ihm selbst der Leipziger Industrienebel wie Frühlingslüfte erschien. Hinzu kam, dass in jenem Jahr der inthronisierte neue SED-Generalsekretär Honecker die Hoffnungen auf eine Liberalisierung auslöste, die er freilich niemals einzulösen gedachte. Es war ein gefühlter, kein wirklicher Frühling. Der Partei hing noch immer der stalinistische Eiszapfen von der Nase. Dennoch wollten einige im Lande, darunter vor allem die Jüngeren, den Parteichef beim Wort nehmen und fochten für tabufreie Räume, so auch der Student und Liedermacher Sallmann. Denn der sang nun auch zur Gitarre seine selbstverfassten Songs, in die zunehmend die kritisch beobachtete Realität einbrach. Der Student Sallmann avancierte zum Leiter des Singeklubs der Ingenieurschule. Die sogenannte Singe-Bewegung war zwar eine von oben organisierte Veranstaltung, in deren Klubs abgestandene Arbeiterkampflieder und jungkommunistisches Banjo-Geschrammel erklangen, aus denen jedoch auch und nicht selten die aufmüpfigen Liedermacher hervorgingen. Denn da gab es parallel die alternative, ständig vom Auftrittsverbot bedrohte Subszene der unabhängigen Beat- und Rockbands und einen ostdeutschen Liederbarden, dessen Name trotz DDR-Totalverbots landesweit bekannt war und dessen Lieder auf Tonbandkopien kursierten: Wolf Biermann. Diesen will der junge Liedermacher Sallmann unbedingt kennenlernen und trampt als „selbsternannte Leipziger Ermutigungsdelegation", wie er selbstironisch sagt, kurzerhand nach Ostberlin in die Chausseestraße 131, natürlich auch, um dem berühmten Biermann seine eigenen Texte zur Begutachtung vorzulegen. Biermann ist freundlich, rät dem jungen Pilger, er müsse poetisch noch ein bisschen auf die Weide, und gibt ihm die Adresse eines Leipziger Kollegen, die von Gerulf Pannach.

Pannach ist zu der Zeit bereits ein anerkannter Liedermacher mit einem guten Draht zum „Chansonklub Leipzig", ist mit dem jungen Dissidenten Jürgen Fuchs bekannt und schreibt aufmüpfige Texte für die permanent vom Verbot bedrohte Leipziger Rockband Klaus-Renft-Combo, mit der er auch auf Tournee geht. Auch Christian „Kuno" Kunert, Organist und Sänger bei Renft, lernt Sallmann kennen und schätzen, und so gerät er willentlich in diese interessante, kreative Szene. Was aber dem Überwachungsstaat nicht entgeht und Wellen schlägt, deren Amplituden mit der Zeit immer größer werden. Auch war er schon vorher einmal unangenehm aufgefallen, als er sich bei einer der sogenannten Volkswahlen bockbeinig stellte und partout wissen wollte, wer eigentlich die alternativlos zu wählenden Kandidaten seien. Auch das war nicht besonders hilfreich für eine DDR-Karriere.

Ebenso negativ auffällig waren seine Solo-Auftritte ohne Auftrittserlaubnis und bei allen sich bietenden Gelegenheiten: in Jugendklubs in der Disco-Pause, auf Weihnachtsfeiern in der Uni oder in den Eckkneipen von Leipzig-Connewitz. Auf Pannachs Vermittlung erhielt er schließlich vom Rat der Stadt Leipzig seine offizielle Einstufung als Liedermacher und durfte nun legal mit seinen eigenen Liedern auftreten. Zunächst. Schon bald wies man ihn darauf hin, er dürfe „als Solist nur in einem Kollektiv auftreten" (sic!), worauf sich der rührige Salli beim „Chansonklub Leipzig" bewarb, angenommen wurde und fortan dessen und eigene Lieder sang. Die allerdings wurden dem Leiter des Chansonklubs der inkompatiblen Inhalte wegen zunehmend zum Problem. Vor verdienten Parteiveteranen sang der frisch verheiratete Sallmann in einem Tramper-Song von den Zwängen der Zeit und trug seinen amüsanten Song „Badetag" vor, in dem er die fleischliche Liebe in beengten Verhältnissen besang. Die verdienten Veteranen waren jedoch keineswegs amüsiert und erkannten darin einen bösartigen Angriff auf das gelobte Wohnungsbauprogramm der Partei. Für die informierten kulturpolitischen Überwacher war nun das Maß voll, Liedermacher Sallmann flog kurzerhand aus dem Chansonklub. Doch nicht nur das: Auch die Auftrittsgenehmigung wurde ihm entzogen, mit dem plumpen Hinweis auf strafrechtliche Konsequenzen im Falle, er träte doch auf. Sallmann tat es trotzdem. Der Zusammenprall von Individuum und Staatsmacht war nicht mehr aufzuhalten.

Außerdem führte zu diesem Zeitpunkt längst das Ministerium für Staatssicherheit die Regie. Es hatte den operativen Vorgang „Chanson" eröffnet und bearbeitete darin die zuweilen gemeinsam auftretenden Dissidenten Pannach und Sallmann. Hauptmann Tinneberg vom Referat XX/7 in Leipzig wies die angesetzten inoffiziellen Mitarbeiter und die Partner des politisch-operativen Zusammenwirkens an, alle öffentlichen Auftritte von Sallmann rechtzeitig zu erkennen und zu verhindern.

Im Sommer 1975 – als Student stand Sallmann kurz vor dem Examen und absolvierte eben sein Abschlusspraktikum im Verkehrs- und Tiefbaukombinat Leipzig – wurde er exmatrikuliert, Begründung: Er sei durch „wiederholten Vortrag feindlich-zersetzender Textinhalte" als künftiger „Führungskader eines sozialistischen Kollektives ungeeignet". Sallmann musste „zur Bewährung in die Produktion", arbeitete als Kraftfahrer und trat allen Schikanen zum Trotz immer wieder mit seinen Texten ungenehmigt auf, so auch mit seinem „Vorschlag für die textliche Neugestaltung der Nationalhymne der DDR":

Auferstanden aus dem Bette
und der Arbeit zugewandt.
Stolpere zur Haltestelle,
spute dich fürs Vaterland:

Rein, Prolet, in den Container,
sieh, der Werksbus braust herbei!
Eintritt kostet's nur zwei Zehner,
das Kombinat braucht Arbeitsvieh,
preß dich in den müden Brei,
in den müden Brei.

Wenn ein Bonze beim Besuchen
dich mit Händedruck belegt,
breit grinsend deine Schultern klopft,
sei erregt und tief bewegt:

Halt die Schnauze immer weiter,
ist sie auch zum Speien voll.
[…]
Glaube immer jeden Mist.
Spüre, wie die hohen Herren
Mit dir Sozialismus spieln,
daß du ihn vergißt,
daß du ihn vergißt[251]

Wer solch selbstbewusste Schlüsse aus den eingeleiteten Maßnahmen zog, beschwor die nächste Drehung der Disziplinarspirale herauf: Nun verlor er auch noch seine Arbeit als Kraftfahrer, doch sang er weiter.

Die Renft-Combo erhielt im September 1975 ebenfalls ihr endgültiges Auftrittsverbot. Gegen die Band und gegen Salli Sallmann lief nun der operative Vorgang „Wespennest", Tatbestand: § 106 StGB, das hieß: Staatsfeindliche Hetze, das Strafmaß betrug 1 bis 10 Jahre.

---

251 Ebd., S. 221.

Im Frühjahr 1976 wurde er mit 23 Jahren zum Grundwehrdienst in der Nationalen Volksarmee einberufen – eine probate Maßnahme, kritische Geister für eine Zeit aus dem Verkehr zu ziehen, auch um die Biermann-Sympathisanten-Szene aktuell auszudünnen. Nun war aber der rohe und triste Armeealltag die denkbar ungeeignetste pädagogische Methode, junge Männer von den Vorzügen der sozialistischen Gesellschaftsordnung zu überzeugen, zumal kritische wie Salli Sallmann, der auch bei der Armee weiter dichtete und sang. Der in der NVA installierte Stasi-Hauptmann Unte konstatierte im Januar 1977, dass der Soldat Sallmann Lieder und Gedichte verfasse, die geeignet seien, die sozialistische Staats- und Gesellschaftsordnung der DDR zu schädigen, außerdem beeinflusse er durch das Vortragen dieser Lieder und Gedichte die Zuhörer negativ und unterhalte Verbindungen zu einigen zurzeit in Haft befindlichen Feinden. Mit den verhafteten Feinden waren unter anderem die Musikerfreunde Gerulf Pannach und Christian Kunert gemeint, die kurz nach der Ausbürgerung Wolf Biermanns im November 1976 verhaftet worden waren. Die Schlinge zog sich enger, und im Frühjahr 1977 war es dann so weit. Vom Militärgericht Berlin wurde am 12. April der Haftbefehl gegen Soldat Sallmann ausgestellt mit der Begründung, er habe seit 1974 im größeren Umfang „Schriften hergestellt", in denen die staatlichen und gesellschaftlichen Verhältnisse sowie die Tätigkeit staatlicher und gesellschaftlicher Organe der DDR diskriminiert würden. Panzerfahrer Sallmann wurde von der Staatssicherheit kurzerhand in der Kaserne verhaftet und in die berüchtigte zentrale Stasi-Untersuchungshaftanstalt in Berlin-Hohenschönhausen gebracht.

Das MfS hatte dieses Gefängnis 1951 von den Sowjets übernommen und es umgehend mit sogenannten Feinden gefüllt: den Streikführern des Aufstandes vom 17. Juni 1953, Reformkommunisten wie dem Leiter des Aufbau Verlages Walter Janka, in Ungnade gefallene eigene Politiker wie den ehemaligen DDR-Außenminister Georg Dertinger (Ost-CDU) und gekidnappte SED-Kritiker aus dem Westen wie den aus Chemnitz stammenden Rechtsanwalt Walter Linse, der 1952 in der Nähe seiner Westberliner Wohnung gekidnappt und ein Jahr später in Moskau hingerichtet wurde. Ende der fünfziger Jahre mussten Häftlinge des benachbarten Arbeitslagers im hinteren Teil des Geländes ein neues Gefängnis mit über 200

Zellen und Vernehmungsräumen errichten. Nach dem Mauerbau 1961 wurden hier vor allem Menschen festgehalten, die fliehen oder ausreisen wollten, darüber hinaus Kritiker der SED wie 1976 Jürgen Fuchs, 1977 Rudolf Bahro oder 1983 Bärbel Bohley. Statt mit physischer Gewalt wie noch in den fünfziger Jahren wurden die Häftlinge nun mit raffinierten Methoden der sogenannten operativen Psychologie „zersetzt“: Man ließ sie bewusst über den Ort ihrer Haft im Unklaren, man vermittelte ihnen systematisch das Gefühl, einem allmächtigen und allwissenden Staat ausgeliefert zu sein, man schnitt sie hermetisch von der Außenwelt ab und isolierte sie von den Mitgefangenen, und man verhörte sie monatelang durch psychologisch geschulte Vernehmer, um gerichtsverwertbare, belastende Aussagen zu erhalten.

Häftling Sallmann versuchte sich trotz des Schocks der Verhaftung seiner Haut zu wehren, so gut das eben unter diesen harschen Bedingungen ging. Er dichtete weiter: im Kopf, denn auch das Schreiben war verboten. So gelang es ihm, ein derart vorgefertigtes Gedicht auf dem Papier des Vernehmers zu notieren, indem er diesen bat, einen schriftlichen Antrag formulieren zu dürfen. Das Gedicht „Bittgesuch an den Anstaltsleiter“ und etliche andere fand Sallmann dann im Jahr 2006 in den Archiven des Bundesbeauftragten für die Stasi-Unterlagen wieder; in ihnen wird eine Standhaftigkeit deutlich, die in Berlin-Hohenschönhausen gewiss nicht einfach durchzuhalten war. Er widerstand in den Verhören, er wehrte einen Anwerbungsversuch ab und wurde schließlich vor die Wahl gestellt, entweder zu einer langjährigen Haftstrafe verurteilt zu werden oder die DDR auf Nimmerwiedersehen sofort zu verlassen. Häftling Sallmann entschied sich für die Freiheit, obwohl er in der DDR und über sie noch viel zu sagen hatte, und wurde im September 1977 mit einer Entlassungsurkunde aus der DDR-Staatsbürgerschaft eine Woche nach seinen Musikerkollegen Pannach und Kunert von der Staatssicherheit und dem Anwalt Wolfgang Vogel, seit 1963 von Seiten der DDR Beauftragter für Freikauf und Austausch politischer Häftlinge, aufgrund „besonderer Bemühungen der Regierung der DDR und der Bundesregierung“ in den Westen abgeschoben.

In Westberlin bestritt er seinen Unterhalt eine Zeitlang als Musiker, aber auch als Hilfsgärtner, Krankenpfleger, Essenausfahrer und Nachtwächter. Neben der publizistischen Aufarbeitung seiner DDR-Erfahrungen war jedoch das Schreiben und das Publizieren eigener Texte die Hauptsache, die ihm mit einigen eigenständigen Buch- und Schallplattenveröffentlichungen auch gelang. Als 1980 sein Sohn Matthes geboren wurde, entschloss er sich zu einem, wie er selbstironisch sagt, bürgerlichen Leben: Er absolvierte auf dem zweiten Bildungsweg das Abitur und studierte ab 1984 an der Freien Universität Berlin Germanistik. 1987 heiratete er ein zweites Mal, seit 1988 arbeitete er als freier Journalist unter anderen für die „taz" und die „Frankfurter Rundschau", 1989 beendete er das Studium und arbeitete als Hörfunkjournalist und schließlich als Redakteur für Literatur. Daneben, aber nicht als Nebensache, tritt er hervor mit Musikveröffentlichungen, als Sänger, als Herausgeber und als Autor.

Seine nach dem Verlassen und dem Ende der DDR veröffentlichten autobiografischen Berichte, Balladen und Gedichte sind erzählte DDR-Geschichte. Sie zeigen den DDR-Alltag authentisch von unten, erzählen von der Eigensinnigkeit gegenüber einem repressiven System und deren Folgen, benennen, was die Menschen in der DDR beengte, was sie fröhlich stimmte oder sie verzweifeln ließ. Die Texte zeigen auch das wachsende Selbstbewusstsein, das endlich frei zu atmen begehrte und sich von der Staatspartei nicht mehr das Maul verbieten ließ.

Solche Biografien wie die von Salli Sallmann wurden wesentlich bestimmt von einem frühen und meist noch sozialismusfreundlichen Widerwort gegen die rigoros praktizierte Allmacht der Partei, dem dann unvermeidlich die Disziplinarmaßnahme folgte und, so der Gemaßregelte nicht kuschte, eine weitere, was den Konflikt unweigerlich eskalieren ließ. Das aus der Herde abgeirrte Schäfchen mutierte daraufhin bei den Sicherheitsorganen ohne große Umstände zum „feindlich-negativen" Element, das umfassend überwacht und „operativ bearbeitet" werden musste. Wäre menschliches Leben nicht sehr viel reicher, könnte man meinen, solch widerständige Biografien seien eine sich aufgipfelnde und logische Folge von Antworten auf die fortwährende Repression des intoleranten und ideologisch eindimensionalen Systems, ein Konflikt, bei dem keiner aus seiner Haut konnte: der Widerspruchsgeist ebenso wenig wie der diktatorische Staat.

Dennoch hatte die Staatssicherheit trotz ihres enormen Einsatzes hauptamtlicher und inoffizieller Mitarbeiter die wachsende Opposition nicht wirklich im Griff, die ostdeutsche Geheimpolizei war mit ihren staatlichen Bündnispartnern des politisch-operativen Zusammenwirkens (Stasikürzel: POZW) zwar nahezu omnipräsent, jedoch keineswegs omnipotent und konnte das weitere Anwachsen der alternativen literarischen Szene nicht verhindern, in Leipzig nicht und nicht anderswo im Lande.

So gab es ab Ende 1976 in Leipzigs Mitte, nahe dem Hauptbahnhof, die sogenannte „Turm-Kommune", eine besetzte Turmwohnung, die durch einen Wanddurchbruch, getarnt durch einen Kleiderschrank, zur Galerie und zum Turm-&-Hoff-Theater erweitert worden war. Spiritus rector war hier der ursprüngliche Lehrer Lutz Nitzsche-Kornel, ein Szene-Autor und Performance-Künstler mit typischer Aussteigerbiografie. Auf der Bühne gab es gesprochene und inszenierte Literatur, Aktionen und Happenings, es spielten Bands wie Fies Moll und es gab neben reichlich Alkohol regelmäßig montags auch Lesungen und Dispute über politische, literarische und philosophische Themen, weshalb diese Szenegruppierung auch „Montagstreff" hieß. Im Kern agierten dort in den siebziger Jahren außer dem Ehepaar Nitzsche-Kornel unter anderen die Autoren Adolf Endler, Thomas Böhme und Bernd (Jayne Ann) Igel, der Liedermacher Dieter Kalka, der Literaturwissenschaft studierende Peter Geist, Gäste waren beispielsweise Wolfgang Hilbig und Uwe Lammla (dem wir später in der Künstlergruppe „Holdes Reich" wiederbegegnen werden). In den achtziger Jahren entwickelte sich aus der Turm-Bühne das Rockmusiktheater SVK (Spontane Volks-Kunst), und es wuchsen jüngere Autoren wie Radjo Monk in die sich vernetzende Szene hinein. Die Staatssicherheit bearbeitete Lutz Nitzsche-Kornel im OV „Organisator" mit dem Ziel, ihn zur Ausreise aus der DDR zu bewegen, was er schließlich wenige Monate vor Ende der DDR auch tat und so einem angedrohten Strafverfahren entging.

Wie die einzelnen Kristallisationspunkte binnen weniger Jahre zu einem kristallinen Gitter wuchsen, lässt sich nicht nur, aber auch in der Stadt Leipzig belegen. Im Januar 1977 bildete sich dort der „Leipziger Literaturkreis", der sich monatlich in wechselnden Wohnungen zu literarischen und zunehmend auch zu politischen Themen traf. Zu den regelmäßigen Teilnehmern gehörten Gert Neumann, Heide Härtl, Peter Brasch, Roland Erb, Christian Puls, als Gäste nahmen Wolfgang Hilbig, Wilfried M. Bonsack, Paul Gratzik und Christoph Wonneberger teil.

Eine andere wichtige Form der Alternativkultur entstand ebenfalls in diesem Zeitraum: die selbstverlegten Kunstzeitschriften, Publikationen ohne offizielles Imprimatur. 1979 erschien die von Thomas Böhme und Thomas Rosenlöcher herausgegebene Zeitschrift „Laternenmann“ (im gleichen Jahr in Ostberlin die „Papiertaube“): Das war der Auftakt der selbstverlegten literarischen Zeitschriftenszene, die in den achtziger Jahren allein in Leipzig solche Editionen wie „Anschlag“, „zweite person“, „Glasnot“, „Messitsch“ und „Sno'Boy“ hervorbringen sollte.

Kahlschläge, immer wieder

Auch in Jena hatten die Provinzfunktionäre der SED das kulturelle Leben der altehrwürdigen Universitätsstadt auf ihr dürres Maß gestutzt. Dennoch hielt sich an der Universität und bei den Traditionsfirmen Zeiss, Schott und Jenapharm eine kleine geschichtsbewusste, bürgerliche Schicht, die für die nachwachsende kritische Generation eine Art kulturelle Humusschicht bot. So Anfang der siebziger Jahre, als sich die junge Literaturszene der Stadt zu organisieren begann, zuerst mit privaten „Frei-Tee-Treffen“, ab 1972 als „Arbeitskreis Literatur und Lyrik“. Inspirator war der Lehrerstudent Lutz Rathenow[252]. Man traf sich regelmäßig im staatlichen Kulturhaus der Plattenbausiedlung Neulobeda. Zu diesem Club junger Dichter und Maler gehörten u. a. Jürgen Fuchs, Roland Jahn, Bernd Markowsky, Siegfried Reiprich, Udo Scheer und Gerd Sonntag. Noch waren sie marxistisch denkende Weltverbesserer, inspi-

---

252 Sein Vorlass befindet sich im BStA-Archiv, allerdings nicht im Bestand des AUL.

riert von Robert Havemann und Wolf Biermann, zu denen sie enge Kontakte knüpften. Sie entwickelten eine politisierte Ästhetik der Gegenwehr, um das vorgefundene System zu verbessern, so lange, bis ihnen Partei und Staatssicherheit die letzten Illusionen nahmen, die DDR durch wohlmeinende Kritik hin zu einem humanen, offenen Staatswesen reformieren zu können. 1975 kam der Lese- und Diskussionszirkel dem Verbot durch die Selbstauflösung zuvor, um sich dann in informellen Zirkeln zu treffen – mit deutlich radikalerem Anspruch. Die Staatssicherheit reagierte darauf mit dem operativen Vorgang „Pegasus", leitete massive Zersetzungsmaßnahmen ein und zog die Fäden bei den folgenden Exmatrikulationen der Studenten Rathenow, Fuchs, Jahn und Reiprich. Nach den bemerkenswert zahlreichen Protesten gegen die Biermann-Ausbürgerung im Herbst 1976 machte die Staatssicherheit auch in Jena Tabula rasa: mit Festnahmen, Verhören, Verhaftungen und zwangsweisen Ausbürgerungen. Von diesem Kahlschlag erholte sich die alternative Szene in Jena erst in den achtziger Jahren.

Idealismus als Staatsverleumdung

Obwohl die SED in Erfurt die städtische Fachschule für Angewandte Kunst abgeschafft hatte, hielt sich noch ein Rest kritischer Kultur in der traditionsreichen Domstadt. So von 1963 bis 1974 die „Ateliergemeinschaft Erfurt", deren Kernfigur, der ehemalige Dozent für Angewandte Grafik Rudolf Franke, in privaten Ausstellungen, „Fest der Augen" genannt, die offiziell als dekadent verpönte Moderne pflegte, von Marc Chagall bis zum heimischen Gerhard Altenbourg. Ein weiteres Zentrum bürgerlicher Alternativkultur war der von der Staatssicherheit so benannte „Collierkreis", da der Organisator dieses privaten Kunstsalons der Schmuckgestalter Rolf Lindner war. Auf solch städtischer Untergrundfolie konnten sich nachwachsende Kreative wie die Studentin Gabriele Stötzer halten und entwickeln. Ihre DDR-Vita in den siebziger Jahren zeigt nahezu klassisch, wie in der Diktatur aus jungen, kritisch, doch idealistisch gesinnten Geistern durch deren Bekämpfung als vermeintliche Feinde des Sozialismus wirkliche Antipoden wurden.

Die 1953 im thüringischen Dorf Emleben bei Gotha geborene Gabriele Stötzer kam 1969 nach Erfurt zu einer Ausbildung als medizinisch-technische Assistentin. Im Erfurter Zentrum, am Angereck, traf sie auf die ersten Langhaarigen und gehörte bald schon zur Szene, es war die Zeit von Led Zeppelin und den Rolling Stones. Nach dem Abschluss ihrer Lehre blieb sie in Erfurt, machte auf der Abendschule das Abitur, weil sie unbedingt studieren wollte. Das freilich war in der Szene verpönt: Alkohol, West-Musik und Sex galten als ausreichend zur Abgrenzung vom ungeliebten Staat. In maximaler Ablehnung studierte man Theologie, nicht aber Klinische Psychologie, was Gabriele Stötzer wollte und betrieb, indem sie eine Arbeit im Institut für Arbeitshygiene annahm und hoffte, von dort zum Studium delegiert zu werden. Das geschah jedoch nicht, stattdessen musste sie unter dem Abzug Bratwürste braten und andere unsinnige Aufgaben erledigen. Auf der Abendschule hatte sie ihren Freund kennengelernt, einen jungen Mann aus einer Funktionärsfamilie: Sie heiratete 1973 und folgte der sanften Lenkung ihrer neuen Schwiegereltern, was sie zu einem Studium der Fächer Deutsch und Kunsterziehung an der Pädagogischen Hochschule in Erfurt brachte.

Nun hieß sie Gabriele Kachold, und die junge Frau fand sich in einer kleinen, aber eigenen Wohnung wieder mit staatlich bereitgestelltem Ehekredit, Schrankwand, Waschmaschine, Schlafzimmer, Kühlschrank und einem Trabi vor der Tür. Sie wurde Beststudentin und stieg auf in die FDJ-Leitung: „Ich war total freundlich, offen, aktiv, ich war FDJ, war Pionier, ich habe immer Unterschriften gesammelt für die Unterdrückten der Welt.“[253] Allerdings stellte sie immer mal wieder deplatzierte Fragen, so nach Freud oder Bakunin oder Trotzki, von denen sie in Jena gehört hatte, nämlich im Literatenkreis um Jürgen Fuchs. Als der Leiter des Studententheaters in Erfurt, dem sie assistierte, wegen eines zu intelligenten Artikels für die Studentenzeitung exmatrikuliert wurde, empörte sich die junge Frau dagegen, sammelte über 80 Unterschriften an der Hoch-

---

253 Gabriele Stötzer: Gesprächsprotokoll vom 7.6.2002, BStA, AUL.

schule und schickte einen Protesttext samt Unterschriften kurzerhand an die Volksbildungsministerin Margot Honecker. Von oben kam die Antwort mit der schroffen Alternative: Distanzierung von dem Brief oder Rausschmiss. Die nicht zu Kreuze kriechende Studentin Kachold war damit im Sommer 1976 ungewollt und unversehens draußen vor der Tür, belegt mit einem Hochschulverbot für sämtliche Universitäten und Hochschulen der DDR und nach unten delegiert zur „Bewährung in der Produktion".

Dann der Herbst 1976, die behüteten Zeiten waren schnell vorbei, und die Drift wurde schneller: Als Mitte November Wolf Biermann nach seinem Konzert in Köln nicht wieder in die DDR eingelassen wurde, unterschrieb die unbekannte junge Frau in der thüringischen Provinz als Erste den von Prominenten in Berlin verfassten Bittbrief an die Partei, diese Maßnahme der Ausbürgerung zu überdenken. Es machte jedoch einen erheblichen Unterschied, ob man dies prominent in Ostberlin oder ungeschützt in Erfurt tat. Als weitere 23 Unterschriften gesammelt waren und Gabriele Kachold das Schreiben samt Unterschriften persönlich nach Berlin bringen wollte, schlug die Staatssicherheit, die sie bereits im operativen Vorgang „Kapitän" als „Rädelsführer" im Auge hatte, des Nachts zu. Das endgültige Aus für sie kam im Januar, als die thüringische Staatssicherheit so weit war, gegen sie ein Ermittlungsverfahren mit Haft zu exekutieren. Ab da ging es Schlag auf Schlag, und das darf man wörtlich nehmen: Nach der U-Haft und einem kurzen Aufenthalt im Haftkrankenhaus Meusdorf wegen einer Unterleibsoperation der kurze Prozess, der mithilfe des sozialistisch genannten Strafrechts ohne große Umstände „Staatsverleumdung" konstatierte und 1 Jahr Haft ohne Bewährung verhängte, die die junge Frau in der berüchtigten Frauenhaftanstalt Hoheneck in Stollberg/Sachsen abzusitzen hatte. Da war sie 23 Jahre alt.

Die Haft wurde für sie zum Schlüsselerlebnis. „Und wenn du dann im Knast sitzt, die erste Nacht wollte ich mich auch umbringen, ja, und dann schaffst du das nicht, und dann merkst du auch, wie das alles zusammenhängt, dass die Leute dich dazu bringen, dich umbringen zu wollen, und dass du das eigentlich gar nicht willst, und dann siehst du diese ganzen furchtbaren, selbstzerstörerischen Akte im Knast, wenn einer einen Löffel schluckt oder eine Schere oder sich eine Nadel in den Arm sticht oder mit der

Hand durch die Scheiben geht, ich hab es gesehen, wozu die Leute fähig waren oder fähig gemacht worden waren, wie verzweifelt das ist, und … ich wusste, das Leben ist anders, also ich bin schon ein optimistischer Mensch, obwohl mir nicht immer etwas Optimistisches passiert ist, aber ich dachte, Schreiben, mein Schreiben kann dazu beitragen, Lösungen zu finden … Lösungen finden zum Leben, ja …"[254]

Sie erfuhr den tiefen Fall aus der festgefügten Ordnung, sie begriff, wie in einer Diktatur auch der gutwillige Ansatz eines reformerischen Engagements gnadenlos kriminalisiert wird, sie erlebte, wie ihr nicht nur die ohnehin eingeschränkte Freiheit genommen, sondern auch ihr Körper enteignet wurde. Doch gerade dort erkannte sie die Kraft der anderen inhaftierten Frauen und zudem zunehmend auch ihre eigene. Sie hatte alles verloren und beschloss, nach der Haftentlassung konsequent mit dem Schreiben zu beginnen. Sie lehnte es ab, nach der Haft in die Bundesrepublik entlassen zu werden – es wäre ihr wie ein Verrat an ihrer in der Haftanstalt gefestigten Auffassung von Recht und Unrecht vorgekommen. Die Erfahrungen in Hoheneck prägten sie tief, und das frühe Trauma war zunächst der Kern ihrer auf sie selbst bezogenen ersten Texte, leuchtet aber immer wieder auch in den späteren Texten auf und findet sich konzentriert in dem 1984 geschriebenen „Das Andere mir angetan". Das Erstaunliche ist, dass dieser Gefängnisaufenthalt trotz des enormen Leidensdrucks die junge Dichterin konturierte, die künftige Autorin vielleicht gar schuf.

1977 mit 398,71 DDR-Mark Arbeitslohn entlassen und abermals zur Bewährung in die Schuhfabrik „Talisman" gesteckt, war sie auch sozial unten angekommen. Aus dieser bodennahen Perspektive war es nicht weit zum künstlerischen „Untergrund", zur alternativen literarischen Szene, die sie selbst in Erfurt als treibende Kraft Anfang der achtziger Jahre installierte. 1979 eröffnete die Staatssicherheit den operativen Vorgang „Toxin"[255] gegen sie.

Ihre ersten Texte nach der Haftentlassung sind hart, exzessiv, provokant, nehmen keine Rücksichten mehr auf das, was zu sagen

254 Ebd.

255 BStU, ASt Erfurt, AOP 1753/86.

opportun ist, sind erzählter Alptraum des erlittenen Unrechts und kühle Betrachtung der sie umgebenden Willkür. 1978 schrieb sie:

> WIR
> sprach beständig der Stasibeamte
> ignorierend
> daß
> o und o gleich o ist[256]

Oder die Schlusssätze eines Prosa-Textes aus dem Jahr 1978 mit dem bezeichnenden Titel „Fotorealismus“, der detailliert beschreibt, wie ein Szene-Blues-Konzert von der Volkspolizei zusammengeknüppelt wird:

> Nicht kotzen.
> Es gibt kein Ende.
> Ich will so nicht leben.[257]

Zur gleichen Zeit begann sie mit der immerwährenden gedanklichen Profilierung ihres poetologischen und politischen Programms. So unter anderem mit dem für sie wichtigen Thema der Emanzipation der Frau und dem Verhältnis der Geschlechter zueinander. Es ist bei Gabriele Stötzer – anders als bei Christa Wolf, deren Texte zur Emanzipation mehr angelesenen Zeitgeist atmen als selbstinduziertes Erleben – ein schmerzhaftes und mitunter drastisches Hindurcharbeiten durch ihre eigene Körperlichkeit, so dass in ihren Textkörpern das Thema tiefer, weil existentiell grundierter erscheint als in der artifiziellen Intellektualität Christa Wolfs, an der sich die junge Autorin trotz des Respektes reibt. 1978 schrieb sie den Text „Eigentlich ein Brief an Christa Wolf“[258], dessen Ansätze fundamental radikaler sind als die der heimlichen Adressatin. Zunächst weist die junge Autorin dem staatlich verwendeten Begriff

---

256 Gabriele Stötzer: Vorlass, BStA, AUL.

257 Gabriele Stötzer: Ich bin die Frau von gestern (Die Verschwiegene Bibliothek), Frankfurt a. M. 2005, S. 8.

258 Gabriele Stötzer: Vorlass, BStA, AUL.

Emanzipation den Ort zu, der ihm in seinem Missbrauch gebührt: die Gosse, doch nur, um ihn neu zu definieren, ihn freizumachen von aller gesellschaftlichen Zwangsverwaltung und Inanspruchnahme, ihn zu definieren als antiautoritär und „ichbezogen". Indem die Frau sich ihrer selbst bewusst würde, stärke sie ihre Individualität, die den Blick freimache für das eigentliche Problem: „Das Wie der Existenz des Menschen in seinen Verhältnissen". Das heißt, sie denkt nicht nur simpel an die Aufhebung des „Einbahn-Verhältnisses von Mann und Frau", sondern denkt die notwendige Emanzipation beider als von der Diktatur gleichermaßen unterdrückte Menschen, mit dem politischen und wirklich emanzipatorischen Ziel: „Der Mensch wird frei."

Und auch politisch-praktisch blieb sie trotz der Hafterfahrung mutig und konsequent. So schrieb sie am 5. Juni 1979 Hermann Kant, der im SED-Zentralorgan „Neues Deutschland" den Ausschluss von neun Schriftstellern aus dem Schriftstellerverband der DDR propagandistisch vorbereitet hatte, einen Brief, der klar und deutlich ihre Opposition zum Ausdruck brachte. Neun Tage später protestierte sie gegen die inzwischen vollzogenen Ausschlüsse in einem schnörkellos formulierten Brief an den Schriftstellerverband:

> Keine der wortreichen Erklärungen kann nur annähernd die genannte Entscheidung rechtfertigen. Ich habe keine Angst um die freiheitliche Idee, sie wird immer Wortführer und Vertreter finden. Nur diese werden immer jünger werden und Sie, die Verantwortlichen für derartige Repressalien, im gleichen Maße einsamer. Übrigens, solche aus der dunkleren Vergangenheit hinlänglich bekannten Methoden wenden sich letztlich doch immer gegen die Urheber und deren Ziele selbst.[259]

Ihre in den Jahren 1978/79 geschriebenen Texte stellte sie unter die Überschrift „Auf der Suche nach dem authentischen Schreiben". Mit dieser ständig weiter ausgearbeiteten ästhetischen wie politischen Haltung sollte Gabriele Stötzer in den achtziger Jahren eine

---

259 Ebd.

gewichtige Größe in der vernetzten alternativen Literaturszene und eine bedeutsame Autorin werden.[260]

Mehr Orte, mehr Widerworte

Charakteristisch für die frühen siebziger Jahre ist die auffällige Vorreiterrolle der bildenden Künstler bei der Herausbildung einer subkulturellen Szene. Mitunter sind es auch kritische Wissenschaftler, die Diskussionsrunden und Möglichkeiten für literarische Lesungen ins Leben riefen, die für nachwachsende und etablierte kritische Autoren zum Rückzugsort ihrer bedrängten Literatur wurden.

So in Karl-Marx-Stadt, der von Krieg und tristem Funktionärs-Sozialismus nicht nur architektonisch schwer gezeichneten sächsischen Industriestadt Chemnitz am Fuße des Erzgebirges, in der sich in den siebziger Jahren mit der „Galerie Oben", in der es mittwochs auch Jazz, Pantomime und Lyrik gab, und der Künstlergruppe „Clara Mosch" die Praxis einer außerstaatlichen Kultur etablierte, die zum frühen Nährboden einer nachwachsenden literarischen Generation wurde, wofür hier die Namen Kerstin Hensel, Barbara Köhler, Christian Heckel (Radjo Monk), Rainer Klis, Claus Löser und Fritz Hendrick Melle stehen sollen.

In Dresden, der alten Kunstmetropole, in der mehrere hundert Maler wohnten, gab es neben zahlreichen Privatgalerien und wechselnden Künstlergruppierungen eine äußerst aktive Mail-Art- Szene um Birger Jesch, Jürgen Gottschalk, Steffen Giersch und Joachim Stange. Hinzu kam der umtriebige Matthias („Matz") Griebel, der in der Kneipe Körnergarten an der Loschwitzer Brücke, dem Blauen Wunder, sein Zentrum hatte, in welchem er eine spaßorientierte Subkultur mit Happenings, Kostümfesten, Puppenspiel, Multimedia- und Land-Art-Projekten installierte, das auch die der DDR abgewandten Literaten anzog und ihnen eine Bühne bot.

---

260 Weiteres zu Gabriele Stötzer: S. 253 ff.

Von den zahlreichen privat organisierten und kaum zu überblickenden Haus- und Lesekreisen, in denen die ausgesperrte Weltliteratur und die unterdrückte heimische Literatur zu Wort kamen, soll hier nur der Freitagstreff des Biochemikers Peter Bohley in Halle erwähnt sein, dessen Lesungen und Diskussionen 1973 begannen und 1983 mit seiner erzwungenen Ausreise endeten.

Wie früh und wie gnadenlos hart bei primär politischen Texten zugeschlagen wurde, wenn der Autor über keinen Schutz durch prominente Bekannte im In- oder Ausland oder eben eine Publikation verfügte, belegen die Verurteilungen des 22 Jahre alten Gerald Zschorsch aus Plauen im Vogtland und der 26 Jahre alten Anne Gollin aus Zwickau. Im Haftbeschluss der Staatssicherheit vom August 1972 heißt es zu Zschorsch, er habe seit 1971, also seit einem Jahr, „mindestens 15 sog. Gedichte" verfasst, die sich gegen die führende Rolle der SED und deren Wehrpolitik richteten und die er in „mindestens 3 Fällen" gegenüber „jeweils 10 bis 100 Personen" vorgetragen habe, was ein Verbrechen nach § 106 StGB darstelle. Eines der fünfzehn inkriminierten Gedichte, die eigentlich Liedtexte sind, ist dem 1. Mai 1972 gewidmet:

auf den plätzen, auf den straßen,
menschen hasten, kühe grasen
und man schreit ganz laut hurra
vor vierzig jahren war das schon mal da

mit den fahnen, diesen roten
klopfen sie, es stehen auf die toten
und wundern sich, so laut hurra?
alles war schon einmal da.

ach genosse da im zuge
alles lüge und betruge
für wen schreist du heut hurra?
alles war schon einmal da.

damals habt ihr auch gebrüllt,
straßen, häuser ausgefüllt
standet stramm in einer reih

dann war alles schnell vorbei
auch die kühe schrien hurra
alles war schon einmal da![261]

Der Text findet sich als Beweismittel in der Gerichtsakte. Die dreitägige Hauptverhandlung vor dem 1. Strafsenat des Bezirksgerichtes Karl-Marx-Stadt im März 1973 fand, wie üblich, unter Ausschluss der Öffentlichkeit statt, ließ aber zum Anschauungsunterricht in Sachen sozialistischer Rechtspflege eine Klasse Bezirksparteischüler zu und verhängte das Urteil „wie Antrag" (das heißt, wie von der Staatssicherheit vorgegeben) von 5 Jahren Freiheitsstrafe plus das unbeschränkte Verbot, das Grenzgebiet der DDR zu betreten. Beweisschwierigkeiten gab es nicht, zum Schluss stellte der Verteidiger einen Antrag auf psychiatrische Untersuchung, da der Angeklagte vom Vorsitzenden als Halbidiot und vom Staatsanwalt als Landstreicher bezeichnet worden war. Nach einem Berufungsverfahren wurde die Haft auf 4 Jahre „verkürzt", der Häftling dann nach Entzug der Staatsbürgerschaft 1974 aus der DDR ausgewiesen.

Warum Öffentlichkeit und Publikationen den besten Schutz vor strafrechtlicher Verfolgung boten, ist in dem Abschlussbericht zum 1975 angelegten operativen Vorgang „Ikarus" in seltener Klarheit beschrieben. Dieser Vorgang betraf den 1942 geborenen Autor Uwe Grüning. Obwohl dieser, wie die Staatssicherheit konstatiert, mehrfach bestätigte „verfestigte antisozialistische Positionen" mit „konterrevolutionärer Zielstellung" verträte, die eindeutig den Straftatbestand der staatsfeindlichen Hetze (§ 106, Strafmaß: 1 bis 10 Jahre Haft) erfüllten, verzichtete die Staatssicherheit auf die Strafverfolgung. In der MfS-Sprache lautet die Begründung dafür so: „Strafpolitische Gründe, insbesondere GRÜNINGs Kontakte zu exponierten Persönlichkeiten des wissenschaftlichen, geistig-kulturellen und kirchlichen Lebens im In- und Ausland ließen die Variante strafrechtlicher Realisierung des Operativ-Vorganges nicht zu."[262] Hier ist expressis verbis auch eines der wirksamsten Machtmittel der Verfolgungsbehörde benannt: die Differenzierung, das altrö-

261 Gerald Zschorsch: Vorlass, BStA, AUL.

262 Uwe Grüning: Vorlass, Abschlußbericht, Bl. 1, BStA, AUL.

Bezirksverwaltung
für Staatssicherheit Gera
Kreisdienststelle Jena

Jena, 28. 10. 1983
schi-nitz

275

bestätigt:
Stellvertreter Operativ

Seidel
Oberstleutnant

KOPIE

Abschlußbericht zum Operativ-Vorgang "Ikarus", Registrier-Nr. X/773/75

Im Operativ-Vorgang "Ikarus", Reg.-Nr. X/773/75 wird seit Juni 1976 der damals als Fachschuldozent und gegenwärtig ausschließlich als freischaffender Schriftsteller und Nachdichter tätige

Dr. GRÜNING, Uwe
16. 01. 1942 Pabinice

operativ bearbeitet.

G. vertritt verfestigte antisozialistische Positionen und machte sich eine Reihe bürgerlich-imperialistischer Denkmodelle zur Beseitigung des realen Sozialismus zueigen.
Er versuchte über Jahre, unterstützt von einem äußerst umfangreichen überwiegend im geistig-kulturellen Bereich angesiedelten Freundes- und Bekanntenkreis innerhalb der DDR und im Operationsgebiet, sich als anerkannte Schriftstellerpersönlichkeit aufzubauen und so einen speziellen Beitrag zur Realisierung der gegnerischen konterrevolutionären Zielstellung zu leisten.

Die straftatbestandsbezogene Bearbeitung des Operativ-Vorganges erfolgte auf der Grundlage des § 106/1 StGB.

Die Erfüllung dieses Straftatbestandes wurde im Verlauf des langfristigen Bearbeitungsprozesses auf der Grundlage entsprechender Einschätzungen der Abteilung IX sowie der strafrechtlichen Bewertung der analytisch erhobenen negativ-feindlichen Aktivitäten der Vorgangsperson mehrfach bestätigt.

Strafpolitische Gründe, insbesondere GRÜNINGs Kontakte zu exponierten Persönlichkeiten des wissenschaftlichen, geistig-kulturellen und kirchlichen Lebens im In- und Ausland ließen die Variante strafrechtlicher Realisierung des Operativ-Vorganges nicht zu.

Aus dem MfS-Abschlussbericht zum OV gegen Uwe Grüning

mische Divide-et-impera. Denn im Umkehrschluss bedeutet dieser Satz natürlich, dass derjenige Dichter, der nicht über derartige „Kontakte" verfügte, der Strafverfolgung in voller Härte ausgesetzt war. Was ja denn auch nachweislich mit jungen, unbekannten und wegen fehlender Öffentlichkeit ungeschützten Autoren geschehen ist, wie zahlreiche Beispiele der im Archiv unterdrückter Autoren in der DDR versammelten Autoren belegen.

Wegen der unmöglichen strafrechtlichen Verfolgung „des G.", so hieß es entsprechend weiter, seien die „operativen Hauptanstrengungen" auf die „gezielte Verunsicherung/Zersetzung", auf die „Einschränkung der Wirksamkeit" sowie auf die „Verhinderung der Entwicklung GRÜNINGs zu einem anerkannten DDR-Autor" zu konzentrieren. Auch diese Formulierung ist äußerst aufschlussreich und war durchaus nicht nur Absichtserklärung, sondern vielfach praktizierte Autorenpolitik in der DDR.

Wenn derart massiv in die Wirkmöglichkeiten von Literatur eingegriffen worden ist, stellt sich natürlich die Frage, inwieweit der nach 1989 im Kern fortgeschriebene und lediglich von einigen wenigen, zu eindeutig affirmativen Staatsautoren bereinigte Kanon der DDR-Literatur das Abbild einer allein nach literarischer Qualität gebildeten Hierarchie ist oder ob die vielfältigen Manipulationen der Diktatur eine neue Wertung geradezu erfordern. Eine weitere Frage ergibt sich aus der Lektüre von Grünings politisch klarsichtigen und konsequenten Schubladentexten, nämlich die Frage, ob eine kritisch genannte Literatur, die Detailkritik an der Praxis übte, sich jedoch loyal zur Idee und zum System verhielt, überhaupt kritisch genannt werden kann. Wenn man bei Grüning liest, dass der Sozialismus ein totalitäres Regime sei, das man als Staatskapitalismus oder Sozialimperialismus bezeichnen müsse, dass die DDR ein Polizeistaat sei, in dem tatsächlich alle gleich seien, allerdings nur in ihrer geistigen Armut, und dass die Sowjetunion der Staat sei, wo die meisten Massenmörder frei herumliefen, so sind das Sätze, die man bei den kritisch-loyal genannten Autoren vergeblich suchen wird. Grüning wurde von der Staatssicherheit eindeutig als „potentieller Feind" geführt, dessen „schriftstellerisches Schaffen", so wörtlich in einem Beratungsprotokoll der MfS-Kreisdienststelle Greiz, „nicht verhindert werden" könne, der aber dank der politisch-operativen Kontrolle, zu der ganz selbstverständlich Postkontrolle und

Telefonüberwachung gehörten, „in relativer Isolierung" lebe und somit sein „Einfluss auf das Territorium" gering sei.

Entsprechend tiefer lag die Schwelle der Repression bei der 1956 in Neubrandenburg geborenen und nach einer ersten Haftstrafe von 6 Monaten wegen „asozialen Verhaltens" ab 1975 in Zwickau lebenden jungen Autorin Anne Gollin. Sie und ihr Freundeskreis aus dem Umfeld der evangelischen Jungen Gemeinde hatten schwer zugängliche Literatur von Hand abgeschrieben (u. a. Gedichte von Reiner Kunze, in den Stasi-Aufzeichnungen als „antisozialistische Machwerke" bezeichnet) und, so wörtlich, „an insgesamt 5 Personen verbreitet", was die Staatssicherheit als „strafbare Handlung nach § 220" (Öffentliche Herabwürdigung, Strafmaß: Geldstrafe oder Haft bis zu 5 Jahren) wertete, den operativen Vorgang „Transit" einleitete und Beweismittel sammelte, darunter von Anne Gollin geschriebene Texte („zwölf selbstgefertigte Schriften in Versform") wie diesen:

Ich lach Euch aus

– Halt die Fresse –
habt Ihr geschrien
und zugeschlagen
Nun fehlen mir die Vorderzähne
und ich rufe nochmal so laut
NACH FREIHEIT
und spreche weiter
zur Masse, damit sie Euch entthront
Schlagt mir auch die restlichen Zähne aus
Schlagt doch zu
Ich kann auch ohne Zähne reden.[263]

Hinzu kamen gesammelte Zitate von Heinrich Böll, Max Frisch und den Mitscherlichs sowie „verächtlichmachende Äußerungen" gegenüber einem entdeckten Stasi-Spitzel, worauf die 26-Jährige trotz ihres erst zwei Jahre alten Sohnes im April 1982 erneut in Haft genommen und im Dezember des gleichen Jahres daraus und

263 Anne Gollin: Vorlass, BStA, AUL.

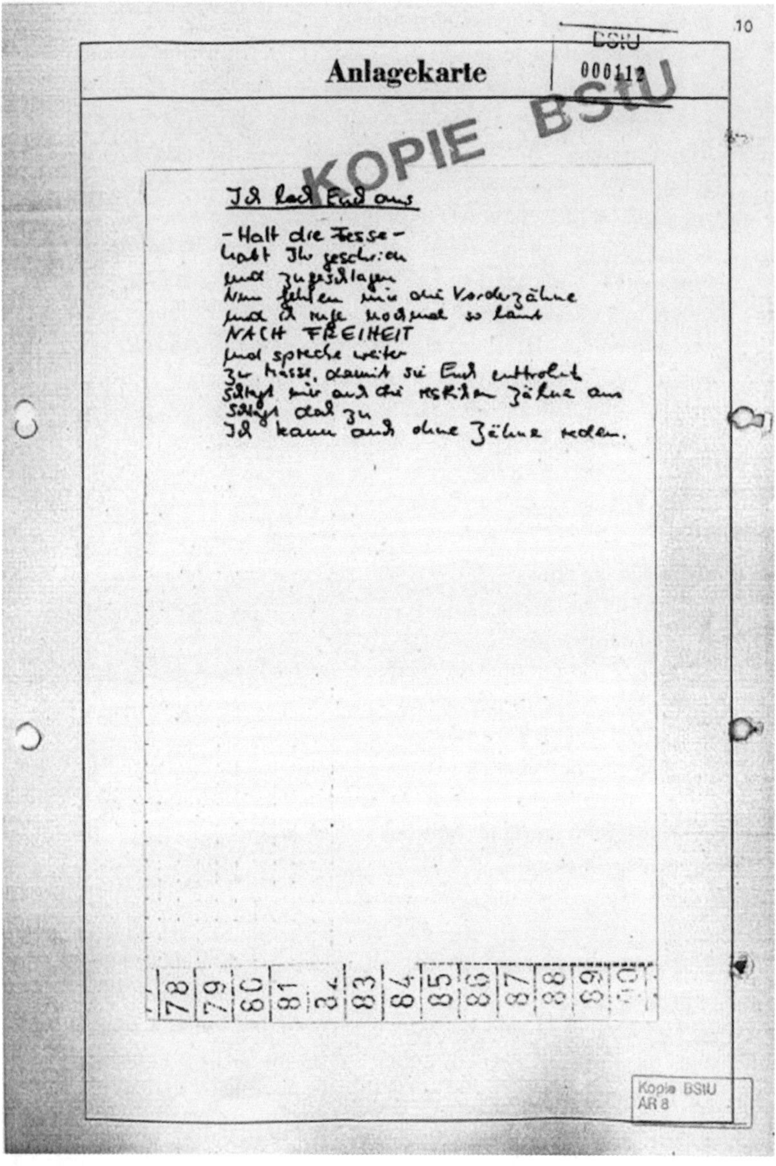

Vom MfS beschlagnahmtes Originalgedicht von Anne Gollin

aus der DDR-Staatsbürgerschaft in die Bundesrepublik entlassen wurde.

Anderen jungen Autoren erging es ähnlich. So Ulrich Schacht, der 1973 wegen seiner Gedichte und Erzählungen, die im Prozess als „Mittel seiner subversiven Tätigkeit" bezeichnet wurden, zu 7 Jahren Haft verurteilt worden war und 1976 durch Freikauf in die Bundesrepublik kam. Im Gefolge der Protestwelle gegen die Biermann-Ausbürgerung wurden die Liedermacher Gerulf Pannach und Christian Kunert sowie Jürgen Fuchs verhaftet und im Sommer 1977 aus der Haft in den Westen abgeschoben. Am Ende der siebziger Jahre, zu Beginn der achtziger Jahre gerieten die jungen Autoren Thomas Erwin, Frank-Wolf Matthies und Lutz Rathenow nach Zulieferung durch die Staatssicherheit in die Mühlen der DDR-Justiz und landeten, bis auf Rathenow, nach der Haftzeit ebenfalls im Westen.

So finden wir in der Übergangszeit von den siebziger zu den achtziger Jahren zwar eine methodisch modernisierte, gleichwohl unverändert intolerante, repressive Staatsmacht vor, deren Fixierung auf die „unerschütterlichen" ideologischen Grundpositionen ihr zunehmend den Blick auf die sich beschleunigt verändernden Realitäten im eigenen Land und in der Welt verstellten, darunter auch auf subtile Wandlungsprozesse in der literarischen Szene und auf die weitere Ausformung alternativer, politisch-ästhetischer Autorenpositionen und Schreibkonzepte.

Die ausgegrenzten, unterdrückten Autoren, deren Zahl trotz gegenteiligen Einwirkens seitens der staatlichen Organe wuchs, gewannen zudem zunehmend an Selbstvertrauen, da sich ihre selbstbestimmten Schreibstrategien über die Jahre entwickelt, gefestigt und einen Prozess der Individuation befördert hatten – durchaus in Wechselwirkung mit der sich ausbreitenden Alternativkultur, die einerseits einen begrenzten Schutzraum und eine ebenso begrenzte Gegenöffentlichkeit bot, andererseits inzwischen so zahlreich und differenziert geworden war, dass sich niemand den Zwängen kleinerer Gruppierungen unterwerfen musste. Der Staatsapparat, wiewohl im individuellen Fall weiterhin rigoros reagierend, wurde ab jetzt der Entwicklung im Ganzen nicht mehr Herr.

KUNST ALS AUSSERSTAATLICHES LEBEN
DDR-AGONIEN

Hintergrund achtziger Jahre

Auch im vierten Jahrzehnt der DDR-Existenz behielt die Partei ihre kulturpolitische Generallinie bei. SED-Generalsekretär Honecker bekräftigte auf dem X. Parteitag der SED im April 1981 noch einmal die unveränderte Gültigkeit der alten Normen, indem er wiederum die dogmatische Triade von Parteilichkeit, Volksverbundenheit und sozialistischem Ideengehalt als die entscheidenden Kriterien benannte, die in enger Funktionärssicht den Wert eines Kunstwerkes bestimmten. Unmissverständlich waren auch die apodiktischen Signale, die aus der Machtzentrale, dem SED-Zentralkomitee, gesendet wurden, so 1980 ein Artikel im „Sonntag", in dem es hieß: „Die sozialistische Macht kann auch heute auf Gewalt und die zu ihrer Ausübung erforderlichen Mittel nicht verzichten, solange der aggressive Imperialismus besteht und solange Regeln des gesellschaftlichen Zusammenlebens im Sozialismus von einzelnen verletzt werden. Die Gewalt hat im Sozialismus eine tiefe moralische Rechtfertigung."[264]

Trotz dieses gebetsmühlenartig wiederholten und weiterhin rigide durchgesetzten, auch kulturpolitischen Führungsanspruches der Partei begannen sich Anfang der achtziger Jahre Teile der Literaturproduktion aus der Abhängigkeit staatlicher Vormundschaft zu lösen – ein Emanzipationsprozess unter den Bedingungen einer Diktatur, ein Streben nach Autonomie unter dem Kollektivdruck des politischen Systems, das es vereinzelt auch vorher schon gegeben

---

264 Manfred Jäger: Kultur und Politik in der DDR. Ein historischer Abriß, Köln 1982, S. 179.

hatte, sich aber nun signifikant verstärkte. In selbstverlegten Zeitschriften und ungenehmigten Publikationen vollzog eine nachgewachsene, junge Autorengeneration die bewusste Abwendung vom offiziellen Literaturbetrieb und dem normierten Literaturbegriff. Es entstand eine parallele zweite Kultur mit künstlerischen Gruppierungen aller Genres in nahezu allen größeren Städten der DDR, eine subkulturelle Infrastruktur einer alternativen literarischen Szene, die sich andere Traditionslinien als die offiziell vorgegebenen suchte und bewusst an weitgehend ausgesperrte Literaturen und ästhetische Konzepte anknüpfte. Dem DDR-Staat und seinen Repressionsorganen fiel der Zugriff auf diese neuartige Szene schwer, da es weder eine pyramidale Struktur mit einem Kopf an der Spitze oder sogenannten Rädelsführern gab, die man nach altbewährtem Muster hätte kappen, noch ein alle verbindendes künstlerisches oder politisches Programm, das man als konterrevolutionäre „Plattformbildung" anklagen und mit einem Schlag hätte eliminieren können. Informelle Gruppierungen, fließende Gattungsübergänge, fluktuierendes Publikum, die Vielfalt alternativer Lebensentwürfe, künstlerische Mischformen, eine alternative Fest- und Spaßkultur, Individualismus als Leitstern – all diese Merkmale der neuen Szene erschwerten dem mehr und mehr unbeweglichen, sklerotischen Staat eine wirksame Gegenstrategie.

Die der in der DDR geschriebenen Literatur zugewiesene „Vermehrung des Schweigens"[265] in den achtziger Jahren und die konstatierte fehlende Systemkritik treffen durchaus auf das Gros der kritisch-loyalen und Teile der subversiv-apolitischen Literatur zu. Gestützt wird dieser Befund durch zahlreiche Notate der Staatssicherheit, die mit Beginn der achtziger Jahre, also nach gescheitertem Biermann-Protest, dem Auseinanderdividieren der Protestler und dem anhaltenden Exodus der kritisch-illoyalen Autoren, wiederholt in zentralen Analysen und Informationen für die Parteiführung eine Beruhigung der Lage im Kernbereich der DDR-Literatur feststellten: Die überwiegende Mehrheit der Schriftsteller verhalte sich positiv oder zumindest loyal zur DDR, halte sich politisch zu-

265 Susanne Liermann: Die Vermehrung des Schweigens. Selbstbilder später DDR-Literatur, Leipzig 2012.

rück oder habe sich ganz zurückgezogen. Die zuständige Hauptabteilung XX meldete 1986 zur Gesamtlage: „Die gegenwärtige Situation unter den 971 im Schriftstellerverband der DDR organisierten Mitgliedern und Kandidaten ist im Zusammenhang mit der Auswertung des XI. Parteitages der SED geprägt durch die Zustimmung der überwiegenden Mehrheit der Mitglieder."[266] Bei der kanonisierten DDR-Literatur spricht einiges für die These, sie sei tendenziell auf ein „stummes Vorsichhinsprechen" (so der Literaturwissenschaftler Wolfgang Emmerich) zugesteuert, ob nun bei Christa Wolf mit ihrer zunehmend selbstreflexiven Prosa, ihrem unbestimmt bleibenden Projekt einer weiblichen Literatur, ihrer „Angst vor zu weitgehenden Einsichten oder/und die Angst vor der Verletzung von Tabus"[267] und der selbstauferlegten öffentlichen Zurückhaltung mit Kritik, ob in der artistischen Weltflucht der 1979 erschienenen Autobiografie „Abendlicht" von Stephan Hermlin, in der das eklektizistisch Artifizielle zu weltliterarisch überhöhtem Kitsch, biografischer Legendenbildung und egomaner Hybris gerann, oder beim Dramatiker Heiner Müller, der in den achtziger Jahren sieben Jahre lang kein Stück schrieb, also nicht nur latent, sondern manifest schwieg, was er selbst als krankmachend benannte. Schweigen als Signum „beherrschter Literatur" (so der Germanist Eberhard Lämmert).

Die Verweigerung der gesellschaftlichen Realität hatte natürlich Folgen für die Texte, ob sie sich nun ohnehin ungedruckt und also ohne Leser mit einer hermetischen Anti-Ästhetik der Rezeption bewusst entzogen oder sich mit einem extremen literarischen Eskapismus völlig aus der diktaturgeprägten Realität verabschiedeten.

So oder so ist diese Literatur Reaktion auf die Diktatur. Selbst da, wo sie sich von ihr emanzipiert, die Diktatur gänzlich ablehnt oder womöglich anschreibt gegen sie, ist sie komplementär auf sie bezogen, wenn nicht gar durch sie bestimmt. Ein Dilemma, dem sich auch die alternative Literatur nur in Teilen entziehen konnte. Insofern ist die Vielfalt der alternativen Schreibstrategien auch das

---

266 BStU, Berlin: ZMA XX 4130, Bl. 78.

267 Christa Wolf: Die Dimension des Autors, Darmstadt u. Neuwied 1987, S. 727.

Indiz der Suche nach dem Ausgang aus dem bedrängenden Bedingungsgefüge der Diktatur.

Der relativen Ruhe im Hauptfeld der DDR-Literatur stand die wachsende lebendige Szene der alternativen Avantgarde gegenüber. Die einen erwehrten sich der politischen und ästhetischen Zumutungen mit Satire, Hohn und Spott (zum Beispiel Ralf-Günter Krolkiewicz), andere, insbesondere Autorinnen, buchstabierten in ihren Texten Emanzipation auf neue Weise zugleich körper- und gesellschaftsbezogen (wie Gabriele Stötzer und Sylvia Kabus), wieder andere kamen in bewusst hermetischen Texten zu einer theoretisch fundierten Dekonstruktion der Sprache der Diktatur (Gert Neumann) oder widmeten sich in literarischen Großprojekten deren innerstem Gravitationszentrum, der kommunistischen Utopie (Thomas Körner).

Die Partei reagierte auf die deutliche Abwendung der nachgewachsenen Autorengeneration Mitte November 1981 mit einer Sitzung des ZK-Sekretariats unter Leitung Honeckers und verabschiedete eine „Konzeption zur Arbeit mit jungen schreibenden und anderen am Schreiben interessierten Bürgern".[268] Darin wurde unter anderem verfügt: die landesweite Installation sogenannter Bezirksliteraturzentren „zur Erfassung und intensiven Betreuung literarisch tätiger junger Leute" unter politisch-ideologischer Aufsicht der SED-Bezirksleitungen, der Zensurbehörde und der Staatssicherheit und mit parteiverbundenen Betreuern vor Ort, weiterhin die Stärkung der Nachwuchsabteilungen des Schriftstellerverbandes, und außerdem sollten künftig junge Autoren ohne Kandidatenkarte des Schriftstellerverbandes oder einer vertraglichen Bindung an Verlage, Redaktionen oder Massenmedien „auf der Grundlage der bestehenden Gesetze geregelten Arbeitsverhältnissen zugeführt" werden.

Die Staatssicherheit befasste sich mit dieser Vorgabe ihres Auftraggebers bereits vier Wochen später und legte die operativen Maßnahmen und Methoden zu deren Unterstützung fest: Einfluss auf die personelle Besetzung der Bezirksliteraturzentren, Installieren von IM in Schlüsselpositionen, Kontrolle der abgelehnten Jung-

---

268 SAPMO-BA, ZPA, J IV 2/3/3295, Bl. 47.

literaten und konsequente Verfolgung der als feindlich-negativ eingestuften Personen.

Auf dieser ZK-Sekretariatssitzung ging es auch um die Verhinderung der von Franz Fühmann 1980/81 geplanten Publikation eines Arbeitsheftes der Akademie der Künste mit Texten junger und alternativer Autoren. Im Protokoll heißt es dazu unmissverständlich: „Es finden keinerlei Veranstaltungen mit diesen Autoren in der Akademie der Künste statt und es erfolgt keine Veröffentlichung der vorliegenden Texte."[269] Das MfS übernahm die Operation, der Codename hieß „Anthologie III" und wurde in „politisch-operativem Zusammenwirken" von Stasi, Abteilung Kultur beim ZK der SED, Akademie der Künste, Zensurbehörde und Schriftstellerverband erfolgreich exekutiert. Damit war ein Integrationsversuch der alternativen Szene gescheitert. Die verhinderte Anthologie erschien erst 1985, herausgegeben von Sascha Anderson und Elke Erb, unter dem Titel „Berührung ist nur eine Randerscheinung" im Verlag Kiepenheuer & Witsch in Köln. Die 1988 im Aufbau Verlag gestartete Edition „außer der reihe" kann nicht als ernsthafter Integrationsversuch gewertet werden, da subversiv-systemkritische Texte durch die Zensur ausgeschlossen blieben und der Versuchsballon zu spät gestartet worden war.

Auch die Jugendorganisation FDJ, die schon seit 1970 mit den sogenannten Poetenseminaren den literarischen Nachwuchs politisch-ideologisch zu steuern versuchte, probierte 1982 noch einmal, mit einer propagandistisch massiv begleiteten Kulturkonferenz ihren sichtbar schwindenden Einfluss auf die junge Kunst zurückzugewinnen, verfehlte aber mit ihren abgestandenen, bereits Anfang der achtziger Jahre anachronistischen Beschwörungsformeln dieses Ziel.

Die Staatssicherheit als das effizienteste Verfolgungsorgan differenzierte die literarische Nachwuchs-Szene in drei Gruppen: 1. in „loyale Bürger der DDR" mit schriftstellerischem Talent, die „betreut" und organisatorisch eingebunden werden sollten, 2. in Schreibende, die sich gegen die Politik von Partei und Regierung betätigen, deren Zugang zur Öffentlichkeit strikt zu unterbinden war und die

269 SAPMO-BA, ZPA, J IV 2/3/3295, Bl. 51.

einer geregelten Arbeit zugeführt werden sollten, und 3. in „asoziale“ und staatsfeindliche „Elemente“, die mit den Mitteln des politischen Strafrechts behandelt werden sollten – und wurden.

Auch strukturell versuchte sich die Staatssicherheit mit der Gründung der speziell auf diese Szene angesetzten Hauptabteilung XX/9 auf die neue Bedrohungslage einzustellen und entwickelte subtilere Methoden. So die Methode der „Umprofilierung“, die nicht das äußere Zerschlagen einer Gruppe vorsah, sondern deren Veränderung von innen, indem beispielsweise ein gesellschaftskritischer Ansatz zurückgedrängt und stattdessen ein apolitisches, sprachspielerisches, rein ästhetisches Konzept infiltriert wurde – so praktisch und erfolgreich umgesetzt mit dem Etablieren der beiden inoffiziellen Mitarbeiter Sascha Anderson und Rainer Schedlinski im Kernbereich der Szene in Ostberlin. Symptomatisch dafür war die im März 1984 inszenierte Lesewoche der Prenzlauer-Berg-Szene unter dem bezeichnenden Titel „Zersammlung“, auf der systemkritische Autoren wie Uwe Kolbe die Gründung eines alternativen Schriftstellerverbandes vorschlugen, was jedoch von der entpolitisierten Mehrheit mit Sascha Anderson an der Spitze abgelehnt wurde, worauf sich die Szene, von andauernden Ausreisen gen Westen ohnehin geschwächt, weiter zersplitterte und gegen Ende der achtziger Jahre, wie der Germanist Roland Berbig schloss, „unwiderruflich zersammelt“ hatte.

Zwar wurde innerhalb der Staatssicherheit auch darüber nachgedacht, die „Untergrundzeitschriften“ durch Verbot, Beschlagnahme und strafrechtliche Verfolgung zu eliminieren, doch entschied sie sich für die geschmeidigere und stillere Variante der umfassenden Observation, der Besetzung von Schlüsselpositionen und der „Umprofilierung“, der Zersetzung und kleinerer Nadelstiche wie Geldstrafen, Wohnungsdurchsuchungen, demonstrativer Präsenz etc., vor allem jedoch das „vorbeugende Verhindern“ einer Verbindung zwischen literarischer Alternativszene und der sich parallel bildenden nichtstaatlichen Ökologie-, Friedens-, Menschenrechts- und Frauenbewegung.

Neben der methodischen Modernisierung hin zur weniger sichtbaren und stilleren Repression blieb die Gewalt aber nicht nur Option. Auch in den achtziger Jahren wurde die „härtere Gangart“ weiterhin praktiziert, vor allem bei jüngeren, noch unbekannten und deshalb durch Öffentlichkeit ungeschützten Autorinnen und Autoren, bei deren Verhaftung und Verurteilung keine nennenswerten Reaktionen aus dem In- und Ausland zu befürchten waren. Die zum Teil unverhältnismäßig hohen Haftstrafen für jeweils einige wenige literarische Texte widerlegen die These, die Kulturpolitik der DDR habe sich in den achtziger Jahren liberalisiert, sie habe zunehmend verunsichert und defensiv reagiert, habe sogar gewisse Freiräume eröffnet und Nischenexistenzen geduldet. Diese These wurde und wird vor allem von ehemaligen kritisch-loyalen DDR-Literaturwissenschaftlern vertreten, die analog zu den ihnen verbundenen und von ihnen kanonisierten kritisch-loyalen Autoren zwar Reformen am Literatursystem wünschten, nicht aber die Abschaffung des reformresistenten Gesamtsystems selbst, die also die Praxis verhalten kritisierten, an der theoretischen Substanz des Marxismus-Leninismus und der kommunistischen Utopie aber entschieden festhielten, bis sich auch hier eine nachwachsende Generation junger Literaturwissenschaftler und Kunsthistoriker von ihnen emanzipierte.

Der mehrfach abgesicherte Zensur-Komplex mit dem diktatorischen Zugriff auf die literarische Produktion, Distribution und Rezeption blieb bis zum Untergang der DDR voll in Funktion, auch wenn ehemalige DDR-Funktionsträger behaupten, Ende der achtziger Jahre habe es Bestrebungen gegeben, die alte Zensurpraxis abzuschaffen.

Die Wahrheit ist, dass die Zensur lediglich kosmetisch kaschiert und eine verdeckte Variante der Vorverlagerung der Zensur in den Schreibprozess selbst und in die Verlage eingeführt werden sollte. In der „Information zum Stand der Diskussion über eine beabsichtigte Änderung des Druckgenehmigungsverfahrens" der Staatssicherheit vom April 1988 heißt es dazu unmissverständlich, dass „Überlegungen angestellt und Vorschläge erarbeitet [wurden], in welcher Weise das Druckgenehmigungsverfahren verändert bzw. zeitlich verkürzt werden könnte, ohne die staatliche Aufsicht und Entscheidungsbefugnis einzuschränken"[270].

Die 1998 erschienene, bislang umfassendste und detaillierteste

---

270 BStU, Berlin: HA XX/AKG 852, Bl. 202.

Untersuchung zur DDR-Zensur[271] führt zu dem kritisch zu bewertenden Schluss, es habe in der DDR keine durchgängig und methodisch exekutierte Zensur, vielmehr lediglich eine quantitativ und qualitativ wechselnde Willkür des Zugriffs gegeben, die nur als Einzelfall darstellbar sei. Dem ist entgegenzuhalten, dass die Unterdrückung des freien Wortes in der DDR bis zum Ende praktiziert werden musste, da dies im Wesen der Diktatur liegt.

Dass die DDR unter anderem an dieser geistigen Selbstknebelung und letztendlich „zerstörerischen Stabilisierung" (wie der Historiker Klaus-Dietmar Henke es nannte) kollabierte, da diese eben auch die dogmatische Starre und Reformunfähigkeit zementiert und auf diese Weise am Ast der Macht gesägt hatte, bis er brach, ist am Ende bei aller Trostlosigkeit der DDR-Diktatur zumindest historisch tröstlich.

Ästhetisch-politische Individuationen

Gegen Ende der achtziger Jahre waren die Bindekräfte des Systems und der Vorrat an utopischem Potential weitgehend erschöpft und aufgebraucht, wodurch ein begrenzter Freiraum entstand, der von den gesellschaftlichen Aussteigern aller Art genutzt wurde.

Diese ästhetisch-politischen Individuationen waren ein Prozess der literarischen Selbstwerdung und ästhetischen wie politischen Selbstbesinnung und Selbstbestimmung in Abgrenzung zu den „gestockten Widersprüchen" (Franz Fühmann), der „deformierten Realität" (Heiner Müller), den ideologisch verordneten Normen und Dogmen, dem staatlichen Druck zu Kollektivität, der einzig zugelassenen Weltanschauung, der selektierten Weltliteratur, der in Dienst genommenen Vergangenheit und dem tief gelegten Utopie-Horizont. Diese Distanz ermöglichte die gleichzeitige sukzes-

271 Simone Barck et al.: „Jedes Buch ein Abenteuer" – Zensur-System und literarische Öffentlichkeiten in der DDR bis Ende der sechziger Jahre, Berlin 1998.

sive Ausbildung ästhetischer Eigenarten und die erklärte, schärfer konturierte Differenz zum Vorgefundenen und Vorgegebenen. Die immer schärfer werdende Konturierung erreichte schließlich den Status der Unvereinbarkeit, zum einen weil die Autoren mit dem Staat nichts mehr zu tun haben wollten, zum anderen weil der Staat die derart unabhängig produzierten Texte nicht mehr integrieren konnte und wollte.

Wo Autorenexistenzen im In- und Ausland lediglich am Rande, summarisch als Zugehörige zur Szene, oder einfach gar nicht wahrgenommen worden sind, wo deren Texte nur in internen Szene-Publikationen, in Teilen erst kurz vor Ende der DDR oder überhaupt nicht erscheinen konnten, muss weiterhin von einer ungedruckten, verbotenen und unterdrückten Literatur gesprochen werden. Dabei konnte es durchaus geschehen, dass die Autoren doppelt ausgeschlossen blieben: einmal vom offiziellen Literaturbetrieb, zum anderen aber auch von der alternativen Szene, sei es aufgrund ihrer selbstgewählten oder staatlich verursachten Isolation, sei es wegen ästhetischer Unverträglichkeiten oder prononciert politischer Positionierungen, die von der apolitischen Mehrheit abgewiesen wurden, oder sei es, wie im Falle Gabriele Stötzers, durch die Distanz der männlich dominierten Szene gegenüber weiblichen Schreib- und Lebenskonzepten.

Der Fokus liegt im Folgenden auf den literarischen Individuen, da einerseits die alternative literarische Szene in den achtziger Jahren zwar wuchs, sich daraus jedoch weder ein übergreifender solidarischer Zusammenhalt entwickelte noch eine programmatische Verbundenheit über die Ablehnung der Offizialkultur hinaus, und andererseits die Originalität des Textes, wie zu allen Zeiten, an die Individualität des einzelnen Textproduzenten gebunden blieb.

Wo die Worte wahr sind

Nachfolgend soll das literarische Leben der Autorin Gabriele Stötzer in den achtziger Jahren beschrieben werden. Von ihr stammt auch das titelgebende Motto dieses Kapitels: sie sprach von der Kunst als „außerstaatlicher Lebensqualität".

1980, drei Jahre nach ihrer Haftentlassung und der anschließend verordneten „Bewährung in der Produktion" übernahm Gabriele Stötzer in Erfurt eine offiziell nicht zugelassene Privatgalerie. Diese „Galerie im Flur", eine leer stehende Wohnung über einem HO-Küchenladen am Anger 41, wurde zu einem Zentrum junger, nonkonformer Kunst, die über Erfurt hinaus wirkte und eine Brücke zu anderen Künstlern im grauen Land schlug. Daneben arbeitete sie in zwei weiteren besetzten Altstadthäusern, dort entstanden Werkstätten für Siebdruck, Fotografie, Holzdrechselei, Weberei. Sie kaufte Schafwolle, die sie färbte, spann, verwob und als Pullover wieder verkaufte, wodurch sie eine Zeitlang ihr Leben finanzieren konnte. Es gab Lesungen, Ausstellungen, Künstlerfeste, außerhalb Erfurts auch Pleinairs im Forsthaus von Hüpstedt im Eichsfeld, und die Privatgaleristin bekam Kontakt zu jungen Künstlern wie Reinhard Zabka, Eberhard Göschel oder Cornelia Schleime, mit der sie bis zu deren Ausreise aus der DDR eine enge und produktive Arbeitsfreundschaft verband. Die Ausstrahlung der Galerie blieb natürlich nicht unbemerkt, die Erfurter Staatssicherheit erarbeitete eine „Konzeption zur Liquidierung einer operativ-bearbeiteten Privatgalerie", holte sich in der Ostberliner Stasi-Zentrale das Placet ein und ließ die Galerie im April 1981 durch den Rat der Stadt kurzerhand schließen.

Doch die Entmietete gab nicht auf und fand in der Erfurter Kürschnergasse ein von Kunst-Punks besetztes Haus, das in dem eigens angelegten operativen Vorgang „Herberge" als „Konzentrationspunkt negativ-dekadenter Personen" beschrieben wurde. Sie organisierte mit einer Frauengruppe Vernissagen, Modeperformances und Objektshows mit eigengefertigter „utopischer" Kleidung unter dem Label „exterra xx". Sie trat in Punkkellern auf mit der Gruppe „EOG" („Erweiterter Orgasmus" – in ironischer Anspielung auf EOS, die Abkürzung für die Erweiterte Oberschule der DDR). Seit 1983 drehte sie Super-8-Filme, denen Fotoserien vorausgegangen

Gabriele Stötzer bei einem Pleinair, 1980

waren. Diese Foto- und Filmarbeiten stehen in produktiver Wechselwirkung zum Schreiben, indem sie die Stötzer'sche Arbeitshypothese, dass eine eigene „weibliche" Sprache allein in dem Rekurs auf den eigenen Körper gefunden werden könne, zu verifizieren versuchen. Neben dem Filmen zeichnete sie auch, und wenn sie im Film das Verhältnis von Körper und Sprache interessierte, so in der Grafik das von Zeichen und Sprache.

In das Jahr 1980 fiel auch der Beginn ihres ernsthaften, systematischen Schreibens. Sie selbst sagt dazu in der Rückschau: „Dann habe ich angefangen zu schreiben und wusste nicht, wie ich ende, ja. Aber dann habe ich gemerkt, dass ich was anderes zu sagen habe als alle anderen im Osten. Dass ich nämlich nicht aufgebe und dass ich was Positives zum Schluss habe …"[272] Das Positive war ein „begehbarer Weg" für sie und andere in den Zeiten der Diktatur. In dem 1984 geschriebenen Text „So eine Art Manifest" schrieb sie:

> es geht um die Geburt des Lustprinzips an den Dingen,
> von der Hand
> in den Mund, von den Lippen zur Haut, von den Trieben
> zur Liebe
> es geht um die Verkündung der Liebe zu den Dingen […]
> die Zeit der Verweigerung ist vorbei
> fangt an zu leben, wo ihr seid
> und praktiziert das System der Sinne[273]

Bis 1989 konnte sie nur in alternativen, nichtstaatlichen Zeitschriften veröffentlichen, die offiziellen blieben ihr verschlossen, ebenso Verlage, Rundfunk und Fernsehen. Deshalb publizierte sie ihre Texte in den Szene-Publikationen „Und", „Mikado", „Ariadnefabrik", „Koma-Kino" und „Anschläge".

Zur ersten und letzten offiziellen Veröffentlichung in der DDR kam es 1989 in der Edition „außer der reihe" im Ostberliner Aufbau Verlag. Der Band hieß „zügel los". Es war der generöse, ein wenig leutselige, doch viel zu späte Versuch, die nachgewachse-

272 Gabriele Stötzer: Gesprächsprotokoll vom 7.6.2002, BStA, AUL.
273 Gabriele Stötzer: Vorlass, BStA, AUL, Band II.

nen und nicht mehr zu ignorierenden Szene-Autoren in Gute und Schlechte zu sortieren und dann die politisch gerade noch Akzeptablen ohne laufenden Ausreiseantrag in das bereits implodierende System zu integrieren.

Ab Sommer/Herbst 1989 begann die Zeit nach jahrzehntelangem gesellschaftlichem Stillstand zu rasen, auch und vor allem in der Provinz. Und Gabriele Stötzer war in Erfurt mittendrin. Aus vier verschiedenen Frauengruppen entstand die nun eindeutig politische Gruppierung „Frauen für Veränderung“, eine Bürgerinnen-Initiative mit Rederecht auf den Demonstrationen in Erfurt. Die Frauen waren an der Spitze derer, die am 4. Dezember 1989 als Erste in der DDR ein Gebäude der Staatssicherheit besetzten. Die Dichterin fand sich plötzlich vom Rand ins Zentrum des revolutionären Sturms versetzt, arbeitete mit in Bürgerrat und Bürgerkomitee, erkannte den historischen Moment und übernahm ihren Part bei der Transformation der Diktatur in eine offene Gesellschaft.

In dem Text „sturzgeburt“ von 1989 schreibt sie über diese Zeit:

> es ist jetzt nicht die zeit berühmt zu werden
> aber diese zeit wird berühmt werden auch in deutschland
> die vielen fragen die antworten tauschenden münder
> ich muß nicht dummdeutsch sein doch irgend etwas altes
> bröckelt hin zu vergangenheiten die zugelassen werden
> wir haben uns mit dem verletzt und verraten was wir
> vorgaben zu lieben
> wird jetzt eine großzügige handhabung entstehen
> eine wirkliche vielleicht[274]

Nach dem von ihr aktiv begleiteten Untergang der DDR gründete sie in Erfurt den Verein „Kunsthaus“, erhielt ein Reisestipendium, reiste durch England, Spanien und Marokko, schrieb: „ich bin die frau aus einem land / das es nicht mehr gibt / und gehe durch länder / die es für mich nie gab“[275]. Es folgten Studienaufenthalte in Amsterdam, Teilnahmen an Kongressen in Köln und Madison/USA, Lesungen

274 Gabriele Stötzer: Ich bin die Frau von gestern, a. a. O., S. 206.

275 Gabriele Stötzer-Kachold: grenzenlos fremd gehen, Berlin 1992, S. 3.

und Performances in Leipzig, Berlin, Paris und Rotterdam, sie organisierte Tagungen, Lesungen, Konzerte, Ausstellungen – die Welt stand ihr nun offen und auch die Möglichkeit, ihre Texte zu veröffentlichen. 1992 erschien „grenzen los fremd gehen", 1995 „Erfurter Roulette", 2002 „Die bröckelnde Festung", 2005 „Ich bin die Frau von gestern", 2012 in Holland „de grijze strom", daneben literarische Texte und Essays in Literaturzeitschriften sowie Publizistisches in Printmedien und im Hörfunk. Gabriele Stötzers Texte werden dabei in letzter Zeit vermehrt nicht mehr primär als Protestprosa oder Leidenslyrik eines Opfers der DDR-Diktatur wahrgenommen, sondern als das, was sie von Anfang an sein wollten und sind: Literatur.

Auffällig bei Gabriele Stötzer ist die Varianz der Textsorten, die jedoch in chronologischer Betrachtung die kontinuierliche Textarbeit der Autorin offenbaren, die Entwicklung hin zu immer höherer Verdichtung, einer ästhetischen Konsequenz in fortlaufender Reflexion und Selbstreflexion, einer Gleichzeitigkeit von Konstruktion und Dekonstruktion und des Versuches, die Dichotomien von Fremd- und Selbsterfahrung, von Politischem und Privatem aufzuheben. Das ist von einer inneren Logik, als habe die Autorin über die Jahre an einem einzigen Text geschrieben.

1982 schrieb sie in dem Prosatext „Erster Antrag auf Ausreise, Grund: Berufswahl Prostituierte":

> Ich habe so wenige lebendige Lebensformen um mich herum gefunden, daß ich dieser Moral nicht trauen kann. Alle lügen sie, alle betrügen sie, alle verschweigen sie etwas. Ich glaube, daß man in den Lügen der Männer und in der Wortlosigkeit der Frauen, ihren Vermittlungsversuchen, ihren Kupplerinnendiensten unter Zurücknahme der eigenen Persönlichkeit, auf die große Lüge des Landes trifft.[276]

Zunächst problematisierten ihre Texte, wie schon zuvor beschrieben, die wachsende Sprachlosigkeit und die gestörte Kommunikation zwischen oben und unten, innen und außen, suchen dann

276 Ebd., S. 71.

jedoch nach Auswegen aus dieser Misere mit experimentellen, sprachinnovativen Verfahren, hinterfragen die vorgefundene normative und zunehmend degenerierte Sprach-, Bild- und Metaphernwelt, konzentrieren sich anfangs auf Autobiografisches und sintern aus erlebter und erlittener Erfahrung eine individuelle, handhabbare und haltgebende Poetik.

Experimente mit seriellen Techniken, mit rhapsodischen Klangmustern, mit Rap- und Punkrhythmen, das suchende Erproben von „Ecriture féminine" und „Ecriture automatique", die syntaktischen Verformungen, die mitunter bedrängend physiologische Bildsprache, der rigorose, intensive, radikale und atemlose Gestus waren keine L'art-pour-l'art-Sprachspielereien, sondern ein unter enormem Druck stehendes und zugleich lustvolles, sinnliches Suchen nach Verlässlichem, nach eben dem „authentischen Schreiben". Diese auch praktisch zu verstehende programmatische Aussage zur eigenen Poetologie meint die existentielle Bezogenheit der Texte, deren therapeutische Funktion als Selbsterkundung, Überlebensstrategie und Abwehr des gesellschaftlich Bedrängenden, meint die Suche nach Ausdrucksmöglichkeiten des „Wahren" aus weiblicher und zwangsweise marginalisierter Sicht. Die vordergründig autobiografisch scheinenden Texte weiten die literarischen Räume vom Dokumentarischen immer wieder und immer weiter ins Fiktionale. Identifikatorisches steht neben sprachstrukturell Verfremdetem, geht nahtlos ineinander über. Es wechseln Bericht, Rede, Porträt, Traum, Gesang, Dialog, Monolog, Manifest, Pamphlet und Parodie. Sie bedient sich des Bilderreservoirs aus Magie, Mythen, Sternzeichen, Träumen, Psychoanalyse, Biologie und Geschichte, um archetypische Grundmuster und verlässliche Bildwelten zu finden. Sie entdeckt das subversive Potential der Sprache und die emanzipative Kraft der Weiblichkeit als positive Entgegnung auf ihre patriarchalisch und totalitär strukturierte Umwelt. Dem soll auch eine zu findende und zu erprobende erotische Sprache dienen, die zu einer umfassend gemeinten Sprache der Liebe (oder „Sprache des Begehrens", nach Luce Irigaray) werden soll. Diese Sprache ist assoziativ, rhythmisch, melodisch, sinnlich, geht hin zu einem selbstbeschwörenden eigentümlichen Singsang und wirkt manchmal wie in Trance.

Andere, eher reflektorische Texte leben von kritischer Analyse und erinnern an den Duktus von Thomas Bernhard, dem beharrlich wiederholten Einkreisen des präzisen, letzten Wortes durch sich fortknüpfende Wortnetze und Motivketten, die enger werden, treffender gesagt: dichter.

Ihre Texte sind auch als Selbstversuch zu lesen, sich als Frau schreibend neu zu buchstabieren. Sie verwirft die beschränkten, historisch wie aktuell hervorgebrachten Projektionen der Frau, sucht nach einem neuen, rebellischen Frauenbild, was auch in der männerdominierten literarischen Untergrundszene auf weitgehende Ablehnung und Abwehr stieß, Stigma: Feminismus.

Dabei entging sie, den Göttinnen sei Dank, der Konstruktion eines neuen Weiblichkeitsmythos und dem Postulat eines genuin „weiblichen Schreibens" durch ihre nachfragende Ich-Stärke. Gabriele Stötzer trennte nicht Literatur und Leben, Körperlichkeit und Sprache, Sexualität und Textualität, sondern begab sich mit Haut und Haar in den Selbstversuch, sich als Frau unter den gegebenen Bedingungen im Prozess des Schreibens Stück für Stück zu finden und neu zusammenzusetzen.

Und weil es bei ihr eben nicht nur ein angelesenes, intellektuell reflektiertes, sondern ein ganzheitliches, existentiell durchlebtes Suchen war, ist ihre Literatur, was diesen Aspekt angeht, fundierter als die von, beispielsweise, Christa Wolf. Auch denkt Gabriele Stötzer nicht selten weiter als etliche ihrer schreibenden Geschlechtsgenossinnen, da sie nicht bei der konstatierten Inkompatibilität von Mann und Frau stehenbleibt, sondern beide als Opfer beschreibt unter totalitären Bedingungen, die – ein weiterer Schritt im Denken – nicht zu reformieren, sondern abzuschaffen sind. Im Unterschied zur etablierten DDR-Literatur mit ihrem affirmativen bis kritisch-loyalen Charakter gibt das ihrer unterdrückten Literatur eine eindeutig subversive Qualität.

So eine Schreibgenese mit Tabubrüchen und Regelverletzungen sowohl im Denken wie im Schreiben braucht viel Kraft, um bei sich selbst zu bleiben, braucht die Provokation, um die Geister zu scheiden, braucht klare Worte, um die Konturen der missratenen Praxis aus dem Politik- und Geschlechternebel herauszulösen. Und doch bleibt es nicht bei Klage und Anklage, Spott und Provokation, Verdammnis, Aufschrei und Analyse, sondern unter all dem fließt in den Texten Gabriele Stötzers ein Wärmestrom, ein deutlich spürbarer Subtext, energetisch gespeist aus den fundamentalen Werten Sehnsucht, Treue, Anstand, Liebe und Verlässlichkeit. Es ist schon erstaunlich, wie solch ein seelenstarker und autonomer Schreibcharakter in einer unnachgiebigen Erziehungsdiktatur wie der DDR, die konformes Verhalten von klein auf belohnte und Widerspruch beharrlich bestrafte, überhaupt entstehen konnte.

Die Staatssicherheit als letzte literaturkritische Instanz nach der Zensurbehörde fand ihre Texte in toto unverständlich und „teilweise psychopathisch". Wenn der Vermerk „psychopathisch" nicht die Variante der zwangsweisen Psychiatrisierung enthielte, dürfte man über die intellektuelle Armut der Rezensenten vom MfS getrost lachen. So aber schwebte über der schon einmal Verurteilten das Damoklesschwert eines weiteren Ermittlungsverfahrens. Dennoch beharrte die Bedrohte auf ihrer ungeschützten Künstlerexistenz ohne Verbandsmitgliedschaft, ohne Steuernummer und Zulassung als freiberufliche Schriftstellerin, was die staatlich marginalisierte, szeneaktive, selbstbewusst und autonom schreibende junge Frau nach dem „Ordnungswidrigkeitsrecht der DDR" stets in der gesellschaftlichen Grauzone der „Asozialität" leben ließ.

Unter diesen bedrängenden Bedingungen suchte sie nach sprachlichen Sprengkräften, die die verfestigten Strukturen der normierten und ritualisierten, ideologiegetränkten und zunehmend realitätsfernen Staatssprache aufzubrechen vermochten, attackierte das von oben Verabreichte und überschritt dabei bewusst politische, ästhetische wie auch orthografisch und syntaktisch gesetzte Grenzen, um einem System des krampfhaften Sinn- und Machterhaltes eine lebendige Welt der Sinne gegenüberzustellen, den Dogmen und Normen die Produktivkräfte Sexualität, Liebe, weibliche Energie, Skepsis, Widerspruch und Provokation.

In dem Text „der code" von 1988 heißt es:

das kind muß die zeit verlassen
dann wird der mund wissen und kann aus dem kasten gehen
der mund muß die augen als seine geschwister sehen
die ohren als seine geschwister sehen
die nasenlöcher als seine geschwister sehen
die löcher sind alle geschwister ohrloch nasenloch augenloch
in ihnen fließt fremde und gleichgepolte absicht

trennt das eine vom anderen am richtigen ort
dann könnt ihr das haus sein das die tore öffnet[277]

Das Schreiben war, wie sie selbst sagt, die einsamste ihrer Freundinnen. Und eine, die Schmerzen bereitete, weil sie ihr auftrug, entweder etwas vorher Unaussprechbares oder Unausgesprochenes aufzuschreiben oder eben gar nichts. Solch rigoroser Anspruch, den sie von Ingeborg Bachmann übernommen hatte, erzeugt viel Druck beim Schreiben, bis hin zum Überschreiten der Schmerzgrenze, zur Selbstüberforderung und der Schreibblockade. Gabriele Stötzer entging dem Schweigen durch den fliegenden Wechsel in andere Künste: das Zeichnen, den Film, die Performance und andere Aktivitäten.

Auch entwickelte sie mit der Zeit die Form des datierten Textgedichtes, eine literarische Bauform des fortlaufenden Textes mit Tagebuch-Charakter, aber um vieles formal dichter und thematisch raumgreifender als ein pures Diarium. Es sind zeilengebrochene, rhythmisierte Textfolgen, strukturell geformt von der Atemlosigkeit des Notats und doch geprägt von einem Textfluss, der zwischen rhapsodischen Passagen, seriellen Wortkaskaden und dem „automatischen Schreiben" changiert. So beispielsweise schrieb sie am 21. August 1988:

die wahrheit ist eine matratze sag ich dir
das schreiben führt nicht zu den schreibenden sag ich mir
das schreiben führt zu dem worte geben worte nehmen
worte fressen worte scheißen
das schreiben führt zum papierwurm zu der wortkloake zur
redewarmheit und sprachschatz
[...]
ich werde das schreiben nicht bei den schreibern suchen
ich werde das schreiben suchen und dort die
schreibenden finden
schreiben sprache ist leben im spruch und raumwahrheit
fühlen in vokalem klang

277 Ebd., S. 170.

rang dang ding sing ling bring schung run rut
ich will dahin wo die worte wahr sind
ich will mich nicht zwanghaft verbiegen um einer
wortwendung zu genügen
ich will die worte nicht streichen bis sie ein lebensmuster sind
ich will die wahrheit in mir aufkeimen lassen und deren
klangkörper sein
wahrheit ist ein ort in mir und ein denkraum voller klang[278]

Die Textgedichte umkreisen immer wieder und in Variationen ihre Kernthemen. Das Überprüfen der Tragfähigkeit der Worte. Das „Eintauchen in das eigene Geschlecht", um festen Grund zu finden, sich unten am Grund abzustoßen und verändert wieder aufzutauchen. Das literarische Aufarbeiten des Erbes zweier deutscher Diktaturen. Das Zusammensetzen des Alphabets der Liebe. Das Schreiben hatte ihr in den achtziger Jahren einen Weg geöffnet, der für sie und andere begehbar und lebbar war. Sie hatte im Gefängnis die verzweifelten Akte der Selbstzerstörung gesehen, wie Mitgefangene Löffel schluckten oder sich eine Nadel in den Arm stießen oder mit der Hand durch Scheiben gingen, gleichzeitig jedoch gewusst, das Leben ist anders, muss anders sein und werden.

Gabriele Stötzer hat, zwei Jahrzehnte abgeschnitten von der lebendigen Osmose mit der westeuropäischen Frauenbewegung und der Kunstmoderne, mitten aus einer geist- und leibfeindlichen Diktatur heraus, einen originären, unideologischen Beitrag zur Emanzipation geschrieben. Emanzipation aber eben nicht nur verstanden als weibliches Gleichheitsverlangen gegenüber männlicher, historisch gewachsener Hegemonie, sondern auch und weit mehr als Befreiung aus einem umfassenden, weltumspannenden, zeit- und gesellschaftsübergreifenden Zustand der Haft, der beide Geschlechter betraf und betrifft.

Das und der übrige vorstehende Befund machen ihre Körpertexte zu einem Textkörper, der einzigartig und nahezu unerschlossen in der deutschen Literaturlandschaft steht.

278 Gabriele Stötzer: Vorlass, BStA, AUL, Band VI, Bl. 117.

Übermalte Fotografie aus dem „Mackenbuch" von Gabriele Stötzer, 1985

Spott, feindlich-negativ

Im November 1955 in Erfurt geboren, hielt Ralf-Günter Krolkiewicz, bis er vierzehn war, den Stiefvater für seinen Erzeuger, spürte deutlich, dass er nicht angenommen war, und entwickelte als Außenseiter in der eigenen Familie früh ein drängendes und umfassendes Bedürfnis, geliebt zu werden und dazuzugehören, jedoch auch ein gebrochenes Verhältnis zu Autoritäten. Und das bezog sich in der Folge nicht nur auf die Familie. Die Mutter hielt dem Zehnjährigen Monologe über ihr verpfuschtes Leben und ihre unglückliche Ehe, die sie „Aussprachen" nannte. Er erkundete, was er später seinen „vorübergehenden Rückzug ins Ich" nennt, inmitten einer Welt, die ihn als Fremdling und Schwächling stigmatisierte, Gestalt und den Rhythmus eines eigenen Lebensentwurfes suchend, auch um den Preis totaler Entfremdung gegenüber den Wurzeln seiner Herkunft. So fand er seinen Lebensweg im Rückzug, in der Besinnung auf sich selbst. Er, der eigentlich so gern dazugehören wollte, entzog sich, und es war allein dieser Zustand, in dem er Kraft und Selbstvertrauen fand und in dem er sich einen Eigenwert erkämpfte.

Frühe Not macht dumm, macht klug, macht krank, macht kriminell oder aber eigensinnig. Der junge Krolkiewicz kam früh zum Schreiben. Er wollte wissen, wer er sein könnte, wenn er nur wollte: Mehr als es die vorgefundenen Umstände erlaubten, die er nicht zu verantworten, doch zu ertragen hatte. Er wollte bei seiner Rückkehr in die Welt der anderen Türen öffnen und begrüßt werden als Primus inter pares. Das musste verdient werden, das ersehnte Hochgefühl war der innere Motor, die Sehnsucht glich den bitter empfundenen Mangel an Liebe aus, ließ ihn die Einsamkeit vergessen. Zunächst versuchte er, das Unglück zu bannen, indem er es beim Namen rief, träumte im Schatten vom Auftritt im Hellen. Las viel, mit sechzehn Spinoza, die deutschen Expressionisten, Trakl und Jandl, später die Achmatowa, Schwitters, H. C. Artmann, Konrad Bayer, Saint-John Perse, aus dem eigenen Land Brecht, Fühmann, Heiner Müller und Erich Arendt. Aus der Lektüre erwuchsen frühe Tagträume, Schriftsteller zu werden.

Doch zunächst musste er den Wunsch der Eltern erfüllen: Lehre als Elektroniker im Funkwerk Erfurt. Daneben das Schreiben. Die Betriebszeitung wurde auf ihn aufmerksam. Er schrieb, wie er dachte, was er hörte und was er sah, wusste nichts von Tabus – und eckte in aller Unschuld an. Was er anfasste, wurde zum heißen Eisen, weil er ernst nahm, was Agitation und Propaganda über Offenheit und Ehrlichkeit verkündeten und forderten. Und je weiter er sich bewegte, desto heftiger verfing er sich in den Widersprüchen der Diktatur. Er wollte, bevor er wusste, was dies in solch einer Gesellschaft bedeutete, Journalist werden. Und er wollte noch immer dazugehören. Man umwarb ihn, versuchte ihn zu locken mit der Hochschule der Freien Deutschen Jugend und mit einer Laufbahn als Offizier. Aber er ging auf die Schauspielschule nach Rostock, hatte dort noch einmal einen letzten Antrieb, unbedingt dazugehören zu wollen, und trat 1978 in die SED ein – bereits vier Jahre später allerdings wieder aus, was ihm in seiner Kaderakte, dem Dossier, das man über jeden Beschäftigten in der DDR anlegte und von Betrieb zu Betrieb weiterreichte, übel vermerkt wurde. Von Rostock ging er ans Hans-Otto-Theater in Potsdam, zunächst als Schauspieler und zunehmend als Regisseur. Das Theater in einer als intellektuelles Vakuum wahrgenommenen Umwelt war Ersatz für und Umweg zur Literatur. Seine hochgestimmte Erwartung an das Theater als Tempel der reinen Kunst und des hohen Geistes wurde jedoch enttäuscht. Und so schrieb er weiter, trat lesend auf im Kreis von Freunden und Kollegen, Filmleuten aus Babelsberg, Malern aus Potsdam und erwarb so den Ruf eines kritischen Geistes. Bei den staatlichen Überwachern, die sich konspirativ berichten ließen von derlei nicht genehmigten Veranstaltungen, erregte er einen Anfangsverdacht, der sich schnell erhärtete: Der dichtende Schauspieler sei „feindlich-negativ", was dem Überwachten indes nicht bewusst war. Alles Missverständnisse, meinte er lange. Missverständnisse wie dieses: Er bat eine holländische Freundin, ihm aus dem Westen Texte von Charles Bukowski mitzubringen. Doch die befand, Bukowski sei Schweinkram und brachte ihm stattdessen vom russischen Dissidenten Wladimir Bukowski den Roman „Wind vor dem Eisgang" mit, worauf sich die Genossen der Staatssicherheit in ihrem Generalverdacht sehr bestätigt fühlten.

Krolkiewicz las in Potsdam und in Dresden vor Kunststudenten, die begeistert die Spottverse auf den allmächtigen und humorlosen Vater Staat hörten. Verse wie diese:

Beamte

Noch beherrschen die Reviere
Gewaltige wutschnaubende Drachen
Mit den feurigen Rossen/Paragraph und Vorschrift
Der Prinz sie zu besiegen/Ist nicht geboren
Denn hier reichen nicht Schwert
Nicht Mut/Noch Kühnheit
Auch keine Bomben
Hier siegen nur Narren
Ich habe den Drachen aufgelauert/In ihren Höhlen
Und fand/Sanft schnarchende alte Fettsäcke/In Unterhosen
Die Drachenhaut am Bügel
Als ich drohte/Ihnen die Haut zu nehmen
Haben sie furchtbar geweint/Und mir ihre Kinder
geschenkt[279]

Der mit Beifall Bedachte glaubte, nun endlich ins Helle getreten zu sein und dazuzugehören. Er ahnte nicht, welcher Apparat gegen ihn in Gang gesetzt worden war. Über diese Zeit und seine Haltung sagt er: „Ich konnte das nicht mehr ernst nehmen. Also habe ich mich darüber lustig gemacht. [...] Ich glaube, ich habe es irgendwie drauf ankommen lassen. Auch wenn ich mich bei Lesungen immer abgesichert habe. Weil für mich war es kein Kunststück, illegal zu sein, das wollte ich eigentlich nicht."[280]

Seinen letzten öffentlichen Auftritt hatte er am 21. Juni 1984 im Arbeiterjugendklub „Spartacus" in Potsdam. Die Staatssicherheit protokollierte detailliert. Anwesend waren etwa 90 Zuhörer, unter ihnen inkognito die beauftragte Quelle „Katharina" der MfS-Kreisdienststelle Potsdam. Krolkiewicz, nun kurz „der K." genannt, las „21 Gedichte und vier Erzählungen", darunter die Texte „Plenum", „Beamte", „Das Gähnen", „Der Narr" und „Der Dissident". Die Staatssicherheit vermerkte „lautstarke Beifallskundgebungen und Zu-

279 Ralf-Günter Krolkiewicz: Nirgends ein Feuer mehr (Die Verschwiegene Bibliothek), Frankfurt a. M. 2006, S. 23.

280 Ralf-Günter Krolkiewicz: Gesprächsprotokoll vom 2.8.2004, BStA, AUL.

stimmungsäußerungen". Sieben Tage später wurde der operative Vorgang „Bühne" gegen „den K." eingeleitet, Begründung: „Der Inhalt dieser Stücke ist geeignet, staatliche Organe und führende Repräsentanten öffentlich herabzuwürdigen. Der K. ist wegen des Verdachts der Begehung einer Straftat gemäß § 220 StGB zu bearbeiten, bei Prüfung der Straftatbestände gemäß § 106 StGB (Staatsfeindliche Hetze)."[281] Das Ganze unterzeichnet von Oberleutnant Tuda, Hauptmann Münn, Oberst Knorr und Generalmajor Leibholz. Es stand bereits fest, was eigentlich erst zu ermitteln gewesen wäre: Sein Verhalten sei Ausdruck der politisch-ideologischen Diversion (Stasi-Kürzel: PID). Das Urteil gesprochen, bevor Anklage erhoben worden war. Die inoffiziellen Schnüffler „Ernst", „Rudi" und „Maria Zimmer" wurden in die Spur gesetzt. Am 5. Juli dann die heimliche Wohnungsdurchsuchung, bei der die Texte („selbstverfasste Machwerke") fotografiert und umgehend gelesen und bewertet wurden, was in der reduzierten Wahrnehmung der Verfolger ergab: Diskreditierung der Parteiführung, Herabwürdigung des Staatsapparates (als bürokratisch, unterwürfig und bestechlich), Kritik an der planmäßigen Gestaltung der entwickelten sozialistischen Gesellschaft, Verunglimpfung sozialistischer Kulturfunktionäre und Diffamierung des 1. Vorsitzenden des Staates. Drei Tage später wurde der Verfasser dieser bereits „sichergestellten" und inkriminierten Schriften verhaftet, früh um halb zehn, und „dem Untersuchungsorgan zugeführt". Beim Verhafteten Schock und die panische Angst, spurlos zu verschwinden. Es gelang ihm noch, einen Zettel an die Freundin zu schreiben, eine Beschreibung der Umstände, der Ungewissheit und der Hoffnung in drei Sätzen: „Liebe Sylvia! Ich bin von der Stasi abgeholt! Ich weiß nicht wie lange es dauert! Sei bitte da!!!!!"[282] Erste Verhöre, beginnend früh um halb elf, endend nachts kurz vor zwei Uhr. Krolkiewicz beschreibt sie so: „Sie gingen von der merkwürdigen Vorstellung aus, unsereiner überfiele die sozialistische Gesellschaftsordnung mit Gedichten wie andere Leute Banken mit Revolvern, nur mit dem Unterschied, daß sie den weniger meßbaren Schaden durch Literatur höher veran-

281 BStU, ASt. Potsdam, AOP 3130/84, Bl. 5.

282 Ralf-Günter Krolkiewicz: BStA, AUL, Band II.

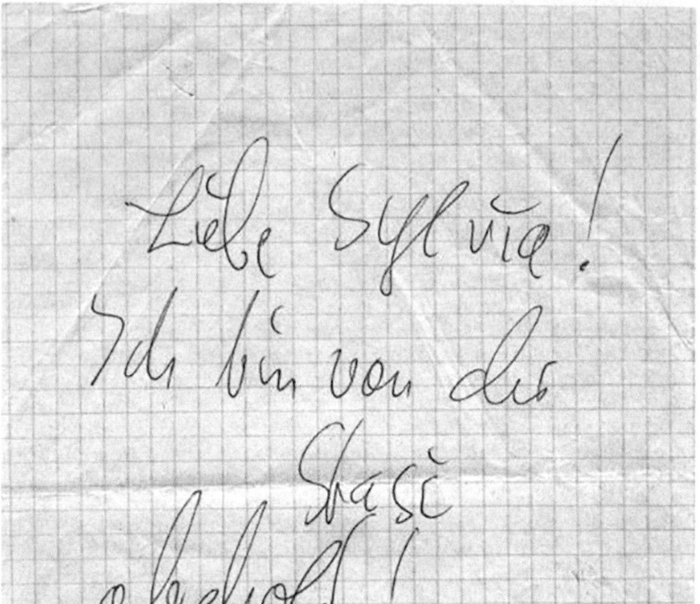

Liebe Sylvia!
Ich bin von der
Stasi
abgeholt!
Ich weiß nicht wie
lange es dauert!
Sei bitte da!!!!!

Ralf-Günter Krolkiewicz' Zettel an seine Freundin, geschrieben bei der Verhaftung schlagten als die Schüsse in einer Bank."[283] Tags darauf wurde ohne große Umstände von einem Richter des Kreisgerichts Potsdam-Stadt der von der Stasi gewünschte Haftbefehl ausgestellt, die SED-Bezirksleitung informiert und zugleich eine Farce der Scheinlegalität inszeniert: Die Stasi holte vom Verhafteten die „Zustimmung zur freiwilligen Herausgabe" der Texte ein, die sie längst schon in Händen hielt. Bei der genaueren Sichtung der Texte stießen sie dann auf weiteres Anklagematerial. Nun begannen die Vernehmungen im Ermittlungsverfahren, festgehalten in den „Befragungsprotokollen". Aus Ralf-Günter Krolkiewicz wurde der Untersuchungsgefangene Nummer 72. Das Drama, in dem der Schauspieler die von der Stasi-Regie zugewiesene Rolle des gemeingefährlichen Delinquenten spielte, war sein eigenes. Nach dem Schock der Verhaftung folgte der Stillstand der Zeit in der Einzelzelle. Die Verhöre in wechselndem Rhythmus, mal schnell hintereinander und lang anhaltend, mal tagelang nichts: die übliche Zermürbungstaktik. Anfangs versuchte er noch die Vernehmer zu einer differenzierten Betrachtung zu animieren, beschrieb sich selbst als kritischen, vielleicht respektlosen, doch keineswegs feindlichen, literarischen Kopf, musste indes lernen: Die Vernehmer hatten seine Texte gelesen und verstanden, politisch konsequenter, als er sich selbst bis dahin eingestehen wollte. Dann aber der Umschlag: Je mehr sie ihm seine Ausweglosigkeit klarmachten, desto weniger Chancen hatten sie, ihn gefügig und geständig zu pressen. Als er begriffen hatte, er wollte und würde nie zu denen gehören und wie korrumpierbar er mit seinem Wunsch nach Zugehörigkeit geworden war, als er sich eingestand, dass alles verloren war, wurde er stark, blieb standhaft in den Verhören. Nun war er unwiderruflich der Staatsfeind, der mit seinen „Machwerken" die große sozialistische Idee herabgewürdigt und darüber hinaus die Partei- und Staatsführung dem Spott preisgegeben hatte, avancierte zwangsweise zum politischen Dichter und Dissidenten, wiewohl er sich selbst lediglich als fragenden Staatsbürger und satirischen Spaßvogel gesehen hatte. Als Feind, als Vertreter der politischen Untergrundtätigkeit (Stasi-Kürzel: PUT) und „Machwerkeverfasser" wurde er nun ernst genommen, die Texte er-

283 Ralf-Günter Krolkiewicz: Hafthaus, Wilhelmshorst 2003, S. 32.

hielten hohe „Auszeichnungen“ des politischen Strafrechts, die Lesungen selbst galten als Straftat, und selbst seine unschuldige Reiseschreibmaschine „Erika“ mutierte zur Tatwaffe. Die Verurteilung war nur eine Frage der Zeit.

Dann der kurze Prozess in einer wie üblich nichtöffentlichen Verhandlung. Der zugeteilte Pflichtverteidiger weit mehr auf Seiten des Staates denn seines Mandanten, die Anklageschrift die befürchtete Realität: „Ich sah mich monströsen Beschuldigungen gegenüber, das Bild meiner Persönlichkeit, gestützt auf entsprechende Aussagen und Beurteilungen, schilderte mich in den widerlichsten Facetten als überheblich, sich überschätzend, als in allen Belangen unfähig, unmoralisch … Wenn ich es las, und ich las es oft, begann ich unmerklich zu zittern, bekam einen Kloß im Hals, Magenkrämpfe.“[284]

Einen Tag nach seinem 29. Geburtstag, am 20. November 1984, erging das von der Staatssicherheit vorgegebene Urteil vom Kreisgericht Potsdam-Stadt: 1 Jahr und 6 Monate Freiheitsstrafe wegen „öffentlicher Herabwürdigung“. Im Abschlussbericht der Stasi vom 4. Dezember 1984 dazu das bürokratisch lapidar formulierte Frohlocken: „Entsprechend des Einleitungsberichtes zum OV ‚Bühne‘ wurde die Zielstellung erreicht und die Maßnahmen entsprechend des Operativplanes realisiert.“[285]

Für die Genossen der Staatssicherheit das Ende eines Vorganges, für den Verurteilten der Beginn der Tortur und einer Zeit härtester Prüfung: die Haft in der berüchtigten Strafvollzugsanstalt Cottbus. Nun hatte er, wie er sarkastisch sagte, seinen Platz in der sozialistischen Gesellschaft gefunden: im Zuchthaus. Krolkiewicz erlebte das Gefängnis als Hölle: den Sadismus, die Menschenverachtung, Zelle, Knüppel und Hunde, das lähmende Gefühl der Unentrinnbarkeit, das Ausgeliefertsein, die Verzweiflung, die Einsamkeit und Hilflosigkeit, und hat all das beschrieben in seinem Buch „Hafthaus“[286], Untertitel: „Ein Bericht unter Verwendung authentischer Briefe“. Er schildert darin sowohl seine Suizidversuche, in-

---

284 Ebd., S. 97.

285 BStU, ASt. Potsdam, AOP 3130/84, Bl. 555.

286 Ralf-Günter Krolkiewicz: Hafthaus, a. a. O.

dem er zum Beispiel Streichholzkuppen aß oder sich mit zerbrochenem Brillenglas die Pulsadern aufzuschneiden versuchte, als auch die Treue seiner Freundin Sylvia und späteren Frau, die trotz ihrer jungen Jahre und der Bedrängnis zu ihm hielt – und ihn damit am Leben. Der in dem Buch enthaltene Briefwechsel zwischen den beiden ist ein berührendes Zeugnis von der Kraft der Liebe und ein erschütterndes zeitgeschichtliches Dokument aus den Zeiten der zweiten deutschen Diktatur.

Als Halt hinzu kam die Literatur im Kopf, die durch die Wärter nicht „sicherzustellen" war, das Schreiben von Gedichten, heimlich auf Toilettenpapier gekritzelt. Wie der Ausschnitt aus der folgenden „Gefängnisballade" als ein Beispiel der zahlreichen in DDR-Gefängnissen geschriebenen Texte:

> Lähmende Ewigkeit die eine Minute währt
> Und tausend solcher Minuten am Tag
> Von Bildern Träumen Monologen beschwert
> Daß niemand die Zeit zu fassen vermag
>
> Tausend Minuten sinnlos und leer
> Sinnlos der Tag und sinnlos die Nacht
> Hoffnung kommt von allzuweit her
> Ist hinter Schloß und Riegel gebracht[287]

Es war die trotzige Selbstdefinition als Schriftsteller an einem Ort, wo alles dazu fehlte: Welt, Sinnlichkeit, geistiger Austausch, Lektüre, ja sogar das Papier zum Schreiben.

Im Sommer 1985 lief durch das Gefängnis das magische Wort „Transport", das hieß: Abschiebung in den Westen. Und tatsächlich: Am 10. Juli, auf den Tag genau ein Jahr nach Erlassen des Haftbefehls, kam der Bus mit Gießener Kennzeichen und fuhr eine mit Westgeld bezahlte Ladung DDR-Häftlinge in den Westen. Die Aberkennung der DDR-Staatsbürgerschaft war für Krolkiewicz eine Befreiung, aller Glaube und der fatale Wunsch, dazugehören zu wollen, war gründlich dahin.

---

287 Ralf-Günter Krolkiewicz: Nirgends ein Feuer mehr, a. a. O., S. 39.

Und dann die Herausforderungen der Freiheit, die der Entlassene nicht wie so mancher Mithäftling mit dem Schlaraffenland gleichgesetzt hatte. Es half ihm, Fuß zu fassen, was aber auch ohne hochgespannte Illusionen schwer genug blieb. Dazu die traumatischen Nachwirkungen des Überstandenen. Das Gedicht „Fremdling" aus dem Jahr 1985 umkreist die damalige Befindlichkeit:

das was lied sein soll
stottert

was sprach
ist verstummt

und was leise war
schreit.

das kluge ist endgültig blöde.
ich bin mir so fremd
daß mich
wenn ich aufblick
die sterne überraschen
in ihrer vertrautheit.[288]

Zehn Jahre tauchte er ab in die Theaterarbeit, spielte und inszenierte in Köln, Gießen, München, Esslingen, Augsburg und Oberhausen, dramatisierte Texte von Kisch, Čapek und Dickens, und das war ihm nicht nur Broterwerb, er widmete sich dem so intensiv, dass kaum Zeit zum Schreiben blieb. 1996 schließlich die Rückkehr nach Potsdam an sein altes Theater als Schauspieler, Oberspielleiter und von 1997 bis 2004 als dessen Intendant. Heimkehr mit ambivalenten Gefühlen und permanenter Fluchtoption, ein seltsamer Zustand: Er blieb unfreiwilliger Wanderer zwischen den Welten, weder West geworden noch Ost geblieben. Die äußeren Grenzen waren verschwunden, doch seine inneren Linien zwischen Heute und Gestern erzeugten keine Rachegedanken für die, die den Staat

288 Ebd., S. 66.

Ralf-Günter Krolkiewicz nach der Haft

einst mitgetragen hatten, obwohl noch manche Rechnung offen war. Im Gegenteil, diese „schrecklich netten Menschen", die spannenden, individuellen Binnengeschichten der Diktatur waren Stoff-Reservoir für seine Stücke, Prosa und Gedichte.

In seinen Texten will er die Erinnerung nicht verloren geben und die Kritik des Gegenwärtigen nicht verdrehen zur Verklärung des Vergangenen. In ihnen findet sich ein tiefes, durch Erfahrung gehärtetes Misstrauen gegenüber allen verheerenden Welterlösungstheorien und deren selbsternannten Heilsbringern. Der Wunsch, dazuzugehören, Halt, Anerkennung und Wärme in gleichgestimmten Gruppen oder heimelig geschlossenen Weltbildern zu finden, ist rückstandslos verflogen.

Nach dem Ende seiner Intendantenzeit wurde ihm der Wunsch, als Schriftsteller ins Offene zu treten, erfüllt: Krolkiewicz sprach von seinem dritten Leben, wohlwissend, dass er nicht sieben hatte wie seine Katzen. In seinen letzten, auch literarisch produktiven Jahren litt er an Parkinson. Er starb im Oktober 2008 in Phuket/Thailand.

Das „Holde Reich", eine Enklave

Diese literarische Gruppierung gab sich eines der eigensinnigsten Programme innerhalb der DDR-Alternativkultur: Im Mai 1981 gründete Rolf Schilling in der Ottonen-Stadt Quedlinburg den Dichterkreis „Das Holde Reich". In seiner Stiftungsrede vor zwölf Teilnehmern des Gründungstreffens beschrieb Schilling das „Holde Reich" als eine Traum- und Gegenwelt zum herrschenden Werteverfall, der Naturzerstörung und dem Kulturverlust, als eine eher geistige denn irdische Enklave für eine kulturelle Elite, als eine freie Gemeinschaft „souveräner" und „solitärer" Geister ohne jede organisatorische Bindung, um die Würde der Person und des Wortes zu behaupten und den „Vorrang der Intuition vor dem Verstande". Der beklagte „desolate Zustand" der Gesellschaft zwinge zu dem lauten Appell: „Nein! Auf uns könnt ihr nicht zählen. Mit euch wollen wir nicht verwechselt werden.“[289] Und weiter: „Wir wollen das Ganze, und wir wollen es hier und jetzt.“[290] Inhaltlich umreißt Schilling in einer Vorrede zu seinen gesammelten Essays die Programmatik so:

> Das Holde Reich: das ist zunächst die Landschaft, aus der ich komme, die Goldene Aue zwischen Harz und Kyffhäuser, wo der ganze Palimpsest von deutschem Mythos, Traum und Wahn zum Erbe gehört … Aber auch der andere Satz trifft zu: Das Holde Reich ist die Welt. Alles Symbolische deutet aufs Ganze: von hier spinnen sich Fäden zur Zahl, zur Gestalt, zur Falterwelt Chinas, zur Messingstadt, nach Mexico, zum Hades, zu den Göttern und Sternen. Die Goldene Aue mit Hunrod und Queste war nur der Einstieg, ein Schlüssel unter anderen, der Schlüssel für mich.[291]

Der Name „Holdes Reich“ fand sich im Rückgriff auf Stefan Georges Gedichtsammlung „Das neue Reich“ von 1928, weitere Ahnherren waren Novalis, Richard Wagner und vor allem Friedrich Nietzsche, an dessen Grab in Röcken man sich von 1980 bis 1990 zu Nietzsches Todestag traf und eigene Texte las. Daneben gab es feste und variable Treffen, so den „Ganymed-Tag“, den „Ariel-Tag“, eine jährliche Wanderung im Mai und den „Questengang“ im Oktober. Zum inneren Kreis der Gruppe gehörten Uwe Lammla, Joachim Werneburg und Sylvia Hamm, die spätere Frau Schillings, dem Bund lose und zeitweise zugehörig waren die jungen Dichter Holger Uske, Eckhard Ullrich, Thomas Cilensek, Dieter Wolf, Frank Schöne und Frank Romeiß, zudem ein Zauberkünstler mit dem Künstlernamen Gürö, der allerdings von der Staatssicherheit delegiert war.

Nach seiner Übersiedlung in den Westen gründete Uwe Lammla 1984 in München den Verlag Edition Arnshaugk als Stammverlag des „Holden Reiches“. Dass dem Verlag, der sich selbst als Verlag für deutsche Dichtung und konservative Welt- und Lebensentwürfe vorstellt, inzwischen in einzelnen Publikationen und in seinem In-

---

289 Rolf Schilling: Werkausgabe, Abteilung II, Band 2, München 1990/93, S. 11.

290 Ebd., S. 17.

291 Ebd., S. 7.

Rolf Schilling (links), Joachim Werneburg (rechts) und Uwe Lammla (unten) nach der Gründung der Gruppe „Das Holde Reich“

ternetshop eine bedenkliche Nähe zu elitär-faschistoiden und antidemokratischen Kreisen angelastet werden kann, ist nicht von der Hand zu weisen und korrespondiert mit der überproportionalen ostdeutschen Anfälligkeit für rechtes Denken und Handeln nach dem Ende der Linksdiktatur der DDR.

Von 1990 bis 1993 erschien in diesem Verlag die 16-bändige Werkausgabe Rolf Schillings mit Lyrik, Prosa, Nachdichtungen und den Tagebüchern der Jahre 1975–1991, außerdem Uwe Lammlas Gedichte und 1991 Epigramme, Oden und Gedichtzyklen von Joachim Werneburg unter dem Titel „Thüringer Meer".

Die Texte dieser Gruppe sind Produkte eines radikalen geistigen Ausstiegs aus der politisch wie ästhetisch grundsätzlich abgelehnten DDR-Gesellschaft, einer totalen Verweigerung, eines bewussten Rückzuges („vorwärts zum Ursprung") in ein Refugium aus Traum, Natur, Literatur und Mythologie, wobei die lokale Bindung an die mit deutscher Mythologie und deutscher Geschichte gesättigte Gegend um Kyffhäuser und Goldene Aue sowohl programmatisch als auch im Textbezug eine beträchtliche Rolle spielte. Die DDR, in der die Gruppenmitglieder doch lebten, wird in den Texten, selbst in den Tagebüchern, kaum eines Blickes gewürdigt, kommt als Gegenstand praktisch nicht vor. Deutlich ist die Abgrenzung gegenüber der Instrumentalisierung des Mythos durch den deutschen Nationalsozialismus, Schilling schreibt in seinen Essays von Hitler als „schwarzem Dämon" und vom deutschen Volk, das sehr krank gewesen sein müsse, wenn es sich einen solchen Heiler suchte, zudem erweise man Hitler zu viel der Ehre, wenn man ihn zum Universalerben und Alleineigentümer des deutschen Mythos erkläre, der von viel weiter herkäme und fruchtbar bleibe für künftige Zeiten. Auch grenzt sich Schilling von der deutschen Gegenwartsliteratur, nicht nur der DDR-Literatur, klar ab:

> Heute stehe ich in fünffacher Opposition: Erstens gegen die „sozialistisch-realistische" Literatur (Preißler, Noll, Neutsch etc.), zweitens gegen die Verfechter „wirklichkeitsbesessener" Dichtung (Theobaldy & Co.), drittens gegen die Spontaneitäts-Apostel (Brinkmann, Wondratschek etc.), viertens gegen die „politisch engagierte" Literatur (Braun, Biermann, Engelmann, Fuchs etc.), fünftens gegen jene, die nicht auf

künstlerischen Rang, sondern auf „menschlichen" Inhalt achten (Böll, Kunze).[292]

In Schillings Tagebüchern, die er bis 1980 sporadisch, dann systematisch führte, finden sich Selbstgespräche, Aphorismen, Traumnotate, Textfragmente und Mini-Essays, wichtigste Themen sind ihm die drei Refugien Garten, Bibliothek und Traum, er selbst bezeichnet als Ziel seiner Autorschaft, dem „Traum die Treue zu halten", um so im Traum die wache Präsenz und im Wachen die Tiefe des Traumes zu erreichen. Tagebuch vom 25. März 1979:

> Das moralische Anliegen der Poesie: In einer gleichzeitig trostlosen, widerwärtigen und unveränderlichen (unheilbaren) Gesellschaft ein Seiendes zu stiften. Dies nur möglich: erstens in der Besinnung auf die trotz aller Entfremdung noch immer in der Welt (in uns) waltenden göttlichen Kräfte, zweitens in der Beschwörung von Träumen und versunkenen Welten, drittens im Aufruf, auszuhalten angesichts des Unerträglichen.[293]

Mit ihrer retrospektiven Programmatik steht diese Thüringer Dichtervereinigung deutlich im Gegensatz zu der literarischen Alternativszene mit zumeist eindeutigem Moderne-Bezug und ist damit zugleich ein Beleg für die ästhetische Varianz der literarischen Gegenentwürfe außerhalb der DDR-Offizialkultur.

Die Texte, erklärtermaßen von deutscher Sprache, deutschem Mythos und deutscher Geschichte gespeist, sehen und sehnen sich zurück und beschwören die Wiedergeburt des heidnischen Kultus vor der Christianisierung, des Eros vor Freud und der Kunst vor der Moderne. Dass sie auch auf ein Leben vor der Demokratie rekurrieren, macht sie zu einem ebenso solitären wie problematischen Komplementärprodukt der DDR-Diktatur.

Der Dichter erscheint als Sänger, der raunend die Ursprünge beschwört. Formal spannt sich der Bogen vom Runenspruch bis zum

---

292 Rolf Schilling: Werkausgabe, Abteilung IV, Band 1, München 1990/93, S. 136.

293 Ebd., S. 98.

Dithyrambus, es herrscht eine „mythisch-heraldische Grundhaltung“ in einem „Interregnum“ (nach Ernst Jünger) vor, in dem die alten Götter entschwunden und zwischen Gräbern und Ruinen nur noch deren Schatten zu sehen sind. Als Beispiel das Ernst Jünger gewidmete Gedicht „Gesang an den Horusfalken“:

> Blutige Schwinge, der Lethe den Balsam verwehrte,
> Einsamster Flieger in Reichen aus Rauch und Verrat,
> Aller Gestürzten im Abendwind letzter Gefährte,
> Sagen-entsandt, wenn die steigende Stunde dir naht:
> Welchen von all den vergessenen Namen soll ich dir geben,
> Bote des Lichts, meinem Sang, meiner Sehnsucht gepaart,
> Traumher entrückt aus den vielen früheren Leben
> Rauschenden Fittichs zur ewigen Nachtgefild-Fahrt?
> Falke, mein Falke, sag, streifte dein Schattengefieder
> Götter-Cohorten im Flug, da sie nachthin entflohn?
> Aber Osiris und Isis kehren nicht wieder,
> Wo die Uräusschlange sich wiegt auf verlassenem Thron.[294]

Ernst Jünger, der von den siebziger Jahren bis zu seinem Tod in Briefverkehr mit Rolf Schilling stand, schrieb ihm im Februar 1980:

> Gern nehme ich die Zueignung Ihrer Gedichte an. Besonders der „Gesang an den Horusfalken“ hat mich fasziniert – und einige Freunde, denen ich neulich zu nächtlicher Stunde Ihre Verse vorgelesen habe, ebenso. Ich glaube, die Spuren zu erkennen: die Edda, Droste-Hülshoff, George und andere. „Unzeitgemäß“ werden Sie als Lob auffassen. Vielleicht, natürlich nur, wenn Sie einverstanden sind, könnte ich Ihren Text im Druck an einige Freunde heranbringen. Ich weiß nicht, ob Sie das führen, was man als „literarische Existenz“ bezeichnet – vermutlich leben Sie in dieser Hinsicht solitär.[295]

294 Rolf Schilling: Werkausgabe, Abteilung I, Band 2, München 1990/93, S. 54–55.
295 Rolf Schilling: Vorlass, BStA, AUL, Band I, Briefwechsel mit E. J., Bl. 1.

Rolf Schilling, 1950 in Nordhausen geboren, war der genius loci der Gruppe „Das Holde Reich". Nach einem Philosophiestudium in Ostberlin wurde er 1972 trotz seiner deutlichen Sympathie für den weitgehend verfemten Friedrich Nietzsche Dozent für Marxismus-Leninismus an der Technischen Hochschule Ilmenau und 1975 Kandidat der SED. Bereits 1977 folgten seine Relegation von der Hochschule und der Parteiausschluss wegen „parteifeindlichen Verhaltens", was für Schilling die Aufhebung einer bis dahin gelebten Schizophrenie bedeutete: „Also wenn ich irgendeinen Schritt in meinem äußeren Leben nicht bereue und ausdrücklich gutheißen muss, dann ist es, dass ich rechtzeitig mit siebenundzwanzig Jahren diese Arbeit da aufgegeben habe, wobei ich natürlich vom Praktischen her überhaupt keine Perspektive hatte."[296] Die Staatssicherheit leitete eine operative Personenkontrolle gegen ihn ein, verschärfte die Überwachung nach Gründung der Gruppe „Das Holde Reich" mit dem Operativ-Vorgang „Poet" und setzte mehrere inoffizielle Mitarbeiter auf ihn an. Einer der inoffiziellen Gutachter bescheinigte Schilling als Einzelerscheinung in der gegenwärtigen Literaturszene ein überdurchschnittlich hohes Können, ein anderer anerkannte die klassische und philosophische Bildung und fand, Schillings poetische Orientierung sei für ihn in gegenwärtiger Zeit geradezu verblüffend.

Aufgrund der von der Staatssicherheit organisierten gesellschaftlichen Ächtung fand der Bearbeitete keine adäquate Arbeitsstelle, zog ins Dorf Bielen bei Nordhausen, verdiente etwas Geld als Schachtrainer, schrieb exzessiv und vervollkommnete sein ästhetisches Konzept. Er selbst beschreibt diesen Prozess in seinem Tagebuch und in den Essays als ein Graben in der Weltbibliothek nach unter den historischen Trümmern verschütteten archaischen, elementaren Quellen, Metaphern, Symbolen und Traditionen, innerhalb des universellen Kontextes durchaus auch mit einem bewusst nationalen Akzent: den mythologischen Wurzeln, die gewissermaßen vor seiner Haustür lagen, zum Beispiel dem Symbol der Queste als Zeichen germanischer Gerichtsbarkeit, das die Jahrhunderte trotz religiöser und politischer Verdikte in Thüringen überdauert

296 Rolf Schilling: Gesprächsprotokoll vom 17.4.2003, BStA, AUL.

hatte. Zur Festigung seines Konzeptes trugen auch die Briefwechsel mit Ernst Jünger, Oda Schaefer und Fritz Usinger bei und der Bezug auf Lyriker wie Peter Huchel, Elisabeth Langgässer, Günter Eich oder Oskar Loerke. Als Halt hinzu kamen die Gleichgesinnten im Lande, so der zehn Jahre jüngere Lyriker und gelernte Buchhändler Uwe Lammla und vor allem der 1953 in Erfurt geborene Joachim Werneburg, den er in Ilmenau als Studenten und Mitglied der „AG Schreibende Studenten" kennen- und schätzengelernt hatte. In dieser Zeit schrieb Werneburg zum Beispiel den Text „Auswertung einer Losung":

„Auf das Wort
der Partei ist Verlaß.
Es wird durch das Volk zur Tat."
Darum geschrieben stehet:
Im Anfang war das Wort,
Volk schuf dann Himmel und Erde.[297]

Die frühen Gedichte Uwe Lammlas, 1961 in Neustadt an der Orla geboren, sind an Novalis, Rilke, Trakl und Celan orientiert und versuchen, Expressives in strenge Versformen zu binden, so die 1981 abgeschlossene Gedichtfolge „Fliederblüten". Später widmete er sich mythischen Gegenständen und Gestalten, Seelenlandschaften, kosmischen Kreisläufen, die er nach seiner Ausreise aus der DDR in den Bänden „Gefangener Schwan", „Weckruf und Mohn" und „Traum von Atlantis" veröffentlichte.

Joachim Werneburg schrieb zu der Mentorenschaft Rolf Schillings und der Entwicklung eines eigenen ästhetischen Konzeptes: „… plötzlich stand ich vor dem Domberg in Erfurt und merkte, das ist jetzt meine Akropolis, hier habe ich etwas zu schaffen. Und durchaus in Dankbarkeit Rolf Schilling gegenüber hatte ich dann Ideen, die zu dieser Vision des Thüringer Meeres führten … Du kannst dich rein geografisch kaum bewegen, aber es kann dir keiner verwehren, in die Tiefe der Erde zu gehen …"[298] Die Bewegung

---

297 Joachim Werneburg: Vorlass, BStA, AUL,Band II.

298 Joachim Werneburg: Gesprächsprotokoll vom 18.11.2003, BStA, AUL.

war eine entschiedene Abkehr von der ideologisch verklebten Oberfläche, ein Abtauchen vor Ort in die Schichtungen der heimischen Mythologie, der deutschen Geschichte und auch in die lokale Erdgeschichte, wobei auch der Gedanke Gottfried Benns, dass auch die menschliche Seele nach geologischem Prinzip in Schichten entstanden und gebildet worden sei, Pate gestanden hatte. So entstand von 1975 bis 1989 der Gedichtzyklus „Thüringer Meer", dem er die Widmung „An den Fürsten" voranstellt:

> Wohl nötig ist es, herrisch zu dämmen jetzt
> Die Krisis. Doch nur lauter bedrängen uns
> Des Lands die Wasser, seit du suchst, den
> Flüssen und Mündern zu wehrn die Sprache.[299]

Parallel dazu schrieb Werneburg an der Prosasammlung „Das Kupferbergwerk". In einer „Eingang zum Bergwerk" genannten Einführung schrieb er:

> Als ich in den Jahren von 1977 bis 1989 die Untiefen des „Thüringer Meers" befuhr, führte ich – wie sich das für einen Kapitän gehört – ein Logbuch. Diese Aufzeichnungen lege ich hier geordnet vor. Aus der Seereise ist, wie der Titel „Kupferbergwerk" ahnen läßt, nun eine geologische Exkursion geworden: durch die Ablagerungen – Mineralien und Fossilien – des längst ausgetrockneten Binnenmeeres. Nach der nüchternen Gliederung des Textes verzog sich der Sturm, der das Meer aufwühlte. Versunkene Landschaften, Städte sind in Fragmenten zu erkennen. Der Weg durch diese Gegend läßt sich verfolgen. Der Autor – seine Fahrt und sein Auftrag – wird für den Leser sichtbar.[300]

Die Kunstfertigkeit bestand unter anderem darin, das vor Augen Liegende literarisch zu nutzen, ohne provinziell zu werden, aus der politisch wie geografisch gegebenen Beschränkung litera-

---

299 Joachim Werneburg: Thüringer Meer, München 1991, S. 13.

300 Joachim Werneburg: Vorlass, BStA, AUL.

risch-transzendente Räume zu erschließen und die Enge der DDR zur Welt hin zu öffnen. Werneburg bezeichnet es als sein ästhetisches Verfahren, Gegenwärtiges in archaischen Räumen, in historischen Tiefenschichten literarisch zu spiegeln, auch als durchaus modernes Verfahren, etwa so wie die moderne Malerei Anregungen durch afrikanische Kunst oder antike Mythologie erfahren habe.

Schilling, von Verlagen und Zeitschriften in der DDR als spätbürgerlich dekadent oder faschistoid abgelehnt, konnte nur in Alternativ-Zeitschriften der zweiten Kultur wie „Schaden" und „Ariadnefabrik" einige Texte publizieren, dessen ungeachtet schrieb er bis zum Ende der DDR und darüber hinaus weiter ohne jeden Kompromiss: „Ich habe das, was ich äußern wollte, was ich schreiben wollte, geschrieben ohne eine Rücksicht auf Zensur oder auf den Umstand, dass die Stasi das mitlesen könnte, sei es in Briefen, sei es in irgendwelchen literarischen Arbeiten."[301]

Das Wort wird Ort

„Hineingeboren" wurde Radjo Monk 1959 als Christian Heckel in Hainichen, was die ostdeutschen Landesherren verstanden wissen wollten als eine qua Geburt widerspruchsfreie Ankunft in der sozialistisch genannten Gesellschaft. Die Hineingeborenen empfanden ihr Dasein im Mauerstaat mit wachsendem Alter jedoch nicht selten als staatsbürgerliche Zwangsmitgliedschaft. Hainichen, die sächsische Kleinstadt zwischen Chemnitz und Dresden, war, vom Gellert-Museum einmal abgesehen, nicht eben der Mittelpunkt der literarischen Welt. Monk schrieb über die Zeit dort rückschauend eines seiner „Memo"-Gedichte: retrospektive Texte biografisch-historischen Inhalts:

---

301 Rolf Schilling: Gesprächsprotokoll vom 17.4.2003, BStA, AUL.

Geboren, als im violetten Fluß
Fische starben: zehn Jahre nach
Offenbarung des Atoms, zwei Jahre
vor dem Mauerbau – geboren in
Garben aus Blasmusik.
[…]
Milch trank ich, als der Tag
ein Fünfjahrplan war.
[…]
Neun Jahre war ich alt, die Sieger
der Geschichte vergossen in ihren
Kleingärten Schweiß – ich sollte sie
noch kennenlernen: ihre Ordnung,
ihren Gehorsam, ihren Fleiß.[302]

Und über die Zeit der schulischen Indoktrination „Stellplatz Schule, Memo '73":

Meine Füße & Fingerspitzen wurden eiskalt
auf dem Appellplatz, wenn die Lehrer Lob &
Tadel verteilten über Lautsprecher.

Als ich später in der Bibel las: bis ins siebte Glied
werden die Sünden der Väter gesühnt von den
Kindern – da wußte ich, daß es ein Scheißjob ist,
Deutscher zu sein.[303]

Eine der grundlegenden Schreibbedingungen für den jungen Christian Heckel war, sich aus dieser provinziellen Ödnis herauszuarbeiten, einer doppelten Ödnis zumal, da zu der sächsischen Pfahlbürgerwelt die dröge, vormoderne, realsozialistische Monokultur hinzukam. Als dem pubertierenden 14-Jährigen, in einem Boot auf dem Stausee der Talsperre Kriebstein treibend, ein Gedicht passierte, obwohl er nur einen Brief hatte schreiben wollen, wurde er

302 Radjo Monk: König im wüsten Land, Rudolstadt 1998, S. 13.
303 Ebd., S. 15.

sich dieser gegebenen Ödnis bewusst, oder wie er sagt, des Defizits, das darin lag, „dass es überhaupt keine Partner gab, darüber zu reden, und dass ringsum eigentlich völliger Stumpfsinn herrschte“[304]. Er absolvierte die zehn Klassen der Polytechnischen Oberschule, lernte Facharbeiter für Holztechnik und Dekorationsbau an den Städtischen Bühnen Karl-Marx-Stadt und arbeitete zunächst als Theatertechniker im dortigen Opernhaus. Was ein Glück war, denn zu solchen Häusern zog es seit jeher und im rigiden Reglement der sozialistischen Produktionsgemeinschaft besonders die freieren Geister, die das Theater als Schlupfwinkel nutzten und zu einer Enklave der Randständigen und Aussteiger machten. Monk im Rückblick: „Da waren nur junge Leute, die Techniker waren unwesentlich älter als ich, es waren da gleiche Interessen. Es waren Leute da, die studieren wollten, die einen Ausreiseantrag gestellt hatten. Es war ein bunter Haufen. Während des Kulissenschiebens haben wir über Sartre geredet. Es war einfach toll!“[305] Angeregt vom Theaterbetrieb, begann er, Stücke zu schreiben, gab seiner lyrischen Prosa dramatische Strukturen, es wurden philosophisch aufgeladene, experimentelle Reflexionen mit verteilten Rollen. Und immer wieder Gedichte wie dieses mit dem Titel „all tomorrow's parties“, untertitelt „Karl-Marx-Stadt '81“:

> Wir kannten uns nicht anders als flüchtig,
> rannten nachts durch leere Straßen & glaubten,
> es wär sowas wie Revolution. Dabei stand ich
> an einem Feuer im Regen & hörte aus der Ferne
> das Besetztzeichen.[306]

Er schrieb, redete, las auf dieser kleinen Insel der Kunstseligen, bis sich der Staat martialisch meldete, diesmal in Form der Einberufung zur Armee. Die Nationale Volksarmee als klarste Inkarnation der DDR-Erziehungsdiktatur und konsequenteste Institution zur Verwüstung des störenden Individuellen nahm auch dem Solda-

---

304 Radjo Monk: Gesprächsprotokoll vom 14.12.2003, BStA, AUL.

305 Ebd.

306 Radjo Monk: König im wüsten Land, a. a. O., S. 10.

ten Heckel zunächst alle Lust an der Literatur. Er schrieb verzweifelte Briefe an seine Nächsten, führte Tagebuch mit einem scharfen Blick auf das, was zu erleiden er gezwungen war. IMB „Sylvia", eine konspirativ umtriebige Nachwuchsförderin in Karl-Marx-Stadt, übergab seine Briefe postwendend der Staatssicherheit, und die Genossen dort deuteten seinen postalischen Hilferuf als politische Feindseligkeit, als „negative Haltung zur sozialistischen Landesverteidigung", wobei er schon vor seiner Dienstzeit mit Personen sympathisiert habe, die sich durch Suizidversuche dem Wehrdienst zu entziehen versucht hätten.

In dem Memo-Gedicht „Stellplatz Drögeheide" schreibt er über seine kasernierte Zeit 1978/79:

> Morgens zog eine schwarze Wolke krächzend
> über den Regimentsplatz, Raben ließen sich
> nieder auf qualmenden Mülltonnen. Es waren
> höhnische Huren, verzaubert in Vögel. Im Ernst-
> Fall hätten sie uns sicher im Stich gelassen, denn
> wir sollten Hamburg erobern & mir war klar, daß
> sie bei ihren Mülltonnen bleiben würden.[307]

Um der NVA-Drangsal wenigstens kurz zu entkommen, ließ er sich als junges Talent ein zweites Mal zum FDJ-Poetenseminar im Schweriner Schloss delegieren, fand das dort gebotene Pädagogisierungsprogramm jedoch auch beim erneuten Versuch so grotesk, dass er diese lyrische Kaderschmiede hinfort nie wieder besuchte.

Nach der Entlassung aus der Armee ging er zurück ans Theater. Als er es leid war, auf dem Bahnhof Niederwiesa zu nächtigen, nachdem er bei den Behörden vergeblich um eine Wohnung gebeten hatte, kündigte er am Theater und arbeitete zuerst als Zimmermann, dann als Desinfekteur in der landwirtschaftlichen Produktionsgenossenschaft „Franz Hübsch" in Hainichen, schließlich als Pförtner, Hausmeister, Heizer, Straßenkehrer, Küchenhilfe, Platzwart und als Museumsassistent. Und er schrieb Prosa und Lyrik, Gedichte wie „Leben unter Schneedecke":

---

307 Ebd., S. 31.

Wir sind die Saat
für Paradiesbäume, wachsen auf
in fremden Gärten,
Naturschutzgebieten und als
Straßenmarkierungen.
Im Gehäuse die Kerne wissen noch
nichts von den Maden und die Haut
ist noch nicht ausgebildet: Wer jetzt
in uns beißt, verdirbt sich den Magen,
den Appetit, die Liebe
zum Obst.[308]

Er war auf der Suche nach seiner Poetik und nach Gleichgesinnten. Wünschte sich ein Feedback für seine Texte, fahndete nach Fäden in der Literaturgeschichte, die er aufnehmen konnte. Und mied das offiziell Vorgegebene, die standardisierten Traditionen. Experimentierte, sprach ungeschützt im überwachten Raum und machte so unvermeidlich jemanden auf sich aufmerksam, dessen Amt es war, Widersetzliches schon im Larvenstadium zu erkennen und zu verhindern. Das Ministerium für Staatssicherheit trat in sein Leben.

Im Oktober 1981 eröffnet die Diensteinheit XX/7 der Bezirksverwaltung Karl-Marx-Stadt die operative Personenkontrolle „Joker" mit folgendem Anfangsverdikt: „Heckel ist als Nachwuchsliterat tätig. In seinen Werken kommt eine negative Einstellung zu den bestehenden gesellschaftlichen Verhältnissen in der DDR zum Ausdruck."[309] Die auf ihn angesetzten Spitzel trugen die Decknamen „Volker", „Sylvia", „Trixi", „Valentin", „Heine", „Ingrid Kobold" und „Henriette Neuberin". Der Bearbeitete erhielt den Codenamen „Joker", da er seit geraumer Weile an einem Manuskript mit dem Arbeitstitel „Wahnfried Jokers Chronik" schrieb, das die Genossen von der Staatssicherheit heimlich gelesen und als gefährlich eingestuft hatten. Als die Versuche der angeschleusten Spitzel, Heckel von seinem eingeschlagenen Weg und seinen Texten abzubringen, keinen Erfolg brachten, verschärfte Oberleutnant Lorenz schon zehn Mo-

308 Radjo Monk: Vorlass, BStA, AUL, Band III, Bl. 19.

309 BStU, ASt. Chemnitz, AOP 3234/84, Bl. 21.

nate später die Gangart und leitete einen operativen Vorgang ein. Da wurde das beargwöhnte Manuskript bereits als „Machwerk“ bezeichnet, das gegen die Grenzsicherungsmaßnahmen der DDR, die bestehenden Reisebestimmungen und generell gegen den sozialistischen Staat Stellung beziehe. Im Schlusssatz steht, worum es im Kern ging, nämlich um die Vorbereitung eines Ermittlungsverfahrens mit Haft als Abschluss. Der bemühte § 106 des Strafgesetzbuches lautete „Staatsfeindliche Hetze“ und sah Haftstrafen zwischen einem und zehn Jahren vor. Über dem Jungdichter hing nun das scharfe Schwert der Staatssicherheit, von dem er freilich nichts ahnte. Genauso wenig wie von dem Auftrag der IMB „Trixi“, die durch die Aufnahme eines intimen Verhältnisses vertrauliche Beziehungen zu ihm aufbauen sollte. Dass auch einer seiner engsten Freunde und Arbeitspartner, ein Komponist, unter den Denunzianten war, erfuhr der Bespitzelte erst 1993. Der zu Erlegende wurde systematisch eingekreist. Wobei festzuhalten ist, dass sein Vergehen allein darin bestand, literarische Texte zu verfertigen. Wie krude und paradox das Denken der Menschenjäger war, belegt die Anschuldigung, dass der Nachwuchsdichter versuche, seine Ideen frei von jedem Zwang und staatlicher Kontrolle zu verwirklichen. Das Selbstverständliche als Straftatbestand!

Die frühen Achtziger waren in der DDR die Jahre, in denen viele der kreativen Jungen wie Christian Heckel ihre eigene Kultur betrieben, unter dem Dach der Kirche, in selbstvervielfältigten Zeitschriften, in kleinen Zirkeln Gleichgesinnter und Gleichfrustrierter. Jedoch allein das Aussteigen, das ja kein aktiver Widerstand war, galt bereits als „feindlich-negativ“. Dabei waren diese Aussteiger lediglich auf der Suche nach sich selbst und nach ein bisschen mehr Bewegungsfreiheit für mehr als nur sich selbst, mithin junge Leute, deren Widerspruch und Kreativität jeder Staat zur permanenten Erneuerung dringend bedarf und über deren Dasein er sich eigentlich aufrichtig freuen sollte. Nicht so die DDR, die sich nicht zuletzt auch dadurch selbst strangulierte, dass sie die Nachgeborenen vor den Kopf schlug. Diese Schläge hatten mitunter eine enorm denkförderliche Wirkung, freilich oft in kontraproduktiver Weise für den Schläger.

Der erste derartige Hieb ereilte den jungen Dichter, als er sich im Jahr 1983 nach Ungarn aufmachte, der lustigsten Baracke im sozialistischen Lager, wie man damals scherzte, und aus dem Zug heraus von DDR-Grenzern auf tschechischer Seite verhaftet wurde. Man unterstellte ihm Fluchtabsichten und begann die berüchtigten Dauerverhöre mit den Drohungen und Verlockungen. Als er nicht gestand, was er nicht geplant hatte, stand er, zurückgeschickt nach Hause, frühmorgens auf dem Bahnhof in Bad Schandau und erkannte schlagartig die Welt, in die er hineingeboren war. Monk lapidar: „Da wusste ich, wo ich lebe.“[310]

Der zweite Hieb traf ihn 1984, als er meinte, es könne ihm nicht schaden, mehr zu wissen von der Literatur, der Philosophie, der Ästhetik, und sich deshalb bewarb am Literaturinstitut „Johannes R. Becher“ in Leipzig, wohin er umzog und auf seine Immatrikulation hoffte. Doch diese Institution hatten die Genossen der Staatssicherheit in Leipzig auf Geheiß der obersten Parteiführung scharf im Auge und fragten in Karl-Marx-Stadt an, ob einer Immatrikulation zugestimmt werden solle oder nicht, da „die Unterbindung einer Profilierung negativer Personen“ Kampfauftrag sei. Karl-Marx-Stadt reagierte prompt und bescheinigte dem Bewerber, dass er „als literarisch talentiert“ eingeschätzt werde, seine Werke jedoch „dem sozialistischen Realismus entgegenstehende Tendenzen“ aufwiesen. Die Aufnahme wurde seitens der Staatssicherheit nicht befürwortet, und das Literaturinstitut folgte selbstverständlich der Empfehlung. Damit war ein weiterer junger Autor draußen vor der Tür.

Der aber nahm das verhängte Schicksal trotzig an, akzeptierte, dass er weder Ausbildung noch Öffentlichkeit finden würde, und engagierte sich in der alternativen Kunstszene, arbeitete mit an der Untergrundzeitschrift „A3“, gründete in Hainichen eine „Sezession“ von Künstlern unterschiedlicher Gattungen, versuchte also, den bestallten Verhinderern produktiv zu entgegnen. Als auch die Idee mit der „Sezession“ gegen die inzwischen eingeleiteten „operativen Zersetzungsmaßnahmen“ der Staatssicherheit nicht zu realisieren war, als für ihn außen alles verschlossen war, ging er nach innen, besann sich auf sich selbst und schrieb, um im Schreiben Halt zu finden, Sicherheit und Orientierung.

---

310 Radjo Monk: Gesprächsprotokoll vom 14.12.2003, BStA, AUL.

Die einheimische Gegenwartsliteratur interessierte ihn und die anderen eher mäßig, Christa Wolf beispielsweise wurde als langweilig und verkopft empfunden, doch einen gab es immerhin als Anreger: Franz Fühmann mit seinem Trakl-Essay „Vor Feuerschlünden". Der Expressionismus wurde von Heckel und seiner Generation wieder einmal neu entdeckt. In einem Raum der Nichtwahrnehmung und der Ausgrenzung entstand bei ihm über solche Rückgriffe allmählich ein ästhetisches Gerüst, in dem es auch um die „Erdung der Ideenwelt" ging. „Das Wort wird Ort" nannte er seine Anmerkungen zur eigenen Poetik.

Der Ort ist ihm weit mehr als Anlass oder Motiv für ein Gedicht, er wird Gegenüber, Gesprächspartner. Es geht ihm dabei nicht um Authentizität, die er in ihrer Exklusivität als hermetisch empfindet, sondern um den metaphysischen Subtext. Das Gedicht, so Christian Heckel, lebe geradezu von der Metaphysis des Textkörpers und wirke scheintot, wenn es diesen Aspekt der Sprache leugne. Sprache wird für ihn Selbstortung, Sprache als Mit-teilen, das zugleich etwas trennt und fügt, Sprechen und Schreiben als ein Vorgang, der ein Gegenüber braucht. Monk interessierte nicht, wie sich jemand in der Welt fühlt, wenn ihm nicht gleichzeitig etwas über die Welt mitgeteilt wird. Kryptisch murmelnde Befindlichkeiten lehnt er ab. Heimat ist für ihn nur noch eine Metapher, die das Außen mit dem Innen verbindet, Heimat ist nicht dort, wo er aufzuwachsen gezwungen ist, sondern dort, wo er Gründe für sein Gewachsensein entdecken kann.

Ein Behaustsein fand er in der Weltkultur, und er entwickelte im bewachten und engen Raum DDR eine Fähigkeit des besonderen Hörens: Das eine Ohr auf dem Boden der Tatsachen, das andere offen für den Atem der Erde selbst, den Atem, der jeden Ort auf diesem Planeten zu beleben vermag. Im Zuhören wird er ein global Zugehöriger. Und so kam er zu seinem Kern, seinem ästhetischen Credo: mit seinen Texten eine Verbindung zu stiften zwischen Wahrnehmung und Wahrgebung.

Das ist ein Konzept in Bewegung, ein Konzept des Lernens am Text, der ständigen Selbstvergewisserung und des Überprüfens im Experiment. Das tat Christian Heckel in den achtziger Jahren, in denen er in den alternativen Raum auswich, der weniger kontrolliert war als das totalüberwachte DDR-Verlagswesen. Er beteiligte

Radjo Monk, Leipzig 1986

Radjo Monk bei einer Privatlesung, 1988

sich an Performances, improvisierte mit Musikern die eigenen Texte, parodierte die Texte realsozialistischer Hofdichter, experimentierte mit Super-8-Filmen und dem Diktiergerät, das weit mehr wurde als ein akustisches Notizbuch. Mit dieser Art Überleben in einem als kunstfeindlich wahrgenommenen Raum war man, so der Autor, „fast automatisch Dissident". Das aber war gar nicht seine Intention, er wollte die Gesellschaft weder reformieren noch revolutionieren, sondern wollte schlicht nicht in der Phrase leben und schuf sich, ähnlich der Luftblase des Tauchers in der Tauchglocke, einen Sprachraum, in dem er überleben konnte.

Und dann das Jahr 1989, zumal in Leipzig, der Stadt, die wohl die größte Kraft entwickelt hat, das überlebte System abzuschütteln und in den historischen Orkus zu verweisen. Das Tagebuch „Blende 89"[311] handelt davon, es beginnt am 3. Oktober 1989 und endet am 3. Oktober 1990, dem Tag der Deutschen Einheit: Auftakt, Höhepunkt und Abschwung der friedlichen Revolution. Das Tagebuch zeigt, wie der Autor im Oktober '89 unwiderstehlich von der vorrevolutionären Stimmung in Leipzig erfasst und aus seiner Textarbeit gerissen wird, wie er der Geschichte den Puls fühlt, die nun nach jahrzehntelang verordnetem Stillstand zu rasen beginnt, wie er sich schon Tage später auf der Straße mitten im Auge des Herbststurmes wiederfindet, wie er das Aufbrechen der Stagnation und das Zur-Sprache-Finden des Volkes, das sich des Maulkorbs entledigt, als befreiendes Glück empfindet, wie er die letzte Option des sterbenden Staates, die der nackten Gewalt, befürchtet, wie er sich selbst immer wieder in die Pflicht nimmt als Chronist der einmaligen Ereignisse, wie er die Sprache der bröckelnden Macht und auch die ersten Misstöne in Volkes Stimme registriert, wie er über den Leipziger Tellerrand hinaus und in die Zukunft schaut, wie er die wunderbare Zeit der friedlichen Revolution beschreibt und wohl bemerkt, dass der kurze Straßentanz der fröhlichen Anarchie wieder in Politik kanalisiert wird, und wie der Dichter, als er sieht, worin das Ganze mündet, und angeregt vom nun zunehmend dominanten Politikerwort sich wieder der Welt der Wörter zuwendet –

311 Radjo Monk: Blende 89 (Die Verschwiegene Bibliothek), Frankfurt a. M. 2005.

aber dies durchaus nicht in Zorn und Frustration, da er froh ist und bleibt, nun endlich die Wortarbeit ohne die Behinderungen der Vergangenheit tun zu können. Insofern ist sein Tagebuch „Blende 89" mehr als nur die Chronik des Unterganges eines Staates.

1990 gab sich Christian Heckel das Pseudonym Radjo Monk. Den Namen will er nicht als Rekurs auf die Figur bei William Faulkner oder den Jazzmusiker Thelonious Monk verstanden wissen, sondern als phonetisch motivierte Identitätsstiftung.

Unter dem neuen Namen und mit der neuen Freiheit für die Literatur erschienen in den neunziger Jahren mehrere Lyrikbände: unter anderen 1992 „Orte & Worte", 1998 „König im wüsten Land" und „Amenti vierspurig". Da sich der Dichter schon vor dem Untergang des Staates DDR von diesem emanzipiert hatte, war für ihn mit dem Verschwinden der Diktatur keineswegs zugleich sein Gegenstand verschwunden, wie ihn manch kritischer DDR-Literat brauchte, um an dieser Reibfläche sein Schreiben zu entzünden. Für Monk brach keine Welt zusammen, weil er sich klugerweise schon vorher eine eigene geschaffen hatte, auf der sich leben und in der sich schreiben ließ, und also konnte er nahezu bruchlos weiterschreiben. Und er schrieb und experimentierte weiter wie vorher, fast, als wäre nichts von Belang geschehen. Im Juli 2004 erwarb er an der Hochschule für Grafik und Buchkunst in Leipzig ein Diplom im Fach Medienkunst und entwickelt seither parallel zur Textarbeit Klangskulpturen (so „revolutiontable" und „Ex Voto"), Installationen („Der Gral – ein mentaler Trafo") und Videofilme („Existenzschmuggler"), meist vorgeführt auf Fotoausstellungen seiner Lebensgefährtin Edith Tar: nun nicht mehr nur in Hainichen und Leipzig, sondern auch in Glasgow, Dublin, Innsbruck, auf Malta und global anderswo.

Sein Gedicht „Kinder der Diktatur" soll hier ungekürzt stehen, da es symptomatisch frühe Erfahrungen beschreibt, die zum späteren Ausstieg aus dieser Gesellschaft führten.

Kinder der Diktatur

1.
Nichts zählt ein Diktator lieber als Kinder.
Unter seiner Hand, segnend über die Köpfe

gestreckt, sterben die Kinder & werden
wiedergeboren als Beschlüsse & Zahlen.

In der geklonten Aura des Diktators
begleichen die Kinder seine Rechnung
mit der Mutternull.

2.
In meiner Kindheit bannten wir die Weiße
Taube auf Pappschilder & trugen sie
im Kreis der Jahrestage an den Greisen vorbei,
von ihren Sekretärinnen gefüttert mit Sauerkraut.

Wir blätterten im Stammbaum & fanden uns
als Raupen wieder im Gespinst der Lehrer.
In den Pausen jagten wir die Spinne, ihr Tod war
unser Abenteuer.

Wir hörten die mechanischen Gesänge der Opfer
aus unseren eigenen Mündern, aufmarschiert
hörten wir eine Schere Nabelschnüre schneiden.
Wir hörten das gefrorene Gewebe der Stadt reißen
& wurden, Heimatlieder singend, mitgerissen
in ihre Betäubung.

Wenn wir nicht hungrig waren, aßen wir noch einen
Löffel für den Diktator & der Diktator stand noch
eine Nacht lang an unseren Betten & bewachte
unseren befohlenen Schlaf.

3.
In meiner Kindheit hörte ich Panzer rollen nach
Prag & die Schritte der Schichtarbeiter im Morgen-
Grauen, das Tropfen des Wasserhahns im Keller,
das Klappern der Milchkannen an der Rampe,
den schweren Atem der Eltern hinter den Türen
verwundeter Nacht.

Wir lernten, auf der Stelle zu marschieren &
unter unseren volkseigenen Schuhen klang es hohl.
Unbemerkt entfernten wir die dünne Schicht Erde
& entdeckten die Falltür Deutschland.

Wir stiegen hinab in das verbotene Bergwerk &
erkannten uns nicht wieder in unserem Bruder
der Bahnhofskneipen & die Melkerin angeketteter
Nebenstraßen verleugnete uns als Kopfgeburt
aus trinitären Büsten.

Wir waren Jungpioniere & jäteten Brennesseln
im Hain anonymer Helden. Wenn wir Wurzeln
ausrissen, schienen sie mir verwachsen mit den
eigenen Knochen. Wir warfen das Kraut auf den
Kompost & harkten zuletzt unsere Spuren aus dem
Weg, angelegt als Sowjetstern.

Wir sammelten Flaschen für eine Karussellfahrt
& für ein Kilo Zeitungen konnten wir uns ein Los
kaufen oder eine Spendenmarke & dafür würden
uns alle vietnamesischen Bauern danken.

Kindheit war ein Verlöschen in Zahlen & die
Verlängerung des Schulweges zur Heerstraße.
Wir mutierten zur lebendigen Propaganda der
alten Männer & wir würden die Erbauer ihrer
Tribünen werden.

Wir schmeckten auf unseren Lippen Kreide
& entkamen an Wandertagen dem pompösen
Zerfall. Mancher von uns hätte sie gern getötet,
die Weiße Taube, die in Nischen brütete, eine
letzte Bewohnerin des Hauses auf Abriß.[312]

---

312 Radjo Monk: König im wüsten Land, a. a. O., S. 18–20.

Leiser, doch ebenso standhaft war der Widerstand der Autorin Sylvia Kabus, 1952 in Görlitz geboren, der 1945 in das polnische Zgorzelec und das deutsche Görlitz geteilten Stadt am Grenzfluss Neiße. Die junge Sylvia Kabus erlebte ihre dortige Kindheit als Ausnahmezustand, in der die traditionsreichen Worte Schlesien und Preußen, aber auch das Wort Vertreibung zu unaussprechbaren Unworten mutierten. Sie erlebte früh die in Ostdeutschland stalinistisch geprägte Nachkriegsatmosphäre aus Zwang, Willkür und Angst und setzte dagegen ihre kindliche Sturheit und einen elastischen Reflex gegenüber der allgegenwärtigen Bevormundung. Nach dem Abitur ging sie nach Ostberlin, um an der Pädagogischen Fakultät der Humboldt-Universität Anglistik und Germanistik zu studieren. Den pädagogischen Leitlinien wie der Erziehung der Kinder zum Hass auf den Klassengegner mochte sie nicht folgen, und so wurde auch ihr die Weltliteratur zum Rückzugsort im ringsum anwachsenden Schweigen, so wurde sie zur Theater-und-Poesie-Enthusiastin, die nach einem eigenen Kern suchte und zunehmend nach ihrem Thema, das noch eines literarischen Rhythmus bedurfte, um zum Schreiben zu führen. Mit Erhalt des Lehrerdiploms bat sie umgehend darum, von der bevorstehenden Lehrtätigkeit verschont zu werden, was man ihr lapidar gewährte. Sie wurde zur Redakteurin der Leipziger Zeitschrift „Kultur und Freizeit“. Statt in Offenheit, Argumentation und Differenzierung, wie sie erhoffte, bestand ihre neue Tätigkeit darin, Artikel aus der ideologieträchtigen, mit propagandistischen Versatzstücken gespickten Staatssprache in allgemein Fassliches zu übersetzen, wobei die Schwierigkeit darin bestand, in dem Vorgegebenen überhaupt etwas zu finden, was übrig zu bleiben verdiente. Ein Notat von ihr aus dieser Zeit:

> Jeder Morgen schleudert mir verschmutzte, getretne, verhunzte, lappig gewordene, heruntergekommene, aufgeblasene, monströse, bettelarme, gequollne Sprache entgegen. Ein Haufen aus Asche und Müll, aus dem ich einzelne Zeichenscherben herausziehe und mit Anspannung aller Nerven versuche, einen einfachen Satz zusammenzulegen. Moderne Archäologie, nicht nur die Fingerspitzen bluten dabei. Um-

> gekehrt, denn bei diesen Ausgrabungen kommt nichts ans Licht, das als Vorbild gelten könnte, nur ein kunstloses Muster dessen, was mindestens sein müßte.[313]

Ein Prozess der beruflichen Ernüchterung, den sie mit einem lebendigen Freundeskreis, mit Spott und Lachen nach Feierabend zu konterkarieren versuchte. Sie selbst nannte diese Zeit Ende der siebziger, Anfang der achtziger Jahre „seelische Auswanderung" aus einem Zustand des Unveränderlichen, Geronnenen, Stillgelegten, das sie immer weniger ertrug. 1984 kündigte sie der journalistischen Welt der sinnentleerten Worte, versuchte als freie Drehbuchautorin zu überleben, was mindestens ebenso schwierig war wie in der Belletristik. Ein paar kleinere Filme durften entstehen, anderes, Weitergehendes wurde verhindert, ihre genau gearbeiteten Texte zensurzerstört und verunmöglicht. Ihr Tagebuch aus den Jahren 1984/85 gibt darüber Auskunft:

> Dieses eisige Erschrecken bei der Vorstellung nur, die Jüngeren erlitten nicht die Verunstaltungen, die man über sich hat ergehen lassen. Sie wären nicht unausweichlich gewesen. Man hätte es anders machen können. Diese allgegenwärtige Gewalt, die aus Fatalismus und Selbstverachtung steigt! Versehrtsein, das verlangt zu versehren. Sich fortpflanzen will. Man gibt weiter, was man ist. Man muß glücklich sein.[314]

1985 begann sie deshalb für die „Volkssolidarität" in der Altenpflege zu arbeiten und fand dort ihren Gegenstand, den sie 1987 mit Notizen begann und der mit der Zeit zu ihrem Roman „Weißer als Schnee" wuchs. 1988 brachte sie ihren Text zum Aufbau Verlag in Ostberlin und wurde zu einem Gespräch eingeladen, zu dem die Autorin ein Gedächtnisprotokoll schrieb:

> Gespräch im Aufbau Verlag. Sigrid Töpelmann. Karg, erloschen, bewußtes Ausüben von Machtmitteln. Das Bild,

313 Sylvia Kabus: Vorlass, BStA, AUL, Band II.

314 Ebd.

> das der Verlag in seinen Verlautbarungen von sich gibt, von ihr grell bestätigt. Unerträglicher Dünkel als Strategie, frontaler Zurückstoß. Von Anfang an apodiktisch. Nervös, auf Widerspruch gefaßt. Ohne unterbrochen zu werden, zunehmend lauter, erregter, mißgestimmter, fast unfähig, Abneigung und, ja, Wut, mir Unbekannten gegenüber zu verbergen. […] Auffallende Mühe legt sie darein, mir meine Zukunft auszureden. „Man hat es oder nicht. Sie sind keine Sprachbegabung. Das wird auch nichts werden. Dafür habe ich genug Erfahrung in dem Beruf. Sie sind keine ursprüngliche Erzählerin.“[315]

Es ging nicht nur um eine Zurückweisung, sondern um eine fundamentale Irritation, die Zerstörung einer nicht linientreuen Kreativität. Die ideologisch scharfe Lektorin hatte wohl erkannt, dass „Weißer als Schnee“ ein authentischer Finaltext war, der das Ende der DDR vorausfühlte, den schleichenden Auflösungsprozess, das langsame Absterben des in sich hohlen und morschen Systems.

Das feindselige, vernichtende Verdikt des Aufbau Verlages ließ Sylvia Kabus zunächst verstummen, und obwohl sie dessen politischen Kern durchschaute, entstand für sie ein Riss in der Welt, in der sie lebte, der durch nichts mehr zu kitten war. Zu ihrem Glück stimmten sich die Leipziger im Sommer/Herbst 1989 auf die Revolte ein, die zur friedlichen Revolution werden sollte, und Sylvia Kabus gehörte zu Leipzigs Aktivisten, wurde Mitglied des städtischen Runden Tisches, moderierte die demokratische Transformation der politischen wie kulturellen Landschaft und begann eine mehrjährige Tätigkeit im Literaturbüro der Stadt. 1990 erhielt sie den Joseph-Roth-Preis in Klagenfurt, eine späte Anerkennung, wenn auch nicht im eigenen Land. Nach erfolgreichen Jahren, nach dem revolutionären Aufbruch, dem nicht nur in Leipzig eine Kultur der Abwehr folgte, zog sie sich zurück. Dem Trauma DDR folgte das Trauma Nachwende mit den übergestülpten westlichen Standards und der östlichen zweiten deutschen Verdrängung. Sie verließ Leipzig und ging als Autorin nach München. 2008 konnte endlich

315 Ebd.

ihr Roman „Weißer als Schnee“ [316] in der Büchergilde Gutenberg erscheinen, zwanzig Jahre nach seiner Verhinderung.

Individuationen, Endpunkt: Haft

Beharrlich hält sich die Legende, es sei in den siebziger und achtziger Jahren in der DDR relativ kommod zugegangen. Peter Hacks, als Homo politicus der Aristokrat unter den Poststalinisten, verstieg sich nach dem DDR-Staatsuntergang gar zu der Behauptung, man hätte anstellen können, was man wollte, man sei in diesem Land partout nicht ins Gefängnis gekommen. Die Wahrheit indes ist, dass es nicht wenige Autoren gegeben hat, die allein ihrer geschriebenen Literatur wegen hohe Haftstrafen erhielten. Texte, pejorativ „Hetzschriften in Versform“ oder simpel „Machwerke“ genannt, landeten vor dem Richter, die Autoren wurden kriminalisiert und deren Literatur zum Corpus Delicti.

Auskunft über die Haftbedingungen gibt eine stasiinterne Untersuchung vom September 1976, als Siegmar Faust nach seiner Entlassung auf einer Pressekonferenz in Westberlin diese detailliert geschildert hatte. Gewissermaßen eine Bestätigung aus erster Hand: „Zu diesen Darlegungen des Faust ist einzuschätzen, daß tatsächlich der bauliche Zustand in einigen Strafvollzugseinrichtungen, darunter in der StVE Cottbus (erbaut im Jahre 1860) unter den Bedingungen einer permanenten, gegenwärtig jedoch nachlassenden Überbelegung geeignet ist, um dem Feind und damit auch Faust mit seiner durch und durch feindlichen Einstellung gegen die DDR Ansatzpunkte für die beabsichtigte Diffamierung und Herabsetzung des internationalen Ansehens der DDR zu bieten. Faust selbst war vom 28.11.1974 bis zum 22.3.1976 in der StVE Cottbus inhaftiert. […] Um seinem feindlichen Einfluß auf andere Strafgefangene und den

316 Sylvia Kabus: Weißer als Schnee (Die Verschwiegene Bibliothek), Frankfurt a. M. 2008.

von ihm ausgehenden Störungen des Vollzugsprozesses wirksam vorzubeugen, wurde Faust auf Weisung des Leiters der Strafvollzugseinrichtung bis zu seiner Entlassung am 22.3.1976 ständig isoliert. […] Der Zustand und die Ausstattung dieser speziellen Verwahrräume einschließlich des Raumes, in dem sich Faust befand, wurden in der Strafvollzugseinrichtung Cottbus im Zusammenhang mit der genannten Presseveröffentlichung überprüft. Im einzelnen können dazu folgende Aussagen getroffen werden: Diese im Kellergeschoß befindlichen Verwahrräume sind 4,40 m lang, 2,10 m breit und 2,40 m hoch. Zum Schutz der Strafvollzugs-Angehörigen vor Angriffen durch Strafgefangene sind diese durch ein verschließbares Zwischengitter nochmals unterteilt. Der bauliche Gesamtzustand dieser Räume ist mäßig, die Licht- und Belüftungsverhältnisse liegen an der Grenze des Zumutbaren. Da sich 1,60 m des Raumes unter der Erdoberfläche befinden, ist es zum Teil feucht in diesen Räumen. […] Bei der Anwendung des strengen Einzelarrestes (Höchstdauer 21 Tage) legen die einschlägigen Rechtsvorschriften darüber hinaus gehend folgende Einschränkungen fest: – Entzug der Rauchererlaubnis, jeglicher Lektüre einschließlich der Tageszeitungen; – Entzug des Aufenthaltes im Freien, der Normalverpflegung und der persönlichen Verbindung des Strafgefangenen zu seinen Angehörigen (Sprecher und briefliche Verbindung); – Entzug der Einkaufsberechtigung für Lebens- und Genußmittel für die Dauer von 2 Monaten nach Beendigung des Arrestes. Die Verpflegung besteht in diesem Fall aus Brot, Malzkaffee oder Tee und an jedem 3. Tag zusätzlich aus einer warmen Mahlzeit. Der tägliche Verpflegungssatz beträgt 1,70 Mark.“[317]

Im Fundus des Archivs unterdrückter Literatur in der DDR finden sich zahlreiche Fälle, in denen literarische Genesen durch Verhaftung, Verurteilung und Gefängnisstrafe unterbrochen oder gänzlich abgebrochen worden sind. Neben Siegmar Faust, der zweimal für insgesamt 33 Monate ins Gefängnis musste, wurden bereits die Fälle erwähnt von Andreas Reimann, der zu 4 Jahren Haft verurteilt worden war, von Gerald Zschorsch (Urteil: 5 Jahre Haft) und Anne Gollin, die 1975 und 1981 ebenfalls zweimal in Haft kam. Und es wa-

---

317 BStU, Berlin: HA XXII 1069, Bl. 156 f.

ren weitere Autoren davon betroffen, meist jung an Jahren, meist am Anfang ihres literarischen Weges, bis dato ohne Publikation und deshalb durch die fehlende Öffentlichkeit völlig ungeschützt dem Zugriff der Verfolger ausgesetzt. Dabei zielten MfS und SED auf die möglichst frühzeitige Zerstörung der Kreativität und auf die Neutralisierung der bereits geschriebenen Literatur: Die Texte, bei konspirativen Wohnungsdurchsuchungen gestohlen oder bei Verhaftungen beschlagnahmt, finden sich, so sie denn nicht vernichtet worden sind, in den gesperrten Ablagen der Staatssicherheit. Sie geben nun mit ihrem eigenständigen ästhetischen und thematischen Gehalt Zeugnis von dem vorhandenen emanzipatorischen, literarischen Potential, das auch unter widrigsten Bedingungen gegen den ideologisch normierten, verstaatlichten Literaturbegriff stand.

Hier noch einige der im Archiv unterdrückter Literatur in der DDR dokumentierten Fälle:

Der 1955 in Gotha geborene Lyriker und Liedermacher Uwe Keller wurde bereits 1977 als Student in einem Gruppenvorgang observiert, arbeitete ab 1978 als Bühnentechniker an den Städtischen Bühnen Erfurt, erhielt dort 1980 den operativen Vorgang „Kulisse" wegen „politischer Untergrundtätigkeit" und wurde 1981 „Bausoldat", also Soldat einer unbewaffneten Sondertruppe der Nationalen Volksarmee, in der die DDR-Kriegsdienstverweigerer für die reguläre Dienstzeit von anderthalb Jahren kaserniert und als Bauarbeiter beschäftigt wurden. Wegen seiner literarischen Texte und wegen seiner politischen Schrift „Die Möglichkeit einer linken Alternative zur Opposition in der DDR" wurde er im Oktober 1981 verhaftet und Monate später zu 6 Jahren und 4 Monaten Haft verurteilt, zusätzlich wurde noch eine Reisesperre ins Ausland bis 1999 (sic!) verhängt, die jedoch durch den Freikauf seitens der Bundesrepublik 1984 gegenstandslos wurde.

Frank Romeiß, 1953 in Arnstadt geboren, wurde nach Abschluss der Oberschule, drei Jahren Armeedienst und einem Intermezzo als Krankenpfleger Lokaljournalist in Thüringen, schrieb seit Anfang der siebziger Jahre Gedichte, nicht selten mit deutlicher Gesellschaftskritik, und las diese im Freundeskreis der Erfurter literarischen Szene. Von der Staatssicherheit erfasst im OV „Pfleger" wurde er wegen „Verbreitung seiner Hetzschriften in Gedichtform“ 1980 verhaftet und 1981 zu 3 Jahren und 6 Monaten verurteilt, dabei waren 12 Texte Beweismittel, die nach dem Prozess weiter bei der Staatssicherheit verblieben und dort teilweise vernichtet worden sind, darunter die Heine-Adaption „Deutschland, ein Sommertraum“. Andere Texte, die ihm von seiner Verlobten nach der Abschiebung in den Westen nachgeschickt worden sind, gingen in der DDR-Postkontrolle verloren.

Ralph Arneke, 1942 in Domersleben geboren, arbeitete nach Abschluss eines Pädagogikstudiums ab 1967 als Lehrer in Wanzleben und ab 1978 in der Drogerie seiner Frau, schrieb ab da Kurzprosa, Lyrik, eine Art innerdeutschen Briefroman und das Stück-Fragment „Aufstieg und Falle des Ingenieurs B.“, wurde Mitglied in einem Zirkel schreibender Arbeiter und absolvierte ein Fernstudium am Institut für Literatur „Johannes R. Becher“ in Leipzig. Nach erfolglosen Publikationsversuchen in der DDR schickte er seine Manuskripte per Post in die Bundesrepublik, was natürlich nicht unbemerkt blieb, strafrechtlich als „ungesetzliche Verbindungsaufnahme“ bewertet und angeklagt wurde. Das Urteil von 1984 lautete 1 Jahr und 10 Monate Haft. Rückschauend schreibt er: „Sicherlich stehe ich heute – von meiner künstlerischen Auffassung – dem, was ich damals verfasst habe, kritisch gegenüber. Meine innere Einstellung zu diesem Unrechtssystem, über das ich durch meine Stasi-Akten noch tieferen Einblick gewinnen konnte, hat sich nicht verändert.“[318] Diese Haltung zu den eigenen Texten wie die Beurteilung der DDR findet sich bei vielen der betroffenen Autoren.

Josef Peter Budek, 1940 in Halle geboren, hatte nach seinem Studium der Theater- und Musikwissenschaften zunächst eine durchaus beachtliche DDR-Karriere, die ihn als Theaterdramaturgen und Fernsehredakteur schließlich ins Ministerium für Kultur als wissenschaftlichem Mitarbeiter für das Musiktheater hob, bis er 1978 diese Karriere abrupt abbrach und freier Autor zu werden versuchte, was mit einem umfassenden Berufsverbot und dem operativen Vor-

318 Ralph Arneke: Brief vom 5.3.2004, BStA, AUL.

gang „Künstler“ jedoch ein baldiges Ende fand. Dennoch entstanden in diesen Jahren etliche dramatische Texte, darunter die auf die DDR-Verhältnisse bezogene Komödie „Makrelische Trilogie“, auch Gedichte, so die „Laudatio auf den Jahrgang 40, aufgewachsen im Ostteil Deutschlands“, Schauspiele und Libretti. Nachdem er sich einige Jahre als Tapezierer, Beifahrer und Packer sozial über Wasser halten konnte, verhaftete ihn die Staatssicherheit 1983 und schob ihn 1984 nach Verurteilung und Haft in den Westen ab, behielt aber seine Manuskripte, wovon zwei Stücke, ein Romanfragment, Tagebücher und Notate bislang unauffindbar verloren scheinen.

Manfred Bartz, 1934 in Berlin geboren, kam aus jüdisch-kommunistischem Elternhaus, sein Vater Erwin Bartz avancierte nach seiner Haft in NS-Zeiten im Zuchthaus Brandenburg 1950 zum Chefinspekteur der Volkspolizei-See. Der Sohn („Bonzensohn“, wie er sich selbst in dem autobiografischen Text gleichen Titels bezeichnet) machte Abitur, ging auch in die SED, war 1960 Diplom-Bibliothekar und schrieb ab 1961 als freiberuflicher Autor satirisch-humoreske Texte für die Kabaretts „Distel“ und „Herkuleskeule“, auch für den „Eulenspiegel“ und die „Berliner Zeitung“, wobei die schärferen satirischen Texte mit eindeutigem DDR-Bezug ungedruckt blieben und mit der Zeit einen beträchtlichen Umfang annahmen. Ab 1970 begann er seinen, wie er selbst sagt, „illegalen Schaffenszweig“[319] und schrieb unter anderem die Komödie „100 %“, worin er eines der zentralen Diktatur-Defizite aufgriff und die sogenannten Volkswahlen als Wahlfarce dekuvrierte. Nachdem sein vergeblicher Versuch, all seine unveröffentlichten Texte in den Westen zu schicken, durch die Postkontrolle der Staatssicherheit entdeckt worden war, wurde er 1979 verhaftet und 1980 wegen „mehrfacher planmäßiger staatsfeindlicher Hetze“ zu 6 Jahren Haft verurteilt. Die Urteilsbegründung bezog sich ausdrücklich auf die 56 Manuskriptseiten der Komödie, die das Wahlsystem und die „Grenzsicherungsmaßnahmen“ der DDR diskriminiere und behaupte, an der Staatsgrenze würden angeblich Menschen ermordet. Von den sechs Jahren saß er drei Jahre, wie vormals sein Vater im Zuchthaus

319 Manfred Bartz: Gesprächsprotokoll vom 17.9.2002, BStA, AUL.

Brandenburg, ab, wurde dann freigekauft und erhielt im linksliberalen Mainstream der Entspannungspolitik in der Bundesrepublik wenig Gelegenheit, seine literarische Aufarbeitung der DDR-Diktatur, zum Beispiel im Stück wie in der Romanadaption „Diogenes unter den Mördern“[320], das den Zuchthaus-Alltag in der DDR ungeschönt beschreibt, publik zu machen. Er starb 2009 in Hamburg.

Michael Meinicke, 1948 in Berlin geboren, schrieb schon als Oberschüler erste systemkritische Gedichte und war seit 1967 Mitglied im Lyrikclub Pankow. Bis zu seiner Verurteilung zu 2 Jahren Haft im Jahr 1970 schrieb er etwa 300 Gedichte, die dem Gericht als Beweismittel dienten. 1978 gelang ihm die Flucht nach Westberlin.

Alexander Richter, 1949 in Coswig geboren, arbeitete nach einem Ökonomiestudium als Revisor bei der staatlichen Finanzrevision Potsdam, schrieb daneben Kurzprosa und an dem Roman „Alfred Liebreuther“. Ab 1980 im operativen Vorgang „Transit“ bearbeitet, beschlagnahmte die Staatssicherheit durch Postkontrolle und bei der Verhaftung ca. 800 Seiten Manuskripte, listete diese detailliert auf, bewertete sie für den Prozess strafrechtlich auf 49 Seiten und vernichtete die Texte 1983 nach dem ergangenen Urteil: 6 Jahre Haft ohne Bewährung. In der Haft wurde er zu einer inoffiziellen Zusammenarbeit genötigt, sie wurde 1985 wegen „Passivität“ abgebrochen und Richter in die Bundesrepublik abgeschoben.

All die vorstehend geschilderten Fälle, in denen die frühe Schreibgenese durch verhängte Haftstrafen unter- oder abgebrochen worden ist, wären, wenn diese nicht hinreichen würden, die These von der liberaler gewordenen Kulturpolitik der SED in den siebziger und achtziger Jahren zu widerlegen, noch um etliche weitere, im Archiv unterdrückter Literatur in der DDR aufzufindende Autorenbiografien zu erweitern, wie die von Wolfgang Wägner, Heinz Steudel, Frank Schöne und Roger Nastoll.

---

320 Manfred Bartz: Diogenes im Knast. Grüner Utopist unter braunen Mördern im Zuchthaus der roten Socken, Hamburg 1998.

Normalerweise basiert Literaturgeschichte auf erschienenen Texten und dadurch bekannt gewordene Autoren. Totalitäre Kontrollsysteme wie die DDR aber fallen aus dieser Normalität, indem sie sowohl das Erscheinen widerborstiger Texte wie das Bekanntwerden widerständiger Autoren im Vorfeld verhindern. Ziel ist die Aussonderung und Auslöschung, nach Möglichkeit noch vor dem Debüt. „Vorbeugende Verhinderung" oder schlicht „Liquidierung" hieß das in der Sprache der Poststalinisten, und es bedeutete, wie vorstehend aufgezeigt, literarische Texte als strafrechtlich relevante Beweismittel sicherzustellen und nach dem Strafprozess in gesperrten Ablagen zu archivieren oder zu vernichten, die Urheber entweder zu isolieren, zu demotivieren, ins Private, in die Depression abzudrängen, sie zu „neutralisieren" und zu „zersetzen" oder aber zu verhaften, zu verurteilen und womöglich aus der Haft gegen Bezahlung in den Westen abzuschieben. Um diese speziellen Texte und entsprechenden Autorenschicksale aus dem organisierten Vergessen zu heben, bedarf es einer besonderen Anstrengung und eines gezielten Interesses.

Die in geistigem Widerstand und Widerstehen entstandenen, verschwiegenen und nun gehobenen Texte sind authentische Zeugnisse einer bislang kaum wahrgenommenen literarischen Gegenbewegung und ästhetischen Gegenwelt, die den thematischen, formal-ästhetischen, letztlich politischen Vorgaben an die Literatur trotzte. Sie zeigen das andere Gesicht der in der DDR geschriebenen Literatur, sie zeigen, wie Autoren zu Zeiten der DDR-Diktatur ihre geistige Autonomie bewahrt, welche Themen und ästhetischen Modelle sie unter den repressiven Bedingungen verteidigt und welche alternativen Schreib- und Lebenskonzepte sie in einer Gesellschaft, die Alternativlosigkeit massiv durchzusetzen versuchte, entwickelt haben. Damit vermögen diese Texte, so man denn willens ist, sie wahrzunehmen, den Blick auf den Literaturraum und das totalitäre Projekt DDR zu weiten. Sie belegen über die vier Jahrzehnte der DDR-Existenz hinweg das Vorhandensein eines literarischen Widerstandes, der bislang so nicht ins Bild kam – oder denen, die noch immer am Untergegangenen hängen, nicht ins rückwärtig verklärte Bild passt. Intellekt ohne Repräsentanz, die systematisch verschwiegene intellektuelle Autonomie, wie sie in den Texten der Nichtveröffentlichten zu finden sind, kommt jenen in ihrer ideologischen Ignoranz selbst in distanzierter Retrospektive nicht in den Blick.

Dieses Dilemma defizitärer Wahrnehmung ostdeutscher Literatur und die in ost- und westdeutscher Germanistik und Literaturkritik wie in der Öffentlichkeit noch immer vorhandene tradierte Sicht auf die künstlerische Substanz in der ehemaligen DDR zu durchbrechen war und ist eines der Anliegen des Archivs unterdrückter Literatur in der DDR und dieses Buches. Diesen nötigen Paradigmenwechsel – immerhin 25 Jahre nach Mauerfall – herbeizuführen wird nur möglich sein, indem der Öffentlichkeit dieses neue Material auf dem Hintergrund einer noch nicht bekannten Quellensituation zur Verfügung gestellt wird. Und dass es, so ist zu hoffen, genutzt wird.

Ines Geipel

NACHTRAG

(2023)

ZUR REZEPTION DER VERHINDERTEN LITERATUR NACH 1989

Das Jahr 2020: Helga Schubert und Elke Erb

Der Ingeborg-Bachmann-Preis 2020 an Helga Schubert, Jahrgang 1940, war ein Coup. Eine Schriftstellerin, die aus politischen Gründen zu Zeiten der DDR nicht am Bachmann-Preis teilnehmen durfte, erhielt ihn für ihren Text „Vom Aufstehen“ – als Würdigung, Rehabilitierung und Genugtuung zugleich. Der Preis kam spät und doch auf den Punkt. Als hätte sich reichlich 30 Jahre nach der 1989er-Revolution mit einem Mal eine Wahrnehmungstür geöffnet.

Dabei erzählt Helga Schubert heute, was und wie sie immer erzählt hat. Über das Ostdeutsche, den endlosen Nachkrieg, die Doppeldiktatur, die Traumata, die Mythen, die oft heillosen Familienbande. Sie ist eine Meisterin des Faktischen, Präzisen. Eine, die sich über Jahre in die Archive hockt, um dann ein Buch über Verräterinnen im Nationalsozialismus zu schreiben. Die ihren nahesten Freundinnen in den Alltag blickt, um dann zu sagen: „Wo Leben ist, da ist auch Schmerz.“

Die Prosa, die entstand, konnte sie seit Mitte der 70er Jahre großteils veröffentlichen, dabei immer in Distanz zu den DDR-Verhältnissen. Als Psychologin hat Helga Schubert über Jahrzehnte den Gefühlscontainer des Ostens abgescannt, um nach 1989 zu konstatieren: „Die Sache ist vertrackt.“ Sie meinte das Komplexe an Ideologie, an Formiertem, an Angst, an Schmerz. Sie meinte auch die konkurrierenden Erinnerungen innerhalb der Nachdiktaturperiode Ost und ließ sich Zeit, um ihr Schreibkonzept zu schärfen – eine ästhetische Politik des Gefühls. Dabei ist sie auf ein anderes Zeitmaß gestoßen, auf das Gesetz der mimetischen Wundheilung. Für etwas Neues, so die Idee, muss erst einmal ein Raum geschaffen werden. Heißt: Nochmal sorgsam anschauen, Stück für Stück sortieren, anders und neu zusammensetzen, die Brüche integrieren, vermitteln, den genauen Punkt treffen. Das muss man draufhaben, sonst war alles umsonst.

Immerhin scheint sich der Blick zum literarischen Gegengedächtnis des Ostens nach und nach zu weiten. Kurz nach der Verleihung des Ingeborg-Bachmann-Preises an Helga Schubert wurde bekannt, dass die 1949 in die DDR übergesiedelte Elke Erb für ihr Gesamtwerk den Büchner-Preis erhalten würde. Auch sie eine, die die hartnäckigen Ideologieangebote der ostdeutschen Diktatur an sich vorüberziehen ließ wie fremde Vögel. „Ich habe den Verhältnissen gekündigt, sie waren falsch", schrieb sie schon 1965 lapidar. Helga Schubert und Elke Erb konnten über alle Hindernisse hinweg zu DDR-Zeiten veröffentlichen und werden nun endlich im gesamtdeutschen Literaturraum wahrgenommen.

Aber wie steht es um die, deren Veröffentlichungen zu DDR-Zeiten zur Gänze verunmöglicht wurden? Wie steht es um die Rezeption der dritten Literatur Ostdeutschlands nach 1989, einer Literatur, die in den Augen von Fritz J. Raddatz neben den Staatskonformen und den Kritisch-Loyalen die einzige Literatur „von politischer Evidenz" gewesen ist? Wie sind diese Stimmen seitdem wahrgenommen worden?

Widerstand ohne Tradition

Von Anfang an waren sie da: die Rückgratverteidiger, die Gegenstimmen, das andere Gesicht der ostdeutschen Literatur. Eine Dichterin wie Edeltraud Eckert etwa, 1930 in Schlesien geboren, im April 1955 mit 25 Jahren im Haftkrankenhaus Meusdorf bei Leipzig gestorben. Wieso wissen wir überhaupt heute von ihr? Dorothea Hilbricht, die Schwester von Edeltraud Eckert, stellte im Jahr 2000 dem „Archiv der unterdrückten Literatur in der DDR" das zur Verfügung, was von ihrer Schwester an Text übrig geblieben war. In einem kleinen Oktavheft, das sie im Zuge der Hafterleichterungen nach dem 17. Juni 1953 einmalig erhielt, hatte sie 101 Gedichte notiert. Ein poetischer Schmerzraum der frühen DDR. An den Texten von

Edeltraud Eckert ist vieles zu verstehen, vor allem, auf welche Weise Schreiben und Existenz in einer Diktatur in jeder Sekunde hautnah verhandelt wurden. Da ist kein Dazwischen, keine Schutzzone, da ist nur Totalangst, Ohnmacht, Ausgeliefertsein. Doch vor allem gibt es das Beharren auf die Wörter, auf ihr Dagegen und eine handfeste Auseinandersetzung um das Zirkulieren von Gedanken, Ideen, Erfahrungen. Deutlich wird: Je mehr Schreib-Ich und Freiheit im Denken, umso enger, knapper, bedrohter der Raum des Einzelnen.

Literarischer Widerstand in Ostdeutschland war ein Widerstand ohne Tradition. Jede Gruppe über drei Personen konnte kriminalisiert werden und setzte sich damit strafrechtlichen Ermittlungen aus. Die literarische Moderne wurde ab 1948 verfemt, inhaftierte Stimmen wurden aus dem literarischen Gedächtnis ausgemustert und gelöscht, die verfolgte Literatur wurde aufs Schärfste kontrolliert, isoliert, neutralisiert oder gar liquidiert. Jede Gruppe, jede Szene, jede literarische Generation musste somit ihren Widerstand immer wieder neu aus sich heraus entwickeln. Im Ergebnis schuf das einen ästhetischen Bruchkörper, etwas Diskontinuierliches, Fragmentiertes, Inkohärentes, oftmals Abgebrochenes, Verschüttetes, eine zwangsläufige Unwucht. Die gesammelte Literatur dieser Art wird so zu einer Geschichte des verteidigten wie des denunzierten Worts, der erkämpften wie der gestohlenen Sprache, des bewahrenden wie reduzierten, verstörten, drangsalierten, auch verstümmelten Denkens.

Man müsste die Geschichte der Nichtvorhandenen aus einem Hohlraum heraus rekonstruieren, aus ihrem kategorischen Nein, dem Dauerzustand des Verweigertseins. Wie schreiben, wie sprechen, wie denken, wenn der Raum dafür über perfide hermetische Kontrollsysteme systematisch entzogen wurde? Wie den notwendigen literaturhistorischen Blick im Danach präzise auf dieses Schreiben im Nichtraum ausrichten? Auch ist dieses eminente Nein etwas, das die Verhinderten des Ostens zwangsläufig als nicht revidierbare Verletzung in die Rezeption nach 1989 mitgeschleppt haben. Es ist die Geschichte des verwundeten Wortes, die eine Wunde bleibt. Die unterdrückte Literatur des Ostens hat bereits zu Zeiten der DDR den Charakter und die Gestalt eines Torsos bekommen, von etwas, das in akute Not versetzt wurde und dennoch widerstand, das etwas Angegriffenes, Geschreddertes ist, ein Gedächtnis der Angst.

Wie den Nichtraum denken, das Schreiben aus dem gesellschaftlichen Vakuum? Wie war die Welt zu schreiben aus der Perspektive der Nichtzugehörigkeit? Ist dieser Torso heute ausgelesen, ausgelotet, verstanden? Haben wir genau genug hingeschaut, um die Verhinderten in den Kreislauf der ästhetischen Diskurse aufzunehmen, sie zu würdigen, sie endlich sprechen zu lassen?

Die dritte Literatur des Ostens und ihre zweifache Marginalisierung bereits zu Zeiten der DDR: Einerseits wurde sie vom offiziellen Kanon ausgeschlossen, andererseits war ihr oft auch der Zugang zu alternativen Szenen verwehrt. All dies verbunden mit Extremerfahrungen. Haftschicksale, Isolierungsschicksale, Observationsschicksale, Schikanierungsschicksale, Zersetzungsschicksale, Vernichtungsschicksale. Autorinnen und Autoren, die der politischen Willkür der Diktatur ausgesetzt waren, erlebten im Danach des DDR-Alltags oft eine offene oder subtile Stigmatisierung. Sie waren Gezeichnete im Land der unheilbaren, preisgegebenen, ausgesetzten Erfahrung. Selbst in subversiven Räumen hielt man sie sich vielfach fern. Sie gefährdeten das Minimum. Ihre Erfahrungen waren hinderlich. Wer das Stigma des Delinquenten oder Störers zugewiesen bekommen hatte, lebte mit einer Gravur, die man nicht mehr loswerden konnte. Was blieb, war das innere Exil.

Der Nachlass des inneren Exils am Beispiel Jutta Petzold

Erst nach zwanzig Jahren Suche konnten beispielsweise die Texte der Dichterin Jutta Petzold vollständig ausfindig gemacht werden. Ein kleiner Teil ihrer Gedichte und Prosastücke war bereits 1996 erschienen. Aber erst jetzt tauchte der gesamte Nachlass auf. Erst jetzt wurde eine Gesamtschau möglich. In einem in ihre Prosa eingelassenen Brief an die Mutter aus dem Jahr 1968 heißt es: „Ich vertraue darauf, dass die Zeit das, was wir geschaffen haben, ans Licht bringen wird. Es wird nicht verborgen bleiben, und auch meine Dichtungen werden einmal zutage kommen.“

Jutta Petzold, die in den Sechzigern avanciert auf die ästhetische Moderne zuging und schon allein deshalb aus dem Literaturraum DDR ausgemustert wurde. Sie ist das Synonym für die verbale Frau ohne Resonanz und ohne Öffentlichkeit. Ihre Mutter, Ilse Petzold, hatte in den DDR-Aufbaujahren eine steile Politkarriere gemacht und erklärte: „Ich hatte stets so viel verantwortliche Arbeit, dass ich mich kaum um meine Kinder kümmern konnte. Sie mussten immer wieder ins Kinderheim, weil sie mir sonst verhungert wären."

Das Verlorene, Unverbundene, Haltlose – „der Schwindel ohne Zuflucht" – wird dann auch zum zentralen Topos der Texte von Jutta Petzold. In ihrem Minidrama über die Schriftstellerin Elisabeth Schenn, die als Gauklerin ins All flieht, schreibt sie: „Durch den Weltraum zu segeln ist für Menschen meines Temperaments die adäquate Beschäftigung. Es ist haltlos. Man bemerkt nicht, dass man sich fortbewegt; man scheint starr an einem Punkt in der unerfüllten Schwärze zu schaukeln ... Dein Existenzgefühl steht dabei still; du kristallierst."

Das Kapsel-Ich, das im Weltraum maximal beschleunigt wird, um sich in einem „lebenslänglichen Gewahrsam" wiederzufinden. „Den Druckraum ... dürfen wir nicht verlassen", erklärt die Flucht-Frau über ihren speziellen Zustand. In der kristallinen Existenz wird das schier Unauflösbare als Dauerbedrohung zementiert. Nie mehr ein Anfang, kein Raum, keine Zeit, keine Beziehung, keine Bezogenheit, kein Sinn, komplette Desorientierung, das Leben als totale Gefährdung. „Kann es eine größere Verlassenheit, tiefere Einsamkeit, abgründigere Verlorenheit geben?", ruft die Frau konsterniert. Doch nicht nur die Existenz, auch die Wörter stehen mächtig unter Druck. Auch sie schweben in Lebensgefahr. Als müssten sie jeden Moment von innen her bersten. Und das tun sie ja auch.

Die spezielle Physis der Sprache unter der Diktatur. Das Komprimierte, Gestaute, Zerdellte, existentiell Verdichtete. Wörter wie im Streckverband, in der Waschtrommel, im Stauraum. Wörter, die herumgeworfen, demoliert werden, die was auszuhalten haben, genauso wie die Stimmen, die vorhaben, sie aufzuschreiben. Wörter, die kaputtgehen, die es zersprengt, die wie bei Jutta Petzold ihres Gebrauchsraums verlustig gehen. „Schönheit ist nach außen gekehrter Wert. Schönheit ist moralisch. Alle guten Menschen sind schön", behauptet die Dichterin in ihrer Prosa „Jodelgedicht in Systemen", einem Text, der mit Blick auf das dritte Jahrtausend „das nackte Sexual“ ausruft. Und das nackte Sexual der Sprache? Wie weit lassen sich die Wörter abschälen, ausschälen, runtermetrieren, damit sie irgendwann ganz pur, völlig nackt dastehen? Und wozu braucht eine existentiell Ortlose das Nackte des Sinns? Was muss umso ausdauernder aufgerissen werden, was muss sie sehen, spüren, erfahren, das sie vorm Abgrund bewahren könnte? Das nackte Sexual der Wörter und ihre Agoraphobie. „Ich will es aushalten, komm“, verteidigt das weibliche Ich den Nichtort als Herausforderung, als Provokation, als Offenbarung, als möglichen Absturz. „Singende, sterbende Schwäne aus Kot … Wir sind die Nilpferde am Fluss. Wir mischen uns wie die Schnecken, wie die Regenpfeifer sich mischen. Das Glück ist entsetzlich.“

Die Sprache an ihre Ränder treiben, an die Kippmomente der Sinne wie des Sinns, in diesen Zustand hinein, wo sich alles öffnet, wo es anfängt oder auch endet. Jutta Petzold und der poetische Aufstand der Sinne – gegen die Statik der Verhältnisse, gegen den Einschluss und auch gegen das System, das sich „Deutsche Demokratische Republik“ nennt. In ihren Tagebüchern erklärt sie sich zur Oppositionellen, verlangt „personelle Freiheit“, verlangt „geistige Autonomie“ und setzt dabei aufs Verlangen, aufs Schöne, auf poetische und gedankliche Systeme und in großer Unbedingtheit auf die Kunst. Sie ist die Einzige, die festzuhalten vermag. Die Orte der Wörter, wo ansonsten nur Ortlosigkeit ist. Die Wege durch die Wörter, die Szenen in den Wörtern, die Existenzen in den Wörtern. Die Wörter sollen bewerkstelligen, was die Realität nicht leisten kann. Sie werden zu großen Transformationsgehäusen, zu vibrierenden seinsoffenen Körpern, mit deren Hilfe man womöglich doch irgendwo landen könnte.

Anfang der siebziger Jahre bewarb sich Jutta Petzold als Hilfskraft im Stephanus-Stift, Berlin-Weißensee. In ihrem kurzen Schreiben heißt es: „Ich schrieb einige Novellen und Gedichte, die man aber nicht veröffentlichte. Im Sommer 1965 bekam ich eine Psychose und war damit 1965, 1966, 1967 und 1968 jedes Mal ein Vierteljahr stationär in der Charité. Obwohl ich zur Zeit als nicht arbeitsfähig gelte, möchte ich unbedingt in absehbarer Zeit eine Tätigkeit, sodass ich wenigstens das Nötigste verdiene, da ich künstlerisch nichts mehr leisten kann.“

Der Nachlass des deutsch-deutschen Exils

Diejenigen, die die DDR irgendwann verließen oder verlassen mussten, hatten dabei schwerwiegende Entscheidungen zu fällen. Sie sagten sich los, nahmen ihre Wörter mit, ihre Gedanken-Habe, die Zurückweisungen, den Schmerz, die Verunsicherungen und siedelten in ein Niemandsland über. Für den Osten gehörten diese Stimmen mit ihrem klaren Nein zur DDR sofort nicht mehr dazu; im Klima des linksliberalen Kulturwestens wiederum begegnete man ihnen vielfach mit herber Skepsis. Sie waren die Kalten Krieger, die Renegaten, die Utopieverweigerer. Zuchthaus, Gulag, Zensur, geschasste Literaten, mithin politische Evidenz war nicht das, worauf die Feuilletons der Bundesrepublik gewartet hatten. Und doch gab es immer wieder auch das Unverhoffte. Der Hessische Rundfunk mit Karl Corino und Hans Sarkowicz etwa stellte den aus den Zusammenhängen Gefallenen stoisch Sendezeit zur Verfügung. Man wollte wissen, lud ein, ermunterte, förderte, fuhr auf die Leipziger Buchmesse, um dort von noch Unbekannten wie Wolfgang Hilbig oder Gert Neumann frische Texte zu bekommen und sie dann zu veröffentlichen. Auch im RIAS oder im NDR gab es Redaktionen, die den kritischen Stimmen aus dem Osten durch Aufträge und Honorare das Überleben sicherten.

Dabei ist das deutsch-deutsche Literaturexil ein unversichertes Land mit vielen Narben geblieben. Man könnte es auch als eine unerlöste Frage bezeichnen. In den siebziger und achtziger Jahren versuchte der DDR-Geheimdienst die literarische Opposition im Land systematisch zu schikanieren, zu verfolgen und wegzutreiben. Mehr als 80 Autorinnen und Autoren, darunter Jurek Becker, Uwe Johnson, Wolf Biermann oder Sarah Kirsch, wurden in dieser Zeit aus den Verhältnissen vertrieben. Für sie waren schier über Nacht zentrale Stoffe, politische Kontexte, aber auch inner- und außerliterarische Referenzen weg. Als der Dichter Reiner Kunze im April 1977 in die Bundesrepublik übersiedelte, sagte er nach seiner Ankunft: „Wir haben diesen Anfang noch einmal gewagt, um nicht resignieren zu müssen.“ Dabei war ihm klar, dass seinem neuen Publikum zwangsläufig das Brennende, Sinnnervöse, Dringliche des Ostens und die Menschen fehlen würden, die seine Verse wie Lebensbrot gekaut hatten, damit sie irgendwie über den Tag kamen.

Es war ihm klar, aber wusste er auch, was es in seinem realen Leben bedeuten würde?

Die Texte der Weggetriebenen. Sie waren zwar aus dem Bevormundungsstatus des Ostens entlassen, hatten aber auch ihren auf die Diktatur bezogenen politischen Schallraum verloren. Der für sie alle notwendige Umzug im Kopf wurde oft eher zu einer Buckelpiste als zu einer geraden Linie hin zum eigenen Schreibzentrum. Der Schriftsteller Hans-Joachim Schädlich, 1977 in die Bundesrepublik übergesiedelt, sprach in diesem innerliterarischen Zusammenhang von „Entwurzelungsdepression".

Die Literatinnen und Literaten, die in den DDR-Zuchthäusern gesessen hatten, kämpften noch einmal mit anderen inneren Stürzen. Erich Loest zum Beispiel, der 1957 für sieben Jahre hinter den Gefängnismauern von Cottbus und Bautzen II einsitzen musste. „Zuchthaus … ein Jahr bestand aus 365 Tagen, zwölf Briefen, vier Besuchen und zwei bis drei Magengeschwüren", notierte er in seinen Tagebüchern. An anderer Stelle heißt es: „Walter Kempowski, der acht von geplanten fünfundzwanzig Jahren Erfahrung mit gemordeter Zeit besaß, schrieb mir in sein wundervolles Buch ‚Im Block': ‚Bautzen eins, Bautzen zwei, einerlei.' Im Grunde haben alle, die durch diesen Abgrund gingen, lebenslänglich."

Die gemordete Zeit, die Todeszonen des Ostens. Das, was sich an Erfahrungen in den Westen mitschleppte und sich mit dem kreuzen sollte, was im Westen an Neuem dazukam. Dabei war das Leben von Erich Loest zu gesamtdeutsch, zu diktaturbelastet, zu prallvoll, als dass es sich auf einen Punkt, ein Motiv, einen Stoff einschmelzen ließe. Die Verzahnung von Nationalsozialismus und DDR-Diktatur in seinem Werk machte ihn zum Mentor der doppelten Aufarbeitung. Eine Symbolfunktion, die auch Autoren wie Walter Kempowski oder Jürgen Fuchs innehatten. Gleichwohl funktionierten bei den in den Westen Getriebenen vielfach dieselben Exklusionsstrategien wie sie die Exilautorinnen und Exilautoren in der Zeit des Nationalsozialismus erfahren hatten. Wer draußen war, wurde rasch zum Irrelevanten, zum Nestbeschmutzer, zum Angeklagten und sollte das Chronistenrecht für die deutsch-deutschen Belange abgeben. Das literarische Niemandsland war damit nicht einfach ein Draußen. Es war ein Draußen im Draußen, ein Zustand der ausgesetzten Erfahrung, der weithin unbeschrieben geblieben ist.

Der Germanist Eberhard Lämmert hat in seinem Aufsatz „Beherrschte Literatur. Vom Elend des Schreibens unter Diktaturen" festgehalten: „Der durchgreifende Unterschied zwischen beiden Systemen, was die Schriftstellerpolitik betrifft, beruht auf dem lapidaren Umstand, dass es für die nichtkonformen Schriftsteller im nationalsozialistischen Staat keinen, im Falle der DDR jedoch einen zweiten deutschen Staat jenseits der Grenzen der Diktatur gegeben hat." Das ist zweifellos richtig. Aber was genau bedeutete das?

Die Zensur nach der Zensur

Im „Archiv der unterdrückten Literatur" finden sich Texte von Autoren wie Uwe Keller, 1981 wegen 15 Gedichten zu sechs Jahren und acht Monaten Zuchthaus verurteilt. Frank Romeiß bekam für zwölf Gedichte drei Jahre und sechs Monate Haft. Rolf Becker, wegen eines einzigen Manuskripts verhaftet, erhielt fünf Jahre und sechs Monate Zuchthaus. Eine Liste, die beliebig erweiterbar wäre. All diese Autoren standen nach ihrer Haftzeit in dem Ruf, aufgrund ihrer Erfahrungen literaturuntauglich geworden zu sein. Haft, Verfolgung, Zersetzungsvorgänge, Schreibverbote – es waren Ausschlussmarker für eine danach noch erhoffte Schreibkarriere. Sie trafen auf eine Abwehr, die galt, auch wenn sie schon alt war: Politik versus Kunst, Feuilleton versus politische Literatur, Ressentiment versus Erfahrung.

Als die Dichterin Susanne Kerckhoff – 1918 in Berlin geboren, als wichtige frühe Stimme des Ostens im Kampagnenfuror der DDR-Staatsgründung zerrieben und bereits 1950 tot – endlich 1999, zehn Jahre nach dem Mauerfall, wieder veröffentlicht wurde, mussten sich Leben und Werk gegen etliche Vergessensräume behaupten: zum einen gegen den vergessenen frühen Terror der DDR, dann gegen die inneren Betäubungen des Ostens nach dem Mauerbau und seine Implosionsgeschichte nach 1989 sowie gegen eine eingespielte Rezeptionsphalanx im Osten wie im Westen, die am Ende nur eine frisierte Lesart erlaubte. Die Qualität der Texte? Die Referenzlinien des Verschwundenen? Man kannte beides nicht, also war es nicht gut. Die verfolgte Gegenwelt der Diktatur fand insbesondere auch aufgrund dieser Abwehr kaum Eingang ins Gesellschaftsgespräch. Das war so bis zum Frühjahr 2020, als die Neuedition der „Berliner Briefe" Susanne Kerckhoffs von 1948 plötzlich als „literarische Sensation" und als „Wunder" den Literaturmarkt eroberte. Nun war es das Skandalon des neu zu Entdeckenden, das die Vorbehalte flutete. Unter diesem Nimbus konnte eine stark entpolitisierte und bedenklich verzeichnete Susanne Kerckhoff endlich auch ihren Bestseller landen.

Die Keimzelle

Im Jahr 1996 erschien der von mir herausgegebene Band „Irgendwo, noch einmal möcht ich sehn" mit Texten der Dichterin Inge Müller. Er war der Ausgangspunkt für das große Projekt zur unveröffentlichten Literatur in Ostdeutschland. 1925 am Berliner Ostkreuz geboren, gehörte Inge Müller zu Hitlers speziellem Aufgebot. Sie war 8, als er an die Macht kam, 14, als sein Krieg begann, 18, als sie in ihn einbefohlen wurde. In den letzten Kriegstagen lag sie drei Tage und Nächte verschüttet unter einem Haus in Berlin. Als sie sich später endlich auf Augenhöhe zu ihrem Stoff befand – dem Krieg, dem Verschüttetsein, dem vielfach Versehrten –, als der eigene poetische Ton zu halten begann und zunehmend dissonante, originäre Textkörper entstanden, wurde im Sommer 1961 die Mauer gebaut. Es war ihre Stadt, die da geteilt wurde. Marina Zwetajewa hätte jemand wie Inge Müller wohl „Dichterin mit Geschichte" genannt. Eine Stimme, die unter dem „Gesetz der fortschreitenden Selbstentdeckung" ihr Schreibzentrum freilegte. Das würde man von Franz Fühmann, Jahrgang 1922, sicherlich auch sagen. Ebenso von Erich Loest, Jahrgang 1926. Die drei waren drin gewesen, in der Mühle: „Tapferkeitssüchtige" von „heldischer Idiotie", wie Erich Loest später schrieb, der Jungenschafts- und Fähnleinführer beim Deutschen Jungvolk war so wie Franz Fühmann erst begeistertes Mitglied der Reiter-SA und später Obergefreiter der Wehrmacht in der Sowjetunion und in Griechenland und Inge Müller Jungsoldatin in der Endschlacht um Berlin.

Es sind Hitlers Kinder. Gezeichnete, die sich nach Kriegsende in den Aufbau des Neuen Ostens warfen. Sie wollten dabei sein, mitmischen. Sie wollten öffentlich sagen dürfen, dass sie sich im alten System geirrt hatten. Aber das war ein No-Go. Im Klima der auf den kommunistischen Widerstand konzentrierten DDR-Heldenmanie musste dieser verweigerte Stoff einmal mehr zur Wunde werden. Und er blieb eine Wunde. Ein Loch, in dem es schwelte und das sich harsch ausdimensionierte. Es war der ungeschriebene Text der Kriegskinder-Generation, der seine Langzeitwirkung entfaltete. Der Haken, die gesellschaftliche Falle, das Hitler-Vexier.

Inge Müller, Erich Loest, Franz Fühmann. Sie sind nur wenige Jahre älter als Christa Wolf oder Heiner Müller, beide 1929 geboren. Aber zwischen ihnen liegen entscheidende Erfahrungsjahre. Jahre, die etwas ausmachen, die es den wenig Älteren unmöglich machten, zu Poeten des Krieges zu werden. Denn sie hatten ihn in den Knochen. Etwas, das sie nach vielen Kämpfen feinnervig werden ließ gegen das Proklamatorische, den falschen Singsang, das Aufbaupathos des Neuen. Inge Müller, Erich Loest, Franz Fühmann haben die Differenzjahre, den Zeitsoll, die Kerbe unter der Haut. Es war das Unhintergehbare, das sie auf ihr inneres Nein zusteuern ließ und mit dem sie irgendwann aus der zweiten Diktatur aussteigen mussten.

Das Nichtvorhandene hinter dem Nichtvorhandenen

Bei meinen Recherchen für den Inge-Müller-Band 1996 waren Namen aufgetaucht, die auf keiner DDR-Literaturliste standen. Eveline Kuffel, Günter Ullmann, Jutta Petzold, Ralph Arneke. Was war mit ihnen? Was hatten sie geschrieben? Wo hatten sie gelebt? Was war ihnen widerfahren? Weshalb kannte die Öffentlichkeit sie nicht? Hinter den Nichtvorhandenen gab es weitere Nichtvorhandene. Die

Jahre 1996, 1997, 1998, es waren Jahre des offenen Kampfes um die Erinnerung. Es ging um die Referenzsysteme des Ostens, das Verhältnis Europa – Osteuropa, Deutschland – Ostdeutschland. Es ging um zementierte Geschichtsbilder, Deutungshoheiten, Identitätsfragen. In diesem hart umkämpften Feld entstand in mir irgendwann die Idee, noch einmal systematisch nach dem Nichtvorhandenen der ostdeutschen Literatur zu suchen.

Ich sprach meinen Schriftstellerkollegen Joachim Walther (1943–2020) an, der 1996 den Band „Sicherungsbereich Literatur" herausgegeben hatte, das Standardwerk über die unselige Allianz zwischen Literaten und Staatssicherheit. Er schien mir der Richtige. Joachim Walther war sofort dabei, wir konnten starten. Seit 1989 war in den Feuilletons immer wieder die Frage gestellt worden, was sich in den Schubladen des Ostens befunden hatte. Der große Text über die Jahre der zweiten Diktatur? Man war sich rasch einig: Es gab ihn nicht. Jedenfalls nichts Großes. Nichts, was das Bild über das DDR-Regime aus den Angeln heben könnte.

Aber ging es darum? Ging es um den einen ultimativen Text? Das Archiv der Verhinderten ist der Ort einer Auseinandersetzung. Texte, Leben, das Risiko des Sichbehauptens, des Widerstehens. Es ist aber auch der Ort einer Möglichkeit der Zusammenkunft, des Sprechens, der Verständigung miteinander. Ein Ort, der sich nach vorn öffnet, in einen Raum der Rezeption hinein, der erst noch gestaltet werden will. Das Archiv will die Vielstimmigkeit versammeln, nach dem Potential der Erinnerung fragen und den bislang wenig beachteten Kontexten: Wie verzahnten sich Nationalsozialismus und zweite Diktatur im DDR-Text? Welche Stoffe wurden konsequent verhindert? Auf welche Weise verschoben sich die Phasen der Zensur? Wo entstanden die Texte? Was war mit den Ästhetiken, mit der Haftliteratur der frühen DDR, den Angsttexten nach dem Mauerbau, den Puppen- und Fratzentexten in den Siebzigern, den Agonietexten in den Achtzigern? Text existiert nur in der Rezeption, Schreiben verlangt Publikum. Die Unveröffentlichten hatten Text, aber keine Öffentlichkeit und kein Publikum. Wo keine veröffentlichte Literatur, da kein Name, da keine Rezeption, keine Paralipomena, keine Leselisten, kein Lektürehype, kein Vorhandensein im Lexikon, keine Sekundärerzählungen, keine Möglichkeit, das eigene Schreiben durch die Korrektur des Publikums zu schärfen.

Die Recherchen zu den Verschwiegenen und die vielen Gespräche von Joachim Walther und mir mit ihnen. Ihre Berichte über die konfiszierten Texte im Moment der Verhaftung, die Gefängniszeiten, das Memorieren der Wörter im Kopf, die innere Zensur als Denkweise, das Weglassen von Stoffen, über die Schreibangst und die Textverstecke. Ihre Berichte, dass sie nach 1989 nicht an den Türen der Verlage gerüttelt hatten. Weil es nicht ging. Was sollten sie vorweisen? Ihre Haftzeiten, die Jahre in den „Gesperrten Ablagen", das unermüdliche Veröffentlichungs-Nein? Was machen mit der Geschichte der Angst, die sie mitschleppten, was mit der resonanzlosen Zeit, der gelöschten, der abgewiesenen, der unwirklichen Zeit? Was mit den Erinnerungen an die Zurichtungen durch das System, die das Leben im Danach weiter zu überwachen schienen?

Exklusionen sind irreversibel. Sie perpetuieren sich. Das Immaterielle der Wörter und wie das Wörter-Nein ins Leben einfiel, die Fehlstellen im Nichtanwesenden, die totale Kontrolle über die Schrift, die Brüche in den Leben, die Löcher in den Text- und Schreibgenesen. Wo sollte all das nach 1989 hin? Die Jahre nach der Revolution und die Vorstellung, dass es vorbei war und die Literatur endlich das Land ohne Grenzen sein würde. Die Jahre nach der Revolution und das Gift nach dem Umbruch, die Griffe nach der Kontrolle über die Erinnerung. Die regelmäßigen Anrufe des Dichters Günter Ullmann etwa und seine Fragen: Wo denn die Veröffentlichungen seiner Texte blieben, wo die Anerkennung, wo die Lesungen, die Interviews, die Berichte? Das Unduldsame in seiner Stimme. Er wollte nicht ein weiteres Mal vergessen werden. Wie geht Rehabilitierung? Die verleugnete DDR, die Reanimation der Diktaturerfahrung, die Retraumatisierung der Verhinderten. Günter Ullmann starb mit 62 Jahren an Krebs, so sagt es die offizielle Version.

Und wie äußern sich Autorinnen und Autoren des Archiv-Projekts über die Rezeption ihrer Texte nach 1989? Wie haben sie die Jahre des Aufbruchs erlebt? Welche öffentlichen Korrekturen hat es in ihren Augen gegeben? Welche neue Sichtbarkeit? Wie nehmen sie das Umfeld wahr, in dem ihre Literatur heute erscheint? Gabriele Stötzer, in der „Verschwiegenen Bibliothek" veröffentlichte Autorin, hatte bereits zu DDR-Zeiten das Störerische, Subversive der Literatur zu ihrem Programm gemacht und damit eine genuine Funktion von künstlerischer Sprache verteidigt. Ein Programm, bei dem sie auch nach 1989 geblieben ist. „Wie ist es nun mit der Literatur des Ostens?", fragt sie 2023 in einer E-Mail an mich. „Da fällt mir nur der Begriff Aufruhr ein. Und da gibt es keine glatte Schönheit, die die gegenwärtige Zeit integrieren oder schlucken könnte. Die Literaturwissenschaft geht von Einzelkünstlerinnen aus, lebt in einer Wegwerfliteratur, wo die Toten zwar anerkannt, die Lebenden aber beliebig ausgewechselt werden, damit ihre gesammelte Kraft nicht gesellschaftsverändernd anwachsen und angewandt werden kann. Jedes Jahr kommt eine neue Gefangene, Migrantin, Rebellin auf den Markt. Die Zulieferanten sind männliche Diktatoren, die das Strandgut ansammeln, das weder sich noch jemand anderem gehört und somit frei verfügbar ist für das jeweilige empfindsame Jahresbewusstsein."

Gabriele Stötzers Überlegungen zielen aber noch auf einen anderen Aspekt, auf eine irritierende Asymmetrie im Moment der 89er-Öffnung, wenn sie weiter schreibt: „Mir wird immer mehr bewusst, dass mein Auftreten 1989 beim Ingeborg-Bachmann-Wettbewerb, wo meine Texte gerade von meinen Bewunderern als ‚feministische Traktate' deklariert wurden und ich damit aus der Literatur ausgestoßen wurde, mir für immer und bis jetzt geschadet hat. Meine Bücher sind alle unter meinem Bett in Kisten. Nur das jetzige Buch[321] über die Stasi ist da eine Ausnahme, was den richtigen Verlag und die richtige Zeit und den richtigen Feind und die richtige gesell-

321 Gabriele Stötzer: Der lange Arm der Stasi. Die Kunstszene der 1960er, 1970er und 1980er Jahre in Erfurt – ein Bericht, Leipzig 2022.

schaftliche Neugier betrifft. Ich habe es auf mein Land, meine Generation, meine Stadt, meine eigenen persönlichen Erfahrungen reduziert, bin eigentlich implodiert. Aber Aufruhr, den wir in der DDR provozieren wollten, dieses Potential ist ja gerade in der Literatur nicht gefragt."

Ähnlich nüchtern fällt die Bilanz des Leipziger Dichters Radjo Monk aus. „Mein Tagebuch ‚Blende 89'", erklärt er mir 2023 in einer E-Mail, „erschien 2005 parallel zu Edeltraud Eckerts herzzerbrechenden Gedichten. Es waren die Auftakte in der Reihe ‚Die verschwiegene Bibliothek'. Ich las meine 1989er Aufzeichnungen, die ich der Schublade übereignet meinte, plötzlich in einer Zeitklammer. Ein Jahr vor der Veröffentlichung hatte ich gerade das Studium im Fach Videokunst an der Hochschule für Grafik und Buchkunst hinter mir und meine Theoriearbeit über ‚Die Körperlichkeit des Denkens' am Beispiel von Carlfriedrich Claus und William S. Burroughs in das hauseigene Archiv gegeben. Es war ein beruflicher Kehrpunkt. Meine Zeit als Literat schien ebenso vorbei zu sein wie meine journalistische Arbeit für Presse und Hörfunk."

Die Zeitklammern, die Kehrpunkte, die Neuauflagen der Marginalisierung. Auffällig, wie deutlich Radjo Monk in seiner Arbeit das Bild mittlerweile vor das Wort stellt, als wären die inneren Hürden im Feld der Literatur unüberwindlich geworden. Vielleicht geht es aber auch um die Möglichkeit, die ästhetischen Bezugspunkte immer wieder neu ausrichten zu können: „So kam es wohl, dass mir bis heute die Frage nach der Rezeptionsgeschichte hinsichtlich der bildenden Kunst tiefer ins Bewusstsein gedrungen ist als die Auseinandersetzungen mit der in der DDR entstandenen Literatur, mit der ich ohnehin lange auf Kriegsfuß stand. Unter dem ideologischen Repressionsdruck hatte sich zwischen 1949 und 1989 in der DDR eine künstlerische Landschaft geformt, deren Topos im vereinten Deutschland seit Jahrzehnten nur verschliffen wahrgenommen wird. Künstler in der DDR, egal ob Literaten, Musiker oder Maler, wurden Teil eines utopistischen Mahlstroms, ob sie das wollten oder nicht. Wer das Kinn nicht hochhalten konnte, ging unter. Es gibt Inschriften, die Künstler beim Abkratzen hinterlassen. Wann immer sich ein durch die bundesdeutsche Nachkriegsgeschichte geformter Blick auf die kulturhistorischen Bausteine der DDR gerichtet hat, empfand ich die Bereitschaft, diese Spuren zu lesen, von Widerwillen durchdrungen."

Die Verhinderten in Osteuropa

Das Nichtvorhandene in Osteuropa und seine Rezeption nach 1989 sind nochmal ein eigenes Forschungsfeld. Hier zumindest zwei Schlaglichter, die den Blick öffnen könnten: Im Jahr 2015 hatte der Schriftsteller Ilija Trojanow seinen Roman „Macht und Widerstand" veröffentlicht, eine Art „Ästhetik des Widerstands" für das kommunistische Bulgarien. Über seine Arbeit schrieb der Autor kurz nach der Veröffentlichung in der „FAZ": „Seit etwa 20 Jahren führe ich in Bulgarien Gespräche mit Männern, keiner von ihnen jung, die zu Zeiten der kommunistischen Diktatur Repressionen ausgesetzt waren: Überwachung, Verhaftung, Erpressung, Nötigung, Folter, Zwangsarbeit, Einzelhaft. Immer wieder kam die Sprache auf ihren Umgang mit jenen, die nach 1989 als ehemalige Denunzianten und Zuträger entlarvt wurden, somit als Verräter an einer Freundschaft oder einer gemeinsamen Sache. Immer wieder wurde mir erzählt, dass keiner von jenen, die Schuld auf sich geladen hatten, jemals das klärende, das versöhnliche Gespräch gesucht oder auf das Drängen der Verratenen hin ein Geständnis formuliert habe, von einer Entschuldigung ganz zu schweigen. Keiner habe je von sich aus den Versuch einer Aussprache unternommen. Das gilt für den gesamten ehemaligen Ostblock, von einigen wenigen (bekannten) Ausnahmen abgesehen. Auch die Literatur hat sich dieser Zumutung weniger häufig gestellt, als man vermuten könnte."

Das Archiv der bulgarischen Staatssicherheit war erstmals Ende der 90er Jahre aufgeschlossen worden, allerdings nur teilweise und auch nur zeitweise. Ähnlich umkämpft waren Archivöffnungen und das gesamte Feld der Aufarbeitung auch in anderen Ländern des Ostens. In der Sowjetunion etwa hatten unter Michail Gorbatschow erste Archivöffnungen stattgefunden. Boris Jelzin behielt diese Praxis bei, aber nur bis Mitte der neunziger Jahre. In dieser Zeit konnten beispielsweise zentrale Stalin-Mythen entlarvt werden. Dazu entstand eine rege und umfassende Forschung zur sowjetischen Samisdat-Literatur, in deren Folge ein Oxford-Handbook zur Untergrundkultur erarbeitet wurde. Im Vorwort dazu heißt es: „Die sowjetische Untergrundkultur entwickelte sich zu etwas viel Größerem als einem Haufen verbotener Manuskripte, Gemälde oder Lieder. Vom Standpunkt der offiziellen Kultur aus war es ein hässlicher ‚Schatten' des Mainstreams, einer minderwertigen Kunst begabter Verlierer, die weder herausfanden, wie sie die Zensur umgehen, noch ästhetische und politische Zwänge verinnerlichen konnten, wie es viele andere Talente taten. Aus heutiger Sicht sieht das Bild jedoch deutlich komplexer aus. Der künstlerische Untergrund brachte nicht nur Werke hervor, die häufig ästhetisch komplizierter, gewagter und witziger waren als die Mainstream-Kunst. In der UdSSR hatte der Untergrund seit den späten 1960er Jahren jede Hoffnung und auch den Wunsch aufgegeben, einen Platz für seine Arbeit in den legitimen Publikationen, Museen und Konzertsälen seines Landes zu finden."

Was ist von der frappierenden Souveränität des sowjetischen Untergrunds geblieben? Welche Forschung existiert dazu heute noch? Welche Wahrnehmung haben sie nach 1990 erfahren? Wladimir Putins harter Geschichtsrevisionismus hat das Feld der Aufarbeitung nicht nur in die Defensive gebracht, sondern in weiten Teilen beendet. Ende 2021 wurde Memorial, die 1989 gegründete und 2022 mit dem Friedensnobelpreis ausgezeichnete, wichtigste Menschenrechtsorganisation Russlands verboten. Die Staatsanwaltschaft warf ihr vor Gericht vor, „Nazi-Verbrecher rehabilitiert, Behörden diskreditiert und ein falsches Bild der Sowjetunion" geschaffen zu haben. Dabei war die Arbeit von Memorial von Beginn an ein Projekt gegen die Zeit und stand unter enormem Druck, da das Vergessen der Opfer und ihre Ausradierung aus der Erinnerung als gezielteste Methode des Weiterwirkens von Diktaturen angesehen und das Gedächtniskonzept entlang dieser Perspektive ausgerichtet wurde. Zu den Opfern gehörten auch viele Literaten.

Die Marginalisierung der einst kritischen und widerständigen Stimmen auch nach 1989 ist ein Indiz für die verleugnete Aufarbeitung in einer Vielzahl osteuropäischer Länder. Den Versuchen des Sichtbarmachens und der Rehabilitierung stehen zunehmend regressive Gesellschaften mit politisch motivierter Gedächtnisumschreibung gegenüber. Umso wichtiger ist, was in Deutschland dazu passiert.

Franziska Groszer

Die dritte Literatur des Ostens wird für immer ein Fragment bleiben, ein Splitter, dessen Wirkung nicht zu Ende gedacht ist. Sie ist ein Klondike der Texte, eine Offenheit, eine Geschichte des Nichtverschwindens. Das gilt auch für diejenigen, denen es erst jetzt, mehr als 30 Jahre nach dem Ende der DDR-Diktatur, möglich ist, ihre Texte ins Archiv zu geben. So die Schriftstellerin Franziska Groszer, im Januar 1945 in Berlin geboren. Sie ist die Generation Thomas Brasch, Wolfgang Hilbig, Joachim Walther, die nach dem Krieg zwischen Trümmern laufen lernte. Die Generation mit den Zeitrissen, mit dem Loch im Herzen, das sich irgendwie ausbrennen sollte, wie, wo, wodurch auch immer. Die in die DDR hineinwuchs, um spätestens nach dem Prager Frühling 1968 so beharrlich wie wütend aus ihr wieder herauszuwachsen. Franziska Groszer und das Jahr 1968, das für sie zur Lebenszäsur wurde.

Es hätte auch anders kommen können: 1954, als sie neun Jahre alt war, ließen sich die Eltern scheiden. Der Vater, Physiker und Professor für Wärme- und Kältetechnik an der Berliner Humboldt-Universität, verließ die Familie und siedelte 1960 nach Westberlin über. In einer Groszer-Prosa heißt es: „Für mich wird diese Stadt immer auseinandergerissen sein, und diese Art Risse und Zerfetzungen sind in mich eingewachsen." Sie wurde zum Verantwortungskind, zur Stütze der Mutter, die ihre drei Töchter durch die Zeiten bringen musste. Die stillgelegte Mutter, die Schuljahre in Friedrichshagen mit tyrannischen Lehrern und das dunkelhaarige Mädchen, das immer stiller wurde. In der 9. Klasse war es aber mit der Stille vorbei. Franziska Groszer begann zu rebellieren, schmiss die Schule, färbte sich die Haare blond und erklärte der Mutter, dass sie nun in den Westen müsse. Die Mutter stimmte den Fluchtgedanken der

Tochter sogar zu, bestand aber darauf, dass die Familie gemeinsam geht. Mitten in die Vorbereitungen hinein wurde jedoch am 13. August 1961 die Mauer gebaut. Es gab kein Wegkommen mehr. Also sich neu einrichten im Osten. Franziska Groszer holte ihr Abitur an der Abendschule nach und erhielt einen Studienplatz für Kunst und Germanistik. Statt Studium bekam sie ihr erstes Kind.

Im Januar 1968 fanden sich etwa dreißig junge Leute in der Wohnung der Bildhauerin Ingeborg Hunzinger in Rahnsdorf ein. Mit dabei drei aus der legendären Westberliner „Kommune 1" – Fritz Teufel, Dieter Kunzelmann und Rainer Langhans. Ost und West stritten einen Abend lang über marxistische Theorie, vor allem aber war man enttäuscht voneinander. Das sollte das große DDR-Revolutionsding sein? Was für Spießermumien! Das nahmen die Extremlinken aus dem anderen Teil der Stadt mit zurück. Und dennoch war die Stimmung osmotisch: Flower-Power, Politromantik, Aufbruch, Beat-Generation. Franziska Groszer war an diesem Abend nicht dabei, sagt aber heute im Gespräch mit mir über diese Zeit: „Überall auf der Welt haben Jugendliche zu der Zeit denselben Traum gehabt, die gleiche Musik geliebt, dieselben Helden verehrt."

Was die Ostberliner Nonkonformisten nur weit mehr als der Marxismus beschäftigte, waren Themen wie Kindheit, Beziehung, antiautoritäre Erziehung, Liebe, die DDR. Sie hockten zusammen, um klarzukriegen, wie das gehen könnte mit der realen Gleichberechtigung und den größeren Freiräumen. Man wollte anders sein als die FDJ-Typen, gemeinsam über eine andere Welt nachdenken, man wollte kühn, aufsässig, wild leben. Die da zusammenkamen, waren vielfach Kinder aus dem roten Ost-Adel, Bonzenkinder mit ihren zumeist verkorksten Ablösungsversuchen von den Eltern: Thomas Brasch, Florian und Frank Havemann, Erika Berthold. Rebellion, Abhängigkeit, Trotz, Enge. Es war eine Atmosphäre, in der zwangsläufig die Frage aufkam: Ja, wie denn nun anders? Leben, Kunst, Liebe, Politik als großer Wurf gegen das Spießerland DDR?

Das Jahr 1968 und die Solidarität für den Prager Frühling. Ihre Losungen an den Häuserwänden in der Mitte von Ostberlin, die handgeschriebenen Flugblätter: „Hoch Dubček!", „Es lebe das rote Prag!" Thomas Brasch wurde verhaftet, Florian Havemann, Frank Havemann, Sanda Weigl, Rosita Hunzinger, Hans-Jürgen Uszkoreit und Erika Berthold auch. Franziska Groszer, ihr Mann und Klaus

Labsch waren mit ihren eigenen Aktionen in der Stadt unterwegs. Mit Flugblättern, die Franziska Groszer im Kinderwagen durch die Straßen schob. Sie hatte Glück, schien sich zu dieser Zeit noch unterm Stasi-Radar zu bewegen und kam an einer Verhaftung vorbei. Was danach blieb, war die Angst. Was wusste die Staatssicherheit? Was, wenn die doch noch kommen? Und die Kinder? Wo sollten sie hin, wenn die Mutter abgeholt würde? In einem Gedicht heißt es: „Wenn es klopft / öffne nicht / es könnten die anderen sein." Ein literarischer Traum beginnt mit den Sätzen: „Ich habe kein Papier erhalten. Kein amtliches Schreiben fand sich im Briefkasten. Niemand kam mich holen. Es sprach sich nicht einmal herum. Und doch wusste ich es. Ich wusste, eine Verhandlung würde stattfinden, in dessen Verlauf ein Urteil entstehen müsste, oder: Ein Urteil war da, also würde es eine Verhandlung geben. Das überraschte mich nicht. Ich habe es immer erwartet."

Die Angst war omnipräsent. Was sollte sie aufheben können? Dennoch gründete Franziska Groszer zusammen mit ihrem Mann reichlich ein Jahr nach den Verhaftungen der Freunde Ende 1969 in einer Altbauwohnung in der Samariterstraße in Friedrichshain die „Kommune 1 Ost". Die große Hoffnungsidee und die Realität. Der aberwitzige Witz, um der Trübnis DDR etwas entgegenzusetzen. Die vielen Menschen, die sich davon angezogen fühlten. Die kamen und gingen. Die Bemühungen, das gemeinsame Leben zu strukturieren, und das Prinzip Chaos als die bei weitem stärkere Form. Der zähe Kampf um dieses Projekt und die harten Ernüchterungen. Die einen bilanzierten die „Kommune 1 Ost" später als „romantischen Versuch", die anderen als „große Bitterkeit", die dritten „als Zeit der Verirrung". Niemand wusste zu dem Zeitpunkt, wie stark das Hoffnungsideal durch Verrat, Entgrenzung, Geheimdienst zerlebt wurde und zur Falle geworden war.

Die Texte von Franziska Groszer, ihre Gedichte und Prosastücke, ihre Versuche, sie an die Öffentlichkeit zu bringen. Die zu nichts führten, zu gar nichts. 1972 wurde der geheimdienstliche Operative Vorgang „Diskussionsklub" gegen eine Reihe Ostberliner Nonkonformisten angelegt, darunter auch Franziska Groszer. Im März 1975 erweiterte man ihn zum Operativen Vorgang „Atelier". Der Vorwurf des Geheimdienstes: „Bildung eines politischen Untergrundes in der Hauptstadt der DDR". Dazu heißt es: „Nach zumindest wirkungsvollen Differenzierungsmaßnahmen haben sich unter maßgeblicher Aktivität der Groszer unter anderem nachgenannte Personen wieder zusammengefunden." Diesem Satz folgen die Namen von sechs Freunden. Schließlich wird auf kompakten zehn Seiten ein Maßnahmeplan offeriert, wie man vorhabe, die Gruppe zu erledigen. Es ging vor allem um Beweise, damit man verhaften könne. Das formulierte Ziel: „Auflösung der Gruppierung durch Zersetzung, Abschöpfung strafrechtlicher, erzieherischer, gesellschaftlicher und operativer Möglichkeiten."

Der Begriff Zersetzung und die Träume von Franziska Groszer. Was diese Träume wohl geahnt haben, was sie gewusst haben, was in ihnen arbeitete, um trotz allem weitermachen zu können. Tagsüber arbeitete sie in der Fabrik, dann als Sekretärin, als Mitarbeiterin im Zentrum für Kinderliteratur, sie gründete ein Kindertheater und organisierte Dachbodenausstellungen. Sie ließ sich scheiden. Neben all dem lebte sie mit den Kindern und dem Trauma, dass die Kommunezeit Freunde zu Feinden gemacht hatte, dass diese sich ausnahmslos alle der staatlichen Macht angedient hatten: der Partei oder der Stasi oder auch beiden. Sie schrieb, sie las, sie sammelte Wörter in sich hinein, sie brauchte ihren Schutz, ihren Beistand, ihre Lebendigkeit, um nicht ins Verstummen zu sacken.

Am 27. November 1975 sollte die erste öffentliche Lesung von Franziska Groszer im „Kramladen", einer von der Liedermacherin Bettina Wegner initiierten und moderierten monatlichen literarisch-musikalischen Veranstaltungsreihe im Jugendklub Weißensee, stattfinden. Monatelanges Gerangel, Kampf ums Programm, immer wieder Briefe. Jeder Schritt ein Dagegen, ein Trotzdemtun, ein Kraftakt. Die Lesung fand statt, der Raum war rappelvoll, Thomas Brasch saß in der zweiten Reihe, am Ende gab es frenetischen Beifall. Franziska Groszer bezeichnete den Abend als ihr Debüt. Die Staatssicherheit wusste: „Die besondere Gefahr, die von der Groszer ausgeht, ist darin zu sehen, dass es ihr durch solides handwerkliches Können gelingt, hinter vordergründigen Lacheffekten dekadente Ideologie zu verkaufen."

Die Lesung im „Kramladen" blieb die einzige Lesung von Franziska Groszer in der DDR. Oder auch: Es gab keine zweite, stattdessen ein generelles Veröffentlichungs- und Auftrittsverbot. Wieder war sie draußen. Und irgendwann war es genug. Sie ging. „Zermürbt von Bespitzelung, Verhören, Hausdurchsuchungen in den Westen geschubst, kam ich 1977 mit den Kindern nach Westberlin", berichtet sie mir. „Ich war nicht frei, ich war nicht offen für Zukunft, nicht für die Gegenwart, ich war nicht einmal selbst gegenwärtig, obwohl ich mich so anstrengte. Das Verschwundene war ja mehr als ein Land, eine Heimat und biografische Gegend. Ich war nicht gekommen, um hier zu sein, sondern weil ich dort wegmusste. Diese Art von gefühlter Staatenlosigkeit erleichtert ein Ankommen in der wirklichen Wirklichkeit nicht gerade."

Der Schmerz im Niemandsland, das perforierte Leben. Franziska Groszer versuchte, im Westen Tritt zu fassen, veröffentlichte, erhielt Preise und fühlte sich dennoch nicht am Ort. Wie sich mit der Fremde verbinden? „Du stehst dir selbst im Weg und gleichzeitig bettelst du um Beheimatung und fahndest nach Beweisstücken, nach Dingen, die sich mit dir und deiner alten Geschichte und deiner alten Identität verknüpfen lassen", heißt es in der Prosa „Warum Klagenfurt".

Das Jahr 1989 und das historische Glück, dass die Mauer weg war. Das Jahr 1989 und das Gefühl, erneut von vorn anfangen zu können. 1990/91 arbeitete sie als Lektorin beim Berliner Verlag BasisDruck, war an zahllosen, zu der Zeit aus dem Boden schießenden Projekten beteiligt. Es blieben Übergänge. „Die Gegenwart trägt immer alle Dichte des Vorher und Nachher in sich", sagt sie heute. „Meine subjektive Zeit fand keinen Halt und keinen Anschluss an die tatsächliche Zeit der Gegenwart." Ab 1992 lebte Franziska Groszer in Lüchow-Dannenberg im Wendland und ging 2004 nach Berlin zurück. Sie wollte schreiben, sie musste es. „Es ist viel Geschichte da, viel, was geklärt werden muss. Es ist jetzt Zeit für mich."

Die dritte Literatur des Ostens

Mehr als 100 Autorinnen und Autoren. Schicksale, Verfolgungen, Schreibabbrüche und dieses Dennochschreiben. Dass diese Literatur zu verschwinden hatte, ehe sie da sein konnte, war dabei reines Kalkül. Mit welchem Aufwand, mit welcher Härte und Perfidie Geheimdienst und Zensurinstanzen aussiebten, was sie als Gegenstimme ansahen, ist eine Erzählung für sich. Die andere, wie schwer es noch heute fällt, dieses durchcodierte Sperrland ins Licht zu heben.

Musik, Malerei, Bildhauerei, Theater – die Kunst stand zu DDR-Zeiten generell unter enormem Druck. Dabei dürfte keine so extrem behandelt worden sein wie die Literatur. Viele Schreibbiografien sind dabei irreparabel zerstört worden, das Intellektuelle behindert, attackiert, geschädigt worden. Im Westen hat es diesen Textriss mit Blick auf die Literatur des Exils nach 1933 auch gegeben. Auch da brauchte das Freilegen der vertriebenen Schicksale und Literatur Zeit und begann erst ab den siebziger Jahren. Wieso also sollte die Rehabilitierung der dritten Literatur des Ostens nicht auch noch gelingen?

ANHANG

DAS ARCHIV UNTERDRÜCKTER LITERATUR IN DER DDR

Das Archiv unterdrückter Literatur in der DDR ist von Ines Geipel und Joachim Walther zusammengetragen und gegründet worden. Projektbeginn war im Jahr 2001. Das Vorhaben traf auf das nicht ganz leicht zu überwindende Paradox, Quellen zu heben, die genau nicht existieren sollten, das heißt: gänzlich unbenannte Schreibschicksale en détail zu recherchieren, Nachlässe zu sichern, die es öffentlich nicht gab, Materialien zu finden, die eine Diktatur hatte verschwinden lassen. Dabei wurde – Ironie der Geschichte – die Stasiunterlagenbehörde der stärkste Materialgeber. Nicht nur, was die Konkreta der Biografien anging. Das MfS hatte auch Texte bei Verhaftungen konfisziert, um sie in Prozessen als Beweismittel einsetzen zu können. Diese, nun nach 1989 gefundenen Texte konnten den Autorinnen und Autoren nach Akteneinsicht oftmals zurückgegeben werden. Andere Wege der Recherchen waren: die Suche von Fremdnachlässen in offiziellen Nachlässen von DDR-Autoren, das Durchforsten von DDR-Literaturzeitschriften und DDR-Tageszeitungen, Gespräche mit Protagonisten ehemaliger subversiver Kunstszenen, zahllose Interviews im gesamten Bundesgebiet, um auf das Vorhaben aufmerksam zu machen.

Das Archiv ist genuin als Literaturarchiv angelegt, das heißt, es hat sein Augenmerk auf Texten, die die Kriterien der literarischen Moderne erfüllen. Zeitzeugentagebücher, politische Pamphlete oder zeithistorisches Material sind nicht in ihm enthalten. Wenn solche Quellen allerdings Teil der Vor- oder Nachlässe der Autoren waren, sind sie aufgenommen worden. Das Archiv versammelt annähernd 100 Vor- und Nachlässe unterschiedlichster Provenienz und Quantität, im Ganzen in etwa 70.000 Manuskriptseiten, die nun als Quellenbestand Teil des Archivs der Stiftung zur Aufarbeitung der SED-Diktatur in Berlin und damit für die Forschung sowie die öffentliche Nutzung zugänglich sind. Gleichwohl ist die Sammlung ein Vorhaben als work in progress. Es werden weiterhin neue Materialien angeboten, geprüft und das Archiv damit erweitert. Insofern ist der vorliegende Band „Gesperrte Ablage" eine erste Gesamtschau eines zunehmend sich erweiternden Forschungsfeldes.

Im Zusammenhang mit der Sammlung der Texte hat es mit den Autorinnen und Autoren, wenn es möglich war, aufgezeichnete Tiefeninterviews gegeben, die die besonderen Bedingungen des Schreibens unter der DDR-Diktatur zum Thema hatten. Diese Interviews sind verschriftet und ebenfalls zugänglich. Auch anderes zeithistorisches Sekundärmaterial ist einsehbar, das die konkreten Produktionsverhältnisse von Autorinnen und Autoren unter den spezifischen DDR-Verhältnissen erhellt.

Den Archivgründern lag daran, diese unveröffentlichte Gegenwelt nicht bloß zu sammeln und erneut in einem Archiv abzulegen. Es ging ihnen insbesondere auch darum, diesen weggedrängten Leben, dieser weggesperrten Literatur eine Stimme zu geben und der Öffentlichkeit bekannt zu machen, auch als authentische Zeugnisse einer Diktatur. Zwischen 2005 und 2009 erschien in der Büchergilde Gutenberg die zehnbändige Edition „Die Verschwiegene Bibliothek". 2006 startete die Wanderausstellung „Literarische Gegenwelten", die im Literaturhaus Berlin ihre Premiere hatte. 2009 kam es zu einer Deutschlandtournee von Studierenden der Hochschule für Schauspielkunst „Ernst Busch" in Kooperation mit der Stasiunterlagenbehörde, bei der Texte der Unveröffentlichten szenisch auf die Bühne kamen. Zahllose Lesungen, Podien, Kolloquien folgten. Bislang nicht mehr als ein Anfang.

Die Autorinnen und Autoren im Archiv unterdrückter Literatur in der DDR
Kurzbiografien, Archivbestand und Veröffentlichungen

Ursula Adam

Am 13.11.1922 in Naumburg geboren. Wuchs in Hauröden bei Pflegeeltern auf. Ab 1941 Reichsarbeitsdienst als Telefonistin in Halle. Dann München, Hamburg, Weißenfels. Zwei Hörersemester Philosophie an der Münchner Universität. Ab 1944 Pflege der schwerkranken Mutter in Naumburg, die im April 1945 bei einem Bombenangriff getötet wird. Beginn ihrer poetischen und bildkünstlerischen Arbeit. Juni 1947 Mitinitiatorin des „Arbeitskreises junger Autoren Thüringens". Erste Lyrikveröffentlichungen. Nach der Verhaftung ihres Kollegen Gerhard-Rolf Wenzel schrieb sie Protestgedichte für seine Freilassung. Oktober 1949 fünfmonatige Reise durch Westdeutschland, um Arbeitskontakte zu knüpfen. Begegnung mit Oskar Stühmke. 8.9.1950 Geburt des Sohnes Imanuel Adam. 9.9.1950 Verhaftung. Untersuchungshaft im „Roten Ochsen" in Halle/Saale. Ab 17.9.1950 Frauenhaftanstalt Weißenfels. 28.2.1951 Prozess vor der 8. Strafkammer des Landgerichts Halle/Saale und Verurteilung zu 8 Monaten Zuchthaus. Entlassung aus der Haft am 3.4.1951. Tod des Sohnes am 6.5.1951. Sommer 1951 Flucht nach Westberlin, da sie Spitzeldienste für die Staatssicherheit übernehmen sollte. Arbeit als Redakteurin für den RIAS und den Sender Freies Berlin. Neben ihrer Rundfunktätigkeit schrieb sie Prosa, Gedichte und Theaterstücke. 1961 literarischer Förderpreis des Auswärtigen Amtes Bonn. Am 12.11.1979 in Westberlin gestorben.

Im Archiv:

Band I: 1) Kurzbiografie, 2) Erzählungen, Kurzgeschichten: „Gesicht unter Rädern" (7 Blatt), „Pusteblume" (1961, 5 Blatt), „Heimkehr" (11 Blatt), „Januarstimmung in Berlin" (1962, 2 Blatt), „Unter den Menschen" (3 Blatt), „Ein Mensch, der vergessen war" (3 Blatt),

„Gespräch unterbrochen“ (8 Blatt), „Der alte Mann und seine Stadt“ (12 Blatt), „Naumburg“ (Stadtporträt, 6 Blatt), „Der Tod hat keine Taschen“ (21 Blatt), „Melancholie eines Rauchers“ (2 Blatt), „Das Haus hat viele Stimmen“ (8 Blatt), „Straße im Frühling“ (3 Blatt), „Zwei Freunde“ (2 Blatt), „Die Abende waren voller Wunder“ (2 Blatt), „Wie eine Möwe“ (1 Blatt); Band II: 1) Kurzbiografie, 2) Textmaterial: „Gesicht unter Rädern“ (7 Blatt), „Im Durchgang der Gesellschaft – 16 Gedichte“ (Verl. Neue Rabenpresse 1968, 17 Blatt), „Schicksal“ (1951, 1 Blatt), „Bitte“ (1 Blatt), Publikation „Mond auf Rubin – Lyrik“ (1982, 159 Blatt), Publikation „Mein gläsernes Dorf – Erzählungen“ (1983); Band III: 1) Gedichtsammlung.

Externe Fundorte/Archive:
Das Frühwerk: Lyrik und Prosa von Ursula Adam aus der Zeit vor 1950 liegen im Literaturarchiv der Akademie der Künste Berlin, Franz Hammer Archiv.

Veröffentlichungen (Auswahl):
Geipel, I.: Zensiert, verschwiegen, vergessen. Autorinnen in Ostdeutschland 1945–1989, Düsseldorf: Artemis & Winkler 2009.
Kosch, W., Lang, C. L., u. Feilchenfeldt, K.: Deutsches Literatur-Lexikon/biographisches – bibliographisches Handbuch 1, Bern: Saur 2000.

Ralph Arneke

Am 20.8.1942 in Domersleben geboren. 1962 bis 1967 Pädagogikstudium. Ab 1967 Lehrer in Wanzleben. Ab 1978 Arbeit in der Drogerie seiner Frau und Beginn des Schreibens. Mitglied im „Zirkel Schreibender Arbeiter“. 1975 bis 1978 Fernstudium am Institut für Literatur „Johannes R. Becher“ Leipzig. Das Romanfragment „Briefe von drüben an Ellen-Marie W.“ wurde 1983 von der Stasi eingezogen. Nach erfolglosen Publikationsversuchen in der DDR schickte er seine Manuskripte in die Bundesrepublik Deutschland. Das wird als „versuchte ungesetzliche Verbindungsaufnahme“ gewertet und angeklagt. Am 29.3.1984 wird er zu 1 Jahr und 10 Monaten verurteilt. Seit 1990 Lehrer in Rheinland-Pfalz. 1991 Rehabilitationsverfahren. Mitglied im Freien Deutschen Autorenverband (FDA) in Rheinland-Pfalz (Vorsitzender 1993 bis 1997).

Im Archiv:
Band I: 1) „Briefe von drüben an Ellen-Marie W." (Brief-Prosa, geschrieben Ende der siebziger, Anfang der achtziger Jahre, 80 Blatt BStU-Kopien), 2) „Auch ein Kadergespräch" (Brief-Prosa, 1983, 9 Blatt BStU-Kopien), 3) „Eine wichtige Bekanntschaft" (Brief-Prosa, 1983, 3 Blatt BStU-Kopien), 4) „Studienfreunde" (Brief-Prosa, 1983, 5 Blatt BStU-Kopien), 5) „Aufstieg und Fall des Ingenieurs B." (Stück-Fragment, geschrieben Ende der siebziger, Anfang der achtziger Jahre, 17 Blatt BStU-Kopien), 6) „Was man beim Schreiben beachten muss" (Brief-Prosa, 1983, 2 Blatt BStU-Kopien), 7) „Wie Baumann Obmann wurde" (Brief-Prosa, 1983, 2 Blatt BStU-Kopien), 8) Kurzprosa und Lyrik (1979 bis 1983, 7 Blatt BStU-Kopien), 9) Zwei Geschichten: „Geschichten am Rande" (1982, 1 Blatt, Kopie), „Einmal anders" (1986, 2 Blatt, Kopie); Band II: 1) BStU-Kopien: Haftbefehl, Maßnahmeplan, Anklage, Gerichtsurteil, Vernehmungsprotokolle (1981 bis 1984), 2) 1 Buch („Im grünen Wimpernschlag der Zeit", 1992).

Externe Fundorte/Archive:
BStU, ASt. Magdeburg, AOP 482/84, Gerichtsakte: BStU, ASt. Magdeburg, AU 1431/84 (AZ 221-1-84).

Veröffentlichungen (Auswahl):
Arneke, R., et al.: Im grünen Wimpernschlag der Zeit. Lyrik und Prosa. Eine Anthologie, Trier: Spee 1992.
Arneke, R.: Spuren möchte ich hinterlassen. Hörspiel, Mainz: Südwestfunk 1988.

Manfred Bartz

Am 4.11.1934 in Berlin geboren. Mutter Maika Bartz (geb. Goldstein) im KZ ermordet. Vater Kommunist, 1950 Chefinspekteur der VP-See. Manfred Bartz von 1953 bis 1960 SED-Mitglied. 1954 Abitur. 1960 Diplom-Bibliothekar. Ab 1961 freier Autor in Ostberlin. Schrieb Satiren für die Kabaretts „Distel" und „Herkuleskeule", für die Zeitschrift „Eulenspiegel" und die „Berliner Zeitung". 1964 freier Redakteur für „Neues Deutschland" (Humorseite). 1970 Komödie „100 %" über die DDR-Wahlen. 1972 wird die Aufnahme in den DDR-Schriftstellerverband abgelehnt. 1973 vergeblicher Versuch, „100 %" im Westen zu veröffentlichen. 1979 Verhaftung. 13 Monate Untersuchungshaft in Berlin-Hohenschönhausen. 1980 wegen „staatsfeindlicher Hetze" zu 6 Jahren verurteilt. 1981 „Gefangener des Monats" von Amnesty International. 1982 Freikauf in die Bundesrepublik Deutschland. 1983 beginnt er wieder mit dem Schreiben von Satiren, Büchern, Fernseh- und Puppenspielen. 1996 umfangreiche Recherchen zur SED-Geschichte, unter anderem zum Tod von Erich Apel. Am 30.12.2009 stirbt er nach langer Krankheit in Hamburg.

Im Archiv:
Band I: 1) Tonkassetten, Mitschnitte: RIAS Berlin (13.12.1983) und Lesung im Offenen Kanal Hamburg; Band II: 1) „100 %" (Komödie, 1970 bis 1972, 80 Blatt, 1 Blatt Original-Manuskript), 2) „Urteil des Stadtgerichts Berlin" (1980, 3 Blatt, Kopien BStU-Akte), 3) Kopie der Mikroverfilmung (1 Blatt, Kopie BStU-Akte, Stück Mikrofilm), 4) „Bonzensohn" (Autobiografie/Biografie des Vaters, 50 Blatt, Kopien), 5) Entstehungsgeschichte von „100 %", 6) schriftliche Ergänzung zu den Tonkassetten (1 Blatt), Tonband-Interview Manfred Bartz vom 17.9. 2002 in Hamburg-Langenhorn, 7) Biografie Manfred Bartz, Lebenslauf Erwin Bartz (6 Blatt), 8) 5 Zeitungsartikel betreffend Manfred Bartz, 9) Diverse Fotos in Kopie mit Text (Aufgebotsverzeichnis der Eltern, Aktion Buchmesse Leipzig 1999, Preisverleihung Hamburg, 3 Blatt); Band III: 1) „Keine Beweise" (461 Blatt und Fotos, Kopie, 2001), 2) „abgelehnt" (Satiren, 275 Blatt, Kopie, entstanden in der DDR), 3) „Diogenes unter den Mördern" (Filmszenarium, 114 Blatt beidseitig, Kopie), 4) „Diogenes im Knast" (Romanfassung des Stücks „Diogenes unter den Mördern", 1998), 5) „Mannes Boykottbrechbuch – So isst der Mensch, so ist der Mensch" (Satiren, veröffentlichte Texte in der DDR, Buchfassung von 2000).

Veröffentlichungen (Auswahl):
Bartz, M.: Anekdoten, die ein Bonzensohn erzählt, Leipzig: Selbstironieverlag 2010.
ders.: Uwe von Erich-Gang erledigt? Barschel zugunsten SPD von Stasi ermordet?, Hamburg: M. Bartz 2003.
ders.: Au-Tor von A–Z. Ein Leidfaden, Hamburg: M. Bartz 2000.
ders.: Diogenes im Knast. Grüner Utopist unter braunen Mördern im Zuchthaus der roten Socken. Roman, Hamburg: M. Bartz 1998.

Jäger, M.: Die Angst der Stasi vor der Satire. Zur Verhaftung des Kabarett-Autors Manfred Bartz, Deutschland-Archiv 13, 1980.
Bartz, M., Rutsch, G.: Gut gezielt und gut getroffen. Texte für das Kabarett [von] Manfred Bartz [und] Gerhard Rutsch. Hrsg. von Horst Gebhardt, Berlin: Henschel 1965.

Hannelore Becker

Am 3.1.1951 in Leipzig geboren. Mutter Bibliothekarin, Vater Projektierungsingenieur. 1956 Umzug nach Ostberlin. 1957 bis 1969 Schule. 1967 Mitglied des Kulturbundes. 1969 Facharbeiterin als Hochbauzeichnerin. 1969/1970 Volontariat bei der „Berliner Zeitung am Abend". 1970 Studium der Kulturwissenschaften an der Humboldt-Universität Berlin. Im August 1970 Teilnahme am ersten Poetenseminar in Schwerin. Danach erste Lyrikveröffentlichung. Seit 1970 in der Kulturbundkreisleitung des Stadtbezirks Friedrichhain. Aufnahme in den Literaturklub im Haus der jungen Talente Berlin. Anfang 1971 Verpflichtung durch das MfS unter dem Decknamen „Clementine". Bekanntschaft mit Franz Fühmann, Wolfgang Heise und Karl Mickel. August 1971 Heirat, 1973 Scheidung. 1971 Mitglied der SED. Juli 1974 Staatsexamen. Diplomarbeit „Bausteine zu einer Phänomenologie des Kitsches". Volontariat bei der Literaturzeitschrift „Neue Deutsche Literatur". Forschungsstipendium in Jena an der Sektion Ästhetik und Kunstwissenschaften im Bereich Kulturtheorie. 1975 Verkäuferin im Ostberliner Haus der Mode. Bitte um Entpflichtung von der MfS-Zuarbeit. 1975 intensive literarische Produktion. Tablettenabhängigkeit, Alkohol. Entstehung des Kassandra-Entwurfs. 1.9.1975 Arbeit als Hauptreferentin in der Abteilung „Literaturverwertung und Propaganda" im Ministerium für Kultur. 13.2.1976 Selbstmord durch Sprung aus dem Fenster im Beisein von Karl Mickel.

Im Archiv:

1) „Kassandra", Schauspiel (1975, 40 Blatt), 2) Gedichte (1973 bis 1975), 3) Splitter (Gedichte).

Veröffentlichungen (Auswahl):

Geipel, I.: Zensiert, verschwiegen, vergessen. Autorinnen in Ostdeutschland 1945–1989, Düsseldorf: Artemis & Winkler 2009.

dies. (Hrsg.): Die Welt ist eine Schachtel. Vier Autorinnen in der frühen DDR. Susanne Kerckhoff, Eveline Kuffel, Jutta Petzold, Hannelore Becker, Berlin: Transit 1999.
Emmerich, W.: Kleine Literaturgeschichte der DDR, Leipzig: Kiepenheuer 1996.
Einzelne Gedichtveröffentlichungen, u. a.: Der stumme Schrei. Aus: Drei Gedichte zu Barlachs schwebendem Engel, in: Poesiealbum, Sonderheft, Berlin: Verlag Neues Leben 1972, S. 21, in: Poetensprechstunde, Junge Welt, Berlin, 29.11.1974 und 10.10.1975, und in: Neue Deutsche Literatur, Heft 2/75, Berlin und Weimar: Aufbau 1975.

Henryk Bereska

Am 17.5.1926 in Kattowitz-Schoppinitz geboren, wo er zweisprachig aufwuchs. Vater Lokomotivführer im Bergbau. 1940 HJ-Landjahr. 1942 bis 1944 Verwaltungslehre und Fliegerausbildung in Fürstenfeldbruck. 1945 nach kurzer amerikanischer Kriegsgefangenschaft Gelegenheitsarbeiter, Schiffbauhelfer und Landarbeiter. Rückkehr nach Kattowitz, vom polnischen Sicherheitsdienst bedrängt 1947 Flucht nach Ostberlin. 1947/48 Abitur an einer Vorstudienanstalt in Berlin. 1948 bis 1952 Studium der Germanistik und Slawistik an der Humboldt-Universität Berlin. Ab 1953 Lektor für polnische Literatur beim Aufbau Verlag, bis er 1955 aus politischen Gründen ausschied. Danach Autor und Übersetzer von polnischen Schriftstellern wie Borowski, Różewicz, Zagajewski und Miłosz. Mitunterzeichner gegen die Ausbürgerung Wolf Biermanns. Ab 1963 Veröffentlichungen eigener Gedichte und Aphorismen in Anthologien und Zeitschriften. Seit 1961 vom MfS in verschiedenen OV (OV „Zersetzer", OV „Polo") u. a. wegen staatsfeindlicher Tätigkeit umfassend bespitzelt. Wichtige Übersetzungswerke wurden blockiert. Der erste eigene Gedichtband, „Lautlose Tage", erschien 1980 in Westberlin. Neben Berlin war das märkische Kolberg sein Lebensmittelpunkt. Seit 1990 zahlreiche Auszeichnungen in Polen und Deutschland. Am 11.9.2005 in Berlin gestorben.

Im Archiv:

Band I bis IV: Prosaskizzen, Aphorismen, Lyrik; Band V: 1) Brief, Foto, Programmheft, Mappe „alte Aphos" (1988 bis 1998), 2) alphabetisch geordnete Texte und Gedichte (1963 bis 1999); Band VI: 1) Mappe

„Bons Tagebuch Briefe“ (Tagebucheinträge, Briefe, 1960 bis 1973), 2) Mappe mit Briefen (1942 bis 1951), 3) Mappe „Briefe Mutter“ (1958 bis 1985), 4) Texte aus Mappe „Bln Notizen“ (Tagebucheinträge, Briefe, Kalender, 1969 bis 2002); Band VII: 1) Texte aus Ordner „Tagebuch Kolberg“ (Tagebucheinträge 1973 bis 1990).

Veröffentlichungen (Auswahl):

Killmann, H. J.: Henryk Bereska, der Herausgeber und Übersetzer polnischer Literatur. Eine Bibliographie, Mühlheim am Main: Killmann 2011.

Kaźmierczak, B.: „Niezatarte świadectwo …“ Zycie i dzieło Henryka Bereski. Das schwer verwischbare Zeugnis. Leben und Werk von Henryk Bereska. Archiwum Karla Dedeciusa u. a., Słubice 2010.

Helbig, B., u. Bereska, H.: Fährmann grenzenlos. Deutsche und Polen im heutigen Europa. Zum Gedenken an Henryk Bereska, Hildesheim: Olms 2008.

Bereska, H.: Kolberger Hefte. Die Tagebücher 1967–1990, Frankfurt a. M.: Büchergilde Gutenberg 2007.

Paluszek, A.: Henryk Bereska als Vermittler polnischer Literatur in der DDR (1949–1990). Ich wurde Fährmann, übertrug kostbare Fracht – polnische Dichtung – ins Deutsche, in die Buchstabenwelt, Leipzig: Kirchhof u. Franke 2007.

Bereska, H., Bergner, R., u. Bereska, G.: Der Himmel legt die Stirn in Falten. Gedichte, Aphorismen, Texte, Berlin: Aphaia 2006.

Szewczyk, G. B.: Henryk Bereska Poeta, tłumacz, popularyzator literatury polskiej w Niemczech, Katowice: Uniwersytet Ślaski 2006.

Bereska, H.: Das schwer verwischbare Zeugnis. Verstreute Gedichte. Ausgewählte Werke in drei Bänden, Berlin: Corvinus 2002.

ders.: Und wenn die mageren Jahre die fetten waren. Aphorismen und Notate, Berlin: Corvinus 2000.

ders.: Abstimmung: Hände hoch!, Berlin: Corvinus 1999.

Danielewicz-Kerski, D., Zagajewski, A., u. Bereska, H. (Ü): Das unsichtbare Lieben. Neue polnische Lyrik. Anthologie, Köln: Gutke 1998.

Bereska, H.: Berliner Spätlese. Gedichte, Berlin: Corvinus 1991.

Olschowsky, H., u. Bereska, H. (Ü): Weiße Ehe. Moderne polnische Dramen, Leipzig: Reclam 1982.

Bereska, H.: Polnische Lyrik aus fünf Jahrzehnten, Berlin und Weimar: Aufbau 1977.

Reinhard Bernhof

Am 6.6.1940 in Breslau geboren. Aufgewachsen im Ruhrgebiet. 1963 Übersiedlung in die DDR. 1965 Studium am Institut für Literatur „Johannes R. Becher" in Leipzig. Danach Veröffentlichung von Gedichtbänden, Erzählungen, Kinder- und Jugendbüchern. Nach einer Verpflichtung als IM „Boris" durch das MfS am 3.2.1966 zunehmende Nähe zur Oppositionsbewegung in den achtziger Jahren, so als Herausgeber der illegalen Literaturzeitschrift „Umfeldblätter". 1989 Mitbegründer und Kontaktmann des Neuen Forums in Leipzig. 1990 Gründungsmitglied des Literaturbüros und anderer Literaturvereinigungen in Leipzig. Stipendiat des Deutschen Literaturfonds Darmstadt. 1993 Lehrtätigkeit am Grinnell College in Iowa (USA). Zwischenzeitliche Tätigkeit in der Wirtschaft und im Literaturbüro Leipzig e. V.

Im Archiv:

Band I: 1) 4 Bücher von R. Bernhof („Die Ameisenstraße", „Tägliches Utopia", „Die Leipziger Protokolle", „Der Angriff des Efeus"); Band II: 1) Umfeldblätter 01/02/03 (Alternative Literaturzeitschrift, hrsg. v. R. Bernhof u. S. Kabus, 1988 bis 1989), 2) MfS-Akten zu den „Umfeldblättern" (6 Blatt, BStU Kopien); Band III: 1) 5 Aufsätze „Es werde länger dauern, sagte ich", „Warten auf den Staatsanwalt", „Der Mann am Fenster", „Dann will ich eine Muschel sein", „Wie der Stahl gehärtet wurde" und „Vermessung eines Eselsohres" (biografische Reflexion zur MfS-Thematik, 90 Blatt, Kopien, ab 1989); Band IV: 1) „Kerbholz. Kleine Staatsbürgerkunde" (1978 bis 1985, Kopie und Original); Band V: 1) Zeitungsartikel betreffend Bernhofs literarischen Schaffens (Kopien und Originale); Band VI: 1) Gebundene Fassung „Im Schatten der Kolossalfiguren" (Gedichte und Prosaminiaturen, 147 Blatt, 1975 bis 1990, unveröffentlicht, 2 Exemplare Klemmmappe und Ringbindung); Band VII: 1) gebundene Fassung „Interzonenzug I & II" (Erzählungen, 196 Blatt, 1963 bis 1991, unveröffentlicht, Klemmmappe); Band VIII: 1) gebundene Fassung „Der Frühlingsjunge oder Brothimmel" (Prosa, 168 Blatt, 1983 bis 1989, unveröffentlicht, Klemmmappe), 2) Schriftstücke von Verlegern bezüglich der Vorlage von „Der Frühlingsjunge" und „Brothimmel" (9 Blatt Briefe im Original/Kopie); Band IX: 1) „Herbstmarathon" (Aufzeichnungen zur Leipziger Revolution 1989, 126 Blatt, 1989, Kopien, 2 Exem-

plare, Klemmmappe und Ringbindung); Band X: 1) Buch „Fluchtkind" (2006), Reinhard Bernhof: „Leipziger Protokoll" (aus: Aus Politik und Zeitgeschichte, B 41-42/2004, S. 7–11, Beilage zur Wochenzeitung „Das Parlament", 4.10.2004, Bundeszentrale für politische Bildung); Band XI: 1) „Der Flüchtlingsjunge", überarbeitete Version von „Der Frühlingsjunge oder Brothimmel", 2005, 2) Schreiben von Reinhard Bernhof, 3) Buch „Leipzig, Hauptbahnhof" (Gedichte, 1986).
Tonbandprotokoll: 24.4.2001 in Bernhofs Wohnung in Leipzig, ca. 45'.

Externe Fundorte/Archive:
BStU, ASt Leipzig, AOP 1720/82, BStU, ASt Leipzig, AIM 290/74.
Homepage: http://www.reinhard-bernhof.de

Veröffentlichungen (Auswahl):
Bernhof, R.: Wegen Schweigens zeige ich mich an. Archäologie der einst verschütteten Wörter, Leipzig: Plöttner 2010.
ders.: Die Sitzer. Eine authentische Skurrilität, Leipzig: Plöttner 2009.
ders.: Im Schatten der Kolossalfiguren. Basisdokumente, anlässlich einer Ausstellung in der ERATAgalerie im Oktober und November 2009. Dokumentation, Leipzig: Leipziger Literaturverlag 2009.
ders.: Goldgräberland. Ground poetry, Leipzig: Plöttner 2007.
ders.: Fluchtkind oder Die langen Schatten der toten Lokomotiven. Roman in Folgen, Leipzig: Edition Erata 2006.
ders.: Herbstmarathon. Innenräume einer Revolution, Leipzig: Plöttner 2006.
ders.: Wegen Schweigens zeige ich mich an. Schild und Bleibe für mich. Die verbotenen Texte (1976–1992), Halle: Projekte 2005.
ders.: Die Leipziger Protokolle, Halle: Projekte 2004.
ders.: Liebesfische. Ruhiges tiefes Wasser, ertrinken ohne zu sterben, Öffnung zum Traum. Gedichte, Aschersleben: UnArtIG 2004.
ders.: Interzonenzug I & II. Erzählungen, Halle: Projekte 2003.
Bernhof, R., u. Frauendorf, U.: Keine Gewalt. Leipzig, eine deutsche Revolution. Bilder Leipziger Fotografen, Duisburg: Stadtbibliothek 1990.
Bernhof, R., u. Jahr, C.: Siegersturz. Ortsgruppe Leipzig der Pirckheimer Gesellschaft, Leipzig 1990.
Bernhof, R., u. Preuss, G.: Nicht allein im Rosental. Leipziger Ansichten, Berlin: Edition Holz 1989.

Bernhof, R.: Tägliches Utopia. Gedichte, Leipzig: Reclam 1988.
ders.: Leipzig Hauptbahnhof. Gedichte, Berlin: Aufbau 1986.
ders.: Der Angriff des Efeus. Gedichte, Berlin: Aufbau 1982.
Bernhof, R., Heinze, F., Lang, L., u. Marquardt, H.: Landschaft, Leipzig: Reclam 1980.
Bernhof, R.: Landwechsel. Gedichte, Berlin: Aufbau 1977.
ders.: Was weiß ich. Spanien ist viel mehr ... Gedichte, Berlin: Aufbau 1975.

Hubert Biebl

1925 in Stettin geboren. Mittelschule, dann Lehre und Abschluss als Laborwerker. Ein Semester Chemie in Köthen. Soldat. 1945 bis 1948 Kriegsgefangenschaft in Russland. Antifa-Schule. 1948/1949 Eintritt in FDJ und SED. Ab Herbst 1949 Chemie- und Ökonomiestudium an der Universität Leipzig. 1953 Austritt aus der SED. Unterbrechung des Studiums. 1957 Abschluss als Diplom-Chemiker an der Universität Leipzig. 1957 bis 1990 Arbeit im VEB Chemiefaserwerk Premnitz als Chemiker und Verfahrenstechniker. 1983/1984 entstanden „Kalenderblätter" und „Durchsichten". Gestorben 2012.

Im Archiv:

1) Briefe, Lebenslauf (9.6.2005, 2 Blatt), 2) Kalenderblätter (1983–1984, 10 Blatt), 3) Gedichte von Hubert Biebls Frau Ingrid Biebl (8 Blatt).

Veröffentlichungen (Auswahl):

Madarász-Lebenhagen, J.: Alltag im ostdeutschen Premnitz. Mit den Kalenderblättern (1982–1984) von Hubert Biebl, Berlin: Metropol 2012.

Andreas Bochmann

Am 6.11.1953 in Karl-Marx-Stadt (Chemnitz) geboren. Ausbildung zum Kfz-Handwerker, Bausoldat, Friedhofsarbeiter, Theatertechniker und Versandleiter. Schrieb Gedichte und wurde daraufhin vom MfS als „negativer und dekadenter Jugendlicher" operativ bearbeitet. Anfang der siebziger Jahre in OPK „Party II", ab 1975 im OV „Rabe" aufgrund von „Feindtätigkeit in Form von Gedichteschreibens" überwacht. Dreimal vom MfS verhört und verwarnt. 1976 NVA. 1977 Einstellung der OV, da Bochmann sich von seinem Freundeskreis zurückzog und versuchte, in der DDR offiziell zu publizieren. 1983 Bewerbung am Institut für Literatur „Johannes R. Becher" Leipzig. Zweimal vom MfS verhindert. Danach Drucktechniker und freiberuflicher Grafikdrucker. Mitglied im Verband Bildender Künstler der DDR. 1989 Sprecher des Neuen Forums in Karl-Marx-Stadt. 1991 Referent für Presse und PR. Ab 1996 Pressesprecher der Stadt Chemnitz.

Im Archiv:
Band I: 1) Liedtexte, Kurzprosa und Notate (67 Blatt, BStU-Kopien, entstanden in den siebziger Jahren), 2) Kopien der BStU-Akte von Andreas Bochmann (1975–1977).

Externe Fundorte/Archive:
BStU, ASt. Chemnitz, AOP 984/80 und 1913/77.

Wilfried M. Bonsack

Am 7.3.1951 in Berlin geboren. Abitur, Buchhändlerlehre. 1969 bis 1972 Studium der Philosophie und Theologie in Erfurt. 1971 bis 1973 Lektor beim Gustav Kiepenheuer Verlag in Weimar. 1974 bis 1976 Arbeit im Henschel Verlag. 1974 Gründung des „jour fixe" in Berlin-Mitte. Ab 1976 freiberuflicher Schriftsteller, Übersetzer und Herausgeber in Berlin. 1988 bis 1989 Studium am Institut für Literatur „Johannes R. Becher" Leipzig. Ab 1988 Mitglied des Deutschen Schriftstellerverbandes der DDR. 1989 Mitglied des Verbands deutscher Schriftsteller sowie der Neuen Gesellschaft für Literatur. 1990 Gründung des BONsai-typART Verlages. 1992 Sprecher der Geschichtskommission des Verbandes deutscher Schriftsteller. Am 15.12.2012 in Berlin gestorben.

Im Archiv:
Band I: 1) Gedichtband „In der Zeitfurche" (128 Blatt, Original, 1978–1985),
2) Gutachten und Briefwechsel mit Unionsverlag, Ministerrat, CDU (26 Blatt, Original 1985–1989), 3) Verlagsvertrag Unionsverlag (4 Blatt, 22.2.1985).

Veröffentlichungen (Auswahl):

Liersch, H., et al.: Intelligente Bomben? Kluge Kriege? Dumme Menschen!, Berlin: Corvinus 2003.

Bonsack, W. M., u. Schramm, W.: Metamorphose des Steins. Gedichte, Berlin: Corvinus 2002.

Bonsack, W. M., u. Seiffert-Lenk, E.: 100 Vorschläge zu Bertolt Brecht. 100 Künstler von A bis Z. 100 Bilder von Aquarell bis Zeichnung, Ausstellungsbuch, Berlin: Galerie Zone F 1998.

Wrochem, J. G. V.: Im Astwerk schrill. Fünf Kompositionen für Sopran und Harfe. Nach Gedichten von Wilfried M. Bonsack, Berlin: Aphaia 1998.

Bonsack, W. M. (Hrsg.): Der schwangere Kupferkessel. Tunesische Märchen und Geschichten, Zürich: Unionsverlag 1996.

Bonsack, W. M., u. Wagenbrett, N.: Zeitfurche, Berlin: BONsai-typART 1992.

Bonsack, W. M.: In der Zugluft Zug in der Luft. Eine Text- und Bildsammlung. Lyrik – Prosa – Grafik, Berlin: BONsai-typART 1990.

Bonsack, W. M., u. Celan, P.: Atem, Berlin 1988.

Bonsack, W. M.: Unter einem Regenbogen bin ich heut gegangen. Sprichworte, Schnurren und Bräuche südosteuropäischer Zigeuner, Leipzig: Kiepenheuer 1988.

Bonsack, K., u. Bonsack, W. M.: Theodor de Bry – Register zu Amerika oder die Neue Welt. Erster/Zweiter Teil, India orientalis, Erster/Zweiter Teil, Leipzig: Kiepenheuer 1981.

Bonsack, W. M. (Hrsg.): Dschuhas Abenteuer. Tunesische Volkserzählungen und Märchen, Leipzig: Kiepenheuer 1979/1981.

ders. (Hrsg.): Das Kamel auf der Pilgerfahrt. 1111 arabische Sprichwörter, Leipzig: Kiepenheuer 1978.

Ulf Borgmann

Am 22.5.1949 in Halle/Saale geboren. Ab 1953 in Mecklenburg. Landwirtschaftliche Ausbildung und Abitur. 1968 bis 1972 Mathematikstudium an der Universität Rostock. Danach wissenschaftlicher Mitarbeiter in einem landwirtschaftlichen Forschungsinstitut. Nebenbei tätig als DJ. 1977 Eintritt in den „Zirkel Schreibender Werktätiger“ Güstrow. Ab 1981 freier Autor. 1984 Gast des Schriftstellerverbandes der DDR. 1990 Mitglied im Verband deutscher

Schriftsteller und im Friedrich-Bödecker-Kreis Mecklenburg-Vorpommern e. V.

Im Archiv:
1) Gedichte (13 Blatt, entstanden 1979 bis 1989), 2) Brief-Miniaturen (4 Blatt, Originale, entstanden Anfang der achtziger Jahre), 3) Briefe an und von Verlagen und Zeitschriften (15 Blatt, Originale, 1981 bis 1986), 4) Beschwerdebrief an das Finanzamt Güstrow (1 Blatt, Original, 17. 9. 1984).

Externe Fundorte/Archive:
Homepage: http://www.ulf-borgmann.de

Herbert Bräuning

Am 11.4.1921 in Kassel geboren. Aufgewachsen in Düsseldorf. Nach dem Abitur 1939 fünf Jahre bei der Wehrmacht. Nach Kriegsende Studium der Germanistik, Romanistik und Theaterwissenschaften an der Universität Leipzig. 1948 Verlagslektor und Übersetzer bei Volk und Welt in Ostberlin. 1956 mit seiner Frau Ursula Bräuning wegen „Boykotthetze" zu 3 bzw. 2 ½ Jahren Haft im MfS-Zuchthaus Berlin-Hohenschönhausen verurteilt. 1959 Flucht nach Westberlin. Romanautor und literarischer Übersetzer in Westberlin, Hamburg, München, Redakteur beim Springer Verlag und bei der Zeitschrift „Gong". Seit 1971 in Germering. Seit 2001 erblindet. Am 21.6.2014 in Germering gestorben.

Im Archiv:
Band I: 1) „Erfüllte Einsamkeit" – Kleines Tagebuch für meine Frau (1958, 28 Blatt); Band II: 1) „Zwischen Tag und Traum" – Hunderte Gedichte, eine Auswahl aus zwei Jahrzehnten (1938 bis 1958, gebunden); Band III: 1) „Im Würgegriff" (Roman, 329 Blatt).

Veröffentlichungen (Auswahl):
Bräuning, H.: Der Charme des Zufalls oder ein sonderbarer Büchner-Fan. Roman, Gelnhausen: Triga 1999.
Dumas, A., u. Bräuning, H. (Ü): Die drei Musketiere, Frankfurt a. M.: Insel 1988.

Bräuning, H.: Du erbst einen Alptraum. Die Spur führt nach Kanada. Roman, München: F. Schneider 1982.
Amado, J., u. Bräuning, H. (Ü): Tote See, Reinbek: Rowohlt 1959.
Dib, M., u. Bräuning, H. (Ü): Das große Haus. Roman, Berlin: Volk und Welt 1956.
Barbusse, H., Bräuning, H., Schlicht, P., u. Raddatz, F. J.: Die Kraft. Novellen, Berlin: Volk und Welt 1955.
Pozner, V., u. Bräuning, H. (Ü): Die Irrfahrt. Roman, Berlin: Volk und Welt 1955.
Vidal, A., u. Bräuning, H. (Ü): Henri Barbusse. Soldat des Friedens, Berlin: Volk und Welt 1955.
Courtade, P., u. Bräuning, H. (Ü): Gewitter am Schwarzen Fluß Roman, Berlin: Volk und Welt 1954.
Kédros, A., u. Bräuning, H. (Ü): Königsvolk, Berlin: Volk und Welt 1954.
Amado, J., u. Bräuning, H. (Ü): Das Land der goldenen Früchte, Berlin: Volk und Welt 1953.
Pozner, V., u. Bräuning, H. (Ü): Wer hat H. O. Burrell getötet, Berlin: Volk und Welt 1953.
Amado, J., u. Bräuning, H. (Ü): Die Auswanderer vom Sao Francisco, Berlin: Volk und Welt 1951.
Amado, J., u. Bräuning, H. (Ü): Livia und die tote See, Essen: Dein Buch 1951.
Carter, D., Bräuning, H. (Ü), u. Czollek, W. (Ü): Spionagefall Alan Baird, Berlin: Volk und Welt 1951.
Amado, J., Wiltsch, H. (Ü), u. Bräuning, H. (Ü): Jubiaba, Berlin: Volk und Welt 1950.

Ralph Bruse

Am 28.5.1961 in Wismar geboren. Ausbildung Schiffbautechnik. 1977 erster Fluchtversuch. 1 Jahr Jugendhaft in der JVA Wriezen. Nach Haftentlassung zweiter Fluchtversuch. 1½ Jahre Gefängnis in Bautzen und in der JVA Neustrelitz. 1981 Abschiebung in die Bundesrepublik Deutschland. Danach Wohnsitz in Hamburg, Köln und Aachen. Lebt und arbeitet heute als freier Autor in Pirmasens.

Im Archiv:
1) Briefe, Kurzbiografie (3 Blatt, Originale, 2001), 2) „Schnee von gestern" (Stückidee, 21 Blatt).

Veröffentlichungen (Auswahl):
Schuppmann, S., et al.: Verliebte Jungs, Syke: Wölfchen 2013.
Althelmig, R., et al.: Unwirkliche Begebenheiten. Anthologie, Hennef: Net 2011.
Anhalt, K., et al.: Strandgut. Kurzkrimis aus dem Land zwischen den Meeren, Plön: Einundsiebzig 2010.
Bruse, R.: Der Engel von Alt-Bukow, Bochum: C. V. Traumland 2000.

Doris Budek

(Pseudonym: Kay West)
Dezember 1944 in Berlin geboren. Ausbildung zur Handelskauffrau. Fernstudium Betriebsökonomie. Privatunterricht in Malerei und Tanz. 1963 bis 1983 Sachbearbeiterin, technische Mitarbeiterin oder Sekretärin in unterschiedlichen Branchen u. a. beim Verband Bildender Künstler. 1983 Verhaftung mit anschließendem „Innenstadtverbot". Wechsel zwischen Arbeitslosigkeit und Verkäuferin. Nach Abschiebung des Ehemanns Josef Peter Budek 1984 Ausreise mit dem Sohn nach Westberlin. Redaktionelle Tätigkeit auf Honorarbasis. 1993 bis 2002 Veranstalterin eines Berliner Salons. Arbeitet heute als Lyrikerin, Malerin, Designerin und Lektorin in Berlin.

Im Archiv:
1) „Aus der Novemberregion – Gedicht-Sammlungen", „Unterm Grauschleier", „Das Versteck und der Krieg", „Zeitgeister" (Berlin: Gneisenau 1996/2000), 2) „Das goldene Vlies – Gedichte aus der Novemberregion" (Berlin: Gneisenau 2000), 3) „Die Pfeile der 13. Patin – Gedichte aus der Novemberregion" (Berlin: Gneisenau 1998), 4) „Gedichte aus früheren Tagen. Während meines Lebens in der DDR vor 1984" (2 Exemplare), 5) „Time" (Auszüge aus „Zeitgeister", 1994).

Externe Fundorte/Archive:
Den Archivunterlagen von Josef Peter Budek (siehe dort) liegt ein Lebenslauf von Doris Budek bei.

Josef Peter Budek

Am 5.6.1940 in Diemitz geboren. Berufsausbildung als Chemielaborant. 1960 Abitur. Eintritt in die SED. 1960 bis 1966 Studium der Theater- und Musikwissenschaft in Halle/Saale und an der Humboldt-Universität Berlin. Danach Regieassistent und Abendspielleiter am Opernhaus Leipzig. Ab 1967 Musikdramaturg, Redakteur und Szenarist beim DDR-Fernsehen. Ab 1972 wissenschaftlicher Mitarbeiter für Musiktheater im Ministerium für Kultur. 1978 kündigt er und arbeitet als freier Autor. 1981 SED-Austritt. 1982 Veröffentlichungs- und Berufsverbot. Gelegenheitsarbeiter als Gasmann, Tapezierer, Bierfahrer und Packer in der Berliner Osthafenmühle. Ab 1982 in der autonomen Friedensbewegung der DDR. Februar 1983 erster Ausreiseantrag, Ablehnung. Zweiter Antrag. September 1983 Fastenaktion. Oktober 1983 Verhaftung. Januar 1984 wegen „Beeinträchtigung staatlicher und gesellschaftlicher Tätigkeit" zu 17 Monaten Haft verurteilt. 1984 Freikauf durch die Bundesrepublik Deutschland. Seitdem in Westberlin. Zwei Stücke, ein Romanfragment, Tagebücher und Notate in Stasi-Hinterlassenschaften unauffindbar.

Im Archiv:
Band I: 1) LAV. Letzte Außerwissenschaftliche Verglimpfung von DDR-Wortpraxis, Berlin 1996, 2) Schriftwechsel, 29.7.–27.10.1982, Stasi-Akte (BStU-Kopien), E-Mail-Verkehr mit Joachim Walther (53 Blatt), 3) Kopien u. a. von Briefen, Aktenauszügen und Gedichten, Lebenslauf der Ehefrau Doris Budek (Pseud. Kay West), entstanden bis 1984; Band II: 1) „Eine schöne Karriere" (Schauspiel über ein Thema von Franz Kafka, 79 Blatt, Original-Textbuch, 1980); Band III: 1) „Die Witwe des Präsidenten. Makrelische Tragödie" (Schauspiel, Makrelische Trilogie Teil II, 55 Blatt, Original-Textbuch, 1982); Band IV: 1) „Makrelische Komödie" (Schauspiel, Makrelische Trilogie Teil I, 73 Blatt, 1981, Original-Textbuch); Band V: 1) „Eine schöne Karriere oder Der Mistkäfer" (Schauspiel über ein Thema von Franz Kafka, 69 Blatt, Kopie, 1980–1984); Band VI: 1) Libretto „Ole Bien-

kopp“ (Oper in 2 Akten, 76 Blatt, Textbuch, Leipzig: Deutscher Verlag für Musik 1976), Tonbandprotokoll: Josef Budek 135' (14.1.2003, Berlin).

Externe Fundorte/Archive:
BStU, ZA, AOP 3042/84 (OV „Künstler“).

Veröffentlichungen (Auswahl):
Budek, J. P.: Treffen am Wannsee. Erzählung aus dem geteilten Berlin, München: Neobooks 2013.
Astak Berlin: Arbeit am Feind. Ein Essay mit Dokumentation. Referat des Ministers für Staatssicherheit der DDR Erich Mielke zur Frage „Wer ist wer?“, Berlin 2002.
Budek, J. P.: Der Kreuzchor Dresden. Dokumentarfilm, 1965.

Carl Ceiss

1959 in Leipzig geboren. Kindheit in Weimar, Schule und Studium in Berlin. 1982 bis 1985 Arbeit als Dramaturgie- und Regieassistent an der Volksbühne Berlin. Danach Arbeit als Schauspieldramaturg und Regisseur am Stadttheater Quedlinburg und am Institut für Schauspielregie BAT Berlin. 1989/1990 Leiter der Dramaturgie am Theater der Altmark in Stendal. 1989 bis 1992 Mitbegründer, Gesellschafter und Mitarbeiter des Theaterverlages Autoren-Kollegium Berlin. 1991 Literaturstipendium der Berliner Senatsverwaltung für Kultur. Bis 1997 Dramaturg und Regisseur am Landestheater Detmold sowie am Wolfgang-Borchert-Theater in Münster. Betrieb den Theaterverlag Seismocorder. Ab 2003 Mitglied der Dramatiker-Union, 2012–2015 deren Vizepräsident. Er lebte als freiberuflicher Autor in Berlin und Wien. Am 16.2.2023 in Berlin gestorben.

Im Archiv:
Band I: 1) Werkübersicht, 2) „Zerstörtes Triptychon“ (Stück, 57 Blatt, 1978), 3) „Despot oder die bunten Schuhe“ (Greuelkomödie, 50 Blatt, 1979), 4) „Das fahle Pferd“ (Dramatische Collage, 19 Blatt, 1981), 5) „Herostratos“ (Kammerspiel, 36 Blatt, 1982/86), 6) „Masaniello“ (Tragikomödie nach Christian Weise, 90 Blatt, 1986); Band II: 1) „Rostfrei“ (Parodie, 74 Blatt, 1983/88), 2) „Minotaurus Automat“ (Tragödie

Variant, 38 Blatt, 1988/91), 3) „Tapetentraktat“ (Monolog, 46 Blatt, 1990).

Externe Fundorte/Archive:
Homepage: http://www.ceiss.de

Veröffentlichungen (Auswahl):
Ceiss, C.: Minotaurus Automat. Tragödie Variant, Berlin: Autoren-Kollegium 1991.
Neubert, G., u. Ceiss, C.: Persephone oder der Ausgleich der Welten. Oper, 1991.
Ceiss, C.: An den Dreizehnten. Monolog, Berlin: Autoren-Kollegium 1990.
ders.: Wüste Mark. Komödie, Berlin: Autoren-Kollegium 1990.
ders.: Masaniello. Tragikomödie nach Christian Weise, Berlin: Autoren-Kollegium 1989.
Freie Deutsche Jugend: Spielplan. 14 Stücke junger Dramatiker, Berlin 1989.
Autoren-Kollegium: Autoren-Kollegium plays, 1978.

Waldemar Dege

Am 26.2.1934 in Supraśl (Polen) geboren. 1939/1940 Umsiedlung nach Deutschland. 1941 bis 1952 Grund- und Oberschule in Luckenwalde. 1952 bis 1957 Mathematikstudium an der Humboldt-Universität Berlin. Als Student übersetzte und bearbeitete er russische Fachbücher. 1957 bis 1959 Diplom-Mathematiker in der DDR-Flugzeugindustrie/Triebwerksentwicklung in Pirna. 1959 bis 1978 Arbeit als Mathematiker im VEB Turbinen und Generatoren (Bergmann-Borsig) in Berlin-Wilhelmsruh. 1961 Heirat mit Hannelore Dege (geb. Schädlich). 1979 Arbeit im Rechenzentrum des Akademieinstituts in Berlin-Buch. Lyrikübertragungen aus osteuropäischen Sprachen, erste Nachdichtungsaufträge. Von 1980 bis 1999 freiberuflicher Lyriker und Nachdichter. In den achtziger Jahren Veröffentlichung einiger Gedichte im Eulenspiegel Verlag. Am 17.11.1999 in Berlin gestorben.

Im Archiv:
Band I: 1) Publikation „Der Jahreszeit, Der Jahre, angemessen“ (Ge-

dichte, Berlin: Peter Dege 2000), 2) Biobibliografie von Waldemar Dege (10 Blatt, 1934–1999), 3) Gedichte und Texte; Band II: 1) „Hiddensee“ (Gedicht, 73 Blatt, 1978); Band III: 1) „Die Beschlüsse des Jacob Baimlein. Eine Beschreibung der Zustände im Staat der Weisheit“ (41 Blatt, 1964); Band IV: 1) „Geigerzähler im Orchester“ (143 Blatt, 1964–1989); Band V: 1) Publikation „Feuer in Kirschgärten“ (Gedichte, Berlin: Eulenspiegel 1983), 2) Publikation „Spätes Frühgemüse“ (Gedichte, Berlin: Peter Dege 2000), 3) Publikation „Im Großen und im Kleinen. Sprüche“ (Berlin: Herstellung: database 1999); Band VI: 1) Mappe mit Großbild von Waldemar Dege (schwarz/weiß).

Externe Fundorte/Archive:
Homepage: http://www.waldemar-dege.de

Veröffentlichungen (Auswahl):

Cvetaeva, M. I., u. Dege, W. (Ü): Versuch, eifersüchtig zu sein. Gedichte, Frankfurt a. M.: Suhrkamp 2002.

Wladimow, G., Dege, W. (Nachdichtung), u. Leetz, A. (Ü): Der General und seine Armee. Roman, Berlin: Volk und Welt 1997.

Cižmárik, R., u. Dege, W. (Ü): Die brennende Rose = Horiaca ruža, Snina: Kunsthaus MIRO 1995.

Dege, W., u. Lehmann, R.: Stücke international 2.2, Berlin: Volk und Welt 1989.

Aliger, M. I., u. Dege, W. (Ü): Erinnerungen an Konstantin Simonow, Berlin: Volk und Welt 1988.

Dege, W.: Die blasseren der blauen Tage. Gedichte, Berlin: Eulenspiegel 1988.

Salomo, G., u. Dege, W. (Ü): Der Morgen kommt, der Tag beginnt, Berlin: Karl Nitzsche 1988.

Vlašinová, D., Herzberg, A., Jähn, K.-H., u. Dege, W.: Tausendäugig diese Häuser. Prag und Berlin in Lyrik und Prosa, Berlin: Buchverlag Der Morgen 1985.

Ehrenburg, I. G., u. Dege, W. (Ü): Laß mich nicht sehen, was ich sah. Gedichte, Berlin: Volk und Welt 1983.

Dege, W.: Feuer in Kirschgärten. Gedichte, Berlin: Eulenspiegel 1981.

Sulejmenov, O. O., u. Dege, W. (Ü): Im Azimut der Nomaden. Poeme und Gedichte, Berlin: Volk und Welt 1981.

Stephan Dettmeyer

Am 22.2.1949 in Chemnitz geboren. Ingenieur für Geophysik. 1970 bis 1983 Arbeit als Technologe im Bauwesen. SED-Mitglied. Bearbeitung in OPK. 1974 Verpflichtung als IMV „Erik Lauterbach". Mitglied des „Zirkels Schreibender Studenten" an der Technischen Hochschule Karl-Marx-Stadt. 1972 bis 1975 Studium am Institut für Literatur „Johannes R. Becher" Leipzig. 1977 Einleitung des OV „Lauterbach". Ab 1980 Kabaretttexter u. a. für die „Herkuleskeule" in Dresden. 1987 bis 1990 Philosophiestudium in Dresden. Von 1990 bis 1996 Geschäftsführer eines Reiseunternehmens. Seit 1997 als „Sachsenmeyer" in der Kabarettkiste an der Markthalle in Chemnitz.

Im Archiv:

1) Kurzprosa und Gedichte (23 Blatt, BStU-Kopien, ca. 1970), 2) Auszüge aus dem OV Lauterbach (BStU-Kopien, 1971–1979).

Externe Fundorte/Archive:

BStU, ASt. Chemnitz, AOP 2614/79.
Homepage: http://www.sachsenmeyer-kabarett.de

Veröffentlichungen (Auswahl):

Dettmeyer, S.: Stephan Dettmeyer – Doppelblödiges, Chemnitz: Neue Sächsische Galerie 2002.
ders.: Gezeichnet – Messias. Roman, Chemnitz: Oberbaum 1996.
ders.: Ehrlich bis DDehrlich. Vorwendische Reimereien, Chemnitz: Oberbaum 1995.

Edeltraud Eckert

Am 20.1.1930 in Hindenburg (Oberschlesien) geboren. 1941 Umzug nach Litzmannstadt (Łódź). Frühjahr 1945 Flucht mit der Mutter nach Brandenburg/Havel. 1946 Mitglied der FDJ. 1949 Abitur und Immatrikulation an der Pädagogischen Fakultät der Humboldt-Universität Berlin. Mitglied einer jugendlichen Widerstandsgruppe in Rathenow. 10.5.1950 nach einer Flugblattaktion in Potsdam verhaftet. 29.7.1950 durch das SMT Potsdam zu 25 Jahren Arbeitslager verurteilt. Haft in Bautzen und Waldheim. Von Juli 1953 bis März 1954 Erlaubnis, ihre Gedichte und Kompositionen in ein Heft zu übertragen. November

1953 Erkrankung an Tuberkulose. 1954 Frauengefängnis Hoheneck. 24.1.1955 schwere Kopfverletzung (Skalpierung) bei einem Arbeitsunfall. Ausbleibende medizinische Versorgung. Am 18.4.1955 nach mehreren Operationen an Wundstarrkrampf im Haftkrankenhaus Leipzig-Meusdorf gestorben.

Im Archiv:
1) Original-Haft-Gedichtbuch (Gedichte, Noten, 136 Seiten, in Leinen genäht, mit den Initialen „E. E.“), 2) Original-Briefe aus der Haft, Februar 1951 bis März 1955, 3) Kopien von Schreiben, übergeben durch Alexandra Pohlmeier am 6.4.2012, Schreiben von Prof. Dr. sc. med. Mahnke an Frau Dorothea Hilbricht (Schwester) betreffend Wunde und Versorgung im Haftkrankenhaus von Edeltraud Eckert 9.4.1991, russ. Rehabilitierung von Edeltraud Eckert und Begleitschreiben der Botschaft der BRD an Dorothea Hilbricht, 30.5.1994, 4) Publikation „Jahr ohne Frühling. Gedichte und Briefe“, Frankfurt a. M.: Büchergilde Gutenberg 2005.
Tonbandprotokoll: Tonbandinterview mit der Schwester Dorothea Hilbricht 75' (2.8.2002).

Veröffentlichungen (Auswahl):
Geipel, I.: Zensiert, verschwiegen, vergessen. Autorinnen in Ostdeutschland 1945–1989, Düsseldorf: Artemis & Winkler 2009.
Eckert, E.: Jahr ohne Frühling. Gedichte und Briefe, Frankfurt a. M.: Büchergilde Gutenberg 2005.
Blunk, J., u. Eckert, E.: Vom Leben trennt dich Schloss und Riegel. Das Schicksal der Dichterin Edeltraud Eckert (1930–1955), München: Langen-Müller 2000.
Eckert, E., u. Jahn, R. (Hrsg.): Hinter Gittern, ein Mensch. Gedichte, München: Türmer 1969.

Roland Erb

Am 1.4.1943 in Töppeln geboren. 1943 in Königsberg (Neumark), 1945 Nordhausen. 1961 Abitur, dann Studium der Romanistik an der Universität in Leipzig. Danach von 1966 bis 1972 Verlagslektor für romanische Literatur bei Philipp Reclam jun. Leipzig. 1968 Teilnahme an einer Protestaktion gegen die Sprengung der Leipziger Universitätskirche. Seit 1973 freischaffender Schriftsteller, Herausgeber und Übersetzer spanischer, portugiesischer, russischer und rumänischer Autoren. 1974 Mitglied im Schriftstellerverband der DDR. 1981 bis 1988 Publikationsverbot nach Veröffentlichung seines ersten Gedichtbandes „Die Stille des Taifuns". 1989 Beteiligung an den Montagsdemonstrationen in Leipzig. Ab 1990 Mitbegründer literarischer Vereine in Sachsen, u. a. Förderkreis Freie Literaturgesellschaft, Literaturbüro Leipzig und Literarische Arena. 1993 Mitbegründer der Literatur- und Kunstzeitschrift „Ostragehege". 1994 bis 1998 Mitglied des Literatur-Kuratoriums Sachsens. 1995 bis 1999 Redakteur und Chefredakteur der Zeitschrift „Ostragehege". 1999 Jahresstipendium der Konrad-Adenauer-Stiftung.

Im Archiv:
1) 2 Publikationen von Roland Erb, „Die Stille des Taifuns" (Berlin: Aufbau 1981) und „Antigones Bruder" (Leipzig: Faber & Faber 2003), 2) Lebenslauf von Roland Erb (2 Blatt, 2003), 3) Publikationsübersicht (2 Blatt, 2003), 4) Artikel der Leipziger Volkszeitung betreffend Roland Erb als Schriftsteller und Übersetzer (17.4.2003), 5) „Scharfschritt" (unveröffentlicht, 6 Blatt, 2002), 6) Anthologiebeitrag (11 Blatt aus: „Wozu das Verlangen nach Schönheit: Texte zur Zeit", Bochum: drei-Eck 2003), 7) „Signum – Blätter für Literatur und Kritik" (1. Jg., Heft 1, Winter 1999/2000, 5 Blatt), 8) „Der heimliche Grund. 69 Stimmen aus Sachsen" (Leipzig: Kiepenheuer 1996, Kopien, 4 Blatt), 9) Beitrag aus Anthologie „Warteräume im Klee" (6 Blatt, Dresden: Buchlabor 1995), 10) 2 Ausgaben der Zeitschrift „Ostragehege" mit Beiträgen von Roland Erb (Original, Bd. II/1997 Nr. 9 und Bd. III/1997 Nr. 10), 11) Publikation „Märzenschaf" (48 Seiten, Dresden: Hellerau 1995).

Veröffentlichungen (Auswahl):
Rilke, R. M., u. Erb, R. (Hrsg.): Ich, das Gold, das Feuer und der Stein. Ausgewählte Gedichte, Leipzig: Reclam 2001.
Erb, R.: Märzenschaf. Gedichte, Dresden: Hellerau 1995.
ders. (Hrsg.): Europa-Almanach 1925. Reprint, Leipzig: Kiepenheuer 1993.
Samjatin, J., Erb, M. (Ü), u. Erb, R. (Ü): Wir. Roman, Leipzig: Kiepenheuer 1991.
Cvetaeva, M. I., u. Erb, R. (Ü): Irdische Zeichen, Leipzig: Insel 1990.

Colombo, C., u. Erb, R. (Ü): Schiffstagebuch, Frankfurt a. M.: Röderberg 1981.
Erb, R.: Die Stille des Taifuns. Gedichte, Berlin: Aufbau 1981.
Carpentier, A., u. Erb, R. (Ü): Barockkonzert. Kurzroman, Berlin: Volk und Welt 1977.
Slavici, J., u. Erb, R. (Ü): Novellen aus dem Volk, Leipzig: Reclam 1976.

Siegmar Faust

Am 12.12.1944 in Dohna geboren. Wuchs in Heidenau auf. 1959 FDJ. 1964 Abitur. Studium der Kunsterziehung und Geschichte. Studium am Institut für Literatur „Johannes R. Becher" Leipzig. 1965 bis 1968 in der SED. Nach Exmatrikulierung Arbeit als Kellner, Elektrokarrenfahrer, Gleisbauarbeiter, Viskosewäscher, Sachbearbeiter, Motorbootfahrer, Aufzugsführer und Nachtwächter in der Deutschen Bücherei Leipzig. Schrieb nebenher Romane, Essays, Gedichte und Erzählungen. 1968 OV „Literat" und OV „Mephisto". Stadtverbot Leipzig. 1971 und 1974 Verhaftung wegen „staatsfeindlicher Hetze". 1976 Freikauf aus der Haft, nachdem sich Organisationen wie Amnesty International, Arbeitsgemeinschaft 13. August, Internationale Gesellschaft für Menschenrechte und Robert Havemann für ihn eingesetzt haben. Insgesamt 33 Monate Haft in den Strafanstalten Waldheim und Cottbus. Arbeitete als Drehbuchautor, Vortragsredner, freier Schriftsteller und als Chefredakteur der Zeitschriften „DDR heute" und „Christen drüben" in der Bundesrepublik Deutschland. Ab 1990 Berater der DSU-Volkskammerfraktion und Mitbegründer des Dokumentationszentrums zur Aufklärung der SED-Verbrechen. Danach Referent der Gedenkbibliothek zu Ehren der Opfer des Stalinismus. Referent beim Berliner Landesbeauftragten für die Stasi-Unterlagen. Danach Landesbeauftragter im Freistaat Sachsen. Seit 1999 freier Autor. Mitglied des Autorenkreises der Bundesrepublik und Vizepräsident des Freien Deutschen Autorenverbandes.

Im Archiv:

Band I: 1) Lebenslauf, 2) Bibliografie, 3) politische Biografie, 4) Original-Fragment „Faustus" (letzte Fassung 1978); Band II, III, IV, V: BStU-Kopien (Texte und zeithistorische Dokumente 1968–1972); Band VI: 1) Texte aus dem Haftkrankenhaus Waldheim (Sommer 1972),

2) BStU-Kopien Schlußbericht (21.9.1972), 3) Publikation: „Ich will hier raus“ (Berlin: Guhl 1983); Band VII: Tonbandprotokoll: Siegmar Faust in Reichenberg-Lindflur (7.8.2002).

Externe Fundorte/Archive:
BStU, OV „Mephisto“ und „Literat“, ASt. Leipzig, BStU AU. 1323/72.

Veröffentlichungen (Auswahl):
Faust, S.: Der Provokateur. Ein politischer Roman, München: Herbig 1999.
ders.: StasiSachen 4/Siegmar Faust, Berlin: Zimmermann 1993.
ders.: Der Freischwimmer. Das Ende einer Jugend in Dresden, Sindelfingen: A. Tykve 1987.
ders.: Menschenhandel in der Gegenwart. Literatur der DDR im Zeugenstand, Asendorf: . MUT 1986.
ders.: Ein Jegliches hat sein Leid. K, Berlin: Guhl 1984.
ders.: Ich will hier raus, Berlin: Guhl 1983.
ders.: In welchem Lande lebt Mephisto? Schreiben in Deutschland, München: Olzog 1980.
Faust, S., Naumann, L.-P., u. Pohl, S.: Die Knast- und Wunderjahre des Faustus Simplicissimus, Berlin: Guhl 1979.
Bloch, E., Faust, S., Schneider, R., et al.: Texte aus der DDR. Rede auf dem 4. DDR-Schriftsteller-Kongress 1956, Berlin: Verlag Europäische Ideen 1977.

Wilfried Flach

Am 16.12.1945 in Seggerde bei Haldensleben als Sohn eines Pfarrers geboren. Ab 1955 Kindheit und Jugend in Halle. Erste Gedichte, Prosatexte und Tagebuchnotate. 1964 bis 1969 Theologiestudium an der Theologischen Fakultät der Friedrich-Schiller-Universität Jena. 1974 Dissertation. Von 1969 bis 2005 Vikar bzw. Pfarrer in Altenburg, Gera, Ronneburg und Jänickendorf.

Im Archiv:
Band I: 1) Schriftverkehr zwischen Dr. Wilfried Flach und verschiedenen Institutionen z. B. das Thüringer Tageblatt, Deutsche Verlags-Anstalt und Redaktion der „Potsdamer Kirche“ (Originale, zum Teil mit

Kopien der Lyrik, um die es geht, 1983–1992), 2) Publikation „Gedichte aus dem Poesieforum. Band I“, mit Beiträgen von Dr. Wilfried Flach (2001), 3) Diskette mit Lyrik (1970–1990), 4) „Der Widerstand“ (2. Szenenfolge, handschriftliches Original, 1962); Band II: 1) Diskette mit Jugendgedichten und Theaterstücken, 2) Brief von Dr. Wilfried Flach an Joachim Walther betreffend der Zusendung von Texten, 3) „Georg Weisler“ (Tragödie, handschriftliches Original u. Kopie, 1962), 4) „David und Absalom“ (Tragödie, handschriftliches Original u. Kopie, 1960–1962); Band III: 1) Gedichte aus den Jahren 1962 und 1963 (Handschriftliches Original u. Kopie, 40 Blatt), 2) Gedichte aus dem Jahr 1961 (Handschriftliches Original u. Kopie, 48 Blatt), 3) „Schwache und Starke“ (Szenenfolge, handschriftliches Original u. Kopie, 11 Blatt); Band IV: „Der Krieg. Einer steht außerhalb.“ (8 Szenen, handschriftliches Original, 65 Blatt, 1963); Band V: 1) „Der glasklare Spiegel“ (Diskette u. handschriftliches Original, 1961), 2) Gedichte nach 1990 (12 Blatt), 3) Publikation „Pfarrersohn und Pfarrer in der DDR“, Gedichte 1955-1990 (1991), 4) „Pfarrersohn und Pfarrer in der DDR“, Tagebuchnotizen, Gedichte und anderes, Texte von 1955–1993 (145 Blatt, PC-Ausdruck).
Tonbandprotokoll: Wilfried Flach 85' (2.10.2002, Jänickendorf).

Jürgen Fuchs

Am 19.12.1950 in Reichenbach geboren. 1969 Abitur. 1969 bis 1971 Armeedienst. 1971 bis 1974 Mitglied der AG „Junge Autoren“ in Unterwellenborn. 1973 Eintritt in die SED, im April 1975 Ausschluss wegen „feindlicher Angriffe gegen die Grundlagen der sozialistischen Gesellschaft in der DDR“. 1971 Studium der Sozialpsychologie in Jena. 1975 Exmatrikulation sowie Publikationsverbot. Übersiedlung nach Grünheide zu Robert Havemann. Arbeit als Transportarbeiter, Pfleger in der Stephanusstiftung Berlin. Öffentlicher Protest gegen die Ausbürgerung von Wolf Biermann. November 1976 bis August 1977 Haft in Berlin-Hohenschönhausen. August 1977 Freikauf. Freischaffender Autor in Westberlin. Bis 1989 Kontaktperson für die DDR-Opposition. 1992/1993 wissenschaftlicher Mitarbeiter beim BStU. 1995 Rehabilitierung als Diplom-Psychologe durch die Friedrich-Schiller-Universität Jena. 1996 Gründungsmitglied des Bürgerbüros zur Aufarbeitung von Folgeschäden der SED-Diktatur. Am 9.5.1999 in Berlin gestorben.

Im Archiv:
1) 2 Exemplare der Publikation „Schriftprobe“ (Verlag und Datenbank für Geisteswissenschaften, 2000/2001), 2) „weil die Angst noch da ist“, ein Gespräch über Erlebnisse in 40 Jahren DDR und danach, Jürgen Fuchs/Edith Wolf (177 Blatt, Kopien). Siehe auch: BStA-Stiftungsprojekte, Nr. 888, Projektergebnis: Publikation „Jürgen Fuchs – Vernehmungsprotokolle. November 76 bis September 77“ (Berlin: Jaron 2009, mit Fotografien von Tim Deussen).

Veröffentlichungen (Auswahl):
Hermann, M., u. Pietzsch, H.: DDR-Literatur zwischen Anpassung und Widerspruch. Tagungsband zum Jürgen-Fuchs-Literaturseminar am 26. und 27.11.2010 in Jena, Jena: Garamond 2011.
Scheer, U.: Jürgen Fuchs. Ein literarischer Weg in die Opposition. Inhaftiert in Berlin-Hohenschönhausen, Berlin: Jaron 2007.
Fuchs, J.: Magdalena. MfS, Memfisblues, Stasi, die Firma, VEB Horch & Gauck. Roman, Berlin: Rowohlt 1998.
Behnke, K., Fuchs, J., u. Ash, M. G.: Zersetzung der Seele. Psychologie und Psychiatrie im Dienste der Stasi, Hamburg: Rotbuch 1995.
Fuchs, J.: Unter Nutzung der Angst. Die „leise Form“ des Terrors – Zersetzungsmaßnahmen des MfS, Reihe „BF informiert“, Berlin 1994.
ders.: Poesie und Zersetzung. Erste Vorlesung in der Reihe „Literatur zur Beförderung der Humanität“, gehalten am 16. Juni 1993 im Hörsaal 24 der Friedrich-Schiller-Universität Jena, Jena: Collegium Europaeum Jenense 1993.
Fuchs, J., u. Hieke, G.: Dummgeschult? Ein Schüler und sein Lehrer, Berlin: BasisDruck 1992.
Fuchs, J.: … und wann kommt der Hammer? Psychologie, Opposition und Staatssicherheit, Berlin: BasisDruck 1990.
ders.: Gäste kommen und gehen oder Der Verkauf der Landeskinder. Ein Stück, Berlin: Oberbaum 1989.
ders.: Das Ende einer Feigheit, Reinbek: Rowohlt 1988.
ders.: Fassonschnitt, Reinbek: Rowohlt 1984.
ders.: Vernehmungsprotokolle. November ’76–September ’77, Reinbek: Rowohlt 1978.
Fuchs, J., u. Pannach, G.: Gedächtnisprotokolle, Reinbek: Rowohlt 1977.

Reimar Gilsenbach

Am 16.9.1925 bei Voerde geboren. Ab 1943 als Soldat an der Ostfront bei Narwa. 1944 Desertion zur Roten Armee. Nach Weigerung, sich den Strukturen des „Nationalkomitees Freies Deutschland" unterzuordnen, mehrere Jahre sowjetische Kriegsgefangenschaft. 1947 Heimkehrerabitur in Dresden. 1948 bis 1951 Journalist bei der „Sächsischen Zeitung" Dresden. 1951 bis 1961 Redakteur der Zeitschrift „Natur und Heimat". Einsatz für die Errichtung des Nationalparks Sächsische Schweiz. Wahl in den Zentralrat der Gesellschaft für Natur und Umwelt. Ab 1961 freier Schriftsteller. 1975 Umzug nach Brodowin. 1981 Gründung der Brodowiner Gespräche. Ab 1991 Mitglied im Romani P.E.N. und im Verband deutscher Schriftsteller. 1994 Mitgründer des Bundes für Naturvölker. 1998 Mitgründer der Musikgruppe Cantur Terrae. Am 22.11.2001 in Brodowin gestorben.

Im Archiv:

1) BStU-Kopien aus dem OV „Schreiber" der BVfS Frankfurt/Oder, darin Abschrift des Vortrags „Sind wir Herren, Sklaven oder Kinder der Natur?" (40 Blatt), 2) Gedichte/Liedtexte (8 Blatt, 1978–1988), 3) „Verflucht, ich bin Baro Jags Erbe" (Erzählung, 9 Blatt, 1983), 4) „Des Fragens Würdiges zur christlichen und zur marxistischen Ethik im Umgang mit der Natur" (Vortrag, 23 Blatt, 1987), 5) „Karl Marx über die Ethik des menschlichen Verhaltens zur Natur" (Vortrag, 20 Blatt, 1983), 6) „Schlage die Zensur, so gut und wo immer du kannst" (Kapitel über die DDR-Zensur aus der unveröffentlichten Autobiografie „Widerstehe dem Staat, wo er dich trifft", 6 Blatt), 7) Hannelore Kurth-Gilsenbach: „Trostlied für Mäuse. Grüne Lieder in Zorn und Liebe. Mit Singstimme zur Gitarre" (Texte von Reimar Gilsenbach, begleitet vom O-Ton der Stasi, 98 Blatt, Brodowin: Gilsenbach & Gilsenbach 1995).

Externe Fundorte/Archive:

BVfS Frankfurt (O) Abl. XX/051.
Homepage: http://www.gilsenbach-gilsenbach.de

Veröffentlichungen (Auswahl):

Gilsenbach, R., Gilsenbach, H., u. Hess, H.: Wer im Gleichschritt marschiert, geht in die falsche Richtung. Ein biografisches Selbstbildnis, Berlin: Westkreuz 2004.

Gilsenbach, R.: O Django, sing deinen Zorn! Sinti und Roma unter den Deutschen, Berlin: BasisDruck 1993.

Walter G. Goes

1950 in Aschersleben geboren. 1969 Abitur. Nach 6 Semestern Kunsterziehung und Geschichte 1972 Exmatrikulation von der Karl-Marx-Universität Leipzig. Umzug nach Glowe auf Rügen. Bis 1974 Mitarbeiter im Kreiskulturhaus Bergen. 1975 bis 1979 Grafikstudium an der Kunsthochschule Berlin-Weißensee. Diplomarbeit über Georg Trakl. Ab 1979 freiberuflicher Grafiker, Maler, Lyriker und Autor auf Rügen. Kontakte zu Erich Arendt und Charlotte E. Pauly. Seit 1984 Mail-Art-Projekte. 1981 bis 1990 Galerieleiter in der Orangerie Putbus. Dort 1985 die Mail-Art-Ausstellung „Relations“. Die zweite Ausstellung, „Künstlerbriefe/Briefzeichnungen“, wurde 1987 verboten. Er lebt in Bergen auf Rügen und schafft Zeichnungen, Aquarelle, Druckgrafik, Objekt- und Buchkunst.

Im Archiv:

1) Gedichte (34 Blatt, 1979–1988), 2) Gedichtzyklus „Idol in Schichten“ (Experimentelles Lyrikprojekt/Überschreibungen, 41 Blatt, 1987/88), 3) „Idol in Schichten“ (23 Blatt, Farbkopien des Originals), 4) Publikation „Grazer Museumsrede (27)“ (November 1999), 5) Publikation „Inklusen. Idol in Schichten + das Beet. Gedichtauswahl aus zwei Lyrikprojekten von Walter G. Goes“ (Gesellschaft der Stralsunder Buch- und Grafikfreunde, 2001).

Veröffentlichungen (Auswahl):

Goes, W.: Mail-Art, Post-Kunst [zwischen Mekka & Malaise]. Die verschlungenen Wege der ersten Mail-Art-Projekte auf Rügen 1985–1989, Garz: Arndt-Museum 1999.

Winnes, F., u. Wohlrab, L.: Mail Art Szene DDR 1975–1990, Berlin: Haude & Spener 1994.

Anne Gollin

Am 11.12.1956 in Neubrandenburg geboren. 1973 bis 1975 Lehre als Buchhändlerin in Leipzig. 1975 6 Monate Arbeitserziehung wegen „asozialen Verhaltens". 1976 sechsmonatige Hausbesetzung in Ostberlin. Erneute Verhaftung mit anschließendem „Hauptstadt-Verbot", Arbeitsplatz- und Wohnortbindung. Ab 1979 in Zwickau. Teilnahme am Poetenseminar Schwerin. 1980 3 Monate Haft wegen „Verbreitung von Hetzschriften", zur Bewährung ausgesetzt wegen Schwangerschaft. 1980 Geburt des Sohnes. 1982 erneute Verurteilung wegen „Herstellung und Verbreitung von Hetzliteratur" und „Herabwürdigung des Sozialismus in der Öffentlichkeit". 1982, nach 10 Monaten Haft, Freikauf. 1985 bis 1987 Leiterin des Buchladens und Literaturtreffs „Rauchzeichen" in Westberlin. Mitgründerin des Berliner Literaturzirkels BLITZ e. V. Seit 1985 Mitglied der GEDOK und der Neuen Gesellschaft für Literatur. Seit 1988 freiberufliche Autorin. 1989 bis 1993 Vorstand der NGL. Seit 1990 politische Referentin und in der Bildungsarbeit.

Im Archiv:

1) Texte aus der Gerichtsakte (38 Blatt, BStU-Kopien, 1976–1978), 2) Verhörprotokolle (21 Blatt, BStU-Kopien,1980), 3) „Aber es war doch mein Leben" (Biografische Dokumente, 33 Blatt, 2003).

Externe Fundorte/Archive:

BStU 1903/81 ASt. Chemnitz.
Homepage: http://www.gollin.berlin

Veröffentlichungen (Auswahl):

Bischitzky, C., Gollin, A.: Die liebe Liebe ... und der Mut dazu. Liebesgeschichten, Vechta: Geest 2002.
Gollin, A.: Ausgelassen. Lyrik, Ahlhorn: Geest 2001.
Gollin, A., u. Siewert, F.: Drei Szenen aus Bolandas Leben, Berlin: Galerie auf Zeit 1998.
Gollin, A.: Ich fühle mich so unerhört: ich dichte. Eine Sammlung, Berlin: Labyrinth 1996.
dies.: Liebesb(e)reit. Liebe(s)-Gedichte, Berlin: Labyrinth 1996.
dies.: Rätselhafte Aussichten, Berlin: Maldoror 1992.
dies.: Deutschland – ein Lügenmärchen. Texte und Gedichte, Berlin: Labyrinth 1990.

dies.: Schrei-Berlin(g) und die kleinste Anarchie, Berlin: Labyrinth 1988.
dies.: DDReckig. West-östliche Sentiments, Berlin: Blitz 1985.

Jürgen Groß

1946 in Brandenburg/Havel geboren. 1965 Abitur. 1966 bis 1967 Bühnenhilfsarbeiter, künstlerische Leitung eines Laientheaters, Regieassistent beim Fernsehen. 1967 bis 1971 Studium der Theaterwissenschaft an der Humboldt-Universität Berlin. 1969 erste Verbotsmitteilung des Stückes „Ein gewöhnlicher Skandal". 1971 Dramaturg am Städtischen Theater in Karl-Marx-Stadt. 1972 bis 1974 am Meininger Theater als 1. Dramaturg und Regisseur. 1974 bis 1977 wissenschaftliche Aspirantur an der Humboldt-Universität Berlin. 1978 bis 1983 Hausautor am Maxim-Gorki-Theater. 1979/80 Aufführungsverbot der „Parteibraut". Seit 1983 freier Schriftsteller. Lebt in Neu Darchau.

Im Archiv:
Band I: 1) Materialübersicht, 2) Brief-Kopie, Rezensions-Kopie und Auszug aus BStU-Akte (6 Blatt, 1980–1999); Band II: 1) „Die Parteibraut" (Stück, 104 Blatt, Ende der siebziger Jahre, Aufführungsverbot); Band III: 1) „Die Eisbeindame" (Stück, 43 Blatt, 1986 geschrieben, Aufführungsverbot, 2 Fassungen); Band IV: 1) „Revisor oder Katze aus dem Sack" (Lustspiel, 94 Blatt, Textbuch vom Henschel Verlag 1989, 1981 geschrieben, Aufführungsverbot).
Tonbandprotokoll: Jürgen Groß 80' (16.9.2002, Neu Darchau).

Externe Fundorte/Archive:
BStU ASt. Frankfurt/Oder.

Veröffentlichungen (Auswahl):
Gross, J.: Notierte Gedichte. Meine Lese-Reise nach Deutschland, Berlin: Dietz 1994.
ders.: Motzek. Asche im Mund. Zwei Stücke, Berlin: Henschel 1989.
ders.: Stücke, Berlin: Henschel 1984.
Gross, J., et al.: Neue DDR-Dramatik, Berlin: Henschel 1981.

Franziska Groszer

Am 23. Januar 1945 in Berlin geboren. Vater Physiker, Professur für Wärme- und Kältetechnik an der Berliner Humboldt-Universität. Mutter Bibliothekarin. Schuljahre in Friedrichshagen. Scheidung der Eltern. 1960 Übersiedlung des Vaters in die Bundesrepublik. In der 9. Klasse Abbruch der Schule. Fluchtvorbereitungen, die wegen des Mauerbaus verunmöglicht wurden. Abitur an der Abendschule. Studienplatz für Kunst und Germanistik. Eheschließung mit Gert Großer. Geburt des Sohnes 1966. Geburt der Tochter 1968. Erste Gedichte und Prosastücke. 1968 Flugblattaktionen in Ostberlin zum Prager Frühling. Verhaftung von Freunden, u. a. Thomas Brasch, Frank und Florian Havemann, Erika Berthold. 1968 Gründung der „Kommune 1 Ost" in der Wohnung von Franziska Groszer. Geheimdienstlicher Operativer Vorgang „Diskussionsklub" gegen den Freundeskreis. Ab März 1975 Eröffnung des Operativen Vorgangs „Atelier". Der Vorwurf: „Bildung eines politischen Untergrundes in der Hauptstadt der DDR". Aberkennung des Studienplatzes. Fabrikarbeit, Sekretärin, Puppenmacherin, Mitarbeiterin im Zentrum für Kinderliteratur. Gründung eines Kindertheaters, nach wenigen Wochen Verbot. Kurzprosa und Kindergeschichten. Einzige öffentliche Lesung am 27.11.1975 im „Kramladen" in Weißensee. Danach „generelles Veröffentlichungs- und Auftrittsverbot". Bespitzelungen, Hausdurchsuchungen, Verhöre. 1977 Ausreise nach Westberlin. Arbeit als Lektorin, Setzerin, Leiterin des Literaturbüros Unna. 1982 Geburt der Tochter. Veröffentlichung von Erzählungen und Kurzprosa. 1987 Erich Kästner Kinder- und Jugendbuchpreis für „Rotz und Wasser". 2004 Rückkehr nach Berlin. 2008 Ehrung durch den tschechischen Staatspräsidenten in Prag für den Protest gegen den Einmarsch in die Tschechoslowakei 1968. Antrag auf Namensänderung und Genehmigung: Franziska Groszer (statt Großer).

Im Archiv:

1) Gedichte, 2) Prosa: „Freuden", „Träume", „Geschichte von Franz Kahn", „Bürogeschichten", „Der Prozess", „Fährmann", „Die Reise", 3) Brief Bettina Wegner an Werner Pietz, 17.9.1975, zu Lesung Franziska Groszer im „Kramladen", Berlin-Weißensee.

Externe Fundorte / Archive:

Stasi-Bericht, Lesung am 27.11.1975 (laut Angabe Franziska Groszer).

OV „Atelier", „Vorschlag zum Anlegen einer VAO „Atelier" gegen Franziska Groszer, 11.3.1975 (laut Angabe Franziska Groszer).
Auszüge IM-Akte „Walter" von Gert Großer, Reg.-Nr.: XVIII 416, 71 (laut Angabe Franziska Groszer).

Veröffentlichungen (Auswahl):
Groszer, F.: Anton und das unheimliche Haus, München: Terzio 2008.
dies.: Der blaue König und sein Reich, Leipzig: Altberliner 2005.
dies.: Claire und Sophie, Hamburg: Dressler 2004.
dies.: Das Landei, Hamburg: Dressler 1995.
dies.: Julia Augenstern, Hamburg: Dressler 1991/Weinheim: Beltz 1996.
dies.: Tilly in der Pfütze, Hamburg: Dressler 1990.
dies.: Kaos mit Katze, Hamburg: Dressler 1988.
dies.: Rotz und Wasser, Hamburg: Dressler 1987.

Uwe Grüning

Am 16.1.1942 in Pabianice (Polen) geboren. 1944 Übersiedlung nach Glauchau. 1960 Abitur. 1960 bis 1966 Studium der Fertigungstechnik an der TH Ilmenau. 1966 bis 1975 wissenschaftlicher Assistent und Oberassistent. 1970 Promotion. 1975 bis 1982 Arbeit als Fachschuldozent an der Fachschule für wissenschaftlichen Gerätebau „Carl Zeiss" in Jena. Danach wohnhaft in Greiz. Ab Ende der siebziger Jahre Veröffentlichungen von Lyrik und Prosa, größtenteils im Union Verlag Berlin. Intensive Bearbeitung durch das MfS im OV „Ikarus II". Ab 1982 freier Schriftsteller. 1990 Mitglied der ersten frei gewählten Volkskammer. 1993 Umzug nach Neumark (Sachsen). 1990 bis 2004 Mitglied des Sächsischen Landtags als medienpolitischer Sprecher der CDU-Fraktion. Gründungsmitglied der Sächsischen Akademie der Künste. Seit 2004 Mitglied im Medienrat der Sächsischen Landesmedienanstalt – seit 2010 als Präsident.

Im Archiv:
1) BStU-Kopien (OV-Auszüge, darin auch Text-Auszüge, Gedicht zu Prag 1968, Gutachten, Nachworte, Briefwechsel mit Union Verlag etc., 103 Blatt, 1976–1983), 2) „Sechshundertundneunundvierzig Versuche, die Welt zu mißdeuten" (Aphorismen, 101 Blatt, Durch-

schlagpapier, 1970–1979), 3) Notizen, 1. Quartheft vom Sommer 1973 (34 Blatt, Durchschlagpapier, 1973–1975).

Externe Fundorte/Archive:
BStU, ASt. Gera, AOP 352/84.
BStU, ASt. Gera, AOPK 369/88.

Veröffentlichungen (Auswahl):
Bergmann, C., et al: Uwe Grüning, Wilhelmshorst: Märkischer 2008.
Grüning, U.: Unzeitige Heimkehr. Vignetten und Lebenslandschaften, Stuttgart: Radius 2004.
ders.: „Vom Leben des Geistes". Ein Essay, Dresden: Hannah-Arendt-Institut 1996.
ders.: Innehaltend an einem Morgen. Gedichte, Berlin: Union 1988.
ders.: Das Vierstromland hinter Eden. Roman, Berlin: Union 1986.
ders.: Moorrauch. Essays, Berlin: Union 1985.
ders.: Im Umkreis der Feuer. Gedichte, Berlin: Union 1984.
ders.: Laubgehölz im November. Miniaturen, Berlin: Union 1983.
ders.: Spiegelungen. Gedichte, Berlin: Union 1981.

Heidemarie Härtl

Am 22.12.1943 in Oelsnitz geboren. Vater NVA-Offizier, deshalb Umzüge nach Cottbus, Dresden, Strausberg. 1962 Abitur. 1962 bis 1963 Facharbeiterlehre für Wasserbau in Bad Freienwalde. Danach Studium für Bauwesen in Dresden. 1967 bis 1970 Studium am Institut für Literatur „Johannes R. Becher" Leipzig. Begegnung mit Gert Neumann. 1969 Geburt des gemeinsamen Sohnes Holden. 1970 wegen „provokatorischer Ansichten zur Literatur" exmatrikuliert. Arbeit als Stanzerin in einer Fabrik. Danach Korrektorin in der Blindenbücherei in Leipzig. 1973 bis 1975 Zirkelleiterin der „Schreibenden Pioniere" im Haus der Jungen Pioniere. 1977 einzige Veröffentlichung des Prosabandes „Ach, ich zog den blauen Anzug an" in der DDR. 1978 bis 1987 Korrekturhörerin in der Deutschen Zentralbücherei für Blinde. 1983 Mitarbeit an der inoffiziellen Zeitschrift „Anschlag", ab 1987 an „zweite person". 1987 Lesereise mit Gert Neumann in die Bundesrepublik, Rückkehr allein nach Leipzig. 1988 Gründung des illegalen „bergen-verlag" in Leipzig. Herbst 1989 Begegnung mit Ibrahim Böhme. 1991 Scheidung von Gert Neumann. Nach Offenlegung der Stasivergangenheit Ibrahim Böhmes Einlieferung in die Psychiatrie. 1991 Mitglied der Internationalen Sozialistischen Arbeiterorganisation. Ab 1991 unterrichtete sie kreatives Schreiben. Am 23.11.1993 in Leipzig gestorben.

Im Archiv:
Band I: 1) Publikation „Bild in den Augen" (34 Blatt, Leipzig: Werkstätten der Hochschule für Grafik und Buchkunst 1988), 2) Publikation „Die Klandestinität der Kesselreiniger" von Gert Neumann (211 Blatt, Leipzig: bergen-verlag 1989), 3) zwei Malereien von Heidemarie Härtl (Originale), 4) „Anschlag VII" mit Beitrag von Heidemarie Härtl (Original, 1987), 5) persönliche Unterlagen von Heidemarie Härtl, u. a. Lebenslauf, Zeugnis der Erweiterten Polytechnischen Diesterweg-Oberschule Strausberg (Kopie und Original), Facharbeiterzeugnis im Ausbildungsberuf Wasserbaufacharbeiter (16.8.1963) und Kopie des Exmatrikulationsschreibens, 6) Lyrik, 7) Unterlagen betreffend Verlagsgründung „bergen-verlag", Leipzig (17.10. 1988), 8) Unterlagen betreffend Krankheiten von Heidemarie Härtl, u. a. Rente, Krankengeld, Krankentransportscheine, 9) u. a. Briefe, Lyrik anderer Autoren, Kinderzeichnung; Band II: 1) Notizblock mit Notizen (Original), 2) Kindheitserinnerungen an Weihnachten (Handschrift), 3) Tagebuch (1990), 4) Publikation „Verwendung 4" mit Beiträgen von Heidemarie Härtl (2 Exemplare, September 1988, 47 Blatt), 5) 3 Malereien, 6) Publikation „Der neue Generalsekretär oder Die Ethik der Sätze" von Gert Neumann (zweite Person 4/89, Leipzig: bergen-verlag 1989), 7) Publikation „Die Klandestinität der Kesselreiniger" von Gert Neumann (Sonderausgabe, Leipzig: bergen-verlag 1989), 8) Materialsammlung „Schaden" (2 verschiedene Exemplare / 1 Dublette); Band III: 1) Publikation „zweite person 1/88" (1988), 2) Materialsammlung „ariadnefabrik!" (V/1987), 3) Textsammlung von Heidemarie Härtl, u. a. „Makarenko oder Die Verwahrlosten" (bergen-verlag, Leipzig), 4) Textsammlung, u. a. „Ungewohnt" und „Der letzte warme Tag", 5) Textsammlung „Glasnot VII", 6) Textsammlung „Anschlag V" (Leipzig, 1986), 7) Malerei auf Pappe; Band IV: 1) „DDR heute! Die Mauer muss weg!" (Mai/Juni 1989) und Flugblatt „grenzfall" (Juni 1989), 2) Textsammlung von Heidemarie Härtl, u. a. „Kein Wunder", 3) „Makarenko oder Die Verwahrlosten" Spiel in 19 Bildern nach Motiven aus „Der Weg ins Leben" von A. S. Makarenko (3 Exemplare),

4) „Partisanen des Seins“ (Erzählung, 2 Exemplare), 5) „nimm 1 Thema: Du“ (Original 1979), 6) Publikation „Thema Nummer Zwei“ (bergen-verlag, 94 Blatt), 7) „stechapfel 8“ mit Beiträgen von Heidemarie Härtl (Literaturbüro Leipzig), 8) Textsammlung zu verschiedenen Themen u. a. Zeitungsartikel von 1975, 9) Geschichte von Stéphane Mallarmé (1984, 208 Blatt); Band V: 1) Texte und handschriftliche Notizen von Heidemarie Härtl, 2) handschriftliche Notizen zum Thema Film, 3) Textsammlung, 4) „Sprache & Antwort. gespräche & texte“ von Egmont Hesse, 5) Textsammlung mit Beitrag von Heidemarie Härtl (216 Blätter); Band VI: Publikation „Bralgu//einsturz“ (Anthologie, 1991, 2 Exemplare); Band VII: 1) „Raster“, Teil I, mit Beiträgen von Heidemarie Härtl (1988, 2 Exemplare), 2) Publikation „ZRYW“, 3) Publikation „Editorial & Meldungen“; Band VIII: 1) Publikation „Moosrose Rennbahnprojekt“, 2) Brief betreffend Einsichtnahme eines französischen Professors in die Stasi-Akten von Heidemarie Härtl (1993); Band IX: Publikation „Spuren zur Geschichte der Friedensbewegung in der DDR“ (115 Blatt, Kopie, 1988); Band X: 1) „nimm 4. Thema: Vergangenheit“ (Original, 1979), 2) „nimm 2. Thema: Ich“ (Original, 1979); Band XI: Material zu Trotzkis Marxismus (1968–1969); Band XII: 1) Publikation „Wahlfall 89. Eine Dokumentation“ (37 Blatt, Original, 1989), 2) Publikation „Brechungen“ (erste Ausgabe); Band XIII: 1) Publikation „Nachdruck“, 2) Brief und Publikation „Umweltblätter“ (Dezember 1988), 3) Publikation mit verschiedenen Beiträgen ohne Titel; Band XIV: Prosaideen handschriftlich/maschinenschriftlich; Band XV: Kinderzeichnungen; Band XVI: „Sozialistische Texte zum Prager Frühling“ 1968/69; Band XVII: handschriftlicher Text über Gedanken und Gefühle (30 Blatt, Original, 1992); Band XVIII: 1) „Die Frau und der Blinde“ (Erzählung, 4 Blatt), 2) „In Bonn“ (Erzählung, 5 Blatt), 3) „Student und Studentin“ (Erzählung, 5 Blatt); Band XIX: 1) Skizzen und kleine Zeichnungen von Heidemarie Härtl; Band XX: 1) 3 Malereien von „Fr. Wa.“; Band XXI: 1) Gedichte von Heidemarie Härtl; Band XXII: 1) Unterlagen von Heidemarie Härtl, u. a. Reisepass und Personalausweis der DDR, Hausbuch und Brief zur Bewilligung der Schwerbeschädigtenrente; Band XXIII: 1) Zeichnungen und Notizen; Band XXIV: 1) Postkarten an Heidemarie Härtl, XXV: 1) Unterlagen zu Heidemarie Härtl, u. a. DDR-Negativkopien von Zeugnissen, Zeichnungen und Malereien (1958–1979); Band XXVI: 1) Unterlagen u. a. mit Gedichten von Gott-

fried Benn, Kinderzeichnungen und Publikation „zweite person“ 1/89 (Leipzig: bergen-verlag 1989), 2) Zeichnung; Band XXVII: 1) Planer genutzt als Tagebuch (1991), 2) Poesiealbum mit handschriftlichen Notizen, 3) Tagebuch (23.12.1991–17. 1. 1992); Band XXVIII: 1) Schriftwechsel Ibrahim Böhme – Heidemarie Härtl, Texte und Gedichte; Band XXIX: 1) Publikation „Der Horizont oder Gesichtskreis (Reisevorbereitungen)“ von Uwe Habermann (Köln, 1985); Band XXX: 1) Publikation „Almanach“ (Leipzig: bergen-verlag 1989, 3 Exemplare); Band XXXI: 1) Publikation „Stechapfel“, Nr. 6 und Nr. 8 (Literaturbüro Leipzig); Band XXXII: 1) Publikation „zweite person“ 1/87 (Leipzig: bergen-verlag 1987, 2 Exemplare), 2) Publikation „zweite person“ 2/87 (Leipzig: bergen-verlag 1987, 2 Exemplare), 3) Publikation „zweite person“ 1/88 (Leipzig: bergen-verlag 1988, 1 Exemplar), 4) Publikation „zweite person“ 2/88 (Leipzig: bergen-verlag 1988, 2 Exemplare); Band XXXIII: 1) Publikation „Über das Nein hinaus – Aufrisse Zwei“ (Fremdautoren, 1988); Band XXXIV: 1) „Keramische Arbeiten und Fahnen“ von Claudia Rückert, Frieder Heinze und Frank Müller in der Galerie Theaterpassage (6.7.–28.7.1987); Band XXXV: 1) Publikation „Verwendung“ (2 Exemplare: 09/1988, 01/1989); Band XXXVI: 1) Publikation „Fundstelle“ mit Beiträgen von Ralph Giordano zum Thema: „Der verordnete Antifaschismus“ und Stephan Hermlin zum Thema Antifaschismus; Band XXXVII: 1) Publikationen verschiedener Autoren (Siegmar Faust, Ulrich Schacht, Václav Havel), Brief der Calwer Hermann-Hesse-Stiftung; Band XXXVIII: 1) Texte anderer Autoren; Band XXXIX: 1) Gutachten des Deutschen Instituts für Zeitgeschichte (16 Blatt, BStU-Kopien, 23. 1. 1969); Band XL: 1) Publikation „Über den Tonfall“, drei Prosastücke von Wolfgang Hilbig (Berlin: Friedenauer Presse 1990); Band XLI: 1) Publikation „Aus der Erfahrung des Denkens“ von Martin Heidegger; Band XLII: 1) Publikation „Oder literarische Texte“ von Michael Bratoszek, Ludwig Mehlhorn und Joachim Zeller (Berlin 1987); Band XLIII: 1) verschiedene Ausgaben der Publikation „Anschlag“, Teil I–III, VII, IX (1984); Band XLIV: 1) „Zu Paul Celan – Schattenverschlüsse“ (Fremdautoren); Band XLV: 1) künstlerisches Bild; Band XLVI: 1) 4 Ausgaben der Publikation „Glasnot“ (1987, u. a. „Glasnot V“ und „Glasnot VI“); Band XLVII: 1) Texte/Gedichte anderer Autoren, u. a. Günter Kotte (Kopien); Band XLVIII: 1) Texte/Gedichte anderer Autoren, u. a. Rolf Schilling, Dieter Schulze, Bernd Wagner und Katja Lange-Müller

(Kopien); Band XLIX: 1) Texte/Gedichte anderer Autoren, u. a. Reinhard Heinrich, Brigitte Struzyk und Lothar Trolle (Originale); Band L: 1) Texte/Gedichte anderer Autoren u. a. U. Zieger und Holger Teschke (Originale); Band LI: 1) Texte/Gedicht von Steffen Reck (Kopien), 2) Material/Texte/Gedichte von/zu Jutta Petzold (Kopien), 3) Texte/Zeichnungen von Iduna Hegen (Kopien); Band LII: 1) 2 Ausgaben „Neues Deutschland“ (13.1.1984, 12.4.1985), 2) Texte/Gedichte anderer Autoren, u. a. Lothar Trolle, S. Döring und Günter Kotte; Band LIII: 1) Texte/Gedichte anderer Autoren, u. a. Fritz Mierau und E. Weinholz (Kopien und Originale), 2) Publikation „Puppe im Sommer“(Frankfurt a. M.: Büchergilde Gutenberg 2006); Band LIV: 1) 2 Tagebücher (1983–1986 und 1986–1988), 2) 2 Tagebücher (1988–1990 und 1991–1992), 3) 2 Tagebücher (undatiert), 1 Notizbuch; Band LV: 1) Briefe, Drucke, Malerei, Zeichnungen, Ausstellungskatalog „Zusammentreffen – Wanzla“, Raumklang (Druck: fata morgana 1993).

Veröffentlichungen (Auswahl):

Geipel, I.: Zensiert, verschwiegen, vergessen. Autorinnen in Ostdeutschland 1945–1989, Düsseldorf: Artemis & Winkler 2009.
Härtl, H.: Puppe im Sommer. Erzählung, Frankfurt a. M.: Büchergilde Gutenberg 2006.
dies.: Das alles geschah um neun Uhr. Was im Deutschen Historischen Museum nicht vorkommen kann. Zur Ausstellung „Boheme und Diktatur in der DDR“, 1997.
Härtl, H., u. Brankatschk, I.: 1789. Revolution im Raster. Frankreich 1789, Leipzig: Hochschule für Grafik und Buchkunst 1989.
Härtl, H.: Ohne Aber. Erzählung, Leipzig: bergen-verlag 1989.
dies.: Makarenko oder die Verwahrlosten. Spiel in 19 Bildern nach Motiven aus „Der Weg ins Leben“ von A. S. Makarenko, Leipzig: bergen-verlag 1988.
Härtl, H., u. Brankatschk, I.: Bild in den Augen, Leipzig: Hochschule für Grafik und Buchkunst 1988.
Härtl, H.: Ach, ich zog den blauen Anzug an, Berlin: Buchverlag Der Morgen 1977.

Christian Heckel

(Pseudonym: Radjo Monk)

Am 17.1.1959 in Hainichen (Sachsen) geboren. Ausbildung an den Städtischen Bühnen Karl-Marx-Stadt (Chemnitz) zum Facharbeiter für Holztechnik und Dekorationsbau. Danach Theatertechniker im Opernhaus Karl-Marx-Stadt. Begann 1976 zu schreiben. 1978 NVA. Danach Arbeit als Zimmermann, Desinfekteur in einer LPG, Pförtner, Hausmeister und bis 1984 Museumsassistent auf der Burg Kriebstein. Ab 1979 Überwachung durch OPK, ab 1982 im OV „Joker". 1983 Verdacht auf Republikflucht. 1984 Umzug nach Leipzig. Das MfS verhindert das Studium am Institut für Literatur „Johannes R. Becher" Leipzig. Er schreibt weiter, engagiert sich in der alternativen Kunstszene, beteiligt sich an Performances, veröffentlicht in Untergrundzeitschriften, tritt mit Improvisationen von Text und Musik im halböffentlichen Raum auf. Ab 1988 freier Autor. Seit 1990 Künstlername Radjo Monk. Reisen, Veröffentlichungen, Film-Experimente, Installationen, Klangskulpturen. 2001 bis 2004 Medienkunststudium an der Hochschule für Grafik und Buchkunst in Leipzig. Lebt in Leipzig.

Im Archiv:

Band I: 1) Skripte in Kopie und bearbeitet, 2) „Schlag. Das Herz. Eine Revue der Erinnerungen vor dem Hintergrund einer überbelichteten Gegenwart" (Textbuch zur Aufführung im Haus der Volkskunst Leipzig, Kopie, 1987), 3) „Statuen", Tagebuchnotiz (1 Blatt, Kopie, 30.5.1987), 4) „Flieg Vogel oder stirb" (3 Blatt, Kopie, 1982), 5) „Fortpflanzung Notgezücht" (Stück, 7 Blatt, Kopie, 1984); Band II: 1) „Die Rhythmen des Tages der Körper im All oder Leben ohne Filter. Wahnfried Joker spricht im Schlaf" (25 Blatt, Original, 1984); Band III: 1) „Leben unter Schneedecke. Liebe Leben. Teil zwei" (27 Blatt, Original); Band IV: 1) „Ich Reisst", 4. Buch (Seite 119–157, Original, 1983); Band V: 1) „Abglanz. ‚Ich liebe die Untergehenden, denn sie sind die Hinübergehenden', F. N.", 2. Buch (Seite 58–86, Original); Band VI: 1) Textsammlung „Poetische Notizen": I. „Epos für Hayduschka", 1. Teil „Ungarich", 2. Teil „Das Schwarze Schwert gemolken", II. „Handrausch" (Original, 1985); Band VII: 1) „Überfahrt" (37 Blatt, 1984–1985); Band VIII: 1) NVA-Tagebuch (Original, 1978–1979), 2) Publikation „Die Spur des Anderen", Photographische Portraits und Texte (127 Seiten, Freising: Frisinga 1991); Band IX: 1) Manuskripte von Christian Heckel

(Originale, 1982–1987); Band X: 1) Texte von Christian Heckel (Originale, 1977–1982); Band XI: 1) BStU-Kopien zur operativen Bearbeitung durch das MfS (1979–1984, 88 Blatt, BStU-Kopien); Band XII: 1) Schriftwechsel verschiedener Personen (Briefe an Radjo Monk von Hannes Würtz und Edwin Kratschmer, 2.7.1976–27.3.1980); Band XIII: 1) CD (Aufnahme von 1983 in der Pauli-Kreuz-Kirche, Karl-Marx-Stadt), 2) Publikation „König im wüsten Land" (87 Blatt, Rudolstadt: Hain 1998), 3) Publikation „Orte & Worte" (112 Seiten, Greiz: Weisser Stein 1992), 4) Publikation „Amenti vierspurig: Fahrtenbuch 1996/97" (76 Blatt, Dresden: Die Scheune 1998), 5) Publikation „Erwägungen 10 – Junge Kunst im Bezirk Leipzig" (88 Blatt, 1989), 6) Publikation „Last minute" (100 Blatt, Leipzig: Passage 2000).
Tonbandprotokoll: Christian Heckel alias Radjo Monk (14.12.2003, Leipzig).

Externe Fundorte/Archive:
BStU, ASt. Chemnitz, AOP 3234/84 (OV „Joker").
Homepage: http://www.ateliertarmonk.com

Veröffentlichungen (Auswahl):
Monk, R.: Blende 89. Literarisches Tagebuch, Frankfurt a. M.: Büchergilde Gutenberg 2005.
Studart, M., u. Monk, R.: Son mago, Leipzig: Hochschule für Grafik und Buchkunst 2002.
Monk, R., u. Tar, E.: Last minute, Leipzig: Passage 2000.
Monk, R.: Amenti vierspurig. Fahrtenbuch 1996/97, Dresden: Die Scheune 1998.
ders.: König im wüsten Land. Wahnfried Jokers Chronik 1959–1995, Rudolstadt: Hain 1998.
ders.: Orte & Worte. Autobiographisches Poem, Greiz: Weisser Stein 1992.
Monk, R., u. Tar, E.: Die Spur des Anderen, Freising: Frisinga 1991.

Wolfgang Hinkeldey

Am 16.10.1952 in Jena geboren. 1959 bis 1969 Polytechnische Oberschule in Jena. 1964 „unehrenhaft" aus der Organisation „Junge Pioniere" entlassen. 1969 bis 1971 Ausbildung als Elektriker bei „Carl

Zeiss“ in Jena. November 1971 bis April 1973 Wehrpflicht bei der Bereitschaftspolizei Magdeburg. 1973 bis 1975 Techniker im Stadtmuseum Jena. 1973 bis 1975 Mitglied im oppositionellen „Arbeitskreis Literatur und Lyrik“ Jena. 1975 wird der Arbeitskreis von der Staatssicherheit verboten. Erfasst im OV „Pegasus“. Veröffentlichungsverbot. 1975 bis 1976 Beleuchter am Stadttheater Jena. Mitorganisator der Proteste gegen die Ausbürgerung Wolf Biermanns. 11.12.1976 Verhaftung wegen „staatsfeindlicher Hetze“ und „staatsfeindlicher Gruppenbildung“. Nach 10 Monaten Untersuchungshaft ohne Prozess in die Bundesrepublik ausgebürgert. 1978 Beleuchter beim Fernsehen des SFB Berlin, bis 1991 an der Schaubühne Berlin. Seit 2004 Beleuchtungsmeister an der Akademie der Künste Berlin.

Im Archiv:
Band I: 1) „Beschwörungen“ (Gedichte, 26 Blatt, 1979–1999), 2) BStU-Kopien (Untersuchungsakte, Vernehmungen, Gerichtsurteil u.a., 1976–1977), 3) „Jenaer Gedichte“ von Wolfgang Hinkeldey, 4) BStU-Kopien zum OV „Pegasus“, BStU-Akte (Kopie), Gerichtsakte (Kopie).

Externe Fundorte/Archive:
ASt. Gera, Archivnr. 1437/77 (1.12.1976–19.12.1977).

Veröffentlichungen (Auswahl):
Auerbach, T., u. Hinkeldey, W.: DDR – konkret. Geschichten und Berichte aus einem real existierenden Land, Berlin: Olle & Wolter 1978.

Jürgen K. Hultenreich

1948 in Erfurt geboren. Lehre als Gebrauchswerber. DDR-Jugendmeister im Hochsprung und Stadtmeister im Schachspiel. 1966 Fluchtversuch. Nach Verteidigung vor Gericht mit Schiller-Zitaten in die Psychiatrie eingewiesen. In zweiter Verhandlung zu 2 ½ Jahren auf Bewährung verurteilt. Arbeit als Schaufensterdekorateur/Schriftmaler. 2 Jahre Musiker/Bassist in der Band „Modern Blues“. Fachschulstudium Bibliothekswesen. Hilfskraft bei Ausstellungsgestaltungen, Paketzusteller und Lyrikrezensent. 1980 Umzug nach Ostberlin. Schreibt

Lyrik, Prosa, Stücke und Hörspiele. Vier Gedichte in der DDR veröffentlicht. Juli 1985 Ausreise nach Westberlin, nach Sendung des Dokumentarfilms „Der Weg aus der Ordnung“. Seitdem freier Autor in Berlin-Wedding.

Im Archiv:
1) Publikation „Langsam rückwärts ist eine kräftige Gangart“ (Gedichte, Berlin (West): Basis 1985), 2) „Das schöne Helena – Zwölf Episoden über eine ernste Angelegenheit“ (Stück, 50 Blatt, 1984), 3) „Und Herr Kules läuft aus dem Haus“ (Hörspiel, 19 Blatt, Originalmanuskript, 1977).

Veröffentlichungen (Auswahl):
Hultenreich, J. K.: Die Schillergruft. Roman, Berlin: A. B. Fischer 2013.
dies.: Westausgang. 64 Storys, Berlin: Vorwerk 8 2005.
Hultenreich, J. K., u. Grimmling, H. H.: Im Koffer nur Steine, Berlin: Mariannenpresse 2004.
Hultenreich, J. K., Hünniger, U., u. Günther, T.: Von uns der Rest entkam in die Nacht. Sonette und andere Gedichte, Berlin: Galerie auf Zeit 2003.
Hultenreich, J. K., u. Noll, M.: Anfang – Ende – Anfang, Berlin: Mariannenpresse 1998.
Hultenreich, J. K.: Zerbrochene Krüge. Posaunisten haben keine Brüder. Zwei Erzählungen, Berlin: Weidler 1998.
ders.: Die Entfernung der Nähe. Kurze und kürzeste Geschichten, Berlin: Weidler 1997.
ders.: Die 748-Schritte-Reise. Erzählung, Berlin: Weidler 1996.
ders.: Mein Erfurt, Frankfurt a. M.: Ullstein 1994.
ders.: Langsam rückwärts ist eine kräftige Gangart. Gedichte, Berlin: Basis 1985.

Sylvia Kabus

Am 15.1.1952 in Görlitz geboren. 1970 Studium der Anglistik und Germanistik an der Humboldt-Universität Berlin. 1974 bis 1983 Redakteurin in Leipzig. Externer Dolmetscherabschluss in Französisch. Ab 1984 Autorin für das DEFA-Spielfilmstudio Babelsberg. Herausgabe der illegalen Literatur- und Umweltzeitschrift „Umfeldblätter“ in Leipzig. 1989 Mitarbeit in der Leipziger Bürger- und Frauenbewegung und Mitglied des Runden Tisches in Leipzig. 1990 Beteiligung an der Auflösung des Schriftstellerverbandes der DDR. Ab 1991 Aufbau des Literaturbüros e. V. Leipzig. Freie Mitarbeiterin für den MDR in Leipzig. Dozentin für Literatur, Geschichte, Politik und Landeskunde an der Volkshochschule in München.

Im Archiv:
Band I: 1) Materialübersicht und Entstehungsgeschichte von „Weißer als Schnee" (1985–1988, 3 Blätter), 2) Publikation „Umfeldblätter" (Leipzig: Leipziger Literaturverlag 2009), 3) Publikation „Im Schatten der Kolossalfiguren" von Reinhard Bernhof u. Silke Brohm (Leipzig: Leipziger Literaturverlag 2009), 4) Zeitungsartikel zur Publikation „Neunzehnhundertneunundachtzig" von Sylvia Kabus in: „Kunststoff – Das Kulturmagazin aus Mitteldeutschland" (Oktober 2009, 1 Blatt), 5) Zeitungsartikel von Bernd Heimberger zu den „Umfeldblättern" in: „Neues Deutschland" (6.11.2009, 1 Blatt); Band II: 1) „Weißer als Schnee"-Mappe 1: Inhalt siehe Materialübersicht (120 Blatt), „Weißer als Schnee"-Mappe 2: Inhalt siehe Materialübersicht (1985–1988, 164 Blatt).

Veröffentlichungen (Auswahl):
Geipel, I.: Zensiert, verschwiegen, vergessen. Autorinnen in Ostdeutschland 1945–1989, Düsseldorf: Artemis & Winkler 2009.
Kabus, S.: Neunzehnhundertneunundachtzig. Psychogramme einer deutschen Stadt, Beucha: Sax 2009.
Kabus, S., u. Bernhof, R.: Umfeldblätter, Leipzig: Leipziger Literaturverlag 2009.
Kabus, S.: Weißer als Schnee. Roman, Frankfurt a. M.: Büchergilde Gutenberg 2008.
Kabus, S., u. Wieckhorst, K.: Wir waren die Letzten … Gespräche mit vertriebenen Leipziger Juden, Beucha: Sax 2003.
Kabus, S.: Dr. A. bittet um Endlospapier. Psychogramme einer deutschen Stadt, Leipzig: Forum 1999.

Uwe Keller

Am 8.2.1955 in Gotha geboren. Ab 1980 OV „Kulisse" wegen „politischer Untergrundtätigkeit". Liedermacher. 1978 bis Mai 1981 Bühnentechniker bei den Städtischen Bühnen Erfurt. Verfasste Anfang 1980 „Die Möglichkeiten einer linken Alternative – Zur Opposition in der DDR". 1981 Bausoldat. Am 20.10.1981 Verhaftung. Am 18.6.1982 zu 6 Jahren und 8 Monaten Haft verurteilt. Als Strafgefangener wird er in einer OPK bearbeitet. Reisesperre verhängt bis Dezember 1999 (sic!). 1984 Abschiebung aus der Haft in die Bundesrepublik.

Im Archiv:

1) Texte von Uwe Keller, u. a. „Die Möglichkeit einer linken Alternative – Zur Opposition in der DDR. Politisches Manifest" (BStU-Kopie), Liedtexte (BStU-Kopie), MfS-Transkript eines öffentlichen Auftritts als Liedermacher (BStU-Kopie), 2) OV „Kulisse" und OPK „Kreis" (BStU-Kopie).

Externe Fundorte/Archive:

OV „Kulisse", BStU, ASt. Erfurt, AOP 383/82.
OPK „Kreis", BStU, ASt. Potsdam, AOPK 2099/84.

Veröffentlichungen (Auswahl):

Neubert, E.: Geschichte der Opposition in der DDR 1949–1989, Berlin: Ch. Links 1998.

Susanne Kerckhoff

Am 5.2.1918 in Berlin geboren. Mutter Eta Harich-Schneider, Cembalistin, 1933 Professur an der Musikhochschule Berlin. Vater Walther Harich, Schriftsteller und Literaturhistoriker. Halbbruder Wolfgang Harich, Schriftsteller und Philosoph. Besuch der Auguste-Viktoria-Schule, Berlin-Charlottenburg. Begegnungen und Briefwechsel mit Erich Kästner, Kurt Hiller, Gottfried Benn, Klabund, Carl Sternheim, Carl Schmitt. Mitglied der sozialistischen Arbeiterjugend, 1935 erste Veröffentlichung. 1937 Abitur, Aufnahme in die Reichsschrifttumskammer, Heirat mit Hermann Kerckhoff, Geburt des Sohnes Hermann. 1938 Geburt der Tochter Dina. 1937/38 Eröffnung der Kerckhoff-Buchhandlung am Berliner Alexanderplatz. 1939 erster Roman. 1941 bis 1943 Studium der Philosophie an der Humboldt-Universität Berlin. 1945 Geburt des Sohnes Christian. 8. Mai 1945 Zerstörung der Kerckhoff-Buchhandlung. Mitglied der SPD. 1946 Trennung von der Familie und Übersiedlung nach Ostberlin. 1947 Scheidung von Hermann Kerckhoff. 1947 Mitarbeit und 1948 Redakteurin des „Ulenspiegel" Berlin. 1948 Mitglied der SED, Vorstandsmitglied des Schutzverbandes Deutscher Autoren. 1949 erst Redakteurin, dann Feuilletonchefin der „Berliner Zeitung". Ab Oktober 1949 im Zusammenhang mit Nico Rosts Buch „Goethe in Dachau" scharfe Auseinandersetzungen mit Walter Ulbricht und Paul Wandel. Selbstmord in Berlin-Karolinenhof am 15.3.1950.

Im Archiv:
1) Gedichte, Manuskripte (Kopien), Nachlass von Christian Bräutigam und Dina Haerendel, Fotos, Publikationen „Berliner Briefe", „Das innere Antlitz".

Externe Fundorte/Archive:
Literaturarchiv der Akademie der Künste Berlin.

Veröffentlichungen (Auswahl):
Geipel, I.: Zensiert, verschwiegen, vergessen. Autorinnen in Ostdeutschland 1945–1989, Düsseldorf: Artemis & Winkler 2009.
Melchert, Monika (Hrsg.): Susanne Kerckhoff. Vor Liebe brennen. Lyrik und Prosa, Berlin: Trafo 2003.
Geipel, I. (Hrsg.): Die Welt ist eine Schachtel. Vier Autorinnen in der frühen DDR. Susanne Kerckhoff, Eveline Kuffel, Jutta Petzold, Hannelore Becker, Berlin: Transit 1999.
Heukenkamp, U. (Hrsg.): Unterm Notdach. Nachkriegsliteratur in Berlin 1945–1949, Berlin: Erich Schmidt 1996.
Lüdecke, H. (Hrsg.): Zeit, die uns liebt. Ein Gedenkbuch für Susanne Kerckhoff, Halle/Saale: Mitteldeutscher Verlag 1950.
Kerckhoff, S.: Berliner Briefe, Berlin: Wedding 1948.
dies.: Menschliches Brevier. Gedichte, Berlin: Lied der Zeit 1948.
dies.: Die verbrannten Sterne. Erzählung in: Ende und Beginn. 6 Erzählungen von Gegenwart und Zeit, Berlin: Wedding 1947.
dies.: Die verlorenen Stürme. Roman, Berlin: Wedding 1947.

dies.: Das innere Antlitz. Gedichte, Berlin: Dressler 1946.
dies.: Kriegsende. Die Schuld. Gedichte in: De Profundis. Deutsche Lyrik in dieser Zeit. Eine Anthologie aus zwölf Jahren, hrsg. von Gunter Groll, München: Desch 1946.
dies.: In der goldenen Kugel. Roman, Dresden: Heyne 1944.
dies.: Das zaubervolle Jahr. Roman, Dresden: Heyne 1941.
dies.: Tochter aus gutem Hause. Roman, Berlin: Globus 1940.
dies.: Die Mark, Lied, Spiel, Nachtgedanken, An Hermann Hesse, Erinnerung. Gedichte in: Frühe Ernte. Eine kleine Sammlung junger Dichter, Hamburg: Ellermann 1939.
Harich, S.: Lied. In: Almanach der Dame. Gedichte, Berlin: Propyläen 1935.

Wolfgang Kienast

Am 11.1.1939 in Berlin geboren. Ausbildung als Industriekaufmann. 1958 Flucht aus der DDR, Rückkehr im März 1959. Bis 1966 Angestellter, Theaterbeleuchter in Berlin. 1966 bis 1968 Verlagsdisponent und Fremdsprachenredakteur im Berliner Verlag. 1968 bis 1972 freischaffender Dolmetscher und Übersetzer für nordische Sprachen, Reiseleiter und Schriftsteller in Berlin. 1973 bis 1976 Studium am Institut für Literatur „Johannes R. Becher" Leipzig. 1974 Kandidat und 1976 Mitglied des Schriftstellerverbandes der DDR. 1976 bis 1982 Regieassistent am Meininger Theater. Schrieb in dieser Zeit Theaterkritiken für die „Thüringische Landeszeitung". Gründete und leitete in Suhl ein Amateurpuppentheater. 1979 bis 1983 vom MfS überwacht im OV „Satellit". Zwischen 1982 bis 1986 Veröffentlichungsverbot für seine Bücher und Filme. Mitbegründer und Mitglied des „Syndikats Zwo" und der Vereinigung ostdeutscher Kriminalautoren. Ende Januar 2006 in Berlin gestorben.

Im Archiv:

1) „Hexenküche" (5 Blatt, BStU-Kopien), 2) „Es gibt keine Zensur bei uns" (2 Blatt, BStU-Kopien, 2 Exemplare), 3) „Soforthilfe mit Zinsen" (3 Blatt, BStU-Kopien), 4) Auszüge aus dem OV „Satellit" (1979–1984), 5) Textsammlung Prosa (Erzählungen und Satiren, 266 Blatt, Originale, siebziger/achtziger Jahre).

Externe Fundorte/Archive:
MfS Akte: BStU, ASt. Suhl, AOP 604/83.

Veröffentlichungen (Auswahl):

Kienast, W.: Gillermanns Tod. Kriminalroman, München: Verlag der Criminale 2000.
ders.: Einmal Bulle, immer Bulle. Die Hellberge-Connection, Berlin: Das Neue Berlin 1997.
ders.: Der Galgenbaum, Berlin: Argument 1996.
ders.: Mord und Spiele, Berlin: Das Neue Berlin 1996.
ders.: Ende einer Weihnachtsfeier, Berlin: Rotbuch 1990.
ders.: Das Risiko der Perfektion. Kriminalroman, Berlin: Das Neue Berlin 1989.
ders.: Tamerlan und die Familienbande. Kriminalerzählung, Berlin: Das Neue Berlin 1989.
ders.: Friederike. Erzählung, Rudolstadt: Greifenverlag 1988.
ders.: Der Traum des alten Mannes. Kriminalerzählung, Berlin: Das Neue Berlin 1985.
ders.: Beihilfe. Kriminalerzählung, Berlin: Das Neue Berlin 1984.

Freya Klier

Am 4.2.1950 in Dresden geboren. 1953 Kinderheim nach Verhaftung des Vaters. 1968 Abitur. Gescheiterter Fluchtversuch – 16 Monate Haft mit vorzeitiger Haftentlassung. Danach Postangestellte, Kellnerin und Disponentin im Dresdner Puppenspieltheater. 1970 bis 1975 Schauspielstudium an der Theaterhochschule Leipzig. Arbeit als Schauspielerin am Theater Senftenberg. 1978 bis 1982 Regiestudium am Institut für Schauspielregie Berlin. 1980 Mitbegründerin der DDR-Friedensbewegung. Seit 1982 Regisseurin am Theater Schwedt. Mitglied im Friedenskreis Pankow. 1985 nach erster kritischer Aufführung in der DDR Berufsverbot. Danach erfolgreiche Theaterversuche zusammen mit ihrem Mann Stephan Krawczyk in evangelischen Kirchen. Februar 1988 Untersuchungshaft in Berlin-Hohenschönhausen und Ausbürgerung in die Bundesrepublik Deutschland. Seitdem freie Autorin und Filmregisseurin in Westberlin. 1995 Gründungsmitglied des Bürgerbüros e. V. Berlin. Seit 2005 Mitglied des P.E.N.-Zentrums deutschsprachiger Autoren im Ausland.

Im Archiv:
1) „Die Lotten" (14 Blatt, 1985), 2) Publikation „Die Austreibung des Juan", Szene zu Mozart (27 Blatt, Frankfurt a. M.: Verlag der Autoren 1987).

Externe Fundorte/Archive:
Homepage: http://www.freya-klier.de

Veröffentlichungen (Auswahl):
Klier, F.: Wir letzten Kinder Ostpreußens. Zeugen einer vergessenen Generation, Freiburg: Herder 2014.
dies.: Matthias Domaschk und der Jenaer Widerstand, Leipzig: Polymathes 2011.
dies.: Michael Gartenschläger. Kampf gegen Mauer und Stacheldraht, Berlin: Bürgerbüro e. V. 2009.
dies.: Gelobtes Neuseeland. Fluchten bis ans Ende der Welt, Berlin: Aufbau 2006.
dies.: Oskar Brüsewitz. Leben und Tod eines mutigen DDR-Pfarrers, Berlin: Bürgerbüro e. V. 2004.
dies.: Wir Brüder und Schwestern. Geschichten zur Einheit, Berlin: Ullstein 2000.
dies.: Penetrante Verwandte. Kommentare, Aufsätze und Essays in Zeiten deutscher Einheit, Frankfurt a. M.: Ullstein 1996.
dies.: Verschleppt ans Ende der Welt. Schicksale deutscher Frauen in sowjetischen Arbeitslagern, Berlin: Ullstein 1996.
dies.: Die Kaninchen von Ravensbrück. Medizinische Versuche an Frauen in der NS-Zeit, München: Knaur 1994.
dies.: Lüg Vaterland. Erziehung in der DDR, München: Kindler 1990.

Thomas Körner

Am 3.11.1942 in Breslau geboren. 1945 Flucht nach Sachsen, bei Dresden aufgewachsen. 1961 Studium in Ostberlin, drei Semester Medizin, acht Semester Jura. Ab 1963 experimentelle Gedichte, Stücke und Prosa. Parallel dazu Arbeit als Krankenpfleger, Fensterputzer, Richterassistent und als Librettist (u. a. für Paul Dessau). Seit 1970 Arbeit am neunteiligen Fragmentroman „Das Land aller Übel". 1980 Flucht in die Bundesrepublik. 1985 bis 1988 Dramaturg am Deutschen Schauspielhaus Hamburg. Seit 1980 auch Übersetzer, Bearbeiter und Autor für das Musiktheater. Heute freier Autor, Librettist, Übersetzer und Dramaturg.

Im Archiv:
Band I: 1) „Fragment vom Buch“ aus „Das Land aller Übel“ (170 Blatt, Kopien); Band II: 1) „Fragment vom Buch“ aus „Das Land aller Übel“ (114 Blatt, Kopien); Band III: 1) „Fragment vom Staat“ aus „Das Land aller Übel“ (306 Blatt, Kopien); Band IV: 1) „Fragment vom Volk“ aus „Das Land aller Übel“ (1095 Blatt, Kopien); Band V: 1) Gespräch mit Thomas Körner, 2) „Das Grab des Novalis“ aus „Das Land aller Übel“ (Kopien); Band VI: 1) „DDR“ aus „Das Land aller Übel“ (Kopien); Band VII: 1) „S oder die Geschichte eines Steines“ aus „Das Land aller Übel“ (Kopien), 2) „S oder die Geschichte eines Steines“, Material aus „Das Land aller Übel“ (Kopien), 3) „S oder die Geschichte eines Steines“, Anhang aus „Das Land aller Übel“ (Kopien); Band VIII: 1) „EGSS oder Einheitskartei“ aus „Das Land aller Übel“ (657 Blatt, Kopien); Band IX: 1) „EGSS oder Einheitskartei“ aus „Das Land aller Übel“ (50 Blatt, Kopien), 2) „EGSS oder Einheitskartei“ aus „Das Land aller Übel“, (206 Blatt, Kopien); Band X: 1) „EGSS oder Einheitskartei“ aus „Das Land aller Übel“ (1259 Blatt, Kopien); Band XI: 1) Weiterführung von Band X; Band XII: 1) „EGSS oder Einheitskartei“ aus „Das Land aller Übel“ (1173 Blatt, Kopien); Band XIII: 1) Weiterführung von Band XII; Band XIV: 1) „EGSS oder Einheitskartei“ aus „Das Land aller Übel“ (1256 Blatt, Kopien); Band XV: 1) Weiterführung von Band XIV; Band XVI: 1) „Vom Elend einer Methode/Fragment vom Plan“ aus „Das Land aller Übel“ (236 Blatt, Kopien).
Tonbandprotokoll: Thomas Körner 152' (12.8.2002, Unterschüpf).

Externe Fundorte/Archive:
Homepage: http://www.iablis.de/acta-litterarum/autoren/thomas-koerner

Veröffentlichungen (Auswahl):
Körner, T.: Das Grab des Novalis. Dramatisierter Essay. Fragment von der Weltanschauung, Frankfurt a. M.: Büchergilde Gutenberg 2007.

Edwin Kratschmer

Am 9.6.1931 in Komotau geboren. 1945 Vertreibung aus Böhmen und Übersiedlung nach Thüringen. Land- und Bauarbeiter. 1949 Abitur in Bad Frankenhausen. Studium der Kunst, Literatur und Psychologie in Berlin, Greifswald und Leipzig. 1951 bis 1983 Arbeit als Kunst- und Deutschlehrer in Unterwellenborn (Thüringen). Entlassung aus dem Schuldienst. 1967 Herausgeber der Jugendlyrik-Anthologie „Offenes Fenster". 1969 Promotion. Gründung eines Lyrikclubs in Unterwellenborn, 1974 Verbot des Clubs. 1970 Seminarleiter beim ersten Poetenseminar Schwerin. Leitung einer Kunstgalerie. Aufbau der Kunstsammlung Maxhütte mit Maren Kratschmer-Kroneck. 1990 Gymnasialdirektor in Saalfeld. Initiator und Mitbegründer des Kunstvereins Saalfeld. 1992 bis 1997 Lehrbeauftragter und Professor für Neueste deutsche Literatur an der Friedrich-Schiller-Universität Jena. 1999 Honorarprofessor. Gründer der Jenaer Poetikvorlesungen. Heute freier Schriftsteller und Ehrenbürger der Gemeinde Unterwellenborn.

Im Archiv:

Texte (Gedichte) verschiedener Autoren u. a. von Christian Heckel, Meinhard Lüddemann, Hans Brinkmann, Kopien, Mappe „Verlag aussortiert OF 7", 54 Texte, 122 Blatt.

Externe Fundorte/Archive:

Archiv „Jugendlyriksammlung" (100.000 Texte von 15.000 Jungautorinnen- und autoren) an der Friedrich-Schiller-Universität Jena.
Homepage: http://www.edwin-kratschmer.de

Veröffentlichungen (Auswahl):

Fenk, C., et al: Edwin Kratschmer. Wärmestrom in bleierner Zeit Mit dem Beitrag „Von der Unschuld der Plagiate" von Edwin Kratschmer, Jena: Collegium Europaeum Jenense 2006.
Kratschmer, E.: Das ästhetische Monster Mensch. Fragmente zu einer Ästhetik der Gewalt, Frankfurt a. M.: Peter Lang 2002.
ders. (Hrsg.): Humanum Literatur. Internationale Jenaer Poetik-Vorlesungen „Zu Beförderung der Humanität" 1999–2001, Erlangen: Palm und Enke 2001.
ders. (Hrsg.): Poesie und Erinnerung. Internationale Jenaer Poetik-

Vorlesungen „Zu Beförderung der Humanität" 1993–1998, Erlangen: Palm und Enke 1998.
ders. (Hrsg.): Literatur + Diktatur. Internationales Autorencolloquium Kunst + Freiheit. Literatur + Diktatur, Jena: Collegium Europaeum Jenense 1997.
ders. (Hrsg.): Erinnern provozieren. Jenaer Poetik-Vorlesungen, Köln: Heinrich-Böll-Stiftung 1995 und 1996.
ders.: Dichter, Diener, Dissidenten. Sündenfall der DDR-Lyrik. Ein Abriß. Beispiele und Kommentare, Jena: Universitätsverlag 1995.

Hans Krech

Am 21.6.1956 in Halle geboren. Studium der Geschichte an der Martin-Luther-Universität Halle-Wittenberg. 1984 Promotion am Institut für Allgemeine Geschichte. 1984 Ausschluss aus der SED, fünf Jahre Berufsverbot. 1984 bis 1989 Bürgerrechtler und Schriftsteller. Mithilfe von Hans-Dietrich Genscher wurde sein 42. Ausreiseantrag genehmigt. 21.9.1989 Übersiedlung in die Bundesrepublik. 1990/91 wissenschaftlicher Mitarbeiter am Institut für Friedensforschung und Sicherheitspolitik an der Universität Hamburg. 1992 bis 2000 wissenschaftlicher und freier Mitarbeiter am Deutschen Orient-Institut in Hamburg. Lehrveranstaltungen an der Führungsakademie der Bundeswehr in Hamburg. Seit 2001 Geschäftsführer des Wissenschaftlichen Forums für Internationale Sicherheit.

Im Archiv:

Band I: 1) Rezensionen und Annotationen (40 Blatt, 1999–2001), 2) Publikation „Unsere Revolution ist noch nicht zu Ende. Das historisch-literarische Revolutionslehrbuch eines Bürgerrechtlers aus den Jahren 1989 und 1999. Mit einer Dokumentation der Überwachung des Autors durch das Ministerium für Staatssicherheit (MfS)" (178 Blatt, Berlin: Köster 1999), 3) Manuskript zur oben genannten Publikation im Original (119 Blatt); Band II: 1) „Die schönsten Frauen der Welt", Teil I und II (317 Blatt, Original, 1985).
Tonbandprotokoll: Hans Krech 85' (23.6.2001, Grünheide).

Externe Fundorte/Archive:

Homepage: http://www.hans-krech.de

Veröffentlichungen (Auswahl):
Krech, H.: Das letzte Jahr der DDR. Das Tagebuch eines Bürgerrechtlers aus Halle/S. (1988-1989), Berlin: Köster 2005.

Ralf-Günter Krolkiewicz

Am 19.11.1955 in Erfurt geboren. 1972 bis 1974 Ausbildung zum Elektronikfacharbeiter im Funkwerk Erfurt. 1976 bis 1979 Schauspielstudium an der Schauspielschule Rostock. 1979 bis Juli 1984 Schauspieler am Hans-Otto-Theater in Potsdam. 1982 SED-Austritt. 1984 OV „Bühne". Lesungen in Jugendclubs. Im Juli 1984 Verhaftung. 1984/85 verurteilt zu 1 Jahr und 6 Monaten Haft. Es folgten 3 Monate Isolationshaft in Potsdam und 1 Jahr Zuchthaus in Cottbus. Juli 1985 Abschiebung in die Bundesrepublik. Arbeit als Schauspieler und Regisseur in Köln, Gießen, München, Esslingen, Augsburg und Oberhausen. 1996 Oberspielleiter am Hans-Otto-Theater Potsdam. Januar 1997 bis Sommer 2004 Intendant des Hans-Otto-Theaters Potsdam. Diagnose Parkinson. Umzug nach Bredow, dann nach Phuket (Thailand), wo er am 5.10.2008 zu Tode kam.

Im Archiv:
Band I: 1) CD-ROM mit Texten (1979–2004), 2) Publikation „Hafthaus – Ein Bericht unter Verwendung authentischer Briefe" (168 Seiten, Wilhelmshorst: Märkischer 2003), 3) Textsammlung von Ralf-Günter Krolkiewicz (ca. 149 Blatt, Originale und BStU-Kopie), 4) Texte von CD (siehe 1) ausgedruckt; Band II: 1) Materialien zu Ralf-Günter Krolkiewicz, u. a. Lebenslauf, amtliche Schreiben, Briefe, Ausweise, Fotos (8 Dokumente, Originale, verschiedene Formate), 2) BStU-Kopien, u. a. auch Original-Entlassungsschein aus der Haft in die Bundesrepublik, Nachricht von Ralf-Günter Krolkiewicz über Abholung durch das MfS an seine Freundin, 3) Texte in Kopie, E-Mails an Ines Geipel (mit Texten) und Joachim Walther, 4) Texte nach 2000 (2003–2004). Tonbandprotokoll: Ralf-Günter Krolkiewicz (2.8.2004).

Externe Fundorte/Archive:
BStU, ASt. Potsdam, AOP 3130/84.
BStU, ASt. Potsdam, AU 156/85.

Veröffentlichungen (Auswahl):

Krolkiewicz, R.-G.: Nirgends ein Feuer mehr. Gedichte und Prosa, Frankfurt a. M.: Büchergilde Gutenberg 2006.

ders.: Herbertshof. Zwanzig Szenen und ein altes Lied, München: Theaterstückverlag 2004.

ders.: Mein Taubentraum. Drama für die Stimme meiner Mutter, München: . Drei-Masken-Verlag 2004.

ders.: Puppetkillers, München: Theaterstückverlag 2003.

ders.: Viel Rauch und ein kleines Häufchen Asche, München: Theaterstückverlag 2002.

ders.: Fluchthut. Mini-Drama aus dem absurden Alltag, München: Theaterstückverlag 1993.

Eveline Kuffel

Am 13.1.1935 in Hennigsdorf geboren. Von 1941 bis 1949 Grundschulbesuch in Hennigsdorf. Entlassung des Vaters aus dem Stahlwerk wegen öffentlicher Kritik der politischen Situation in der SBZ. Umzug der Familie nach Velten. Verfolgung des Vaters wegen seiner Beschuldigungen von Wilhelm Pieck. Flucht des Vaters nach Westberlin. Buntmetallschiebereien des Bruders nach Westberlin, die Eveline Kuffel zweimal begleitet. 1951 Inhaftierung. Einweisung in den Jugendwerkhof Schenkendorf bei Potsdam. Ab Sommer 1952 Einweisung in den Jugendwerkhof Rotes Luch, später nach Müncheberg. Im Januar 1953 Verurteilung wegen Wirtschaftsverfehlung. Lehrstelle als Kartografin. Abbruch der Lehre und Arbeit als Bürohilfskraft. Bewerbung an der Kunsthochschule Weißensee, Fachrichtung Plastik. 1954 Immatrikulation. 1956 Reise nach Italien. 1958 Relegierung vom Studium wegen „mangelnder Studiendisziplin". Arbeit in der Lackiererei der Elektro-Apparate-Werke Berlin-Treptow sowie als Kassiererin in der Konsum-Genossenschaft Berlin-Köpenick. 1960 Diplomabschluss. Heirat mit Thomas Heidolph. August 1961 Geburt des Sohnes Simon. 1963 Scheidung. Aberkennung des Erziehungsrechtes für den Sohn. 1964 erste Texte, Porträtzeichnungen. Arbeit als Kellnerin. Gelegenheitsjobs. Gescheiterte Publikationsversuche. 1971 Unterzungenspeichelkrebs. Am 15.1.1978 Tod durch Schwelbrand. Anonym beigesetzt am 8.2.1978 in Berlin-Baumschulenweg.

Im Archiv:
Gedichte, 30 Blatt, Fotografien, Zeichnungen (Kopien).
Kriminalakte.

Veröffentlichungen (Auswahl):
Kuffel, E.: Gedichte 1. Baldhamer Lesebogen, Baldham/München: rgk o. J.
Geipel, I.: Zensiert, verschwiegen, vergessen. Autorinnen in Ostdeutschland 1945–1989, Düsseldorf: Artemis & Winkler 2009.
Geipel, I. (Hrsg.): Die Welt ist eine Schachtel. Vier Autorinnen in der frühen DDR. Susanne Kerckhoff, Eveline Kuffel, Jutta Petzold, Hannelore Becker, Berlin: Transit 1999.

Fritz Kuhn
(Pseudonym: Christian Kuhn)

Am 3.1.1918 in Dresden geboren. 1937 Abitur. Arbeitsdienst, anschließend Soldat in Polen, Frankreich und der Sowjetunion. 1940 Studienurlaub für ein Trimester an der TU Dresden, Rückkehr an die Ostfront. 1944 bis 1948 als Leutnant in sowjetischer Kriegsgefangenschaft. Er schrieb in dieser Zeit sein erstes Theaterstück. Rückkehr nach Dresden. Keine Genehmigung zur Fortsetzung des Studiums. Lehre als Augenoptiker. 1952 Meisterprüfung und Selbständigkeit in diesem Beruf. Beginn der literarischen Arbeit. Intensive Stückeproduktion, zahlreiche Inszenierungen. Nach dem 11. Plenum der SED 1965 wurden kaum noch Stücke von ihm gespielt. Mitglied des Schriftstellerverbandes der DDR. Bis 2005 im Förderkreis für Literatur. Am 14.8.2013 in Dresden gestorben.

Im Archiv:
Band I: 1) biografisches Material zu Fritz Kuhn (4 Blatt, 1960–1992), 2) Stücke/Titelliste (1 Blatt), 3) Material zu „Kredit bei Nibelungen", u. a. Programmheft (Hans-Otto-Theater Potsdam und Städtisches Theater Karl-Marx-Stadt) und Zeitungsartikel (15 Blatt, Kopien und Originale, 1959–1961), 4) Programmheft „Halberstadt leicht bewölkt, vorwiegend heiter" (8 Blatt, 2 Exemplare, Kopien, 1956), 5) Zeitungsartikel betreffend „Die eiserne Amme" (3 Blatt, Originale und Kopie, 1965), 6) Materialien zu „Venezianisches Glas", u. a. Programmhefte und Zeitungs-

artikel (17 Blatt, Kopien, 1957–1992); Band II: 1) „Späte Ausgrabungen" (Hörspiel, 19 Blatt, Kopie), 2) „Prototyp eines Engels. Wiederkehr eines Briefträgers" (anstößig-erbauliche Dialoge in 5 Akten, 43 Blatt, Original), 3) „Nächtliche Ruhe Störung" (Hörspiel, 28 Blatt, Original), 4) „Meines Bruders Hüter" (Schauspiel in 7 Szenen, 41 Blatt, Original), 5) „Ich, Leibwächter meines Bruders?" (Hörspiel, 30 Blatt, Original und Kopie, 2 Exemplare), 6) „Interview der verlorenen Söhne" (2 Akte um ein zeitloses Gleichnis in zeitgemäßen Dialogen, 42 Blatt, Original), 7) „Die Geliebte des Höchstkommandierenden" (makabre Komödie in 3 Aufzügen, 50 Blatt, Original); Band III: 1) „Time correction oder Frau Noah im Wandel der Zeit" (Komödie in 4 Aufzügen, 62 Blatt, Kopie); Band IV: 1) „Frau N. strickt" (Tragikomödie in 5 Szenen, 44 Blatt, Original, 1986); Band V: 1) „Archaische Gezeiten – Vier Szenen an Bord der Arche" (35 Blatt, Kopie); Band VI: 1) „Der grinsende Alp" (Komödie in 5 Akten, 50 Blatt, Original); Band VII: 1) „Leicht bewölkt, vorwiegend heiter" (Komödie in 2 Akten, 53 Blatt, Original); Band VIII: 1) gedrucktes Manuskript „Venezianisches Glas" (Schauspiel in 4 Akten, 47 Seiten), 2) gedrucktes Manuskript „Leicht bewölkt, vorwiegend heiter" (Lustspiel in 2 Akten und fünf Bildern, 131 Seiten), 3) gedrucktes Manuskript „Kredit bei Nibelungen" (tragische Komödie in 8 Bildern, 71 Seiten), 4) Publikation „Die Schwester – Sestra. Arbeiten Dresdner und Leningrader Schriftsteller" (285 Seiten, Beitrag von Fritz Kuhn, Dresden: Zeit im Bild 1979), 5) Publikation „Die Verworfenen" (87 Seiten, Gütersloh: Rufer 1951), 6) Publikation „az co rekene Barcelona" (87 Seiten, Praha: Orbis 1961), 7) Publikation „Der schreiende Fisch" (Erzählung, 112 Seiten, Dresden: Hille 2006), 8) Publikation „Leseprobe" (255 Seiten, Beitrag von Fritz Kuhn, hrsg. vom Schriftstellerverband der DDR), 9) Publikation „Tajemství skla/Venezianisches Glas" (76 Seiten, 1960), 10) BStU-Kopien (1972–1989); Band IX: 1) „Der künstliche Mond geht auf" (Groteskkomödie in 4 Akten, 68 Blatt, Kopie); Band X: 1) „Alle Herrlichkeit der Menschen …" (Schauspiel, 64 Blatt, Original); Band XI: 1) „Die eiserne Amme" (Schauspiel in 4 Akten, 77 Blatt, Kopie); Band XII: 1) „Dorothy lächelt" (Schauspiel in 5 Akten, 65 Seiten, Kopie); Band XIII: 1) „Die vorletzte Weisheit" (Roman, 178 Blatt, Kopie); Band XIV: 1) „David und Bathseba oder Finster wie das Licht" (Schauspiel in 3 Akten, 40 Blatt, Kopie); Band XV: 1) „Simsalabim" (Komödie in 3 Akten, 49 Blatt, Kopie); Band XVI: 1) „Keine besonderen Vorkommnisse"

(Fernsehspiel, 70 Blatt, Kopie), 2) „Die Gnadenlosen" (Schauspiel in 4 Akten, 34 Blatt, Kopie); Band XVII: 1) „Der Gouverneur" (Laienspiel, 24 Blatt, Kopie), 2) „Die Vollkorrektion" (Hörspiel, Fragmente, 13 Blatt, Kopie); Band XVII: 1) „Arche ahoi" (Komödie in 4 Aufzügen, 64 Blatt, Kopie); Band XVIII: 1) „Der gnadenlose Engel" (Schauspiel, 51 Blatt, Kopie, Entwurf 1949); Band XIX: 1) „Die Vollkorrektur" (ein Stück in 3 Akten, 33 Blatt, Kopie); Band XX: 1) „Mitten auf der Brücke" (Schauspiel in 5 Akten, 69 Blatt, Kopie); Band XXI: 1) „Beide" (Komödie einer jungen Liebe in 6 Aufzügen, 68 Blatt, Kopie).

Veröffentlichungen (Auswahl):
Kuhn, F.: Der schreiende Fisch. Erzählungen, Dresden: Hille 2006.
ders.: Die Verworfenen, Gütersloh: Rufer 1951.

Uwe Lammla

Am 21.1.1961 in Neustadt (Thüringen) geboren. Abitur. Ab 1979 NVA-Dienst in Erfurt. Nach wenigen Monaten Einweisung in die Psychiatrie und Entlassung aus dem Militärdienst. Mitglied des Dichterkreises „Das Holde Reich". 1983 Abschluss der Buchhändlerlehre. 1984 Ausreise nach München. Seit 1986 selbständiger Verleger und Buchhändler. 1995 Gründung einer wissenschaftlichen Buchhandlung in München. 2009 Rückkehr nach Thüringen.

Im Archiv:
1) Material zu „Das Holde Reich" (auf CD und als Ausdruck): Kurzbiografie, Bibliografie, einzelne Gedichte, Fotos etc., 2) 2 Publikationen: „Gefangener Schwan – Gedichte" (143 Seiten, München: Arnshaugk 1991) u. „Weckruf und Mohn – Gedichte" (143 Seiten, München: Arnshaugk 1991).

Externe Fundorte/Archive:
Homepage: http://www.lammla.de

Veröffentlichungen (Auswahl):
Lammla, U.: Das blaue Licht. Essays, Neustadt: Arnshaugk 2012.
ders.: Hinz und Kunz. Neudeutsche Dramen, Neustadt: Arnshaugk 2011.

ders.: Erlkönig. Essays zur deutschen Dichtung und Religion, Neustadt: Arnshaugk 2009.
ders.: Laudine. Ein Minnespiel in drei Aufzügen, Leipzig: Engelsdorfer 2009.
ders.: Punisches Lied. Tragödie, Leipzig: Engelsdorfer 2009.
ders.: Waldeinsamkeit. Gedichte, Leipzig: Engelsdorfer 2008.
ders.: Das Jahr des Heils, Leipzig: Engelsdorfer 2007.
ders.: Der Seerosenritter, Leipzig: Engelsdorfer 2007.
ders.: Deutsche Passion. Gedichte, Leipzig: Engelsdorfer 2007.
ders.: Tannhäuserland, Leipzig: Engelsdorfer 2006.
ders.: Traum von Atlantis. Gedichte, München: Arnshaugk 1995.

Hans Dietrich Lindstedt

Am 21.4.1929 in Schönebeck/Elbe geboren. Ab 1935 in Oberwesel/Rhein. 1947 Umzug nach Magdeburg. 1949 bis 1954 Neulehrer-Kurs. Danach Arbeit als Lehrer, Sprachlehrer und Kulturbund-Kreissekretär. 1954 Entlassung aus politischen Gründen. 1956 Redakteur der „Märkischen Volksstimme" in Potsdam, 1977 Entlassung. 1966 bis 1971 Journalistik-Fernstudium. 1968 erste Veröffentlichung. 1980 Austritt aus der SED. März 1981 Flucht nach Mainz. Arbeit als freier Journalist. 1985 Mitgründer des Landesverbandes Rheinland-Pfalz des Freien Deutschen Autorenverbandes (FDA) sowie ab 1990 der ostdeutschen FDA-Landesverbände. 1997 bis 2000 Gründungsvorsitzender des FDA-Landesverbandes Sachsen. 1997 Umzug nach Chemnitz. Am 10.4.2008 in Chemnitz gestorben.

Im Archiv:

1) Publikation „Mein Land, das ferne leuchtet" (Prosa und Lyrik, 67 Seiten, Otterstadt: Lessing 1986), 2) Publikation „Märkischer Bericht"(autobiografische Prosa, 89 Seiten, Sankt Michael: Bläschke 1984).

Veröffentlichungen (Auswahl):

Lindstedt, H. D.: Eine Jugend am Rhein, Leipzig: Engelsdorfer 2006.
ders.: Nachtfahrt. Eine Flucht an den Rhein, Simmern: Pandion 2003.
ders.: On the road. Mein amerikanisches Tagebuch, Simmern: Pandion 2002.

ders.: Zauber Zeit, Simmern: Pandion 2001.
ders.: Das 13. Römerschiff, Simmern: Pandion 1999.
ders.: Heinrich Heine auf der Reise nach Mainz. Erzählung, Saarbrücken: Logos 1994.
ders.: Moral und Literatur. Wo leben deutsche Autoren?, Koblenz: Bublies 1994.
ders.: Jeder zweite Herzschlag. Erinnerungen an mitteldeutsche Autoren, Poeten und Bonzen aus drei Jahrzehnten, Koblenz: Bublies 1990.
Lindstedt, H. D., u. Borkowski, D. (Vorwort): Märkischer Bericht, Otterstadt: Lessing 1986.
Lindstedt, H. D.: Mein Land, das ferne leuchtet, Sankt Michael: Bläschke 1983.

Raja Lubinetzki

Am 6.12.1962 in Kropstädt geboren. Vater Student aus Kamerun. Kindheit bei Pflegeeltern in Güsten, Sternburg, Staßfurt. Schriftsetzerlehre bei der „Magdeburger Volksstimme". Erste Gedichte. Abendschule für Bildhauerei. 1982 Übersiedlung nach Ostberlin. Kontakte zur Frauengruppe Prenzlauer Berg und zur Ostberliner Friedensbewegung. Leben in einer Künstlerkommune über dem „Wiener Café". Lesungen im Kunstsalon Petra Schramm. Erste Veröffentlichungen in den illegalen Zeitschriften „Mikado", „Ariadnefabrik", „Schaden" und „Verwendung". Verhaftung und Schikanen durch das MfS. 1983 2 Wochen Untersuchungshaft, Ausreiseantrag. Observation durch die Staatssicherheit. 1987 Ausreise nach Westberlin. Lebt in Berlin-Kreuzberg als Lyrikerin und Malerin.

Im Archiv:

Band I: 1) Kurzbiografie und Gedichte von Raja Lubinetzki (263 Blatt, Kopien, 1982–1986); Band II: 1) Publikation „Der Tag ein Funke"(Gedichte, 129 Seiten, Berlin: Janus 2001), 2) Textsammlung von Raja Lubinetzki (Kopien).

Veröffentlichungen (Auswahl):

Lubinetzki, R.: Das leidige Hindernis, Halle/Saale: Projekte 2013.
Geipel, I.: Zensiert, verschwiegen, vergessen. Autorinnen in Ostdeutschland 1945–1989, Düsseldorf: Artemis & Winkler 2009.

Lubinetzki, R.: Der Tag ein Funke. Gedichte, Zeichnungen, Berlin: Janus 2001.

Gottfried Meinhold

Am 28.6.1936 in Erfurt geboren. 1954 Abitur. Zunächst Nichtzulassung zum Studium, Maurerlehre, Studium am Pädagogischen Institut in Erfurt. 1956 Deutschlehrer in Stadtilm. Externes Studium an der Friedrich-Schiller-Universität Jena, 1959 Diplom in Sprachwissenschaften und Germanistik. 1960 wissenschaftlicher Mitarbeiter an der Universitätspoliklinik für Zahn-, Mund- und Kieferkrankheiten der Martin-Luther-Universität Halle-Wittenberg. Lehrbeauftragter am Institut für Sprechkunde der Martin-Luther-Universität Halle-Wittenberg. 1964 Promotion an der Humboldt-Universität Berlin und Lektor am Institut für Sprechwissenschaft der Friedrich-Schiller-Universität Jena. 1968 Habilitation. Seit 1960 literarische Arbeiten. 1971 bis 1985 Dozent für Phonetik und Sprechwissenschaft an der Friedrich-Schiller-Universität Jena. 1985 außerordentlicher Professor an der Universität Jena und 1989/90 Gastprofessor an der Universität in Heidelberg. 1990 bis 1993 Prorektor für Geistes-, Kultur- und Sozialwissenschaft in Jena, danach Lehrstuhl für Phonetik und Sprechwissenschaft. 1998 Bundesverdienstkreuz. Emeritiert 2001.

Im Archiv:

1) Kopien und Publikation „Die Grenze", Roman (geschrieben 1969–1970, Weimar: VDG 2000), 2) Publikation „Edermann", Roman (Berlin: Lotos 2001), 3) Kopien und Publikation „Frei-Sprüche" (Gedichte seit 1960, Nürnberg: Seubert 1999), 4) Kopien und Publikation „Kilidone und andere Merkwürdigkeiten. Phantastische Erzählungen" (Berlin: Das Neue Berlin 1986), 5) Kopien und Publikation „Weltbesteigung. Eine Fünftagefahrt" (Berlin: Das Neue Berlin 1984), 6) Kopien und Publikation „Mit Rätseln leben. Das Ende einer Expedition" (Rostock: Hinstorff 1988), 7) Kopien und Publikation „Sein und Bleiben" (Roman, Rostock: Hinstorff 1989), 8) Kopien und Publikation „Molt oder Der Untergang der Meltaker" (Roman, Rostock: Hinstorff 1982), 9) Publikation „Gottfried Meinhold – Poesie und Utopie", hrsg. v. Edwin Kratschmer (Jena: Universitätsverlag 1996).

Veröffentlichungen (Auswahl):
Meinhold, G.: Prag Mitte Transit. Roman, Vechta: Geest 2008.
ders.: Edermann. Roman, Berlin: Lotos 2001.
ders.: Sein und Bleiben. Roman, Rostock: Hinstorff 1989.
ders.: Mit Rätseln leben. Das Ende einer Expedition. Roman, Rostock: Hinstorff 1988.
ders.: Weltbesteigung. Eine Fünftagefahrt. Roman, Berlin: Das Neue Berlin 1984.

Michael Meinicke

Am 17.3.1948 in Berlin geboren. 1957 erste Veröffentlichungen in der „Berliner Zeitung". 1963 erste systemkritische Gedichte. 1966 Abitur mit Berufsabschluss als Elektriker. 1970 Exportkaufmann. Seit 1967 Gast im Lyrikclub Berlin-Pankow. Bis 1970 schrieb er ca. 300 Gedichte. 1970 wegen seiner Gedichte festgenommen und zu 2 Jahren Haft verurteilt. Arbeit an der Deutschen Staatsoper Berlin. Ende 1978 Flucht im Kofferraum nach Westberlin. Studium der Germanistik, Publizistik und Theaterwissenschaften an der Freien Universität Berlin, 1985 Abschluss. 1986 Sprachlehrer. 1988 bis 1993 Mitarbeiter der Karl-Hofer-Gesellschaft. 1989 Aufbau und Leitung des Literatur- und Kulturkreises „WESTEND" in Berlin. Seit 1991 freier Autor und Journalist. 1992 Übersiedlung nach Hessen. 1994 bis 1997 Projektleiter der Umweltbibliothek Berlin e. V., 2000 Gründer und Leiter der Bibliothek in Uttershausen.

Im Archiv:
Band I: 1) Buch „Wenn meine Lieder nicht mehr stimmen" von Bettina Wegner (Kopie, Anfang der achtziger Jahre, Ormig-Abzug), 2) Textsammlung verschiedener Autoren, 3) Tagebuchauszüge (8 Blatt, BStU-Kopien, 1965–1968), 4) Gedichte und Prosa (38 Blatt, Kopien von Typoskripten, 1 Original, 1964–1975), 5) Gedichte und Gerichtsurteil (15 Blatt plus 15 Blatt Gerichtsurteil, Gedichte geschrieben 1964–1969, Gerichtsurteil 1970, BStU-Kopien und normale Kopien), 6) Briefe und Verträge (12 Blatt, Kopien, 1977–1995), 7) Textsammlung von Michael Meinicke (1974–1977); Band II: 1) Publikation „Ostkreuz" (257 Seiten, Freiberg: Segler 2000), 2) Publikation „Berliner Tunnel" (134 Seiten, Bochum: drei-Eck 1994), 3) Publikation „Revolution der Einsamkeit"

(180 Seiten, Berlin: KKZR 1985), 4) Publikation „Junges Theater in der DDR 1968–1990“ (89 Seiten, Bochum: drei-Eck 1996), 5) Publikation „Junge Autoren in der DDR 1975–1980“ (98 Seiten, Düsseldorf: drei-Eck 1986), 6) Publikation „Dazwischen das Letzte. Geschichten aus Deutschland“ (111 Seiten, Karben: Rubino 2001).
Tonbandprotokoll: Michael Meinicke 80' (8.5.2001, Grünheide).

Externe Fundorte/Archive:
BStU, ZA, AOP 1370/83 (3 Bände).
BStU, ZA, Gerichtsakte 3564/75 (2 Bände).
Außerdem: nach eigenen Angaben eine AIM-Akte aus den achtziger Jahren.

Veröffentlichungen (Auswahl):
Meinicke, M.: West-End Teil 1, Dresden: Dresdner VUP 2009.
ders.: Bonsoir Bon Bon, Dresden: Boombooks 2008.
ders.: Hetze, Radebeul: NOTschriften 2005.
Meinicke, M., u. Kempin, E.: Liebe, Strand & Steine, Radebeul: NOTschriften 2005.
Meinicke, M.: Dazwischen das Letzte. Geschichten aus Deutschland, Karben: Rubino 2001.
ders.: Ostkreuz. Roman, Freiberg: Segler 2000.
Meinicke, M., u. Hussel, C.: Junges Theater in der DDR 1968–1990, Bochum: drei-Eck 1996.
Meinicke, M.: Berliner Tunnel, Bochum: drei-Eck 1994.
ders.: Junge Autoren in der DDR 1975–1980, Düsseldorf: drei-Eck 1986.
ders.: Revolution der Einsamkeit, Berlin: KKZR 1985.

Fritz Hendrick Melle

Am 7.10.1960 in Karl-Marx-Stadt (Chemnitz) geboren. 1974 erste Gedichte. 1977 Ausbildung zum Anlagentechniker, Abitur 1980. Mitglied des Schriftstellerverbandes der DDR. 1980 gescheiterter Fluchtversuch. Verurteilung zu 10 Monaten Haft. Dann Heizer und Friedhofsarbeiter. 1983 Studium der Theologie in Naumburg, ohne Abschluss. Danach Kartenverkäufer im Kino „Capitol“ in Karl-Marx-Stadt. 1985 Ausreise nach Westberlin. Studium der Kommunikationswissenschaft an der Universität der Künste Berlin. Arbeit als freier Texter und Journalist. 1993 Geschäftsführer einer Werbeagentur. 2004 Chief Creative Officer bei einer Werbeagentur in Berlin.

Im Archiv:
Band I: 1) BStU-Kopien (Gedichte und Texte von Fritz Hendrick Melle), 2) BStU-Kopien (Vernehmungsakte, Gerichtsakte, Ausreiseantrag u. a., 1980–1985).

Externe Fundorte/Archive:
BStU-Akte, ASt. Chemnitz, AZ 1/1106-80, Karl-Marx-Stadt 1140/81.
BStU-Akte, ASt. Karl-Marx-Stadt, OV „Feder", Archivnr. 809/86 (5.10.1984–10.6.1986).
BStU-Akte, ASt. Karl-Marx-Stadt, „Sebastian März", Archivnr. 3011/84 (17.2.1981–28.9.1984).

Veröffentlichungen (Auswahl):
Jäger, A.: Schriftsteller aus der DDR. Ausbürgerungen und Übersiedlungen von 1961 bis 1989, Frankfurt a. M.: Peter Lang 1995.
Melle, F. H.: Richtiges Leben. Roman, Berlin: Knaus 1991.

Radjo Monk
(siehe Christian Heckel)

Martin Morgner
Am 13.2.1948 in Stollberg/Erzgebirge geboren. 1966 Abitur. Studium der Datenverarbeitung und Statistik in Berlin-Karlshorst. Danach Mitarbeiter beim Rat des Bezirkes Potsdam, Büro Sozialhygiene. Seit 1972 Observation und Bearbeitung durch das MfS. 1973 bis 1975 Bausoldat bei der NVA. Danach als Puppenspieler in Dessau und Gera. 1983 Abschluss des Fernstudiums als Diplom-Theaterwissenschaftler in Leipzig. 1985 bis 1992 freischaffender Dramaturg, Dramatiker, Regisseur und Journalist für die „Berliner Zeitung". 1989 Aufnahme in den Schriftstellerverband der DDR. 1989 bis 1993 Kommunal- und Kulturpolitiker in der Bezirksverordnetenversammlung Berlin-Hohenschönhausen. 1994 bis 1997 Dramaturg und Direktor am Thea-

ter in Gera. 1999 bis 2001 Dramaturg am Städtischen Theater Chemnitz. 2006 bis 2009 Projekt der Deutschen Forschungsgemeinschaft „Bühne der Dissidenz“. 2006 bis 2009 Ergänzungsstudium Neuere Geschichte in Jena. 2009/2010 Lehrauftrag am Historischen Institut der Friedrich-Schiller-Universität Jena. 2012 Promotion an der Philosophischen Fakultät in Jena.

Im Archiv:
Band I: 1) „Kasper rettet einen Baum“ (Stück für ein Puppentheater, 32 Blatt und 45 Seiten, 2 Exemplare, Original, 2. Exemplar 1984), 2) „Eierköppe“ (Stück für ein Puppentheater, 20 Blatt, Original), 3) „Die Unbekannte Schöne“ (14 Seiten, Original), 4) „Arno, Katharina und Karl“ (Rockdrama, 45 Blatt, Original, 1985); Band II: 1) Publikation „Zersetzte Zeit. Lied der Marionette“ (289 Seiten, Jena: Netzbrandt 2004), 2) Druck „Zersetzte Zeit. Offene und Verborgene Chronik“ (106 Seiten, Kopie, 1973–1984), 3) 4 Schwarz-Weiß-Fotografien, Programmheft zu „Herr Novak und die Mausfrau“, Musical von Martin Morgner und Herbert Mitschke (Premiere 26.4.2001), 4) 8 Schwarz-Weiß-Fotografien, Liedtexte „Punch & Judy“ von Martin Morgner (Dezember 1982 / Januar 1983), 5) Programm der „Kaspariade“.
Tonbandprotokoll: Martin Morgner (30.12.2002, Berlin).

Veröffentlichungen (Auswahl):
Morgner, M.: Gehzeiten. Gedichte, Jena: Netzbrandt 2006.
ders.: Zersetzte Zeit. Lied der Marionette, Jena: Netzbrandt 2004.
ders.: Deckname „Maske“. Die Künstlergemeinschaft Mecklenburg 1980/81. Eine Dokumentation, Berlin: Robert-Havemann-Gesellschaft 1995.

Jürgen Nagel
Am 5.11.1942 in Berlin geboren. Bis 1960 Lehre zum Fotochemiefacharbeiter. 1961 Fachschule für Optik und Fototechnik in Westberlin, Abbruch wegen Bau der Berliner Mauer. Danach Hilfsarbeiter, Reprofotograf und Fotograf. Ab 1961 erste Lyrik und Kurzprosa. Bearbeitung durch das MfS im OV „Hammer“. 1965 Facharbeiterausbildung zum Fotografen. Seit 1967 freiberuflich. 1972 Fernstudium an der Hochschule für Grafik und Buchkunst Leipzig. 1980 Mitglied im

Verband Bildender Künstler der DDR (VBK). 1988 Beginn der Veröffentlichungen außerhalb der DDR: „Frankfurter Rundschau“, „Der Alltag“ (Zürich), Stattbuch Verlag (Westberlin). 1989 Mitarbeit an Protestresolutionen des VBK. 1992 Mitglied im Berufsverband Bildender Künstler. 1999 Umzug nach Altlandsberg. Gründung des Altlandsberger Fotoclubs.

Im Archiv:

Band I: 1) Feuilletons für „Frankfurter Rundschau“ und Offener Brief, u. a. „Zum Beispiel Severin“, „Kleine Flucht nach Jalta“ und Offener Brief „Bewerbung als Hofnarr“ (Durchschriften, Kopien und Abdrucke, 1988–1990); Band II: 1) Material zu Jürgen Nagel, u. a. Biografie, Bibliografie, Lesungen und Ausstellungen, 2) Typoskript „Ich rede von mir (– oder Geschichten des Manfred Legan)“ (175 Blatt, Original, 1978/79), 3) Typoskript „Geschichten von einem gewissen Anfang“ (Fragment, 98 Seiten, Original, 1980/81), 4) Typoskript der Prosa-Sammlung „Träume Halbträume Alpträume“ (Kopien, 189 Blatt, 1963–1990), 5) Auswahl an Material, u. a. Gutachten, Offener Brief an den Runden Tisch der DDR und Stasi-Akte OV „Hammer“ (Gesamt 171 Blatt, Kopien, 1979–1991), 6) Typoskript der Kurzprosa-Sammlung „Das Mauer-Syndrom“ (Kopien, 231 Blatt, 1961–1990), 7) 3 Prosa-Stücke (Kopien, 1. „Befragung eines Lebens“, 23 Seiten, 1980/81, 2. „Die letzte Alternative oder wie Herr Meier die Welt gerettet hat“, 27 Seiten, 1984, 3. „Aus familiärem Anlaß – Begegnung mit dem anderen Berlin“, 44 Seiten, 1986, 1989/90 umgeschrieben und erweitert); Band III: 1) Manuskript „Ein Boot im Strom oder die Möglichkeit einer Biographie“, Buch 1 (Biografie Charlotte E. Pauly, 199 Seiten, Original, 1984–1986), Fotografie Charlotte E. Pauly (s/w), 2) Manuskript „Ein Boot im Strom oder die Möglichkeit einer Biographie“, Buch 2 (258 Seiten, Original, 1984–1986), 3) Manuskript „Ein Boot im Strom oder die Möglichkeit einer Biographie“, Buch 3 (584 Seiten, Original, 1984–1986), 4) Anmerkung zum Manuskript „Ein Boot im Strom oder die Möglichkeit einer Biographie“ (28 Seiten, Original, 1984–1986).
Tonbandprotokoll: Jürgen Nagel (Januar 2004).

Externe Fundorte/Archive:

BStU, ZA, AOP 8972/81.

Veröffentlichungen (Auswahl):
Nagel, J., u. Rennert, J.: Parole Zukunft. Eine fotografische Spurensicherung, Berlin: BasisDruck 1992.

Roger Nastoll

Am 28.4.1944 in Erfurt geboren. Maurerlehre. Abitur an der Arbeiter-und-Bauern-Fakultät. Abbruch des Mathematik- und Physikstudiums an der Friedrich-Schiller-Universität Jena, danach an der TH Ilmenau. Techniker im VEB Relaistechnik Ilmenau. Arbeit als Dokumentarist. 1968 bis 1974 Studium der Hochfrequenztechnik an der TU Dresden mit Abschluss als Diplom-Ingenieur. 1967 7 Monate Haft. Ab 1976 freier Schriftsteller. Befreundet mit dem Autor Michael Wolfram. 1990 tödlich verunglückt.

Im Archiv:
Band I: 1) Prosa und Lyrik (106 Blatt, BStU-Kopien), 2) Auszüge aus einer MfS-Materialablage und IM-Berichte zu Nastoll (1971–1980).

Externe Fundorte/Archive:
BStU, ASt. Suhl, XX/492.

Lonny Neumann

Am 27.6.1934 in Prenzlau geboren. 1948 bis 1952 Oberschule und Internat in Prenzlau. 1952 bis 1954 Studium am Institut für Lehrerbildung in Frankfurt/Oder. Danach in Potsdam als Lehrerin und Erzieherin. Fernstudium. Umzug nach Seewalde. 1974 Studium am Institut für Literatur „Johannes R. Becher“ Leipzig. Ab 1980 in Potsdam als Schriftstellerin. 1991 bis 1993 Arbeit für das Hermann-Kasack-Symposium und Ausstellung in Potsdam in Zusammenarbeit mit dem Deutschen Literaturarchiv Marbach. 1992 bis 1994 wissenschaftliche Mitarbeiterin an der Universität Potsdam.

Im Archiv:
Band I: 1) Textsammlung, u.a. mit Gedichten, Briefen und Gutachten; Band II: 1) Publikation „Annäherung von heute“ (Kopien); Band III: 1) „Inspiration II – Heimkehr des Odysseus“ (188 Blatt, Original);

Band IV: 1) „Inspektion" (Erzählung, 59 Blatt, Original, 1978); Band V: 1) „Siebensee" (Kopie); Band VI: 1) Schriftwechsel mit verschiedenen Verlagen (1980–1984), 2) „Inselkapitel" (Auszüge aus einem Romanmanuskript, Original, 1976–1978).

Veröffentlichungen (Auswahl):

Neumann, L.: Grüne Glasscherben. Eine Kindheit im Norden. Autobiografische Erzählung, Wilhelmshorst: Märkischer 2006.
ders.: Der Stein. Roman, Essen: Auwald 2000.
ders.: Vier Stationen hinter der Stadt. Erzählungen, Halle/Saale: Mitteldeutscher Verlag 1976.

Holger Nickel

(Pseudonyme: Tobias A. Hebel, Fritz Mühlenberg, Fritz Lineck, Maria Lange, Anagramm Nickel)

Am 5.4.1941 in Berlin geboren. 1960 Abitur. Studium der Germanistik, Geschichte und Theaterwissenschaften an der Freien Universität Berlin. Abbruch durch Mauerbau. 1961 Hilfskraft an der Deutschen Staatsbibliothek. 1963 bis 1967 Studium der Bibliothekswissenschaften und Latein an der Humboldt-Universität Berlin. 1967 bis 1969 Bausoldat. Ab 1969 wissenschaftlicher Mitarbeiter an der Deutschen Staatsbibliothek. 1976 Promotion. Freier Autor.

Im Archiv:

Band I: 1) Manuskript „Außenbezirke" (362 Blatt); Band II: 1) Briefwechsel mit Verlagen und Autoren; Band III: 1) Kurzgeschichten (1969–1992); Band IV: 1) „Cautiones profanae – soiemata/Carmina Oden", 2) Textmaterial (Gedichte, Kurzgeschichten u. a., 1964–1992); Band V: 1) Theaterstücke 1978–1983 (u. a. „Armer Tom", „Das Schweigen des vierzehnten Ludwigs"), 2) Kriminalgeschichten (1974–1976), 3) Kurzgeschichten und Gedichte (u. a. „Der Tod des Odysseus", 1967–1982); Band VI: 1) Textmaterial zum Thema Literatur, „Am Beispiel der Störche" (1976), Theaterstück „Hans im Glück – Märchen mit den Brüdern Grimm in zehn Bildern"; Band VII: 1) Kinderhörspiel „Lothar heiratet die Prinzessin" (1986); Band VIII: 1) Roman „Diagramm Frieder Steinbach" (195 Blatt).

Jutta Petzold

(Pseudonym: Ruth Corduan)

Am 22.12.1933 in Berlin geboren. 1934 Umzug nach Chemnitz-Borna. 1945 bis 1949 häufige Ortswechsel und Heimaufenthalte in Leubsdorf, Beerwalde und Beeskow. Ab Sommer 1949 in Potsdam. 1951 Internat Kühlungsborn. Abitur 1953. 1953 bis 1955 Studium der Germanistik an der Humboldt-Universität Berlin. Abbruch des Studiums. Ab 1957 erste größere literarische Arbeiten. 1955 Heirat mit dem Schriftsteller Eberhard Hilscher. Sie schließt sich dem Schriftstellerkreis um Arnold Zweig an. 1959 Veröffentlichung der Erzählung „Zola" in der Literaturzeitschrift „Junge Kunst" unter Pseudonym. 1961/62 misslungener Fluchtversuch, organisiert von Werner Kilz, Sebastian Haffner und Ingeborg Bachmann. Entgeht nur knapp einer Verhaftung. Observierung durch die Staatssicherheit. 1964/65 Arbeit an längeren Prosatexten und Stücken. 1965 bis 1973 mehrfache Behandlung in der psychiatrischen Klinik der Charité Berlin. Ende der literarischen Produktion. 1976 Scheidung. Ab 1977 in Berlin-Pankow. Lebt seit 1986 in einem Seniorenheim in Berlin-Buch.

Im Archiv:

1) „Eine Predigt" (8 Blatt, Original), 2) Textsammlung, u. a. „Zola", „Litfaßsäulenengel", „Erna" (10 Blatt), 3) „Mohn und Lethe. Sonnenlieder" (Lyrik, 1960–1970), 4) Lebenslauf und Biobibliografie von Jutta Petzold, Fotos, Briefe an Henryk Bereska.

Veröffentlichungen (Auswahl):

Geipel, I.: Zensiert, verschwiegen, vergessen. Autorinnen in Ostdeutschland 1945–1989, Düsseldorf: Artemis & Winkler 2009.

dies. (Hrsg.): Die Welt ist eine Schachtel. Vier Autorinnen in der frühen DDR. Susanne Kerckhoff, Eveline Kuffel, Jutta Petzold, Hannelore Becker, Berlin: Transit 1999.

Hilscher, E., u. Petzold, J.: Mister Darwin macht eine Entdeckung. Erzählung, Berlin: Verlag der Nation 1980.

Jörns Pfeiffer

(Pseudonym: Herschel Grinspahn)

Am 30.6.1944 in Mühlhausen geboren. Kellnerlehre. 1963 bis Juni 1967 Fachschule für Bibliothekare in Leipzig. Bibliothekar in Güstrow. 1967 Regiestudium an der Filmhochschule Babelsberg, im April 1970 exmatrikuliert. Juli 1970 bis Oktober 1972 Arbeit in der Berliner Stadtbibliothek. 1973 Bewerbung um Wiederaufnahme des Filmstudiums in Babelsberg, abgelehnt. Selbsteinweisung in die psychiatrische Klinik Berlin-Herzberge. Am 17.2.1980 Suizid.

Im Archiv:

Band I: 1) Gedichte (48 Blatt, Kopien, 1967–1978), 2) Kurze Prosa (8 Blatt, Kopien), 3) „Kindheit in Thüringen“ (Fragment, 55 Blatt, Kopie), 4) „Das Gastspiel“ (Exposé für einen Film, 7 Blatt, Kopie), 5) „Ein Obdach für die Nacht“ (Filmentwurf, 11 Blatt, Kopie), 6) Bilder von Pfeiffers Polizeifilmdreh, 7) Kopie eines Klassenfotos von Jörns Pfeiffer, 8) Bildkopie von Jörns Pfeiffer, 9) Lebenslauf (handschriftlich von Ingrid Landmesser, 13 Blatt, 2003).

Veröffentlichungen (Auswahl):

Schmidt, H. J., u. Tallafuss, P.: Totalitarismus und Literatur. Deutsche Literatur im 20. Jahrhundert. Literarische Öffentlichkeit im Spannungsfeld totalitärer Meinungsbildung, Göttingen: Vandenhoeck & Ruprecht 2007.

Utz Rachowski

Am 23.1.1954 in Plauen geboren. 1960 Umzug nach Reichenbach. 1968 Oberschule mit Jürgen Fuchs, Vervielfältigung von Biermann- und Kunze-Texten. 1970 Verhör durch MfS in der Schule. 1971 von der Schule verwiesen wegen „Zersetzung des Klassenkollektivs“, „Linksradikalität“ und „Beleidigung von Armeeoffizieren“. Aus der FDJ ausgeschlossen. Arbeit als Transportarbeiter. Lehre als Elektromonteur in Glauchau bis 1973. 1973 bis 1975 NVA. 1977 Abitur an der Arbeiter-und- Bauern-Fakultät in Freiberg. Aufnahme eines Studiums der Germanistik abgelehnt. Zwei Semester Medizin in Leipzig. Arbeit als Heizer. Überwachung durch die Staatssicherheit. 1979 Verhaftung in Reichenbach. Vorwurf der Vervielfältigung, Herstellung und Verbreitung von Gedichten und Texten von Biermann, Fuchs und Kunze. März 1980 Verurteilung zu 27 Monaten Haft wegen „staatsfeindlicher Hetze“. November 1980 Freikauf nach Intervention von Reiner Kunze und Amnesty International. Studium der Kunstgeschichte und Philosophie in Westberlin und Göttingen. Seit 1986 freier Autor. 1992 Rückkehr ins Vogtland. Mitgründer und sieben Jahre Redakteur der Dresdner Literaturzeitschrift „Ostragehege“ (bis 1999). Seit 2003 Bürger- und Rechtsberater zur Rehabilitierung von Opfern der DDR-Diktatur.

Im Archiv:
Band I: 1) Texte von Utz Rachowski (BStU-Kopien, 1970–1977), 2) Kopie der BStU-Akte von Utz Rachowski.

Externe Fundorte/Archive:
BStU, ASt. Karl-Marx-Stadt, 984/80.

Veröffentlichungen (Auswahl):
Rachowski, U.: Miss Suki oder Amerika ist nicht weit! Gedichte um einen Hund, Niederfrohna: Mironde 2013.
ders.: Beide Sommer. Zwei Erzählungen und drei Essays, Leipzig: Leipziger Literaturverlag 2011.
ders.: Semana poetica VII. 19.10.–23.10.2008, Carlisle, PA: Dickinson College 2008.
ders.: Red’ mir nicht von Minnigerode. Erzählungen, Aufsätze, Dresden: Thelem 2006.
Rachowski, U., u. Gruša, J.: Das Gesicht – der Schriftsteller – der Fall. Vorlesungen über die Prätention der Dichter, die Kompetenz und das Präsens als die Zeitform der Lyrik. Dresdner Poetikvorlesung 1999, Dresden: Thelem 2000.
Rachowski, U.: Erinnerungen an eine Jugend. Essays, Akten, Tagebuch, Chemnitz: Chemnitzer 1995.
ders.: Mein Museum. Gedichte aus 19 Jahren, Dresden: Hellerau 1995.
ders.: Die Stimmen des Sommers. Erzählungen, Berlin: Oberbaum 1993.
ders.: Namenlose, Berlin: BasisDruck 1993.
ders.: Sieben Jahre. Liebesgedichte, Berlin: Boesche 1991.
ders.: Der letzte Tag der Kindheit, Berlin: Oberbaum 1986.

ders.: Erzählungen, so traurig wie Sie, Berlin: Verlag Europäische Ideen 1983.

Bodo Ranke

1953 geboren. Jurastudium an der Humboldt-Universität Berlin. 1977 Abbruch des Studiums wegen verweigerter Zustimmung zur Biermann-Ausbürgerung. Danach Arbeit in einem Buchladen in Neubrandenburg. Mitglied der Autorengruppe im Neubrandenburger Literaturzentrum. 1988 bis 1990 Studium am Institut für Literatur „Johannes R. Becher" Leipzig.

Im Archiv:

Band I: 1) „Die kleinen Narren. Erzählungen"(Manuskript mit Anmerkungen); Band II: 1) „Erben mit Dreißig – oder amor fati: die Letzten werden die Ersten sein!" (Manuskript, 79 Blatt); Band III: 1) „Will, was er hat – oder Vom langen Weg der Seßhaften" (Manuskript, 192 Blatt); Band IV: 1) „Die kleinen Narren. Erzählungen" (Manuskript mit Anmerkungen, Arbeitskopie).

Veröffentlichungen (Auswahl):

Baumann, C. (Hrsg.): Rückblende. Junge Autoren in Neubrandenburg (DDR). Interviews und Texte, Schwerin: Der Landesbeauftragte für Mecklenburg-Vorpommern für die Unterlagen des Staatssicherheitsdienstes der ehemaligen DDR 2008.

Lutz Rathenow

Am 22.9.1952 in Jena geboren. 1971 Abitur, dann NVA. 1973 Studium Deutsch, Geschichte und Pädagogik an der Friedrich-Schiller-Universität Jena. 1973 bis 1975 Mitbegründer und Leiter des „Arbeitskreises Literatur und Lyrik" in Jena. 1975 Verbot des Arbeitskreises durch das MfS, Bearbeitung im OV „Pegasus". 1977 Ausschluss vom Studium aus politischen Gründen. Transporthilfsarbeiter, Beifahrer im VEB „Carl Zeiss" Jena. Umzug nach Ostberlin. Arbeit am Theater und als freier Schriftsteller. 1980 Verhaftung nach Veröffentlichung seines Prosadebüts „Mit dem Schlimmsten wurde schon gerechnet" im Westen. Danach weitere Veröffentlichungen in West-Verlagen und in alternativen Literaturzeitschriften der DDR. Mitglied in der unabhängigen Friedens- und Bürgerrechtsbewegung. 1992 formelle Rehabilitierung durch die Friedrich-Schiller-Universität Jena und nachträgliche Verleihung des Abschlussdiploms. Redakteur der Zeitschrift „Liberal". Freier Mitarbeiter der Wochenzeitschrift „Rheinischer Merkur". Seit März 2011 Sächsischer Landesbeauftragter für die Stasi-Unterlagen.

Im Archiv:
Band I bis IV: 1) BStU-Kopien, u.a. mit abgefangenen Texten, Geschichten, Gedichten (ca. 1372 Blatt, MfS-Postkontrolle, archiviert von der HA XX/9), Brief vom 7.11.2001 (Erklärung seiner Schreib- und Publikationsstrategie in der DDR, 5 Blatt), 2) Publikation „The Fantastic Ordinary World of Lutz Rathenow. Poems, Plays und Stories" (201 Seiten, in englischer Sprache, Riverside, CA: Xenos Books 2001).

Externe Fundorte/Archive:
BStU, OV „Assistent" (BStU, ZA, AOP).

Veröffentlichungen (Auswahl):
Rathenow, L.: Gelächter sortiert. Gedichte, Weilerswist: R. Liebe 2008.
ders.: Fortsetzung folgt. Prosa zum Tage, Weilerswist: Landpresse 2004.
ders.: Die Fünfzig. Gedichte, Weilerswist: Landpresse 2002.
Rathenow, L., Sax, B. (Ü), u. Tannenberg, I. v. (Ü): The Fantastic Ordinary World of Lutz Rathenow. Poems, Plays & Stories, Riverside, CA: Xenos Books 2001.
Rathenow, L.: Jahrhundert der Blicke. Neue Gedichte, Weilerswist: Landpresse 2000.
ders.: Sterben will gelernt sein. Lyrische Prosa, prosaische Lyrik, Weilerswist: Landpresse 2000.
ders.: Der Wettlauf mit dem Licht. Letzte Gedichte aus einem Jahrhundert, Weilerswist: Landpresse 1999.
ders.: Sisyphos. Erzählungen, Berlin: Berlin Verlag 1995.
ders.: Verirrte Sterne oder Wenn alles wieder mal ganz anders kommt. Gedichte, Gifkendorf: Merlin 1994.
ders.: Die lautere Bosheit. Satiren, Faststücke, Prosa, Remchingen: Maulwurf 1992.
ders.: Sterne jonglieren. Gedichte, Ravensburg: Otto Maier 1989.

ders.: Zärtlich kreist die Faust. Gedichte, Pfaffenweiler: Pfaffenweiler Presse 1989.
Rathenow, L., u. Hauswald, H.: Berlin-Ost. Die andere Seite einer Stadt in Texten und Bildern, München: Piper 1987.
Rathenow, L.: Boden 411. Stücke zum Lesen und Texte zum Spielen, München: Piper 1984.
ders.: Einst war ich Fänger im Schnee. Neue Texte und Bilder aus der DDR, Berlin: Oberbaum 1984.
ders.: Zangengeburt. Gedichte, München: Piper 1982.
ders.: Mit dem Schlimmsten wurde schon gerechnet. Prosa, Berlin: Ullstein 1980.

Andreas Reimann

Am 11.11.1946 in Leipzig geboren. Beide Eltern Grafiker. 1953 Flucht des Vaters nach Westberlin, 1954 Selbstmord der Mutter. Heimaufenthalte, ab 1956 bei seiner Großmutter in Leipzig. 1963 Schriftsetzerlehre. 1965 Studium am Institut für Literatur „Johannes R. Becher" Leipzig. Im Juni 1966 exmatrikuliert, da er den Kontakt zu Biermann nicht abbrechen wollte. Vom MfS im OV „Autor" bearbeitet. Ab November 1966 NVA, Selbstmordversuch, im März 1967 entlassen. Ab 1967 freier Schriftsteller. Nach Protest gegen die Zerschlagung des Prager Frühlings am 1.10.1968 verhaftet wegen „staatsfeindlicher Hetze" und zu 2 Jahren Haft verurteilt. Ab 1970 Lager- und Transportarbeiter, Brauereihilfsarbeiter, Lohnbuchhalter. 1973 wieder freier Schriftsteller und Arbeit mit Chansoninterpreten, Rockgruppen und Komponisten. 1975 Veröffentlichung der Gedichtbände „Die Weisheit des Fleisches" und „Das ganze halbe Leben" im Mitteldeutschen Verlag. Danach wieder Veröffentlichungsverbot. 1990 Presse- und Rundfunkarbeit. Nach 1990 zahlreiche Veröffentlichungen. 2013 Gründung der Andreas-Reimann-Gesellschaft.

Im Archiv:

Band I: 1) Publikation „Vom haltbaren Jonas" (Lieder, Balladen und eine CD, 160 Seiten, Leipzig: Forum 1999), 2) Biografische Angaben und Verzeichnis der wichtigsten Veröffentlichungen, 3) Gedichte (70 Blatt, Kopien, 1965–1978), 4) Beurteilung des exmatrikulierten Studenten Andreas Reimann (Max Walter Schulz, 31.1.1969, 2 Blatt),

5) unveröffentlichte Gedichte (1965–1968 und 1971–1989, unvollständige Sammlung) und der unveröffentlichte Essay „Anmut sparet nicht noch Mühe“ (56 Blatt, 1978).
Tonbandprotokoll: Andreas Reimann (14.12.2003, Leipzig).

Externe Fundorte/Archive:
OV „Autor“: BStU, ASt. Leipzig, AOP 840/71.
Stadtarchiv Leipzig: Gesamtvorlass im Original.

Veröffentlichungen (Auswahl):
Reimann, A.: Die Zeit der Ersten Duma und ihre Auflösung, München: GRIN 2012.
ders.: Gräber und drüber. Gedichte, Leipzig: Connewitzer 2010.
ders.: Bewohnbare Stadt. Leipzig-Gedichte, Leipzig: Connewitzer 2009.
ders.: Der trojanische Pegasus. 150 ausgewählte Gedichte. 1957–2006, Halle/Saale: Mitteldeutscher Verlag 2007.
ders.: Will an deinen Leib mich fügen. Liebesgedichte, Leipzig: Connewitzer 2006.
ders.: Eine Schale voller Stille. Der Weg des Raku, Düsseldorf: Artemis & Winkler 2004.
ders.: Zwischen den Untergängen. Gesammelte Gedichte, Leipzig: Faber & Faber 2004.
ders.: Der Olivenspiegel. Gedichte, Dresden: Die Scheune 2003.
ders.: Die männlichen Zeitalter. Liebesgedichte, Tübingen: Konkursbuch 2001.
ders.: Das Sonettarium. 1975–1995, Leipzig: Connewitzer 1995.
ders.: Das ganze halbe Leben. Gedichte, Halle/Saale: Mitteldeutscher Verlag 1979.
ders.: Die Weisheit des Fleischs. Gedichte, Halle/Saale: Mitteldeutscher Verlag 1975.

Axel Reitel

Am 7.4.1961 in Plauen geboren. 1977 Ausbildung als Dreher. Gründung der Gruppe „Poetisches Leben“. Am 17.6.1978 verbrannte er öffentlich eine DDR-Fahne und erhielt dafür 6 Monate Jugendhaft. Danach Wiederaufnahme der Lehre, nach sechs Monaten aber wegen „Zersetzung des Lehrlingskollektivs“ und „Verweigerung der vormilitärischen Ausbildung" beendet. Bühnenarbeiter, Monteur, Kohlefahrer. 1981 erneute Verhaftung wegen „Vorbereitung zur landesverräterischen Nachrichtenübermittlung" (betraf eine Plakataktion). Zu 4 Jahren Haft verurteilt. 1982 nach 18 Monaten Haft Freikauf durch die Bundesrepublik aufgrund des Einsatzes von Amnesty International. 1985 bis 1990 Studium der Publizistik, Französisch und Spanisch an der Freien Universität Berlin und Studium der Philosophie und Kunstgeschichte an der Technischen Universität Berlin. 1990 Rückkehr nach Plauen. Seitdem freier Autor. 1991 vollständige Rehabilitierung und Dramaturg des Hofer Theaters „Z". 2000 Forschungsauftrag zum Jugendstrafvollzug in der DDR. 2003 Umzug nach Berlin. 2007 Forschungsprojekt „Geschichte der FDJ-Poetenseminare". Seit Oktober Vorstandsmitglied des Menschenrechtszentrums e. V.

Im Archiv:
Band I: 1) Textmaterial von Axel Reitel: „Zeitalter der Fische. Erzählungen" (1996), „Das Glück in Mausebach. Erzählungen" (1989), Druck „Das Exil und der Sandberg. Gedichte 1976–1990" (1992), Zeitungsartikel über Axel Reitel und seine Arbeit.

Veröffentlichungen (Auswahl):
Reitel, A.: Nachtzensur. DDR und Osteuropa zwischen Revolte und Reaktorkatastrophe. Fünf Features, Berlin: Köster 2013.
ders.: Die Zentralen Poetenseminare der FDJ von 1970–1979, Berlin: Forschungsverbund SED-Staat 2008.
ders.: Schöne Jugend. Jugendliche im Widerspruch zur DDR. Fünf Features, Berlin: Köster 2007.
ders.: Seelenbrennen. Ein Leben für die Musik. Gespräche mit dem Sänger Reinhard Fißler von der Stern-Combo Meißen, Berlin: 3D 2007.
ders.: Jugendstrafvollzug in der DDR. Am Beispiel des Jugendhauses Halle, Berlin: Köster 2006.
ders.: „Frohe Zukunft". Keiner kommt hier besser raus. Strafvollzug im Jugendhaus Halle, Magdeburg: Landesbeauftragte für die Unterlagen des Staatssicherheitsdienstes der Ehemaligen DDR in Sachsen-Anhalt 2002.
ders.: Liebe Anarchie. Gedichte, Dresden: Fama 1996.

ders.: Zeitalter der Fische. Erzählungen, Chemnitz: Chemnitzer 1996.
ders.: Das Exil und der Sandberg. Gedichte 1976–1990, Berlin: Boesche 1992.
ders.: Das Glück in Mäusebach. Erzählungen, Berlin: Oberbaum 1989.

Paul Gerhard Reitnauer

Am 2.3.1922 in Ludwigshafen geboren. 1937 bis 1940 Fliegertechnische Vorschule Friedrichshafen. An der Front in Afrika und Finnland. 1946 Heimkehr nach Deutschland. 1948 Aufnahme in die Vorstudienanstalt der Humboldt-Universität Berlin. Abitur. Ab 1950 Studium an der Mathematisch-Naturwissenschaftlichen Fakultät der Humboldt-Universität. Diplom-Biologe und bis 1958 wissenschaftlicher Assistent an der Humboldt-Universität. 1959 Wechsel an das Dresdner Forschungsinstitut Manfred von Ardennes. Leiter der Abteilung „Biomedizinische Grundlagenforschung 1". Promotion an der Technischen Universität Dresden. 1961 Selbstherausgabe eines Lyrik-Prosa-Bandes. Publikationsverbot.

Im Archiv:

Band I: 1) „Mein verbotenes Buch" (Manuskript, 21 Blatt, Kopien, 1998), 2) Publikation „Mein verbotenes Buch. Hundert private Gefühlsausbrüche" (Nachdruck der Ausgabe 1961, Frankfurt a. M.: Freidhof 1991); Band II: 1) Schriftwechsel, u. a. zwischen BStA, Joachim Walther und Dr. Paul Gerhard Reitnauer, Biobibliografie; Band III: 1) Textsammlung „Sozialis-muss, egal wie!" (210 Texte, 250 Blatt, Kopien, 1951–1991); Band IV: 1) Textsammlung „Kaleidoskop" (231 Texte, 250 Blatt, Kopien, 1951–2004); Band V: 1) „Peter Peltok" (Prosa, 19 Blatt, Kopien, 1995); Band VI und VII: 1) Eingaben, Anfragen, Angebote, Ablehnungen, Antworten und Nichtbeantwortungen im schriftlichen Kontakt mit Institutionen, Verlagen, Medien, Betrieben und Personen ab 1953 bis nach der „Wende" (370 Blatt, Kopien).

Veröffentlichungen (Auswahl):

Reitnauer, P. G.: Mein verbotenes Buch. Hundert private Gefühlsausbrüche, Frankfurt a. M.: Freidhof 1991.

Alexander Richter

Am 16.12.1949 in Coswig geboren. Wuchs in Potsdam auf. Maurerlehre. Oberschule, NVA und Studium der Finanzwirtschaft an der Humboldt-Universität Berlin. Arbeit in Baubetrieben, Landwirtschaft, Einzelhandel und Metallbranche. 1974 Revisor bei der Staatlichen Finanzrevision Potsdam. Daneben schreibt er Kurzprosa und an dem Roman „Alfred Liebreuther" (1976–1981). 1980 bis 1983 Bearbeitung im OV „Transit". September 1982 Verhaftung wegen „staatsfeindlicher Hetze". 11 Monate Untersuchungshaft in Potsdam, anschließend im Juli 1983 zu 6 Jahren Zuchthaus verurteilt. Die MfS-Postkontrolle beschlagnahmt Manuskripte bei Verhaftung und vermerkt die Vernichtung am 25.11.1983. 1983 in der Haftanstalt Anwerbung als IM „Christoph Gebel". Abbruch der Zusammenarbeit 1985 wegen „Passivität". Im Februar 1985 Haftentlassung aus dem Zuchthaus Brandenburg in die Bundesrepublik. Arbeit als Möbelträger, Gärtner, Maler, Kraftfahrer und Hilfsarbeiter. Arbeit als freier Mitarbeiter und als Redakteur für verschiedene Zeitungen wie die Monatszeitschrift „Freiheitsglocke". 1995 Gründung des first minute Taschenbuchverlages.

Im Archiv:

Band I: 1) Romanfragment „Alfred Liebreuther" (52 Blatt, handschriftlich eng beschrieben, BStU-Kopie), 2) BStU-Kopien: Berichte, Vernehmungsprotokolle, Gerichtsurteil.

Externe Fundorte/Archive:

BStU, ASt. Potsdam, AOP 1152/83.
Homepage: http://www.first-minute-buecher.de/58001.html

Veröffentlichungen (Auswahl):

Richter, A.: Saerbecker Fenster. Impressionen eines Jahres, Emsdetten: First Minute 2006.
ders.: Zuchthaus Brandenburg. Roman, Emsdetten: First Minute 2002.
ders.: Das bittersüße Leben vor dem Knast. Eine Stasi-Urlaubsgeschichte ohne Happyend, Emsdetten: First Minute 2000.
ders.: Eine Rose für die Deutschen. Elend und Glanz nach der Übersiedlung. West-Berlin 1985, Emsdetten: First Minute 1995.
ders.: Femitakel. Sieben Erzählungen, Emsdetten: Pro Text 1994.

ders.: Das „Lindenhotel“ oder 6 Jahre Z. für ein unveröffentlichtes Buch, Böblingen: Tykve 1992.
ders.: Die gestohlene Himmelfahrt. 14 Geschichten, Böblingen: Tykve 1988.

Ulrich Rogge

(Pseudonym: Herrmann Percy)

Am 8.8.1937 in Magdeburg geboren. Mutter Lehrerin, Vater Maler. 1950 Lehre als Schriftsetzer, Abendoberschule an der VHS Magdeburg. Deutsch- und Geschichtsstudium in Halle/Saale. Ab 1960 Lehrer in Thüringen. 1968 Lehrverbot. Danach Kraftfahrer, Buchhändler, Fachbibliothekar. Nach 1990 Arbeit als Journalist. Nach der Rehabilitierung von 1993 bis 1998 wieder Lehrer.

Im Archiv:

Band I: 1) Gedichte (76 Blatt, Kopie, geschrieben 1957–1989).

Klaus Kurt Rohleder

Am 9.6.1935 in Waltersdorf in einer Familie von Landwirten geboren. Nach Abschluss der Volksschule Bauer, im Zuge der Kollektivierung der Landwirtschaft zwangsweise LPG-Bauer. 1969 Mitglied des Greizer Lyrikkreises von Ibrahim Böhme. Dreijähriger Lehrgang an der Kulturakademie „Horst Salomon“ in Rudolstadt. 1988 Aufführung von „Das Fest“ an der Volksbühne Berlin. 1991 Kölner Ludwig-Mühlheim-Förderpreis. 2006 die Oper „La Neuberin“ in Zusammenarbeit mit dem sizilianischen Komponisten Joe Schittino. Juli 2011 Bundesverdienstkreuz. 5.9.2013 auf Sizilien an einem Herzinfarkt gestorben und in Waltersdorf beigesetzt.

Im Archiv:

Band I: 1) Biografie, 2) „Egons Flucht oder Vom Wasser“ (166 Blatt); Band II: 1) „Prinzipalin Arlecchino. Eine Neuberin“, „Das Fest“, „Das Spiel“, 2) Zeitungsartikel betreffend Klaus Rohleder und seine Stücke (Kopien, 1977–2000), 3) Schriftverkehr zwischen Klaus Rohleder und verschiedenen Institutionen (Kopien), 4) BStU-Kopien, Biografie; Band III: 1) Langspielplatte „Section Transbeton-Art – Deutsch-Russische Volksweisen aus dem Jahre 2050“ (Auflage 50/Nr. XXIV); Band IV: 1) „Egons Flucht oder Vom Wasser“ (Manuskript, 173 Blatt).

Veröffentlichungen (Auswahl):

Schittino, J., u. Rohleder, K.: Wasser, das zur Mauer wurde (2009). JS 108. Oratorium nach Texten von Klaus Rohleder. Für Tenor, Vokal-Soloquartett, gem. Chor, Orgel und Orchester, Bad Schwalbach: Edition Gamma 2010.

Serke, J.: Zu Hause im Exil. Dichter, die eigenmächtig blieben in der DDR, München: Piper 1998.

Frank Romeiß

Am 25.4.1953 in Arnstadt geboren. Oberschule, drei Jahre NVA. Krankenpfleger. Lokaljournalist in Thüringen. Beginnt zu schreiben ab Anfang der siebziger Jahre. MfS-Observationen aufgrund vermeintlicher „Verbreitung seiner Hetzschriften in Gedichtform“ im Freundeskreis. 1980 verhaftet, im September 1981 wegen „staatsfeindlicher Hetze“ (12 „Hetzschriften“) zu 3 Jahren und 6 Monaten Haft verurteilt. Die literarischen Texte wurden als Beweismittel verwendet, verblieben nach dem Urteil aber beim MfS und wurden teilweise vernichtet, z. B. die Heine-Adaption „Deutschland, ein Sommertraum“.

Im Archiv:

Band I: 1) Schriftwechsel zwischen Frank Romeiß und verschiedenen Personen und Institutionen, Gerichtsurteil (Kopien und Originale, 1977–1980); Band II: 1) Gerichtsakte und OV „Pflege“ (BStU-Kopien); Band III: 1) Texte (BStU-Kopien) und Gedichte (Original und Kopien, 1975–1979).

Externe Fundorte/Archive:

OV „Pfleger“, BStU, ASt. Erfurt, AOP 273/81.
BStU, ASt. Erfurt, AU 1475/81.

Rüdiger Rosenthal

Am 25.2.1952 in Boizenburg geboren. Wuchs in Mecklenburg auf. 1970 Abitur, danach Ausbildung als Schiffbauschlosser in der Elbewerft Boizenburg. Danach Physikstudium an der Technischen Hochschule Magdeburg und Examen in Ingenieurwesen. 1974 Hochschulassistent und Arbeit als Entwickler und Ingenieur im Ostberliner Werk für Fernsehelektronik. 1976 Autor und Journalist für westdeutsche Medien unter Pseudonym. Seit Ende der siebziger Jahre engagiert in der oppositionellen Friedens- und Ökologiebewegung der DDR. Ab 1980 freiberuflicher Schriftsteller in Ostberlin und Mecklenburg. 1984 illegale Veröffentlichung des Gedichtbandes „Polnische Reise, Poetische Erzählungen und andere Gedichte" im Westberliner Oberbaum Verlag. Publikationen in illegalen Zeitschriften wie „Entwerter/Oder" und „zweite person". 1987 Ausreiseantrag. 1989 Journalist für die Sendung „Radio Glasnost" beim Westberliner Radio 100 und für die „taz". 1990/91 Pressesprecher von Bündnis 90/Die Grünen sowie mehrerer Umweltverbände.

Im Archiv:

Band I: 1) Publikation „Polnische Reise. Poetische Erzählungen und andere Gedichte" (Berlin: Oberbaum 1984), 2) Notate zum Szenierungsentwurf zu „Elf Uhr" von Gert Neumann (47 Blatt), 3) „Bauchschüsse" von Erich Loest (12 Blatt), 4) 5 Fotografien, Motiv Alexanderplatz Berlin (s/w).

Tonbandprotokoll: Rüdiger Rosenthal (18.2.2004).

Veröffentlichungen (Auswahl):

Jäger, A.: Schriftsteller aus der DDR. Ausbürgerungen und Übersiedlungen von 1961 bis 1989, Frankfurt a. M.: Peter Lang 1995.

Rosenthal, R.: Robert Havemann. Die Stimme des Gewissens. Texte eines deutschen Antistalinisten, Reinbek: Rowohlt 1990.

ders.: Polnische Reise. Poetische Erzählung und andere Gedichte, Berlin: Oberbaum 1984.

Frank Rub

Am 22.3.1952 in Jena geboren. Seit 1967 erste Malereien. 1968 aufgrund politischer Aktionen im Zusammenhang mit dem Prager Frühling zwangsweiser Schulwechsel. 1971 Abbruch des Abiturs aus politischen Gründen. 1971 bis 1973 Ausbildung zum Steinmetz und Steinbildhauer. Arbeit als Steinmetz. 1975 NVA. 1976 Mitglied in der SED. 1978 Gründung und Leitung der Interessengemeinschaft „Bildende Kunst" Jena. 1978 Ausschluss aus der SED wegen „Verlassens des Klassenstandpunktes" und Auflösung der IG „Bildende Kunst". Verhinderung der VBK-Mitgliedschaft durch das MfS. Ausstellungsverbot. Ab 1980 Arbeit als Bote und Friedhofsarbeiter bei der evangelischen Kirche in Jena. 1980 Ablehnung des NVA-Reservistendienstes. 1982 Gründungsmitglied der Jenaer Friedensgemeinschaft. 1982 wegen „Herabwürdigung der DDR" in seinen Skizzen und Bildern 6 Wochen Haft in Gera. Vom MfS umfassend bearbeitet in den OV „Exponent", „Meißel" und „Weinberg". 1985 Übersiedlung nach Westberlin. 1986 bis 1991 Arbeit als Bildhauer im Kreuzberger Jugend- und Kulturzentrum Berlin. 1991 Rückkehr nach Thüringen. 2001 juristische Rehabilitation. 2003 Rehabilitation durch die Schulbehörde. Freie Arbeit als Künstler.

Im Archiv:

Band I und II: 1) Textsammlung von Frank Rub (Kopien); Band III: 1) „Mein kleiner Krieg" (Romanerzählung, Kopie, 6 Blatt), „Der Mauersammler" (Kopie, 3 Blatt), „Schöne Bilder malen sich nicht" (Kopie, 2 Blatt), „Der Junge" (Kopie, 4 Blatt); Band IV: 1) „Pistole" (Erzählung, Original und Kopie, geschrieben 1983–1985); Band V: 1) „Abwesenheit" (poetische Texte, 1987–1993).

Externe Fundorte/Archive:

Homepage: http://www.rub-art.de

Rolf Schilling

Am 11.4.1950 in Nordhausen geboren. Ab 1968 Philosophiestudium an der Humboldt-Universität Berlin. 1972 Dozent für Philosophie an der TH Ilmenau. 1974 NVA. 1975 Mitglied der SED. 1977 Relegierung von der Hochschule und Parteiausschluss. OPK durch das MfS. Umzug nach Bielen bei Nordhausen, Heirat, Arbeit als Schachtrainer und Lyriker. 1981 in Quedlinburg Gründung des Dichterkreises „Das Holde Reich" (mit Uwe Lammla, Joachim Werneburg, Sylvia Köhler-Hamm). Vom MfS bearbeitet im OV „Poet". Briefwechsel mit Ernst Jünger, Oda Schaefer, Fritz Usinger, Karl Corino. Ab 1985 Herausgabe seiner Gedichte durch den 1984 geflohenen Dichterfreund Uwe Lammla in München. In der DDR Veröffentlichungen in alternativen Zeitschriften wie „Schaden" und „Ariadnefabrik".

Im Archiv:
Band I: 1) CD mit Material zu „Holdes Reich", 2) Material zu „Holdes Reich", u.a. Akteure, Gedichte, Fotos (Kopien), 3) Briefwechsel mit Fritz Usinger, Oda Schaefer, Ernst Jünger, Karl Corino (25 Blatt, Kopien, 1978–1996), 4) Publikation „Eros und Ares" (Essays, 95 Seiten, München: Arnshaugk 1994), Publikation „Tage der Götter. Gedichte mit Bildern von Arno Breker" (München: Arnshaugk 1991), Stimmen zum Werk (Kopien), Publikation „Gesammelte Werke in Einzelbänden" (16 Bände, gesamt 3920 Seiten, München: Arnshaugk 1990–1993, im Einzelnen: Abteilung I: Verswerke, Band I/1 „Scharlach und Schwan. Frühe Gedichte und Dramen. 1968 bis 1977", Band I/2 „Stunde des Widders. Gedichte. 1977 bis 1980", Band I/3 „Questen-Gesang. Gedichte. 1981 bis 1987", Band I/4 „Die Häupter der Hydra. Gedichte, 1988–1992", Band I/5 „Feuerlilie. Gedichte. 1992 bis 1994", Band I/6 „Halkyon. Gedichte. 1995 bis 1996", Abteilung II: Prosa, Band II/1 „Kreis der Gestalten. Zwölf Huldigungen. 1973 bis 1985", Band II/2 „Das Holde Reich. Essays zur Symbolik. 1981 bis 1984", Band II/3 „Schwarzer Apollon. Essays zur Symbolik. 1985 bis 1988", Abteilung III: Dichterische Übertragungen, Band III/1 „Ein verlassener Garten. Deutsche Gedichte nach Algernon Swinburne", Band III/2 „Der Phoenix und die Taube. Englische Lyrik in deutscher Fassung", Band III/3 „Was der Schatten sprach. Französische und russische Lyrik in deutscher Fassung", Abteilung IV: Tagebücher, Band IV/1 „Aus Ariel-Tagen. Notizen, Aphorismen, Entwürfe. Tagebücher 1975 bis 1980", Band IV/2 „Refugium. Notizen und Träume. Erstes Buch. Tagebücher 1981 bis 1984", Band IV/3 „Refugium. Notizen und Träume. Zweites Buch. Tagebücher 1985 bis 1988", Band IV/4 „Lebens Mittag. Notizen und Träume. Erstes Buch. Tagebücher 1989 bis 1991").
Tonbandprotokoll: Rolf Schilling 70' (17.4.2003, Bielen).

Veröffentlichungen (Auswahl):
Remy, D.: Opposition und Verweigerung in Nordthüringen (1976–1989), Duderstadt: Mecke 1999.
Schilling, R.: Werke in 12 Bänden, München: Arnshaugk 1997.
ders.: Tagebücher in 4 Bänden, München: Arnshaugk 1995.

Peter Schnetz

Am 7.5.1940 in Chemnitz geboren. Ausbildung zum Maschinenschlosser in Leipzig. Abitur. Kirchenmusikstudium in Weimar und Leipzig. Abbruch des Studiums. Gelegenheitsarbeiter. 1962 erste Gedichte. 1966 Fluchtversuch. Verurteilung zu 1 Jahr Haft. 1969 erneute Verhaftung wegen „staatsfeindlicher Hetze" und verurteilt zu 3 Jahren und 6 Monaten. 1972 Ausweisung. Arbeit in der Stadtbücherei Hagen. 1 Jahr Volontariat beim Deutschlandfunk in Köln. 4 Jahre Regieassistent an der Staatsoper in Teheran. Nachrichtenredakteur und -sprecher bei Radio Teheran (deutsches Programm). 1978 Umzug nach Wien. Danach freier Autor in Bamberg. Dort am 11.7.2022 gestorben.

Im Archiv:
Band I: 1) Publikation „Eliten. Gesellschaftskritische Schriften" (292 Seiten, Bamberg: Schnetz 2006), 2) Publikation „Welttheater. Ästhetische, kritische, politische, philosophische Abhandlungen" (181 Seiten, Bamberg: Schnetz 2003), 3) Manuskript „Operation ‚Pamphlet'. Meine Stasi Akte", u. a. Lieder, Szenen, Gedichte, biografisches Material (MfS-Akten, Gerichtsakten, Briefe, Gutachten, Kommentare, Kopien, 188 Blatt), 4) Zeitungsartikel zu Peter Schnetz und seinen Werken (Kopien, 1986–2000), 5) Manuskript „Casanova. Säusel, Gibbel, Lauf, Furz, Pomp um eine Lebenskomödie" (Kopie, Blatt 1–50, 1979), „Spring!" (geistliches Schauspiel, Blatt 51–82, 1986), „Das Episodentheater" (Essays, Blatt 83–102, 1964–1969), 6) „Die Synagoge und der Meister" (Novelle, 1987); Band II: 1) CD, u. a. mit Artikel, Autorenmasken, Briefen, 2) Publikation „Blüten des Grässlichen. Satiren" (80 Seiten, Bamberg: Schnetz 2005), 3) Publikation „Germania. Sieg- und Trauerspiel" (150 Seiten, Bamberg: Schnetz 1999), 4) Publikation „Deutsche Zustände. Josef Matthias Hauer" (Essays, Aufsätze und Kurzprosa, 87 Seiten, Bamberg: Schnetz 1994), 5) Publikation „Rächer der Entlaubten" (132 Seiten, Bamberg: Schnetz 2009), 6) Publi-

kation „Der Prozess um des Urteils Schatten“ (324 Seiten, Bamberg: Schnetz 2010); Band III: 1) Publikation „Versuchter Grenzdurchbruch. Vernehmungsprotokolle“ (319 Seiten, Bamberg: Schnetz 2004), 2) Publikation „Auftrag ‚Spieler‘“ (Textsammlung, 219 Seiten, Bamberg: Schnetz 2001), 3) Publikation „Pike Mirabeau“ (75 Seiten, Bamberg: Schnetz 1989), 4) Publikation „‚ICH‘ Darius. Dokumentarische Episoden über Diktatur und Demokratie“ (55 Seiten, Bamberg: Schnetz 1985), 5) Publikation „Stürme der Revolution. Kabaretttexte und Gedichte“ (75 Seiten, Bamberg: Schnetz 1984), 6) Publikation „Der Traum des Edison. Dokumentarisches Episodenstück“(79 Seiten, Bamberg: Schnetz 1990), 7) Publikation „Urs und die große Unvernunft“ (109 Seiten, Bamberg: Schnetz 1998), 8) Publikation „Die Scheintode des Herrn X. Groteske mit Variationen frei nach Jesus“ (98 Seiten, Bamberg: Schnetz 1991), 9) Publikation „Das Mädchen aus Saragossa“ (77 Seiten, Bamberg: Schnetz 1986).Tonbandprotokoll: Peter Schnetz 89' (2.6.2001, Bamberg).

Veröffentlichungen (Auswahl):
Schnetz, P.: Wer je die Sparflamme umschritt. Politische Gedichte, Bamberg: Schnetz 2007.
ders.: Auf der Jagd nach Liebe. Gedichte, Bamberg: Schnetz 1984.
ders.: Türme der Rebellion. Gedichte, Birkach: Ladewig 1982.
ders.: Zeitfragmente einer Liebe. Gedichte, Sankt Michael: Bläschke 1982.

Frank Schöne

Am 7.2.1953 geboren. Ab 1960 aufgewachsen in Beierfeld. 1973 2 Jahre Arbeitserziehung. 1976 Ausreiseantrag. 1977 Lesungsverbot. Kontaktaufnahme zum Schutzkomitee Freiheit und Sozialismus in Westberlin. Arbeit als Postbote. 1978 Haftbefehl durch das MfS wegen „Herstellens und Verbreitens von Hetzgedichten und Erzählungen“, Verurteilung zu 2 ½ Jahren Haft. Vier Tage nach der Urteilsverkündung Abschiebung in die Bundesrepublik. Artikel über Frank Schöne im Magazin „Der Spiegel“ (2/1979). Nach eigenen Angaben Aufgabe des Schreibens im Westen.

Im Archiv:
Band I: 1) 34 Gedichte (29 Blatt, Kopie, 1976–1979, die Originale liegen bei Hannes Schwenger, Berlin), 2) „Notwendige Nachbemerkung zum Thema, 30 Jahre DDR'"(2 Blatt, Kopie, 1979), 3) Auszüge aus der MfS-Akte (Haftbeschluss, Vernehmungsprotokolle, Texte-Kopien, 378 Blatt, BStU-Kopien, 1976–1979).

Externe Fundorte/Archive:
Originale: Hannes Schwenger, Berlin.
BStU, ASt. Karl-Marx-Stadt, 630/79.

Horst Schumacher

Am 13.10.1926 in Gohlitz geboren. 1941 Lehre zum Verwaltungsangestellten beim Landratsamt Meseritz. 1944 Einberufung. Infanteriesoldat in Italien, von 1944 bis 1948 englische Kriegsgefangenschaft in Wüstenlagern in Ägypten und Libyen. 1948 Rückkehr nach Jena. Abitur. 1950 bis 1954 Germanistik- und Pädagogikstudium an der Friedrich-Schiller-Universität Jena. 1956 bis 1990 Lehrer in Jena. Schrieb seit den frühen fünfziger Jahren vor allem dramatische Texte. Keiner der Texte wurde je öffentlich. Horst Schumacher ist am 16.12.1996 in Jena gestorben.

Im Archiv:
Band I: 1) Schriftstücke von Ingeborg Schumacher an Joachim Walther (2001–2005), 2) Materialsammlung, u. a. Zeitungsartikel (1990), Krankenverlauf (zum Teil handschriftlich, zum Teil Arztbriefe), 3) Manuskript „Die Niederlage" (100 Seiten, Kopie, 1952–1965), 4) Manuskriptfragment „Fragment aus den frühen Studententagen (1951/1952)", 5) Text „Ein unbekannt gebliebner Jenaer Dichter" (von Ingeborg Schumacher, 2000), 6) Briefe und Fotos als Soldat und Kriegsgefangener (1944–1948).
Tonbandprotokoll: Ingeborg Schumacher 135' (2.8.2001).

Veröffentlichungen (Auswahl):
Schumacher, H.: Die Niederlage oder Montanien ist überall. Versdrama in fünf Bildern, Stadtroda: UND 2010.

Heinz Steudel

1935 in Langenwetzendorf bei Greiz geboren. 1953 Abitur. Physikstudium in Jena. Im Zusammenhang mit der Aufdeckung der Widerstandsgruppe „Eisenberger Kreis“ im März 1958 Verhaftung wegen „staatsfeindlicher Hetze“ und zu 18 Monaten Zuchthaus verurteilt. Nach Haft und „Bewährung in der Produktion“ 1960 Diplom-Physiker in Jena, 1967 Promotion. Physiker an der Akademie der Wissenschaften der DDR. Nach 1990 Humboldt-Universität Berlin und Max-Planck-Gesellschaft.

Im Archiv:

Band I: 1) Gedichte aus der Haft (Kopien, 1958), 2) Biografie.

Veröffentlichungen (Auswahl):

Herrmann, P.: Der Physikerball 1956. Vorgeschichte, Ablauf, Folgen, Jena: Friedrich-Schiller-Universität 1997.

Zur Mühlen, P. V.: Der „Eisenberger Kreis“: Jugendwiderstand und Verfolgung in der DDR 1953–1958, Bonn: Dietz Nachf. 1995.

Gabriele Stötzer-Kachold

Am 14.4.1953 in Emleben geboren. 1969 Ausbildung als Medizinisch-Technische Assistentin. 1971 Abitur an der Abendschule. Ab 1973 Studium der Germanistik und Kunsterziehung an der Pädagogischen Hochschule Erfurt. 1976 Exmatrikulation. November 1976 Beteiligung an einer Unterschriftenaktion gegen die Ausbürgerung von Wolf Biermann. Observation durch das MfS. Am 6.1.1977 Verhaftung. 5 Monate Untersuchungshaft in Erfurt. Im Mai 1977 Verurteilung, 7 Monate Gefängnis in der Frauenhaftanstalt Hoheneck. Erste literarische Texte. Entlassung im Januar 1978. „Bewährung in der Produktion“ in einer Schuhfabrik. Kündigung. Aufbau einer künstlerischen Manufaktur mit Malerei, Töpferei, Fotografie, Siebdruck und Weberei im Erfurter Untergrund. 1980 private Kunstgalerie „Galerie im Flur“. 1979 Eröffnung des OV „Toxin“ gegen sie, Schließung der Galerie, Verhinderung von Lesungen, Auftrittsverbote, Ordnungsstrafen. Trotz der Repressionen Texte, Filme, Bilder, Performances, Objektshows, Gründung einer künstlerisch arbeitenden Frauengruppe. Veröffentlichungen in Zeitschriften wie „Mikado“, „und“ und „Ariadnefabrik". Herbst 1989 Mitbegründerin der Initiative „Frauen für Veränderung", Hauptakteurin bei der Stürmung des Erfurter Stasi-Gebäudes. Mitglied im Bürgerrat und Bürgerkomitee. 1990 Mitbegründerin der Erfurter Vereins „Kunsthaus". 2013 Bundesverdienstkreuz.

Im Archiv:

1) CD mit Biografischem/Bibliografie, Texte, Buch korr. (2005), 2) CD mit Texten (Fassung 22.2.2005), 3) Publikation „Die bröckelnde Festung" (150 Seiten, München: Kirchheim 2002), 4) Biografie und Veröffentlichungen, 5) Brief von Gabriele Stötzer betreffend ihre Texte, Anlage Texte in Kopie in damaliger „Rohfassung" (2002); Band I: 1) Manuskript „Freispruch" (Lesung zum Ingeborg-Bachmann-Wettbewerb Klagenfurt, 13 Blatt, 1989), 2) „Galerie im Flur – Protokolle 1981" (Dokumentation, 48 Blatt, Original, 1981), 3) Auszüge aus dem OV „Toxin" (BStU-Kopie), 6) Publikation „Zügel los" (175 Seiten, Berlin: Aufbau 1989), 7) Publikation „Grenzen los fremd gehen" (220 Seiten, Berlin: Janus 1992); Band II: 1) Texte (Kopien, 1983–1984); Band III: 1) Texte (Kopien, 1982); Band IV: 1) Texte (Kopien, 1978–1982); Band V: 1) Texte (Kopien, 1984); Band VI: 1) Texte (Kopien, 1988–1989); Band VII: 1) Texte (Kopien, 1985–1987).
Tonbandprotokoll: Gabriele Stötzer 79' (7.6.2002).

Externe Fundorte/Archive:

OV „Toxin", BStU, ASt. Erfurt, AOP 1753/86.

Veröffentlichungen (Auswahl):

Stötzer, G.: Der lange Arm der Stasi. Die Kunstszene der 1960er, 1970er und 1980er Jahre in Erfurt – ein Bericht, Leipzig: Spector Books 2022.
Büchner, T., et al.: Zwischen Ausstieg und Aktion. Die Erfurter Subkultur der 1960er, 1970er und 1980er Jahre, Bielefeld: Kerber 2014.
Walther, J.: Textkörper. In: Gabriele Stötzer – Schwingungskurve Leben. Katalog zur Ausstellung im Schiller-Museum (29.11.2013 bis 5.1.2014), hrsg. v. Ulrike Bestgen u. Wolfgang Holler, Weimar: Klassik Stiftung 2013.
Altmann, S. (Hrsg.): Entdeckt! Rebellische Künstlerinnen in der DDR (Kunsthalle Mannheim 2. Juli bis 9. Oktober 2011). Katalog, Mannheim: Kunsthalle 2011.

Geipel, I.: Zensiert, verschwiegen, vergessen. Autorinnen in Ostdeutschland 1945–1989, Düsseldorf: Artemis & Winkler 2009.
Stötzer, G.: Das Leben der Mützenlosen, München: Kirchheim 2007.
dies.: Ich bin die Frau von gestern. Prosa, Frankfurt a.M.: Büchergilde Gutenberg 2005.
Lobisch, M.: Austauschbar – Zusammengedacht. Dokumentation einer Arbeitswoche zu Gabriele Stötzers autobiografischem Text „Die bröckelnde Festung", Halle/Saale: Burg Giebichenstein, Hochschule für Kunst und Design 2004.
Stötzer, G.: Die bröckelnde Festung, München: Kirchheim 2002.
dies.: Erfurter Roulette, München: Kirchheim 1995.
Stötzer, G., u. Kyselka, V.: Gabriele Stötzer, Verena Kyselka, Erfurt: Literaturbüro Thüringen 1995.
Stötzer-Kachold, G.: Grenzen los fremd gehen, Berlin: Janus 1992.
Kachold, G.: Zügel los. Prosatexte, Berlin: Aufbau 1989.

Lothar Trolle

Am 22.1.1944 in Brücken bei Sangerhausen geboren. 1963 Abitur. Ausbildung zum Handelskaufmann und Arbeit als Transportarbeiter. 1965 Umzug nach Ostberlin. Bühnentechniker am Deutschen Theater Berlin. Ab 1966 Studium der Philosophie an der Humboldt-Universität Berlin. 1970 freier Schriftsteller. Seine dramatischen Texte blieben weitgehend ungespielt. Ab 1983 Herausgeber der alternativen Literaturzeitschrift „Mikado" mit Uwe Kolbe und Bernd Wagner. 1987 terre des hommes-Kinderhörspielpreis. 1991 bis 1993 Hausautor am Schauspiel Frankfurt a. M. 1991 Mitglied des P.E.N.-Zentrums. 1994 bis 1999 Hausautor am Berliner Ensemble. 1998 Hörerpreis der Akademie der Künste. 2007 Stadtschreiber in Rheinsberg. Seit 2008 Hausautor an der Volksbühne Berlin.

Im Archiv:

Band I u. II: 1) Texte anderer Autoren (Kopien), u. a. von Rolf Schilling, Stefan Döring, Katja Lange, Stefan Ernst, 2) Texte von Lothar Trolle: „Die Krebse", „K. oder Ein Leben auf dem Lande".

Veröffentlichungen (Auswahl):

Trolle, L.: Marionettenspiel. Greikemeier. Zwei Komödien, Berlin: BasisDruck 2010.
Trolle, L., u. Raabke, T.: Nach der Sintflut. Gesammelte Werke, Berlin: Henschel 2007.
Trolle, L.: Warum Elefanten hysterisch sind, München: Ludewig 2002.
ders.: Die 81 Min. des Fräulein A. (Annas zweite Erschaffung der Welt), Berlin: BasisDruck 1995.
ders.: Wstawate, Lizzy, wstawate oder Manege frei für eine ältere Dame, Berlin: Henschel 1992.
Trolle, L., u. Mierau, F.: Hermes in der Stadt. Stücke, Berlin: Henschel 1991.
Trolle, L.: 34 Sätze über eine Frau, Berlin: Henschel 1985.
Arnold, H. L. (Hrsg.): Kritisches Lexikon zur deutschsprachigen Gegenwartsliteratur (KLG), München: Text + Kritik 1978.

Bernd Ulbrich

Am 20.1.1943 in Berlin geboren. Ab 1959 Ausbildung zum Chemiefacharbeiter. 1961 NVA (Marine). 1963 Schichtarbeiter. 1966 Abendschulabitur. 1966 Chemiestudium an der Humboldt-Universität Berlin. 1971 Arbeit als wissenschaftlicher Mitarbeiter. Ab 1976 freier Autor, Szenarist und Erzähler, insbesondere für Science-Fiction. 1983, nach dem Erscheinen des Erzählbandes „Abends im Park und nachts und morgens“ Ende der Publikationsmöglichkeiten in der DDR. 1991 Stipendium des Berliner Senats. 1992 Kulturfonds-Werkstipendium. Nach langer Schreibpause erschien 2005 der Roman „Flam oder Diesseits und Jenseits“.

Im Archiv:

Band I: 1) Exposé zum Roman „Der Aufsteiger“ (577 Blatt, Kopie, 1989–1991), 2) Manuskript „Der Aufsteiger Teil I“ (Kopien, 1989–1991, 3 verschiedene Exemplare vorhanden); Band II: 1) Manuskript „Der Aufsteiger Teil II“ (Kopien, 1989–1991, 2 Exemplare); Band III: 1) Publikation „Abends im Park und nachts und morgens“ (Erzählungen, 254 Seiten, Halle/Saale: Mitteldeutscher Verlag 1983), 2) Publikation „Elternmißhandlung oder Die Vollendung des Turmbaus zu Babel“ (Erzählungen, 322 Seiten, Leipzig: Kiepenheuer 1993), 3) Publikation „Wenn morgen Weltende wäre" (325 Seiten, Leipzig: Kiepenheuer 1994).

Externe Fundorte/Archive:
Homepage: http://www.berndulbrich.de

Veröffentlichungen (Auswahl):

Ulbrich, B.: Flam oder Diesseits und Jenseits. Roman, Berlin: Trafo 2005.
ders.: Wenn morgen Weltende wäre. Geschichten über die Liebe, Leipzig: Kiepenheuer 1994.
ders.: Elternmißhandlung oder Die Vollendung des Turmbaus zu Babel. Erzählungen, Leipzig: Kiepenheuer 1992.
ders.: Ein Dichter geht vorbei. Farce in Vorspiel und einem Akt, Berlin: Autoren-Kollegium 1990.
ders.: Störgröße M. Utopische Erzählungen, Berlin: Das Neue Berlin 1990.
Simon, E., u. Spittel, O. R.: Die Science-fiction der DDR. Autoren und Werke. Ein Lexikon, Berlin: Das Neue Berlin 1988.
Ulbrich, B.: Abends im Park und nachts und morgens. Erzählungen, Halle/Saale: Mitteldeutscher Verlag 1983.
ders.: Der unsichtbare Kreis. Utopische Erzählungen, Frankfurt a. M.: Suhrkamp 1981.

Günter Ullmann

Am 4.8.1946 in Greiz geboren. 1966 Abitur und Facharbeiterbrief als Maurer in Gera. 1965 Gründung der Band Yellow Birds (danach Gallow Birds, Rats und media nox). 1965 Auftrittsverbot der Band wegen „sozialismusfremden, englischen Gesangs". 1965 Bekanntschaft mit Ibrahim Böhme (IM „Paul Bonkarz"). Ab 1966 Komponist, Texter, Maler. Dienst in der NVA. 1968 Verhaftung wegen Solidaritätsbekundung mit dem Prager Frühling. 1969 Heirat. Studium am Institut für Literatur „Johannes R. Becher" Leipzig abgelehnt. Arbeit auf dem Bau als Maurer, Baustellenschreiber, Ökonom und Lagerist. Austritt aus dem Kulturbund. Bearbeitet im OV „Medium". 1977 massive Verhöre durch die Staatssicherheit wegen Protestschreiben zur Ausbürgerung Biermanns und Kunzes, zwei Suizidversuche und psychiatrische Behandlung in Stadtroda, Rodewisch und Jena. Keine Publikationsmöglichkeiten. 14 Manuskripte für die Schublade. 1990 Arbeit im Kulturamt und im Heimatmuseum Greiz. Lyrik- und Jazz-Veranstaltungen mit seiner Rockband media nox. 23 Publikationen nach 1990. 1996 Bürgermedaille der Stadt Greiz. 2004 Ehrung durch die Deutsche Schillerstiftung Weimar. Am 9.5.2009 in Greiz gestorben.

Im Archiv:

Band I: 1) 5 Broschüren: 1. „Stein-Schrei" (20 Seiten, Berlin: Boesche 1990), 2. „Miniaturen aus dem Leben" (22 Seiten, Berlin: Boesche 1994), 3. „Korrekturen" (39 Seiten, Berlin: Boesche 1997), 4. „Die Greizer Schule" (23 Seiten, Berlin: Boesche 1994), 5. „Gegen-Stimme" (20 Seiten, Berlin: Boesche 1991), 2) Publikation „Der Tintenfisch springt über die Klassenbänke" (126 Seiten, Ahlhorn: Geest 2000), 3) Publikation „Die rote Sonne steht in der Tür" (34 Seiten, Reichenbach: Moser 1993), 4) Publikation „Lichtschrei" (45 Seiten, Reutlingen: Pfaffenweiler 1995); Band II: 1) Publikation „Kirschbaum vorm Fenster" (272 Seiten, Ahlhorn: Geest 2005), 2) Publikation „Gegen-Stimme" (33 Seiten, Reichenbach: Moser 1992), 3) Publikation „Flaschenpost" (38 Seiten, Berlin: Boesche 1996), 4) Publikation „Schreiben in Greiz" (340 Seiten, Ahlhorn: Geest 2005), 5) Broschüre „Kindergedichte" (22 Seiten, Berlin: Boesche 1994), 6) Publikation „Eiswort Liebe" (66 Seiten, Augsburg: Kasskara 1994), 7) Publikation „Die Sonne taucht im Wassertropfen" (Gedichte für Kinder, 36 Seiten, Bucha: quartus 1998), 8) Publikation „Lichtstein" (47 Seiten, Dresden: Die Scheune 1996), 9) Publikation „Lesestunde" (47 Seiten, Dresden: Die Scheune 2005, 2 Exemplare), 10) Publikation „Lichtzeichen" (102 Seiten, Berlin: Oberbaum 1996), 11) Publikation „Der letzte Versuch" (127 Seiten, Asendorf: MUT 1994), 12) Publikation „Den Horizont um den Hals" (39 Seiten, Loßburg: Edition L. 1992), 13) Publikation „Der Greizer Kreis. Eine Anthologie aus den 70er Jahren der ehemaligen DDR bis in die Gegenwart" (336 Seiten, Vechta: Geest 2002); Band III: 1) 2. Exemplar von „Kirschbaum vorm Fenster" (272 Seiten, Vechta: Geest 2005), 2) Broschüre „Capitel über die radikale Affirmation des Bestehens", 3) Publikation „Das Alles und das Nichts oder ‚Die Wirklichkeit der Anarchief'" (von Michael Leisching, 45 Seiten, Berlin: Ahrens 1983), 4) „Wolkenlicht" (213 Seiten, Vechta: Geest 2006); Band IV: 1) Publikation „Anderssein. Von Jesus bis Janka" (Anthologie, 338 Seiten,

Berlin: BVA Union 1990), 2) Publikation „Mein Traumbaum" (Gedichte für Kinder, 92 Seiten, Ahlhorn: Geest 2000), 3) Publikation „Schwarze Schafe lesen Camus" (248 Seiten, Vechta: Geest 2004), 4) Publikation „Herzwurzel" (45 Seiten, Dresden: Hellerau 1994), 5) Publikation „erdlicht" (136 Seiten, Bucha: quartus 1999, 2. Exemplare), 6) „Lichtkreuze" (10 Gedichte zu Plastiken von Elly-Viola Nahmmacher), 7) Zeitschrift „Horch und Guck" (Heft 65, 3/2009, darin Udo Scheer über Günter Ullmann), 8) Publikation „Die Wiedergeburt der Sterne nach dem Feuerwerk" (198 Seiten, Frankfurt a. M.: Büchergilde Gutenberg 2008); Band V: 1) Gedichte und Prosa aus 40 Jahren von Günter Ullmann (Kopien); Band VI: 1) Gelöscht, Inhalt verschoben zu W. Hinkeldey; Band VII: 1) „Studienmaterial: Schriftsteller im deutsch-deutschen Exil" (Biobibliografie, von Franz W. Sonntag, 31 Blatt, Kopien, 1990), 2) 2 Fotos (Mann in Uniform ohne Hose und Mann in Uniform an Schreibtisch), 3) Michael Leisching: „Das Ich als notwendige Fiktion. Der Aristokratische Aufstand nach Nietzsche" (Dissertation, Berlin: Freie Universität 1995, Mikrofiche, 2 Negative).

Veröffentlichungen (Auswahl):

Scheer, U.: Die Sonne hat vier Ecken. Günter Ullmann. Eine Biografie, Halle/Saale: Mitteldeutscher Verlag 2012.

Ullmann, G.: Die Wiedergeburt der Sterne nach dem Feuerwerk. Gedichte und Prosa, Frankfurt a. M.: Büchergilde Gutenberg 2008.

ders.: Wolkenlicht. Gedichte, Aphorismen und Kurzprosa aus 40 Jahren, Vechta: Geest 2006.

ders.: Kirschbaum vorm Fenster. Erinnerungen. Notizen und Splitter, Vechta: Geest 2005.

Esther-Marie Ullmann-Goertz

Am 6.2.1957 in Freiberg geboren. Vater Pfarrer. 1973 nach Verweigerung des Oberschulbesuches Proseminar der Kirchenprovinz Sachsen in Naumburg. 1978 bis 1982 Theologiestudium. Vikariat. 1985 Ordination und Pastorin in Hardisleben bis 1989. Veröffentlichungen in Literaturzeitschriften, Anthologien und in inoffiziellen Publikationen. Ab 1985 Mitbegründerin des Arbeitskreises Solidarische Kirche in Thüringen. 1989 bis 1999 Mitbegründerin und Stiftungsratsmitglied der Stiftung Kreisau für Europäische Verständigung. 1991 Geschäftsführerin der EAF Berlin-Brandenburg. Seit 1991 wissenschaftliche Referentin und evangelische Pfarrerin in Berlin.

Im Archiv:
Band I: 1) Gedichte (Kopien von Typoskripten und Manuskripten), 2) BStU-Kopien (1979–1983, Gedichte um 1980, dazu 6 Blatt aus der MfS-Akte OV „Seminarist“ der BV Halle), 3) Briefe von Verlagen, Faksimiles, Presse, 4) Publikation „Ferse Verse. Gedichte 1976–1999“ (79 Seiten, Libri 2000).
Tonbandprotokoll: Esther-Marie Ullmann-Goertz 50‘ (25.6.2001, Berlin).

Veröffentlichungen (Auswahl):
Ullmann-Goertz, E.-M., u. Ziegner, K.: Tage, Feste, Münster: Monsenstein und Vannerdat 2007.
Ullmann-Goertz, E.-M.: Ferse – Verse. Gedichte 1976–1999, Berlin: Friedenstraße 1 2001.

Holger Uske

Am 21.4.1955 in Riesa geboren. 1959 Umzug nach Suhl. 1972/73 erste literarische Arbeiten und Lieder. 1973 Studium der Gerätetechnik an der Technischen Hochschule Ilmenau. 1975, 1977, 1979 und 1980 Teilnahme am Poetenseminar in Schwerin. 1977 Arbeit im Schreibmaschinenwerk Dresden. Gründungsmitglied der Autorengruppe „Urban G. Remsch“. 1979 bis 1990 Arbeit im Kombinat Elektrogerätewerk in Suhl. 1980 bis 1982 Etablierung der „Lesebühne“ in Suhl für junge Autoren. 1980 bis 1987 OV „Kessel“ und „Alternative“. 1984 wird ein Studium am Institut für Literatur „Johannes R. Becher“ Leipzig durch das MfS verhindert. 1990 bis 1993 Zeitungsredakteur. Seit 1990 Vorsitzender des Südthüringer Literaturvereins. Seit 1993 Referent für Presse- und Öffentlichkeitsarbeit der Stadtverwaltung Suhl. 1996 bis 2006 Mitglied im Freien Deutschen Autorenverband Thüringen. Seit 2006 Mitglied im Schriftstellerverband Thüringen. Seit 2013 Sachgebietsleiter Kultur und Presse in der Stadtverwaltung Suhl.

Im Archiv:
Band I: 1) Prosa, Reden, Aufsätze, Essays 1976–1989 (101 Blatt, Originale); Band II: 1) Prosa 1975–1979 (62 Blatt, Originale); Band III: 1) Prosa 1980–1989 (87 Blatt, Originale); Band IV: 1) Lyrik (78 Blatt, Originale); Band V: 1) „Aufbruch des Windes" (Gedichte, 115 Blatt, Original); Band VI: 1) Briefe, Karten (1983–1988, 48 Blatt, Originale, A4, A6); Band VII: 1) CD Holger Uske & Four and More, „Sag es leis" (Lieder, 2001), 2) Publikation „Magische Momente. Gedichte 1996–1999" (Bucha: quartus 1999), 3) Publikation „Jahresringe – Was ich lieben kann", hrsg. v. Bezirkskabinett für Kulturarbeit Suhl (1988), 4) Publikation „Minutenlang – Erzählungen" (Privatdruck, 1997), 5) Publikation „Das laute laue Leben. Erzählungen" (Privatdruck, 1993), 6) Publikation „Zeitlos. Gedichte 1990–1995" (Privatdruck, 1995), 7) Publikation „Sonntag mit Ann. Liebesgedichte und erotische Fotografien" (Suhl: Buchhaus 1997), 8) Aufsätze in „Der Morgen nach der Geisterfahrt. Neue Literatur aus Thüringen." (Greiz: Weisser Stein 1993).
Tonbandprotokoll: Holger Uske 80' (16.4.2003, Suhl).

Externe Fundorte/Archive:
Homepage: http://www.holgeruske.de

Veröffentlichungen (Auswahl):
Uske, H.: Erdfahrt. Gedichte eines Jahrzehnts, Bucha: quartus 2011.
ders.: Dr. Oppermanns Tür. Erzählungen, Bucha: quartus 2006.
ders.: Zwielicht. Erzählungen 1999–2002, Dresden: Die Scheune 2003.
ders.: Magische Momente. Gedichte 1996–1999, Bucha: quartus 1999.
ders.: Sonntag mit Ann. Liebesgedichte und erotische Fotografien. Ausstellung im Badehaus Masserberg, Suhl: Buchhaus 1997.
ders.: Zeit-Los. Gedichte 1990–1995, Suhl: Uske 1995.

Peter Voß

Am 10.2.1946 in Stralendorf bei Schwerin geboren. Polytechnische Oberschule, Kino- und Elektromechaniker. 1969 Freundschaft mit Ulrich Schacht, gemeinsam im „Zirkel Schreibender Arbeiter" Schwerin. 1972 bis 1977 Theologiestudium an der Erfurter Predigerschule. Nach Schachts Verhaftung 1973 von der Kirche geschützt. Ab 1977 Pastor in

Mecklenburg. 1987 Übersiedlung nach Hamburg. Verlust des Pfarramtes. Seitdem in der politischen Bildung tätig.

Im Archiv:
Band I: 1) „Stützen der Monarchie" (Humoreske, 1976), 2) Zeitzeugenbeitrag zum wissenschaftlichen Projekt der BStU: Ulrich Schacht „Die Reaktion des Staates überrascht mich nicht … Autobiografische Studie" (12 Blatt, 2003), 3) „Der Sechstagekrieg 1967", Tagebuch eines NVA-Soldaten 1967 (4 Blatt), 4) Gedichte 1968–1989, 5) „Der junge Zupfgeigenhansl" (Liedtexte 1969–1989); Band II: 1) „Das Rad der Geschichte. Eine Erzählung aus Mecklenburg" (Historischer Roman, Frankfurt a. M.: Haag und Herchen 1994, 106 Seiten); Band III: 1) Frühe Gedichte (1966–1967); Band IV: 1) Erzählungen (1990–1995); Band V: 1) Zeitungsartikel (1987–1990) und Erzählungen.

Externe Fundorte/Archive:
BStU-Akte, Reg. Nr. 007140/92

Veröffentlichungen (Auswahl):
Voß, P.: Das Rad der Geschichte. Eine Erzählung aus Mecklenburg, Frankfurt a. M.: Haag und Herchen 1994.

Wolfgang Wägner

(Pseudonyme: Adrian Clamans, Adrian Unterwalder)
Am 4.3.1932 in Chemnitz geboren. 1950 Abitur. Ausbildung zum Starkstrommonteur. 1952 Studium an der Technischen Hochschule Dresden. 1957 Diplom-Ingenieur für Elektrotechnik. Ab September 1965 Abteilungsleiter im VEB Energiebau Radebeul. 1982 Untersuchungshaft. Verlust des Arbeitsplatzes durch fristlose Entlassung im Februar 1983. Am 13.5.1983 vom Bezirksgericht Dresden wegen „staatsfeindlicher Hetze" zu 6 Jahren Haft verurteilt. Im Juli 1984 Strafaussetzung auf Bewährung. Ausreiseantrag in die Bundesrepublik. Liegt seit Ende der neunziger Jahre im Koma.

Im Archiv:
Band I: 1) „Karussell oder Das Deutsche Dilemma. Eine Art Tagebuch, hinter dem Eisernen Vorhang geschrieben" (Pseudonym: Adrian Un-

terwalder, 169 Blatt, Typoskript und Kopie der handschriftlichen Fassung, geschrieben 1969/1970, BStU-Kopie); Band II: 1) „Das Vehikel. Fast kein Märchen" (Erzählung, 33 Blatt, MfS-Abschrift, BStU-Kopie), 2) „Die Reise" (Erzählung, Pseudonym: Adrian Clamans, 9 Blatt, BStU-Kopie, A4), 3) BStU Kopien: Vernehmungsprotokolle, Gutachten, Gerichtsurteil.

Externe Fundorte / Archive:
BStU, ASt. Dresden, AZ 1224/83.

Ursula Weiland

1932 in Salzwedel geboren. Besuch der Volksschule. Aufgrund einer angeborenen Hüftluxation unabgelenkte, abgeschiedene Kindheit. Mit 13 Jahren erste Schreibversuche. Neulehrerin (1949/50 Ausbildung am Institut für Lehrerbildung). Regieassistentin. 1954 Aufenthalt in einer Nervenklinik. 1955 Geburt der Tochter. Redaktionsassistentin beim Rundfunk in Ostberlin. Versetzung ins Rundfunkarchiv aus politischen Gründen. Dann Entlassung. 1959 Grafische Zeichnerin bei der DEWAG-Werbung. 1962 Geburt des Sohnes. Korrektorin beim „Neuen Deutschland", Bibliothekarin. Seit 1973 Arbeit als Kunsttherapeutin in einer Kinderklinik. Fast fünfzig Jahre lang schreibt Ursula Weiland an einem lyrischen Zyklus, der beide deutsche Diktaturen als Material bearbeitet. Bis 2013 lebte sie in Berlin, seitdem in Paderborn.

Im Archiv:
Band I: 1) „Marei-Bilder" (Gedichtsammlung), 2) „Nachtverse" (Gedichtsammlung); Band II: „Plumps" (Gedichtsammlung); Band III: 1) „Wenn kein Zauberer kommt" (5.5.1944, 3 Blatt), 2) „Klopfzeichen" (3 Blatt), 3) „3 Tage Sellin oder Der Traum vom Meer" (10 Blatt), 4) „Vergangenheitsnebel" (13 Blatt), 5) „Skizze von Ralf" (4 Blatt), 6) „Auf dem Pferd, das ist Anja" (5 Blatt); Band IV: 1) „210 Zeilen über das schmerzhafte Laufen. Ein Sonettkranz für meine blinde Urahne Johanna Caroline Weiland, geb. Simon".

Veröffentlichungen (Auswahl):
Weiland, U.: Die erwachte Erinnerung. Gedichte, Berlin: Epubli 2015.

Joachim Werneburg

Am 15.7.1953 in Erfurt geboren. Sohn des Malers Walter Werneburg. Nach dem Abitur ab 1973 Technische Hochschule Ilmenau, Abschluss als Diplom-Ingenieur für Theoretische Elektrotechnik. In der „AG Schreibende Studenten“ mit Holger Uske, Dieter Wolf und Andreas Brade. 1977 bis 1990 Entwicklungsingenieur im Funkwerk Erfurt, daneben Dichter. 1992 bis 1993 Ausbildung zum geprüften Public-Relations-Berater (DAPR). 1993 Praktikum bei der Stiftung Lesen in Mainz. 1994 bis 1997 Öffentlichkeitsarbeit für den Umweltverband Grüne Liga Erfurt. Ab 1997 Angestellter im öffentlichen Dienst. Lebt in Weimar.

Im Archiv:

Band I: 1) „Das Holde Reich“ (Texte von Rolf Schilling und Uwe Lammla, Kopien von Fotos); Band II: 1) Bibliografie 1976–1989, „Thüringer Meer“, frühe Arbeiten, Epigramme, Oden, Gedichtzyklen; Band III: 1) „Die Reise nach Südost“ (Nachdichtungen aus dem Chinesischen 1988/89); Band IV: 1) „Das Kupferbergwerk“ (Prosa, 1977–1989, Erfurt: Dornheim 1998); Band V: 1) „Die schlangenfüßige Göttin“ (Gedichte, 1989–1993, Erfurt: Dornheim 1993); Band VI: 1) „Notizen auf der Felswand aus den Jahren 1990–1995“ (Prosa-Fragmente, Erfurt: Dornheim 1999); Band VII: 1) „Etruskisches Tarot“ (Gedichte, 1997–2003); Band VIII: 1) „Wort und geschwungene Linie“ (Autobiografische Aufzeichnungen 1979–1996, Erfurt: Dornheim 1997); Band IX: 1) Publikation „Die Reise nach Südost“ (München: Arnshaugk 1991), 2) Publikation „Thüringer Meer“ (München: Arnshaugk 1991), 3) Publikation „Das Zeitalter der Eidechse. Gedichte 1993–1996“ (Manebach: Goldhelm 2002).

Tonbandprotokoll: Joachim Werneburg (18.11.2003, Weimar).

Externe Fundorte/Archive:

Homepage: http://www.joachim-werneburg.de

Veröffentlichungen (Auswahl):

Werneburg, J.: Die Wiederkehr des Delphins. Gedichte 2008–2013, Zürich: Scidinge Hall 2013.

ders.: Thüringer Meer. Gedichte 1977–1988, Zürich: Scidinge Hall 2012.

ders.: Das Kupferbergwerk. Fragmente von 1977 bis 1989, Zürich: Scidinge Hall 2011.
ders.: Die Rabenfibel. Gedichte, Zürich: Scidinge Hall 2010.
ders.: Wort und geschwungene Linie. Aufzeichnungen über die künstlerische Zusammenarbeit mit Walter Werneburg, Zürich: Scidinge Hall 2010.
ders.: Die schlangenfüßige Göttin. Gedichte, Leipzig: Engelsdorfer 2009.
ders.: Die Klage der Gorgonen, Leipzig: Engelsdorfer 2007.
ders.: Das Zeitalter der Eidechse. Gedichte 1993–1996, Manebach: Goldhelm 2002.
ders.: Die Wanderung. Lyrik, Rudolstadt: Hain 2000.

Michael Wolfram

Am 12.1.1950 in Dorndorf geboren. Aufgewachsen in Suhl, dort als Jugendlicher im „Zirkel Schreibender Arbeiter“, später Gasthörer im Schriftstellerverband Suhl. Befreundet mit Roger Nastoll. MfS führte von 1973 bis 1977 den OV „Literat“ gegen ihn und weitere fünf junge Autoren, die ihrer literarischen Gruppe den Namen „Anti“ gegeben hatten. Philosophiestudium an der Karl-Marx-Universität Leipzig, danach Aspirantur. SED-Mitglied. 1976 Umzug nach Schwerin.

Im Archiv:
Band I: 1) „Das Lächeln des Kellners“ (Prosa, 5 Blatt, BStU-Kopie), „Irgendwohin“ (Prosa, 5 Blatt, BStU-Kopie), „Meine Trauer um Elsa“ (Prosa, 9 Blatt, BStU-Kopie), „Ich hab ein Zimmer oder Irgendwann wirst du Jeremias sein“ (Prosa, 15 Blatt, BStU-Kopie), 2) Auszüge der BStU-Akte, u. a. Berichte, Maßnahmenpläne.

Externe Fundorte/Archive:
OV „Literat“, BStU, ASt. Suhl, AOP 819/77.

Renate Wullstein (verh. Schwarz)

Am 14.7.1952 in Halle geboren. In Potsdam in einem Wochenheim aufgewachsen, da der Vater zum Diplomaten ausgebildet wurde. Danach in Atzendorf, Nordkorea, Ostberlin und Magdeburg. Studium der Sportwissenschaften an der Deutschen Hochschule für Körperkultur (DHfK) Leipzig. Seit 1976 freischaffende Schriftstellerin. 1985 Ausreiseantrag. Veröffentlichungsverbot. Herstellung und Verkauf von Keramiken. Galerieladen in Potsdam mit Olga Maslo. Heute Schriftstellerin und Lehrerin im Studienkreis Potsdam.

Im Archiv:
Band I: 1) Das offene Geheimnis – Paretzer Tagebücher 1979–1989, 2) Kurzbiografie, 4) 2 Zeitungsartikel, Lesungsflyer.

Veröffentlichungen (Auswahl):
Ahrends, M., u. Wullstein, R. (Hrsg.): Damals im Café Heider. Die Potsdamer Szene in den 70er und 80er Jahren, Potsdam: Schwarz Druck 2006.
Hossfeld, D., u. Wullstein, R.: Das weibliche Potsdam. Kurzbiographien aus drei Jahrhunderten, Potsdam: Schwarz Druck 1998.
Wullstein, R.: Hotelnacht. Erzählungen, Berlin: Neues Leben 1991.

Zinnober

1979 Gründung des Theaters o. N. durch den Puppenspieler Hans Krüger und Therese Thomaschke. Ab 1980 heißt die Gruppe von freien Puppen- und Schauspielern „Theater Zinnober". 1981 Arbeitsräume in der Knaackstraße 45 in Prenzlauer Berg, Berlin. Eins der ersten Off-Theater der DDR. Beteiligte Personen: Hans Krüger, Gabriele Hänel, Steffen Reck, Dieter Kraft, Iduna Hegen, Günther Lindner, Werner Hennrich, Uta Schulz, Therese Herwig (Thomaschke), Christian Werdin (Puppenmacher, Dekorateur), Hartmut Mechtel, Ullrich Zieger, Sven Olaf Svenson (Bühne), Udo Petter (Techniker) usw. 1982 erster großer Erfolg mit dem Kasperstück „Die Jäger des verlorenen Verstandes". 1985 „traumhaft", ein autobiografisch inspiriertes Schauspiel. 1986 Teilnahme am Puppentheater-Festival in Dordrecht (Holland). Aufführungsverbote, u. a. für „Station Pillgram 218" (Solo Gabriele Hänel). Ab 1987 Zerfall der Gruppe, da einige die staatliche Anerkennung anstrebten. Nach 1989 Umbenennung in „Theater o. N." und neue Spielstätte in der Kollwitzstraße 53.

Im Archiv:
Band I: 1) 2 VHS-Kassetten: „Die Jäger des verlorenen Verstandes" (1983), „traumhaft" (45 Minuten), 2) „Sponsai. Erinnern. – Ein Sommernachtstraum", (Berlin: Autoren-Kollegium 1990); Band II: 1) Preiseübersicht der Kinderstücke von Zinnober, 2) Texte (1984–1987), 3) Schriftwechsel (1984–1985), 4) Filmbuch „traumhaft" (1985); Band III: 1) „Von Abraham bis Zwerenz – eine Anthologie" (1964–1987, Bundesministerium für Bildung, Wissenschaft, Forschung und Technologie 1995); Band IV: 1) Fotos, 2) Programm der „Kasparaide" (Premiere am 17. 4. 1983).
Tonbandprotokoll: Iduna Hegen (1. Teil: 13.4.2003, Berlin, 2. Teil: 21.5.2003), Tonbandprotokoll: Dieter Kraft (26.3.2003, Berlin), Tonbandprotokoll: Hartmut Mechtel (1.5.2003), Tonbandprotokoll: Steffen Reck (17.9.2003, Berlin), Tonbandprotokoll: Christian Werdin (6.4.2003, Frauenhagen).

Externe Fundorte/Archive:
Homepage: http://www.theater-on.de

Veröffentlichungen (Auswahl):
Kraft, D.: Traumhaft. Theater Zinnober. Improvisationen, Spiele, Protokolle, Berlin: Aufbau 1991.

Gerald K. Zschorsch

Am 25.12.1951 in Elsterberg geboren. August 1968 Protest mit Flugblättern gegen die sowjetische Invasion in der ČSSR. Verhaftung und verurteilt zu 18 Monaten Jugendstrafe. 1970 Abitur, dann Regieassistent und Bühnenarbeiter am Plauener Theater. 1972 zweite Verhaftung wegen Verfassens und Verbreitens von Gedichten. Alle Manuskripte und Theaterstücke beschlagnahmt. Im März 1973 zu 5 ½ Jahren verschärftem Strafvollzug im Zuchthaus Cottbus verurteilt, nach Berufung auf 4 Jahre verkürzt. Einzelhaft mit gesundheitlichen Schäden. 1974 Freikauf und Abschiebung in die Bundesrepublik. 1975 bis 1980 Studium der Literatur und Philosophie in Gießen. 1993 bis 1995 Gastprofessur an der Akademie der Bildenden Künste in Nürnberg. Lebt und arbeitet als freier Autor in Frankfurt a. M. Seit 2010 Mitglied der Sächsischen Akademie der Künste.

Im Archiv:
Band I: 1) Gedichte (25 Blatt, kopiert aus der Beweismittelakte, in der 28 sogenannte „Hetzgedichte" gelistet sind), 2) Gedichte (5 Blatt, 1971, evtl. nach Verhaftung beschlagnahmt), 3) IM-Bericht „Ina", darin 2 Texte („Jahrgang X", „Hamburg der 21.", 2 Blatt), 4) BStU-Kopien: Berichte, Vernehmungsprotokoll, Gerichtsurteil.

Externe Fundorte/Archive:
Gerichtsakte, BStU, ASt. Chemnitz, AU 3541/73.

Veröffentlichungen (Auswahl):
Zschorsch, G. K.: Es war einmal eine Frau. Gedichte, Berlin: Berlin Verlag 2011.
ders.: Zur elften Stunde. Gedichte, Frankfurt a. M.: Suhrkamp 2009.
ders.: Czerwonka, Frankfurt a. M.: Suhrkamp 2006.
ders.: Torhäuser des Glücks. Die Gedichte, Frankfurt a. M.: Suhrkamp 2004.
ders.: Eiserner Felix. Gedichte, Stuttgart: Klett-Cotta 1996.
ders.: In den Straßen. Gedichte aus Frankfurt, Stuttgart: Klett-Cotta 1994.
ders.: Glaubt bloß nicht, daß ich traurig bin. Der Duft der anderen Haut. Gedichte, Lieder, Prosa und ein Interview, Frankfurt a. M.: Suhrkamp 1990.
ders.: Spitznasen. Gedichte, Stuttgart: Klett-Cotta 1990.
ders.: Sturmtruppen. Gedichte, Stuttgart: Klett-Cotta 1987.
ders.: Stadthunde. Gedichte, Stuttgart: Klett-Cotta 1986.
ders.: Klappmesser. Gedichte, Frankfurt a. M.: Suhrkamp 1983.
ders.: Der Duft der anderen Haut. Gedichte, Frankfurt a. M.: Suhrkamp 1982.
ders.: Antworten. Eine Sammlung. Lyrik, Prosa, Texte, Berlin: Guhl 1979.
ders.: Schattenstadt. Ein Prosafragment, ein Funkspiel und 16 Gedichte, Berlin: Guhl 1978.
ders.: Glaubt bloß nicht, dass ich traurig bin, Berlin: Verlag Europäische Ideen 1977.

Literaturhinweise

1. Die Verschwiegene Bibliothek
Herausgegeben von Ines Geipel und Joachim Walther. Ihre zehn Bände sind 2005 bis 2009 in der Edition Büchergilde erschienen.

Band 1
Edeltraud Eckert: Jahr ohne Frühling. Gedichte und Briefe, Frankfurt a. M.: Büchergilde Gutenberg 2005.

Band 2
Radjo Monk: Blende 89. Literarisches Tagebuch, Frankfurt a. M.: Büchergilde Gutenberg 2005.

Band 3
Gabriele Stötzer: Ich bin die Frau von gestern. Prosa, Frankfurt a. M.: Büchergilde Gutenberg 2005.

Band 4
Heidemarie Härtl: Puppe im Sommer. Erzählung, Frankfurt a. M.: Büchergilde Gutenberg 2006.

Band 5
Ralf-Günter Krolkiewicz: Nirgends ein Feuer mehr. Gedichte und Prosa, Frankfurt a. M.: Büchergilde Gutenberg 2006.

Band 6
Thomas Körner: Das Grab des Novalis. Dramatisierter Essay, Frankfurt a. M.: Büchergilde Gutenberg 2007.

Band 7
Henryk Bereska: Kolberger Hefte. Die Tagebücher 1967–1990, Frankfurt a. M.: Büchergilde Gutenberg 2007.

Band 8
Günter Ullmann: Die Wiedergeburt der Sterne nach dem Feuerwerk. Gedichte und Prosa, Frankfurt a. M.: Büchergilde Gutenberg 2008.

Band 9
Sylvia Kabus: Weißer als Schnee. Roman, Frankfurt a. M.: Büchergilde Gutenberg 2008.

Band 10
Salli Sallmann: Badetag. Prosa und Liedtexte, Frankfurt a. M.: Büchergilde Gutenberg 2009.

2. Weitere Literatur

Apitz, Bruno: Nackt unter Wölfen. Roman, Halle/Saale: Mitteldeutscher Verlag 1958.
Apitz, Bruno: Nackt unter Wölfen. Roman. Erweiterte Neuausgabe, hrsg. v. Susanne Hantke u. Angela Drescher, Berlin: Aufbau 2014.
Arnold, Heinz Ludwig (Hrsg.), u. Meyer-Gosau, Frauke (Hrsg.): Literatur in der DDR. Rückblicke. „Text+Kritik"-Sonderband, München: Boorberg 1991.
Arnold, Heinz Ludwig (Hrsg.): DDR-Literatur der neunziger Jahre. „Text+Kritik"-Sonderband, München: Boorberg 2000.
Barck, Simone, et al.: „Jedes Buch ein Abenteuer". Zensur-System und literarische Öffentlichkeiten in der DDR bis Ende der sechziger Jahre, Berlin: Akademie Verlag 1998.
Berbig, Roland, et al. (Hrsg.): In Sachen Biermann. Protokolle, Berichte und Briefe zu den Folgen einer Ausbürgerung, Berlin: Ch. Links 1994.
Berbig, Roland (Hrsg.): Der Lyrikclub Pankow. Literarische Zirkel in der DDR, Berlin: Ch. Links 2000.
Berbig, Roland (Hrsg.): Stille Post. Inoffizielle Schriftstellerkontakte zwischen Ost und West, Berlin: Ch. Links 2005.
Bienek, Horst: Traumbuch eines Gefangenen. Prosa und Gedichte, München: Hanser 1958.
Bienek, Horst: Die Zelle. Roman, München: Hanser 1968.
Bienek, Horst: Workuta, Göttingen: Wallstein 2013.

Blanchot, Maurice: Von Kafka zu Kafka, Frankfurt a. M.: S. Fischer 1993.
Böthig, Peter (Hrsg.), u. Michael, Klaus (Hrsg.): MachtSpiele. Literatur und Staatssicherheit im Fokus Prenzlauer Berg, Leipzig: Reclam 1993.
Böttiger, Helmut, unter Mitarbeit von Dittrich, Lutz: Doppelleben. Literarische Szenen aus Nachkriegsdeutschland, Göttingen: Wallstein 2009.
Braese, Stephan: Die andere Erinnerung. Jüdische Autoren in der westdeutschen Nachkriegsliteratur, Berlin/Wien: Philo 2002.
Braun, Matthias: Drama um eine Komödie. Das Ensemble von SED und Staatssicherheit, FDJ und Ministerium für Kultur gegen Heiner Müllers „Die Umsiedlerin oder das Leben auf dem Lande", Berlin: Ch. Links 1995.
Bülow, Ulrich v., u. Wolf, Sabine: DDR-Literatur. Eine Archivexpedition, Berlin: Ch. Links 2014.
Corino, Karl: Außen Marmor, innen Gips. Die Legenden des Stephan Hermlin, Düsseldorf: Econ 1996.
Dahlke, Birgit: Papierboot. Autorinnen aus der DDR – inoffiziell publiziert, Würzburg: Königshausen & Neumann 1997.
Dahlke, Birgit, et al. (Hrsg.): LiteraturGesellschaft DDR. Kanonkämpfe und ihre Geschichte(n), Stuttgart/Weimar: Metzler 2000.
Decker, Gunnar: 1965. Der kurze Sommer der DDR, München: Hanser 2015.
Dümmel, Karsten: Identitätsprobleme in der DDR-Literatur der siebziger und achtziger Jahre, Frankfurt a. M.: Peter Lang 1997.
Elstermann, Monika (Hrsg.), u. Lersch, Edgar (Hrsg.): Deutsch-deutscher Literaturaustausch in den 70er Jahren, Wiesbaden: Harrassowitz 2006.
Emmerich, Wolfgang: Status melancholicus. Zur Transformation der Utopie in der DDR-Literatur. In: Literatur in der DDR. Rückblicke. „Text+Kritik"-Sonderband, hrsg. v. Heinz Ludwig Arnold und Frauke Meyer-Gosau, München: Boorberg 1991.
Emmerich, Wolfgang: Kleine Literaturgeschichte der DDR, Leipzig: Kiepenheuer 1996.
Förster, Lars: Bruno Apitz. Eine politische Biografie, Berlin: Bebra 2015.
Foucault, Michel: Die Heterotopien. Der utopische Körper, Frankfurt a. M.: Suhrkamp 2005.

Fricke, Karl Wilhelm, u. Engelmann, Roger: „Konzentrierte Schläge". Staatssicherheitsaktionen und politische Prozesse in der DDR 1953–1956, Berlin: Ch. Links 1998.
Gansel, Carsten: Parlament des Geistes. Literatur zwischen Hoffnung und Repression 1945–1961, Berlin: BasisDruck 1996.
Gansel, Carsten (Hrsg.): Gedächtnis und Literatur in den geschlossenen Gesellschaften des Real-Sozialismus zwischen 1945 und 1989, Göttingen: Vandenhoeck & Ruprecht 2007.
Geerdts, Hans Jürgen: Der Arbeitskreis junger Autoren Thüringens, Weimar: Thüringer Volksverlag 1950.
Geipel, Ines (Hrsg.): Die Welt ist eine Schachtel. Vier Autorinnen in der frühen DDR. Susanne Kerckhoff, Eveline Kuffel, Jutta Petzold, Hannelore Becker, Berlin: Transit 1999.
Geipel, Ines: Zensiert, verschwiegen, vergessen. Autorinnen in Ostdeutschland 1945–1989, Düsseldorf: Artemis & Winkler 2009.
Graul, Elisabeth: Die Farce. Autobiographischer Roman, Magdeburg: Impuls 1991.
Greiner, Bernd, et al. (Hrsg.): Macht und Geist im Kalten Krieg, Hamburg: Hamburger Edition 2011.
Hartman, Geoffrey: Das beredte Schweigen der Literatur, Frankfurt a. M.: Suhrkamp 2000.
Hasche, Christa, et al.: Theater in der DDR. Chronik und Positionen. Mit einem Essay von Ralph Hammerthaler, Berlin: Henschel 1994.
Huch, Ricarda: Erinnerungen an das eigene Leben, Frankfurt a. M./Berlin/Wien: Ullstein 1982.
Jäger, Manfred: Kultur und Politik in der DDR. Ein historischer Abriß, Köln: Deutschland-Archiv 1982.
Johnson, Uwe: Boykott der Berliner Stadtbahn. In: Berliner Sachen. Aufsätze, Frankfurt a. M.: Suhrkamp 1975.
Kaiser, Tobias: Karl Griewank (1900–1953) – ein deutscher Historiker im Zeitalter der Extreme, Stuttgart: Steiner 2007.
Keiderling, Gerhard (Hrsg.): Gruppe Ulbricht in Berlin, April bis Mai 1945. Eine Dokumentation, Berlin: Berlin-Verlag Arno Spitz 1993.
Kempowski, Walter: Im Block. Ein Haftbericht, Reinbek: Rowohlt 1969.
Kilz, Werner: Freibank oder das Projekt der Spaltung, Frankfurt a. M.: Insel 1967.
Kowalczuk, Ilko-Sascha: 17. Juni 1953, München: Beck 2013.

Kratschmer, Edwin (Hrsg.): Gottfried Meinhold. Poesie und Utopie, Jena: Universitätsverlag 1996.
Liermann, Susanne: Die Vermehrung des Schweigens. Selbstbilder später DDR-Literatur, Leipzig: Plöttner 2012.
Loest, Erich: Der vierte Zensor, Stuttgart: Hohenheim 2003.
Mittenzwei, Werner: Die Intellektuellen. Literatur und Politik in Ostdeutschland 1945–2000, Leipzig: Faber & Faber 2001.
Müller, Beate (Hrsg.): Zensur im modernen deutschen Kulturraum, Tübingen: Niemeyer Verlag 2003.
Müller, Harald (Hrsg.): DDR-Theater des Umbruchs, Frankfurt a. M.: Eichborn 1990.
Müller, Herta: Hunger und Seide. Essays, Reinbek: Rowohlt 1995.
Müthel, Eva: Für dich blüht kein Baum. Roman, Frankfurt a. M.: S. Fischer 1957.
Neuhaus, Stefan: Revision des literarischen Kanons, Göttingen: Vandenhoeck & Ruprecht 2002.
Niethammer, Lutz (Hrsg.): Der „gesäuberte" Antifaschismus. Die SED und die roten Kapos von Buchenwald, Berlin: Akademie Verlag 1994.
Niven, Bill: Das Buchenwaldkind. Wahrheit, Fiktion und Propaganda, Halle/Saale: Mitteldeutscher Verlag 2009.
Pamperrien, Sabine: Versuch am untauglichen Objekt. Der Schriftstellerverband der DDR im Dienst der sozialistischen Ideologie, Frankfurt a. M.: Peter Lang 2004.
Paulick, Wolfgang (Hrsg.): Junge Schriftsteller der DDR in Selbstdarstellungen, Leipzig: Bibliographisches Institut 1965.
Peitsch, Helmut: Nachkriegsliteratur 1945–1989, Göttingen: Vandenhoeck & Ruprecht 2009.
Pfeiffer, Thomas (Hrsg.): Sprachen ohne Worte, Heidelberg: Winter 2009.
Pförtner, Kurt, u. Natonek, Wolfgang: Ihr aber steht im Licht. Eine Dokumentation aus sowjetischem und sowjetzonalem Gewahrsam, Tübingen: Schlichtenmayer 1962.
Pingel-Schliemann, Sandra: Zersetzen. Strategie einer Diktatur, Berlin: Robert-Havemann-Gesellschaft 2002.
Plenzdorf, Ulrich, et al. (Hrsg.): Berliner Geschichten. „Operativer Schwerpunkt Selbstverlag", Frankfurt a. M.: Suhrkamp 1995.
Raddatz, Fritz J.: Eine dritte deutsche Literatur. Stichworte zu Texten

der Gegenwart. Zur deutschen Literatur der Zeit 3, Reinbek: Rowohlt 1987.
Raddatz, Fritz J.: Unruhestifter. Erinnerungen, Berlin: Ullstein 2005.
Reinhold, Ursula, et al. (Hrsg.): Erster Deutscher Schriftstellerkongress, 4.–8. Oktober 1947. Protokoll und Dokumente, Berlin: Aufbau 1997.
Rost, Nico: Goethe in Dachau. Ein Tagebuch, München: List 2001.
Rüß, Gisela (Hrsg.): Dokumente zur Kunst-, Literatur- und Kulturpolitik der SED 1971–1974, Stuttgart: Seewald 1976.
Rüther, Günther (Hrsg.): Literatur in der Diktatur. Schreiben im Nationalsozialismus und DDR-Sozialismus, Paderborn: Schöningh 1997.
Saadhoff, Jens: Germanistik in der DDR. Literaturwissenschaft zwischen „gesellschaftlichem Auftrag" und disziplinärer Eigenlogik, Heidelberg: Synchron 2007.
Saechtig, Alexander: Jenseits von Moskau. Literatur und Literaturwissenschaft im Sozialismus auf eigenen Wegen. Dargestellt am Beispiel Chinas, der DDR, Polens und Vietnams, Hildesheim: Georg Olms 2023.
Scheer, Udo: Jürgen Fuchs. Ein literarischer Weg in die Opposition, Berlin: Jaron 2007.
Schmitz, Walter (Hrsg.), u. Bernig, Jörg (Hrsg.): Deutsch-deutsches Literaturexil. Schriftstellerinnen und Schriftsteller aus der DDR in der Bundesrepublik, Dresden: Thelem 2009.
Schulz, Dieter: Der Weg in die Krise 1953, Berlin: Gesellschaftswissenschaftliches Forum 1993.
Seidler, Christoph (Hrsg.): Traumatisierungen in (Ost-)Deutschland, Gießen: Psychosozial 2006.
Serke, Jürgen: Die verbrannten Dichter. Lebensgeschichten und Dokumente, Weinheim/Basel: Beltz 1992.
Serke, Jürgen: Zu Hause im Exil. Dichter, die eigenmächtig blieben in der DDR, München: Piper 1998.
Steiner, George: Von realer Gegenwart. Hat unser Sprechen Inhalt?, München: Hanser 1990.
Stremlau, Willi, u. Pröve, Karl-Heinz: Deutsche Prosa der Gegenwart 1945–1955, Berlin: Stadtbücherei Berlin-Spandau 1957.
Wall, Renate: Lexikon deutschsprachiger Schriftstellerinnen im Exil 1933–1945. Band I und II, Freiburg: Kore 1995.

Walther, Joachim, et al.: Protokoll eines Tribunals. Die Ausschlüsse aus dem DDR-Schriftstellerverband 1979, Hamburg: Rowohlt 1991.
Walther, Joachim: Sicherungsbereich Literatur. Schriftsteller und Staatssicherheit in der Deutschen Demokratischen Republik, Berlin: Ch. Links 1996.
Weidermann, Volker: Lichtjahre. Eine kurze Geschichte der deutschen Literatur von 1945 bis heute, Köln: Kiepenheuer & Witsch 2006.
Winkels, Hubert: Einschnitte. Zur Literatur der 80er Jahre, Köln: Kiepenheuer & Witsch 1988.
Witt, Hubert (Hrsg.): Poetik des Widerstandes. Versuch einer Annäherung, Leipzig: Friedrich-Ebert-Stiftung 1992.
Wolf, Christa: Die Dimension des Autors. Essays und Aufsätze. Reden und Gespräche. 1959–1985, Darmstadt u. Neuwied: Luchterhand 1987.
Zimmermann, Hans Dieter: Literaturbetrieb Ost/West. Die Spaltung der deutschen Literatur von 1948 bis 1998, Stuttgart: Kohlhammer 2000.
Zweig, Zacharias: „Mein Vater, was machst du hier ...?" Zwischen Buchenwald und Auschwitz, Frankfurt a. M.: dipa 1987.

Günter Ullmann und Jürgen Fuchs in Gera, März 1990

Personenregister

Abkürzungsverzeichnis

AIM	Archivierter IM-Vorgang oder IM-Vorlauf
AOP	Archivierter operativer Vorgang
AOPK	Archivierte operative Personenkontrolle
ASt	Außenstelle des BStU
AU	Archivierter Untersuchungsvorgang
AUL	Archiv unterdrückter Literatur in der DDR
BA	Bundesarchiv
Bl.	Blatt
BStA	Bundesstiftung zur Aufarbeitung der SED-Diktatur
BStU	Bundesbeauftragter für die Unterlagen des Staatssicherheitsdienstes der ehemaligen DDR
BV	Bezirksverwaltung
BVfS	Bezirksverwaltung für Staatssicherheit
DEFA	Deutsche Film AG, Filmgesellschaft der DDR
DSt	Dokumentenstelle der Abteilung Bildung und Forschung beim BStU
HA	Hauptabteilung
HO	Handelsorganisation
HV	Hauptverwaltung
IM	Inoffizieller Mitarbeiter (des MfS)
IMB	Inoffizieller Mitarbeiter mit Feindberührung
IMV	Inoffizieller Mitarbeiter mit vertraulichen Beziehungen (ab 1979 IMB)
Kapo	Funktionshäftling, Mitarbeiter einer KZ-Lagerleitung
LPG	Landwirtschaftliche Produktionsgenossenschaft
MfS	Ministerium für Staatssicherheit

NKWD	Von 1934 bis 1946 Name des sowjetischen Innenministeriums, dem die politische Polizei und das Lagersystem unterstand
NVA	Nationale Volksarmee
OPK	Operative Personenkontrolle
OV	Operativer Vorgang
SAPMO	Stiftung Archiv der Parteien und Massenorganisationen der DDR im Bundesarchiv mit Sitz in Berlin
SBZ	Sowjetische Besatzungszone
SED	Sozialistische Einheitspartei Deutschlands
SED-KL	SED-Kreisleitung
SMAD	Sowjetische Militäradministration in Deutschland
SMT	Sowjetisches Militärtribunal
SSD	Staatssicherheitsdienst der DDR
VBK	Verband Bildender Künstler der DDR
VEB	Volkseigener Betrieb
ZA	BStU-Zentralarchiv Berlin
ZAIG	Zentrale Auswertungs- und Informationsgruppe im MfS
ZMA	Zentrale Materialablage im MfS
ZPA	Zentrales Parteiarchiv der SED

Danksagung

Am Ende der Dank. Es war ein langjähriges, auch für uns sehr besonderes Vorhaben.

Wir danken zuallererst allen Autorinnen und Autoren sowie ihren Angehörigen und Freunden, die uns die Texte und das umfassende Material für das Archiv unterdrückter Literatur in der DDR zur Verfügung gestellt haben. Ohne die Erinnerungskraft von so vielen, ohne die zahlreichen Hinweise, die intensiven Gespräche und vor allem das Vertrauen hätte dieses Projekt im Ganzen nicht realisiert werden können.

Wir danken der Bundesstiftung zur Aufarbeitung der SED-Diktatur für ihre mehrjährige Unterstützung der Recherchen sowie für die Bewilligung des Druckkostenzuschusses zum Band. Namentlich der Archivar der Stiftung, Dr. Matthias Buchholz, hat durch sein bewundernswertes Engagement den Archivaufbau über die Jahre mitgetragen und dabei wie selbstverständlich etliche Hürden zur Seite geschoben.

Die Arbeit am Manuskript wurde vom Beauftragten der Bundesregierung für Kultur und Medien aufgrund eines Beschlusses des Deutschen Bundestages gefördert. Hier gilt unser Dank Bernd Neumann, dem ehemaligen Kulturstaatsminister, für seinen wachen Blick im Hinblick auf unser Konzept.

Wir danken den Mitarbeiterinnen der Behörde des Bundesbeauftragten für die Stasi-Unterlagen, insbesondere Raphaela Schröder und Sabine Schröder, für die freundliche Bereitstellung der Archivmaterialien, ebenso der Stiftung Archiv der Akademie der Künste Berlin, dem Bundesarchiv Berlin, dem Bundesarchiv Koblenz, dem Archiv der Humboldt-Universität Berlin, dem Archiv der Kunsthochschule Berlin-Weißensee, dem Thüringischen Staatsarchiv Rudolstadt sowie dem Archiv „Jugendlyrik der DDR 1964–1990“ an der Friedrich-Schiller-Universität Jena für die Einsichtnahme in ihre Bestände.

Wir danken Cornelia Weber für ihre so umfassenden wie konstruktiven Hilfen bei der Erarbeitung des Quellenanhangs. Wir danken

Dr. Andreas Petersen und Frau Professor Eva-Maria Otte für alle inhaltlichen Interventionen, für Langmut, Zeit und herzwarmen Beistand. Und wir danken dem Lilienfeld Verlag, dem Grafiker Jan Frerichs und Mechthild Kühling für alle Hilfen und eine rundum aufbauende Arbeitserfahrung.

Ines Geipel und Joachim Walther, August 2015

Nachtrag

Im Mai 2020 starb Joachim Walther, der mit seinem 1996 erschienenen Standardwerk „Sicherungsbereich Literatur" Maßstäbe in Sachen Aufarbeitung der DDR-Diktatur gesetzt hat. Mit seinem profunden Wissen und seiner politischen Klarheit war er der Wunschkollege für das Projekt der Unveröffentlichten, das wir 1999 begannen. Ich bin dankbar für die Zeit mit ihm, für die Fahrten durchs Land zu den Autorinnen und Autoren, unsere Gänge in die Archive, die langen Gespräche, fürs Sortieren und die gemeinsame Schreibzeit. Zu DDR-Zeiten arbeitete Joachim Walther als Lektor beim Verlag Der Morgen, ab 1983 lebte er als freier Schriftsteller. Mit der Revolution 1989 war die Sache für ihn klar: Wann, wenn nicht jetzt. Dabei war ihm die zu erwartende Gegenwehr in Sachen Aufarbeitung von Beginn an bewusst. Er schrieb vom „offen und verdeckt geführten Kampf um die Erinnerung, gegen die Gefahr der zweiten Verdrängung. Im Kern ging es um das engagierte und kritische Begleiten von notwendigen Transformationsprozessen: von überholten Strukturen, von gestocktem Bewusstsein, von zementierten Geschichtsbildern." Joachim Walther hockte sich über Jahre ins Archiv, in die damalige Gauck-Behörde, an den Ort der Kontamination, ins kilometerweite Stasiland. Was ihn vor allem beschäftigte, war die unselige Allianz zwischen Literaten und Geheimdienst. Als der Band „Sicherungsbereich Literatur" erschien, war das für manche seiner Kollegen eine Erleichterung, für viele die Feinderklärung. Joachim Walther wurde beschwiegen oder attackiert, denunziert und aus dem Feld der Literatur katapultiert. Er kommentierte es mit: „Es gibt keine Alternative dazu." Irgendwann sprach er nicht mehr über diese Brüche. 2005 dann wurde er erstmals schwer krank. Damals nicht, aber im Nachblick denke ich dabei auch an Jürgen Fuchs, Gerulf Pannach, Walter Kempowski, Erich Loest. An die ausgesetzte, uneinholbare Erfahrung, die sich aus der Diktaturzeit mit ins Freie nehmen musste. Joachim Walther schleppte das, was wir Krebs nennen, an alle Orte seines Körpers. Immer wieder Operationen, Bestrahlungen, Rehas. 15 Jahre lang. Er war nach 1989 ins Aufarbeitungsbergwerk eingefahren, hatte sich zuständig erklärt und seinen Preis bezahlt. „Mehr war nicht", sagte er trocken. Das klang nie bitter. Sein Buch „Sicherungsbereich Literatur" und unser Projekt zu den Unveröffentlichten gehörten in seinen Augen zusammen. Wissenwollen, Klarheit, Aushalten, versuchte Heilung. Das ist mein Bild von ihm.

Ines Geipel, Januar 2024

Diese Neuausgabe wurde um ein Kapitel ergänzt und enthält bis auf wenige Aktualisierungen im Anhang den unveränderten Text der ersten Auflage von 2015.

Der Verlag dankt der Bundesstiftung zur Aufarbeitung der SED-Diktatur für die freundliche Unterstützung.

BUNDESSTIFTUNG
AUFARBEITUNG

Die Publikation wurde gefördert von der Beauftragten der Bundesregierung für Kultur und Medien.

Die Beauftragte der Bundesregierung
für Kultur und Medien

Herkunftsnachweise der Abbildungen

S. 40, Helga Hegewisch-Lasky
S. 43, Literaturarchiv der Akademie der Künste Berlin
S. 101, Ursula Bräuning
S. 156, Christian G. Irrgang
S. 169, Christoph Kuhn
S. 254, 263, Archiv Gabriele Stötzer
S. 291, Edith Tar
S. 47, 68, 78, 83, 88, 120, 124, 129, 134, 141, 152, 200, 205, 210, 213, 217, 239, 242, 268, 273, 276, 440, Bundesstiftung zur Aufarbeitung der SED-Diktatur
Typoskript auf dem Bezug: Ralf-Günter Krolkiewicz, „Das Gähnen (nach Motiven von ‚Dornröschen')", Bundesstiftung zur Aufarbeitung der SED-Diktatur

Product footprint
CO_2 Neutral
PBN-CFMCP-015258
www.preferredbynature.org

2., erweiterte Auflage 2024

Gestaltung und Satz: www.jan-frerichs.com
Fotografie Schutzumschlag und S. 1, © Steve Herud
Druck und Bindung: FINIDR, s.r.o.
ISBN 978-3-940357-50-2
www.lilienfeld-verlag.de